普通高等教育"十三五"规划教材

土 力 学

主　编　王华敬　刘志彬
副主编　吕伟华　孙颖君　安淑红　张继周
主　审　朱俊高

中国水利水电出版社
www.waterpub.com.cn

·北京·

内 容 提 要

本教材系统地阐述了土力学的基本概念、基本原理和基本应用。全书共12章，主要内容包括土的物理性质与工程分类、土中应力计算、土力学的三大理论（土中水的达西渗流理论、土的压缩与固结理论、土的抗剪强度理论）以及土力学的工程应用（土压力、地基承载力、土坡稳定分析和地基处理），最后简要介绍岩土工程勘察和常用的岩土软件（理正、FLAC 和 PLAXIS）。

教材中各章有例题、思考题和习题，多为注册岩土工程师考试的真题。书后附录 A 为教学使用的土工试验；附录 B 为各章的习题参考答案，便于读者加深对有关知识的理解和应用。

本教材可作为水利工程、土木工程、交通工程、工程管理等专业的教材，具有普遍的适用性，同时可作为工程技术人员和注册岩土工程师、注册结构工程师考试的参考用书。

图书在版编目（CIP）数据

土力学 / 王华敬，刘志彬主编. -- 北京：中国水利水电出版社，2019.11
普通高等教育"十三五"规划教材
ISBN 978-7-5170-8284-2

Ⅰ.①土… Ⅱ.①王… ②刘… Ⅲ.①土力学－高等学校－教材 Ⅳ.①TU43

中国版本图书馆CIP数据核字(2019)第266068号

书　名	普通高等教育"十三五"规划教材 **土力学** TULIXUE
作　者	主　编　王华敬　刘志彬 副主编　吕伟华　孙颖君　安淑红　张继周 主　审　朱俊高
出版发行	中国水利水电出版社 （北京市海淀区玉渊潭南路1号D座　100038） 网址：www.waterpub.com.cn E-mail：sales@waterpub.com.cn 电话：（010）68367658（营销中心）
经　售	北京科水图书销售中心（零售） 电话：（010）88383994、63202643、68545874 全国各地新华书店和相关出版物销售网点
排　版	中国水利水电出版社微机排版中心
印　刷	北京瑞斯通印务发展有限公司
规　格	184mm×260mm　16开本　15印张　365千字
版　次	2019年11月第1版　2019年11月第1次印刷
印　数	0001—2000册
定　价	**39.00元**

凡购买我社图书，如有缺页、倒页、脱页的，本社营销中心负责调换

版权所有·侵权必究

前言

最近40年来,我国基础工程建设向超高、超大、超深发展,并且随着国际上对"一带一路"理念的认同,更多工程人员走出国门从事基础设施的建设。这都需要相关的从业人员具备扎实的土力学知识和灵活运用土力学理论解决技术难题的能力。

随着2016年6月我国正式加入《华盛顿协议》,各高校的培养目标由学生毕业时的能力培养,转变为毕业后5年左右能够达到的职业和专业成就(注册工程师)的培养,这就要求教材的内容必须与具体的工程实践紧密结合,因而本教材中的例题和习题尽可能多地选用注册考试的真题和实际的工程案例,以利于课程目标的达成。

由于国家的勘察和设计规范以及国内各行业的规范不完全一致,更不用说国内外的规范相差较大,而且规范随着工程实践会不定期地修订,所以本教材内容不过分依赖规范,重在阐明土力学的基本内容、基本原理和基本方法。本教材中涉及的规范内容,旨在传授理论和实践的联系方法,意在培养学生以后工作中应用基本理论解决复杂工程问题的能力。

本教材在每章内容前增加内容导读(说明本章研究的意义,或工程中的体现,简要介绍本章主要内容)和教学目标及要求(简要说明通过本章学习,应重点理解掌握哪些内容,了解哪些知识),之后设置思考题和习题,利于学生对知识的理解掌握和融会贯通,最后附上与本章相关的主要中英专业词汇。与传统的土力学教材相比,本教材增加岩土工程勘察和软件的内容。附录A为常用的试验内容,附录B为各章习题的参考答案。

本教材由山东农业大学王华敬编写第1、4章和附录B,南京林业大学吕伟华编写第2章,山东省煤田地质局孙颖君编写第3、5章,东南大学刘志彬编写第6章,河南城建学院宋锦虎和泰安市正信建设工程项目管理有限公司潘华合作编写第 7 章，山东农业大学程广坦和安淑红分别编写第 8 章和第 9 章，中南大学刘维正编写第 10 章，中设设计集团张继周编写第 11、12 章，山东农业大学王金龙编写附录 A。山东农业大学王华敬和东南大学刘志彬统稿，河海大学朱俊高教授主审。

  本教材在编写过程中参考了大量公开发行的优秀教材，在此谨向有关作者表示衷心的感谢！

  由于编者的水平有限，书中难免有疏漏和不妥之处，恳请读者批评指正。

编者
2019 年 8 月

目 录

前言

第1章 绪论 ··· 1
  1.1 土力学的研究对象及目的 ··· 1
  1.2 土力学的发展概况 ·· 3
  1.3 土力学课程的内容、特点和要求 ···································· 3
  思考题 ··· 5
  中英词汇对照 ··· 5

第2章 土的物理性质与工程分类 ·· 6
  2.1 概述 ··· 6
  2.2 土的三相组成和结构 ··· 6
  2.3 土的物理性质指标 ··· 11
  2.4 土的物理状态 ·· 16
  2.5 土的压实性 ··· 19
  2.6 土的工程分类 ·· 21
  思考题 ·· 25
  习题 ··· 25
  中英词汇对照 ·· 26

第3章 土中应力计算 ·· 28
  3.1 概述 ··· 28
  3.2 饱和土中的有效应力原理 ·· 29
  3.3 自重应力 ·· 29
  3.4 基底压力与基底附加应力 ·· 32
  3.5 地基中的附加应力 ··· 35
  3.6 非均质土中的附加应力 ··· 46
  思考题 ·· 47
  习题 ··· 47
  中英词汇对照 ·· 48

第4章 土的渗透性 … 50
4.1 概述 … 50
4.2 达西定律 … 51
4.3 渗流力及渗透变形 … 58
4.4 二维渗流和流网 … 65
思考题 … 70
习题 … 70
中英词汇对照 … 70

第5章 土的压缩性与地基变形 … 72
5.1 概述 … 72
5.2 土的压缩性 … 73
5.3 地基最终变形量计算 … 79
5.4 太沙基一维固结理论 … 89
思考题 … 95
习题 … 95
中英词汇对照 … 97

第6章 土的抗剪强度 … 98
6.1 概述 … 98
6.2 土的抗剪强度理论 … 99
6.3 土的抗剪强度试验 … 103
6.4 无黏性土的三轴剪切性质 … 108
6.5 饱和黏土的三轴剪切性质 … 109
6.6 工程中抗剪强度指标的选用 … 118
思考题 … 119
习题 … 119
中英词汇对照 … 120

第7章 土压力 … 121
7.1 概述 … 121
7.2 静止土压力 … 123
7.3 朗肯土压力理论 … 124
7.4 库伦土压力理论 … 131
7.5 土压力问题的讨论 … 133
思考题 … 135
习题 … 135
中英词汇对照 … 136

第8章 地基承载力 … 137
8.1 概述 … 137

8.2 理论公式法确定地基承载力特征值 …… 139
8.3 规范法确定地基承载力特征值 …… 149
8.4 地基承载力特征值的修正 …… 150
8.5 地基承载力的影响因素 …… 152
思考题 …… 153
习题 …… 154
中英词汇对照 …… 154

第9章 土坡稳定分析 …… 155

9.1 概述 …… 155
9.2 无黏性土土坡稳定分析 …… 157
9.3 黏性土土坡稳定分析 …… 158
9.4 土坡稳定分析的讨论 …… 169
思考题 …… 173
习题 …… 173
中英词汇对照 …… 175

第10章 地基处理 …… 176

10.1 概述 …… 176
10.2 地基处理的目的 …… 176
10.3 地基处理的对象 …… 177
10.4 地基处理方法 …… 180
10.5 地基处理规划程序和选用原则 …… 185
思考题 …… 186
中英词汇对照 …… 187

第11章 岩土工程勘察 …… 188

11.1 概述 …… 188
11.2 岩土工程勘察的目的和任务 …… 188
11.3 岩土工程勘察分级 …… 188
11.4 岩土工程勘察的阶段划分 …… 190
11.5 岩土工程勘察方法 …… 192
11.6 岩土工程勘察报告 …… 195
思考题 …… 196
习题 …… 196
中英词汇对照 …… 196

第12章 岩土工程常用软件 …… 197

12.1 概述 …… 197
12.2 理正及在岩土工程中的应用 …… 197
12.3 FLAC及在岩土工程中的应用 …… 199

  12.4 PLAXIS 及在岩土工程中的应用 ………………………………………………… 202
  思考题 …………………………………………………………………………………… 205
  习题 ……………………………………………………………………………………… 205

附录 A 土工试验 ………………………………………………………………………… 206
  附录 A.1 含水率试验（烘干法） ………………………………………………… 206
  附录 A.2 密度试验（环刀法） …………………………………………………… 207
  附录 A.3 界限含水率试验 ………………………………………………………… 209
  附录 A.4 击实试验 ………………………………………………………………… 212
  附录 A.5 渗透试验（常水头） …………………………………………………… 214
  附录 A.6 固结试验 ………………………………………………………………… 217
  附录 A.7 直接剪切试验（快剪） ………………………………………………… 220

附录 B 习题参考答案 ………………………………………………………………… 223

参考文献 …………………………………………………………………………………… 230

第1章 绪 论

1.1 土力学的研究对象及目的

土是岩石风化的产物，是没有胶结或弱胶结的松散颗粒集合体。土与地球上的建筑物紧密相关。房屋、厂房、码头等建筑在地壳表层的岩层或土层之上。道路的路基、堤防、水库等是用土构筑的；房屋的地下室、地铁等许多地下洞室、基坑周围都是土体，甚至生活环境中的土质边坡比比皆是。

土是在漫长的地质历史中和自然条件下形成的，与钢筋、水泥等人工材料不同，其参数变异性大，性质复杂，工程性质亦随时间、空间、环境而变化，因而直接影响相关工程的安全。

土力学是用力学的基本原理，研究土的物理性质、土在荷载（建筑物、土的自重，渗流力，地震力等）作用下的应力、应变、强度及其随时间的变化，以确保相关工程安全的一门学科。

世界七大奇迹之一的意大利比萨斜塔（图1.1）修建于1173年，1178年修建到第4层中部时，由于塔身倾斜而停工；1231年继续修建，建造者采取各种措施修正倾斜，刻意将钟楼上层搭建成向反方向倾斜；1278年进展到第7层的时候，塔身不再呈直线，而是为凹形，工程再次暂停；1360年复工，至1370年竣工。

图1.1 比萨斜塔

比萨斜塔的倾斜是由土层的特殊性造成的。比萨斜塔下各种软质粉土和非常软的黏土相间，塔基的不均匀沉降导致塔倾斜。

1998年，长江流域发生全流域大洪水，九江市最高水位达23.02m，超警戒水位3.53m，超历史最高水位0.83m，达40天，城区堤防险象环生。九江城区堤防在1+815.5—1+875.5（即4～5号闸口间）堤段于8月7日13时10分溃口，当时外江水位为22.82m。在巨大的水头差作用下，大堤发生管涌导致溃口（图1.2）。

加拿大特朗斯康谷仓平面呈矩形，长59.44m，宽23.47m，高31.0m，容积为36368m³。谷仓为圆筒仓，每排13个，共5排65个。谷仓的基础为钢筋混凝土筏基，厚61cm，基础埋深为3.66m。谷仓于1911年开始施工，1913年秋完工。谷仓自重20000t，相当于装满谷物后满载总重量的42.5%。1913年9月起往谷仓装谷物，仔细地装载，使谷物均匀分布。10月，当谷仓装谷物达31822m³时，发现谷仓1h内垂直沉降达30.5cm，向西倾斜，并在24h内倾倒，见图1.3。这主要是由于地基中黏土层的极限承载力远远小

图1.2 九江大堤溃口（1998年8月7日）

于地基破坏时的实际压力。加载的速率过快（45天），而地基土要固结完成达到相应的抗剪强度大约需要1年的时间，可见是由于抗剪强度不足而引起的地基整体剪切破坏。

图1.3 加拿大特朗斯康谷仓倾倒

为修复筒仓，在基础下设置70多个支承于深16m基岩上的混凝土墩，使用388只千斤顶，逐渐将倾斜的筒仓纠正。经过纠倾处理后，谷仓于1916年起恢复使用，修复后位置比原来降低了4m。

图1.4 香港宝城滑坡

1972年7月某日清晨，香港宝城路附近，20000m³残积土从山坡上下滑，巨大的滑动体正好冲过一幢高层住宅——宝城大厦，顷刻间宝城大厦被冲毁、倒塌，并砸毁相邻一幢大楼的一角，死亡67人。山坡上残积土本身强度较低，加之雨水入渗，其强度进一步降低，土体滑动力超过土的抗滑力，于是山坡土体发生滑动（图1.4）。

因此，学习土力学，就是要保证与土相关的工程在施工期、竣工后的安全和正常使用，不因强度不足而失稳或破坏；或者因沉降或不均匀沉降超过建筑物的允许值导致倾斜、开裂，降低或丧失使用价值，甚至酿成事故。对于与渗流或动荷载有关的工程，除要满足稳定和变形的要求外，还要保证不同工况下的渗流或动荷载不会对工程造成破坏。

1.2 土力学的发展概况

土力学既是一门古老的工程技术，又是一门新兴的应用学科，其发展可概括为感性认识和经验积累阶段、理性认识阶段、近代土力学阶段和现代发展新趋势4个阶段。

"水来土掩"是我国古代劳动人民用土防御洪水的写照。都江堰、万里长城、大运河、金字塔等，表明古代人民利用土作为建筑物的地基和建筑材料，并积累了丰富的实践经验。

18世纪，工业革命的兴起，大规模的城市建设和水利、铁路的兴建，许多与土相关的问题出现，促进土力学理论的产生和发展。1773年，法国的库伦（Coulomb）根据实验提出砂土抗剪强度理论，接着又提出计算挡土墙土压力的滑楔理论；1856年，法国的达西（Darcy）提出土体中水的渗流理论；1869年，英国的朗肯（Rankine）依据强度理论提出计算挡土墙土压力的朗肯土压力理论；1885年，法国的布辛内斯克（Boussinesq）求得弹性半空间竖向集中力作用下的应力与应变的理论解；1915年，瑞典的彼得森（Petterson）首先提出土坡稳定分析的整体圆弧法；1922年，瑞典的费伦纽斯（Fellenius）提出土坡稳定分析的条分法。这些理论和方法至今依然作为土力学的基本理论和方法被广泛应用。

1925年，美国的太沙基（Terzaghi）归纳以往的研究成果，提出一维固结理论，阐述有效应力原理，出版第一本《土力学》著作。土力学开始作为一门独立的学科，标志着近代土力学学科的形成。此后，美国的卡萨格兰德（Casagrande）和泰勒（Taylor）、英国的斯开普顿（Skempton）以及世界各国的学者对土的强度理论、变形与固结理论、应力应变关系和破坏机理进行大量研究工作，有力地推动土力学学科的发展。

20世纪60年代，计算机技术的高速发展，有力促进土力学在理论、数值模拟、试验和工程应用等领域的发展。

我国的土力学学科在中华人民共和国成立后发展迅速。20世纪50年代，陈宗基教授对岩土的流变和黏土结构进行研究，黄文熙院士于1983年编写一本理论性较强的《土的工程性质》，沈珠江院士于2000年出版《理论土力学》，都是对土力学学科的贡献。

21世纪，大型甚至巨型的水利工程、海洋工程、港口航道工程及工业与民用建筑工程等蓬勃发展。借助先进的信息技术与测试技术，土力学学科进入全新的发展时代。

1.3 土力学课程的内容、特点和要求

1.3.1 土力学课程的内容

课程主要包括基础知识、主要理论、工程应用和工程软件4部分。

基础知识主要包括土的物理性质和工程分类、土中的应力和计算及有效应力原理。主要理论有土中水的渗流理论、土的压缩与固结理论和抗剪强度理论；工程应用限于篇幅主要介绍土压力、地基承载力、土坡稳定分析、地基处理。工程软件主要介绍广泛应用的理正软件、FLAC 和 PLAXIS。

1.3.2 土力学课程的特点
1.3.2.1 研究对象复杂多变
（1）土从种类上分类繁多：从成因上土可分为残积土、坡积土、洪积土、冲积土、湖积土、海积土和风积土等；从有机质的含量上可分为有机土和无机土；按颗粒间的黏聚程度可分为黏性土和无黏性土；按颗粒的大小可分为粗粒土和细粒土；根据土是否具有特殊性质可分为一般土、特殊土和杂填土；按是否保持原有结构可分为原状土和重塑土。

（2）环境对土的性质有影响，比如库水位的升降、温度的变化、含水率的变化以及震动力等都使得研究对象性质发生变化。

（3）土由气液固三相组成，三相比例不同，土的性质不同。传统土力学的研究对象是饱和土，土颗粒的物质组成、土颗粒与水的比例不同，土的性质也不同。

1.3.2.2 研究方法多样性
由于土既不是单纯的固体，也不是纯粹的液体，而是由气液固三相组成的散粒体，因而可以借助弹性力学理论、塑性力学理论、流体力学等理论工具建立本构关系。但由于引入很多假设、工程经验，所以土力学是一门半科学半艺术的学科。既可借助传统的渗流试验、剪切试验、液塑限试验等研究其宏观物理力学性质，也可借助 CT（计算机 X 射线扫描）、MIT（压汞技术）、SEM（电镜扫描）、XRD（X 射线衍射）等先进的测试手段研究其微观特征，从而建立两者的关系。

1.3.3 土力学课程的要求
土力学与材料力学、结构力学、弹性力学、水力学、建筑材料及工程地质等有着密切的关系，在涉及这些学科的有关内容时仅引述其结论，要求理解其意义及应用条件，而不强调相关公式的推导。

土力学中的理论引入了很多假设、半经验公式和参数，解决工程问题时应注意理论的应用条件，此外参数的取值带来的误差可能远大于理论本身，不可唯理论第一，要重视工程实践。

要重视对土的物理、力学性质的学习，掌握土工试验的基本方法，正确确定土的物理力学参数。

土力学的主要理论相对独立，逻辑系统性和依赖关系不太密切，重在掌握理论的假设条件、适用范围以及有关参数的测定，学会用理论解决相关的工程问题。

由于土的复杂性和随机性，对许多工程问题需要做简化与假定，因而必然带来一定的误差；对同一问题的求解，会因假设不同而求解的方法不同，结果也不相同。要接受和掌握多种方法求解一个问题，对多种解答做出综合评判的思维方式，不要再追求高等数学上的唯一精确解。

思 考 题

1.1 什么是土？什么是土力学？土在工程中的具体应用有哪些？
1.2 土力学的研究目的是什么？
1.3 土力学课程的内容包括哪些？土力学课程的特点是什么？

中 英 词 汇 对 照

土力学　soil mechanics
饱和土　saturated soil
重塑土　remolded soil
细粒土　fine grained soil

风化　weathering
原状土　in - situ soil -(undisturbed soil)
粗粒土　coarse grained soil

第 2 章　土的物理性质与工程分类

内容导读：土是岩石风化的产物，由气液固三相组成。土的物理性质反映土的工程性质，也是土分类的基础。本章主要介绍土的物质组成、三相比例关系及物理性质指标、物理状态及工程分类。

教学目标及要求：掌握衡量土级配的指标、土的物理性质指标的定义及换算关系，掌握土的物理状态的计算与判断，会进行工程分类，了解土的结构。

2.1　概　　述

土是指由岩石物理风化、化学风化后形成的散碎的、覆盖于地表、由矿物颗粒和岩石碎屑组成的松散颗粒堆积体。

物理风化引起岩石的机械破碎，形成的碎屑基本保持与母岩相同的成分，称为原生矿物，如石英、长石、云母等。化学风化指岩石在水、二氧化碳、氧气等因素的作用下，母岩的矿物成分改变并且形成次生矿物和溶解于水的化合物。黏土矿物如蒙脱石、伊利石和高岭石等都属于次生矿物。这两种风化作用同时进行或交替进行，所以任何一种土通常是两种风化的产物。

风化下来的碎屑，堆积在原地的成为残积土，被流水、风、冰川以及生物等搬运到它处的成为运积土，如坡积土、洪积扇、冲积土、风积土和沼泽土等。它们具有不同的物质组成和结构构造，因而工程性质也不同。

2.2　土的三相组成和结构

土通常是由固体、液体和气体三相组成。固体颗粒部分构成土的骨架，水及其他溶解物为土的液相，空气及其他一些气体为土中的气相。单位体积土的三相组成不是固定不变的，而是随着环境的变化而变化。因此研究土的物理力学性质首先要研究构成土三相本身的性质，以及三相的相互作用和它们数量上的比例关系。

2.2.1　土的固体颗粒

固体颗粒是土的主要组成部分，是决定土的工程性质的主要成分。土的性质取决于它的形状、大小和矿物成分。土粒的成分情况就是大大小小土粒含量的相对数量关系。

2.2.1.1　土颗粒的成分

1. 矿物成分

土颗粒的矿物成分主要取决于母岩的成分及其所受的风化作用。土颗粒分为无机矿物颗粒与有机质，无机矿物颗粒由原生矿物和次生矿物组成，最主要的次生矿物是黏土矿物。不同的矿物成分对土的性质有着不同的影响。

砂、砾石等粗大土粒都是岩石的碎屑，矿物成分与母岩相同，主要由原生矿物组成。粉粒的矿物成分复杂，主要为石英、$CaCO_3$等难溶于水的颗粒。黏土的矿物成分主要有黏土矿物、氧化物、氢氧化物和其他各种难溶盐类，为次生矿物，颗粒细小，比表面积大，有极强的与水相互作用的能力，对土的工程性质的影响巨大。

黏土矿物是由硅片（基本单元为硅氧四面体）和铝片（基本单元为铝氢氧八面体）按照不同的组合构成（图2.1）。如高岭石是由一层硅片和一层铝片组成的晶胞（1∶1），之间有氢键，连接较强，水分子不能进入，因此它的亲水性和膨胀性相对较差；蒙脱石是由两个硅片中间夹着一个铝片所构成（2∶1），之间没有氢键，水分子可以进入晶胞之间，因此具有显著的吸水膨胀、失水收缩的特性，亲水能力较强；伊利石的结构单元类似于蒙脱石（2∶1），但晶层之间有钾离子连结，连接强度强于蒙脱石而弱于高岭石，特性也介于两者之间。有时中心原子Si或Al会被其他原子如Fe、Mg等置换，而结构形式不变，但其物理化学性质将发生变化，形成不同的矿物，这种现象称为同像置换或同型替代。

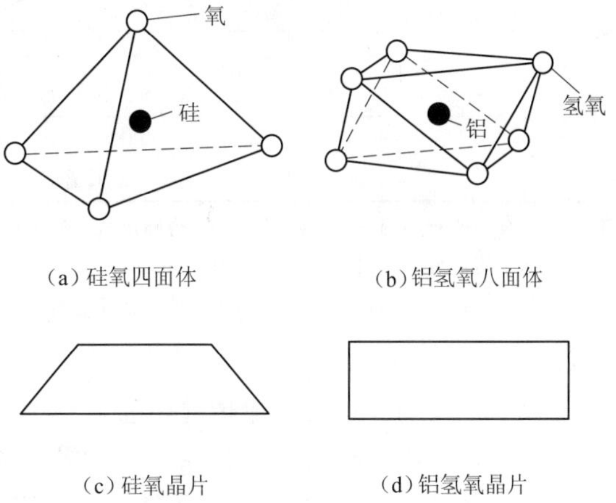

(a) 硅氧四面体　　(b) 铝氢氧八面体

(c) 硅氧晶片　　(d) 铝氢氧晶片

图2.1　黏土矿物晶片示意图

黏土颗粒的表面常带有负电荷，因而在黏土颗粒四周形成一个电场，使颗粒四周的水发生定向排列，直接影响土中水的性质，从而使黏性土具有很多无黏性土没有的性质。工程中利用黏土的这种性质对透水性很差的黏土地基进行电渗法排水固结。

2. 有机质

岩石经过生物风化后，土壤中会留有动物腐殖质或微生物的有机质，当黏土中有机质含量超过5%以及砂土中有机质含量超过3%时，称为有机土。有机土一般为褐色，含水率较大，对土的工程性质影响很大，因此工程中对有机质的含量作出一定的限制。

2.2.1.2　土颗粒的大小和级配

1. 土颗粒粒组的划分

颗粒尺寸的差异可使土具有不同的性状。天然土由大小不同的土颗粒组成，土颗粒的大小称为粒度。天然土的粒径一般是连续变化的，由粗到细变化时，土的性质也相应地改变。所谓粒组，就是把工程性质相近的一定尺寸范围的土粒合并成一组。对于粒组的划分，国内外有不同的规定。《土的工程分类标准》（GB/T 50145—2007）中粒组的划分标准见表2.1。

表 2.1　　　　　　　　　　　　土颗粒粒组的划分标准

粒组	颗粒名称		粒径范围/mm	一　般　特　征
巨粒	漂石或块石		>200	透水性很大，无黏性，无毛细水
	卵石或碎石		60～200	
粗粒	砾粒	粗	20～60	透水性大，无黏性，毛细水上升高度不超过粒径大小
		中	5～20	
		细	2～5	
	砂粒	粗	0.5～2	易透水，当混入云母等杂质时透水性减小，而压缩性增加，无黏性，遇水不膨胀，干燥时松散；毛细水上升高度不大，但随粒径变小而增大
		中	0.25～0.5	
		细	0.075～0.25	
细粒	粉粒		0.005～0.075	透水性小，湿时稍有黏性，遇水膨胀小，干时稍有收缩，毛细水上升高度较大较快，极易出现冻胀现象
	黏粒		≤0.005	透水性很小，湿时有黏性、可塑性，遇水膨胀，干时收缩显著，毛细水上升高度大，但速度较慢

注　1. 漂石、卵石和圆砾颗粒均呈一定的磨圆形状（圆形或亚圆形）；块石、碎石和角砾颗粒都带有棱角。
　　2. 黏粒的粒径上限也有采用 0.002mm 的。
　　3. 粉粒的粒径上限也有直接以 200 号筛的孔径 0.074mm 为准的。

2. 土的颗粒级配

工程中，土的大小及组成情况，通常以土中各个粒组的相对含量（各粒组占土粒总量的百分比）来表示，称为土的颗粒级配，级配的好坏直接影响到土的工程性质。测定土中各粒组颗粒含量占该土总质量的百分数，确定粒径分布范围的试验称为土的颗粒分析试验。常用的方法有筛分法和沉降分析法。前者适用于直径大于 0.075mm 的土，后者适用于直径小于 0.075mm 的土，两种方法可联合使用。

筛分法实验时，将风干、分散的土样通过一组孔径不同的标准筛子（如 60mm、40mm、20mm 等），称出各个筛子上土粒的质量即可求得各个粒组的相对含量。沉降分析法是根据土粒在水中匀速下沉时的速度与粒径的理论关系（Stokes 定律），用比重计法或移液管法测得颗粒级配。所求得的颗粒直径并不是实际直径，而是与实际土粒在液体中沉降速度相同的理想球体的直径。

根据颗粒分析试验的结果，可绘出土的颗粒级配分布曲线，如图 2.2 所示，横坐标用对数坐标，表示粒径，纵坐标为小于（或大于）某一粒径土重的累计百分比。该方法的特点是可简单获得定量指标，特别适用于几种土级配好坏的相互比较。曲线的坡度可大致判断土粒的均匀程度或级配是否良好。当曲线较陡时，表示粒径大小相差不多，土粒较为均匀，级配不良；曲线平缓时，表示粒径大小相差悬殊，土粒不均匀，级配良好。

2.2.1.3　土颗粒的级配与粒组的关系

土颗粒级配是否良好，常采用不均匀系数 C_u 和曲率系数 C_c 两个指标来表示。

不均匀系数　　　　　　　　　　$$C_u = \frac{d_{60}}{d_{10}} \tag{2.1}$$

曲率系数　　　　　　　　　　　$$C_c = \frac{d_{30}^2}{d_{10} d_{60}} \tag{2.2}$$

式中 d_{10}、d_{30}、d_{60}——小于该粒径的累计百分含量为10%、30%、60%所对应的粒径，分别称为有效粒径、中值粒径和限制粒径。

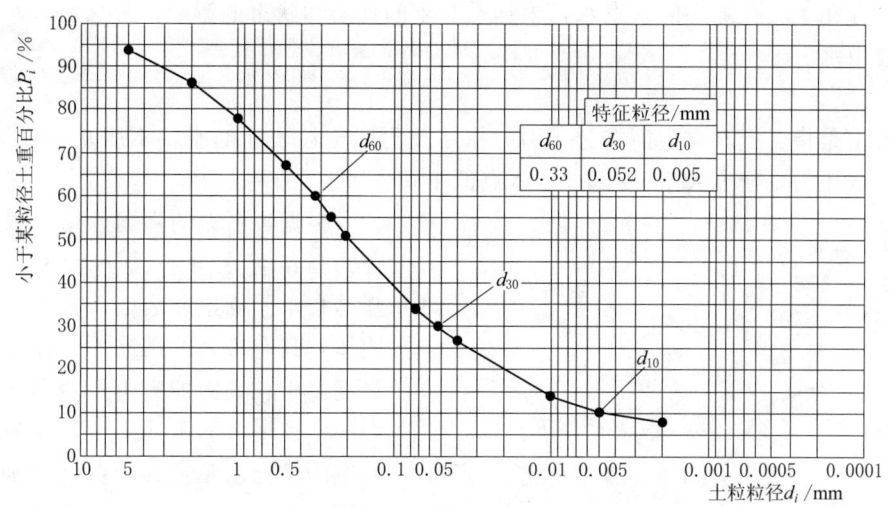

图 2.2 颗粒级配分布曲线

工程中常把 $C_u<5$ 的土称为均匀土，表示土的级配不良；$C_u \geq 5$ 的土称为非均匀土，表示土级配良好。对于级配连续的土，用指标 C_u 即可得到满意的判别结果。但是对于缺乏 d_{10} 与 d_{60} 之间粒径某粒组的土，单独使用指标 C_u 难以确定土的级配情况，还必须同时考察累计曲线的整体情况，兼顾指标 C_c。

当土同时满足不均匀系数 $C_u \geq 5$ 与曲率系数 $C_c=1\sim3$ 时，为级配良好的土；如不满足，则级配不良。

对于级配良好的土，较粗颗粒间的孔隙被较细的颗粒所填充，使得土的密实度较好。此时，地基土的强度和稳定性好，透水性和压缩性也较小；如果作为填方工程的建筑材料，则比较容易获得较大的密实度，是堤坝或路基等工程良好的填方材料。

【例 2.1】 筛分法试验留筛质量见表 2.2，底盘内试样质量为 20g，计算不均匀系数和曲率系数。

表 2.2 ［例 2.1］筛分法试验结果

筛孔的孔径/mm	2.0	1.0	0.5	0.25	0.075
留筛质量/g	50	150	150	100	30

解：总质量 $m=20+30+100+150+150+50=500$ (g)

小于 2.0mm 粒径的含量 $P_{2.0}=(500-50)/500=90\%$

小于 1.0mm 粒径的含量 $P_{1.0}=(500-50-150)/500=60\%$

小于 0.5mm 粒径的含量 $P_{0.5}=(100+30+20)/500=30\%$

小于 0.25mm 粒径的含量 $P_{0.25}=(30+20)/500=10\%$

所以 $d_{60}=1.0$mm，$d_{30}=0.5$mm，$d_{10}=0.25$mm，代入式（2.1）和式（2.2）计算得 $C_u=4$，$C_c=1$。

2.2.2 土中的液相

存在于土粒矿物晶格中的水,只有在高温下才能从矿物中析出,通常把它作为固相的一部分。存在于土孔隙中的液态水,根据其对土的性质和状态的影响,分为结合水(吸着水)和自由水。

2.2.2.1 结合水

结合水是指受土颗粒表面电分子引力作用吸附于土粒表面的水,不服从水力学规律,不传递静水压力,密度大于 $1g/cm^3$,冰点低于 $0℃$。

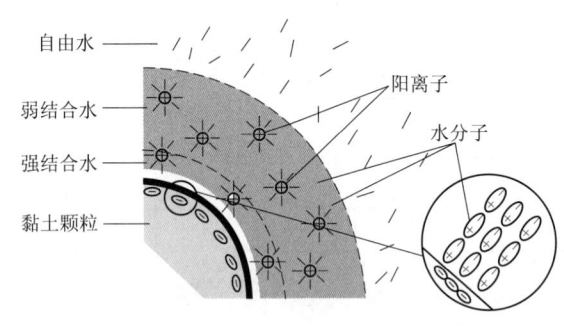

图 2.3 土中结合水示意图

根据吸引力的强弱,结合水进一步分为强结合水与弱结合水,见图 2.3。强结合水紧靠土粒表面,其性质接近于固体,具有极大的黏滞性、弹性和抗剪强度。土粒表面的吸引力随离开土粒表面的距离增大而迅速降低,在强结合水外围的结合水膜被称为弱结合水,它仍不能传递静水压力,其性质随离开颗粒表面的距离而变化,由近固态到近液态,不能自由流动,使黏性土具有可塑性。弱结合水的厚度,对黏性土的压实性、透水性等工程特性有很大的影响。

2.2.2.2 自由水

自由水是指土粒表面引力作用以外的水。它的性质与普通水一样,受重力支配,能传递静水压力并具有溶解能力,可在土的孔隙中流动,冰点为 $0℃$,有溶解盐类的能力。自由水按移动所受作用力不同分为重力水和毛细水(毛管水)两类。

重力水是存在于地下水位以下透水土层中的水。它是在重力或水头压力作用下运动的自由水,对土粒有浮力作用。重力水的渗流,改变土中的应力状态,是水工建筑物、地下工程排水和防水工程的主要控制因素之一。

毛细水是存在于地下水位以上、受到水与空气交界面处表面张力作用的自由水。土中存在着许多大小不同的相互连通的弯曲孔道,由于水分子与土粒分子之间的附着力和水、气界面上的表面张力,地下水沿着这些孔道被吸引上来,而在地下水位以上形成一定高度的毛细水带,这一高度称为毛细水上升高度。它与土中孔隙的大小和形状、土粒矿物组成以及水的性质有关。粉土中毛细水的上升高度最大,可超过 2m。

在工程中,毛细水的上升高度和速度对建筑物地下部分的防潮措施和地基的浸湿、冻胀有重要的影响。此外,在干旱地区,地下水中的可溶盐随毛细水上升后,水分不断蒸发,盐分便集聚于靠近地表处而形成盐渍土。

2.2.3 土中的气

土中的气体存在于土孔隙中未被水所占据的部位,可分为与大气相通和与大气不通两种。在粗粒土中常见到与大气相连的气体,成分与大气相似,受外力作用时易被挤出土外,对土的力学性质影响不大;在细粒土中常存在与大气隔离的封闭气泡,它的成分可能是空气、二氧化碳、沼气或硫化氢等,在外力作用下可被压缩或溶解于水中,外力减少时又能有所复原,对土的性质影响较大。因此密闭气体的存在增加了土的弹性,同时还阻塞了土中水的流通通道,减小了土的渗透性。

2.2.4 土的结构

土的结构是指土的物质组成在空间上的相互排列以及土粒间联结特征的综合,是在土生成过程中自然形成的。它与土粒的矿物成分、颗粒大小和形状、沉积条件等有关。通常有单粒结构、蜂窝结构和絮凝结构(图2.4)。

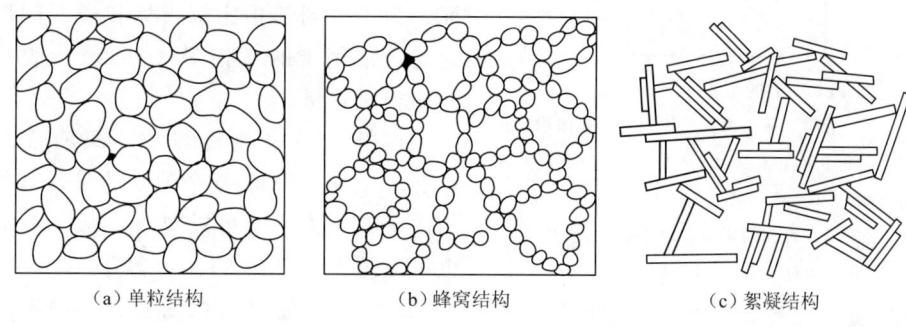

图 2.4 土的结构

2.2.4.1 单粒结构

单粒结构是粗粒土在沉积过程中受重力作用而形成的,以颗粒之间的点接触为主。具有单粒结构的土在密实状态下,强度高,压缩性小,是较为良好的天然地基;疏松状态下,骨架不稳定,受到震动或其他外荷载作用,土粒易发生移动,会引起很大的变形,尤其是饱和的粉细砂,在动力荷载作用下,极易产生液化。

2.2.4.2 蜂窝结构

粉粒(0.005~0.075mm)在水中沉积时,由于颗粒之间的吸引力大于颗粒本身的重力,在下沉过程中接触到已沉积的土颗粒时,就停留在最初的接触点上不再下沉,形成具有很大孔隙的蜂窝结构,如图2.4(b)所示。具有蜂窝结构的土压缩性大,结构不稳定,不宜作为天然地基。

2.2.4.3 絮凝结构或分散结构

微小的黏粒大多呈针状或片状,尺寸极小,重量极轻,靠其自重在水中极为缓慢地下沉。土粒表面常带有同性电荷,当悬液的介质发生变化时,如在海水中,土粒间由净斥力变为净引力,粒间以面与角或面与边的接触方式凝聚成絮状的土粒集合体而沉积;在淡水中,土粒间依然以净斥力占优,粒间以面与面的接触为主形成分散结构。

由黏粒形成的地基,孔隙较大,压缩性高,强度低,对扰动比较敏感,不宜作为天然地基。

天然沉积的土结构很复杂。通常土粒都是成团存在,称为团粒。团粒内有定向或任意排列,粒团间又有定向或任意排列,因而土体呈现出各向异性或各向同性。

2.3 土的物理性质指标

由于土是三相体系,土中三相间的比例关系随着各种条件的变化而改变,从而决定着土的物理力学性质。表示三相量比例关系的指标称为土的物理性质指标。

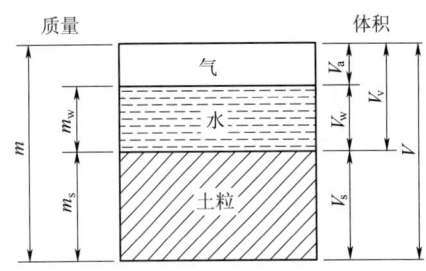

图 2.5 土的三相组成示意图

V_a、V_w、V_s——土中气体体积、水体积、颗粒体积，cm^3 或 m^3；V_v——土中孔隙体积，$V_v=V_a+V_w$，cm^3 或 m^3；V——土的体积，$V=V_s+V_v$，cm^3 或 m^3；m_w、m_s——土中水的质量、颗粒的质量，g 或 kg；m_a——土中气体的质量，相对较小，可以忽略不计，g 或 kg；m——土的总质量，$m=m_w+m_s$，g 或 kg

土的物理性质指标可以分为两类：一类是必须经过试验测定的，如含水率、密度和土粒比重（土粒相对密度）等称为直接测定指标；另一类是可以根据测定的指标进行换算得出的，如孔隙比、孔隙率等称为换算指标。为了得到三相比例指标和说明问题方便起见，常用土的三相图（图 2.5）表示各部分的相对含量。

在以上几个物理量中，只有 V_s、V_w、V_a、m_s、m_w 和 m_a 6 个独立的量，其中空气的质量在土力学中可以忽略，所以，$m_a \approx 0$；也可以近似认为水的比重等于 1.0，在数值上 $m_w \approx V_w$。使用三相图是为了确定或者换算三相间的相对比例关系，可以假设任一量等于 1.0，从而用该图计算其他物理量及其比例关系。

2.3.1 试验指标及测定方法

2.3.1.1 土的天然密度 ρ

天然土的单位体积的质量称为土的天然密度（g/cm^3），表达式为

$$\rho = \frac{m}{V} \tag{2.3}$$

天然状态下，土的密度变化范围一般为 1.6~2.2g/cm^3。土的密度可采用"环刀法"（黏性土）、"蜡封法"（土样易碎裂）、"灌砂法（现场测定）"等方法测定。

2.3.1.2 土粒相对密度（土粒比重）G_s

土粒质量与同体积 4℃时纯水的质量之比，称为土粒相对密度（又称土粒比重，无量纲），表达式为

$$G_s = \frac{m_s/V_s}{\rho_{w4℃}} = \frac{\rho_s}{\rho_{w4℃}} \tag{2.4}$$

式中　$\rho_{w4℃}$——4℃时水的密度，为 1g/cm^3；

　　　ρ_s——土粒密度，即单位体积土颗粒的质量，g/cm^3。

实际上，土粒比重在数值上等于土粒密度，但前者是这两者的质量密度之比，无量纲，一般可在实验室采用比重瓶法测定。由于其变化幅度不大，通常可按经验数值选用，一般可参考表 2.3 确定。

表 2.3　　　　　　　　　土粒相对密度参考值

土的名称	砂土	粉土	黏性土	
			粉质黏土	黏土
土粒相对密度	2.65~2.69	2.70~2.71	2.72~2.73	2.74~2.76

2.3.1.3 土的含水率ω

土中水的质量与土粒质量之比,称为土的含水率ω,以百分数计,表达式为

$$\omega = \frac{m_w}{m_s} \times 100\% \quad (2.5)$$

含水率ω是标志土湿润性的一个指标。天然土层的含水率变化范围很大,它与土的种类、埋藏条件及其所处的自然地理环境等有关。坚硬的黏性土的含水率小于30%,而饱和状态的软黏性土,则可达到60%甚至更高,云南滇池泥炭的含水率甚至高达600%。

含水率一般用"烘干法"测定。先称量天然湿土的质量,然后置于烘箱内在105~110℃烘至恒重,再称干土质量。湿土、干土质量之差(水的质量)与干土质量的比值就是含水率。

2.3.2 换算指标及换算方法

2.3.2.1 土的干密度 ρ_d

单位体积土中固体颗粒的质量,称为土的干密度,表达式为

$$\rho_d = \frac{m_s}{V} \quad (2.6)$$

土烘干,体积要缩小,因而土的干密度不等于烘干土的密度。工程上常用土的干密度来评价土的密实程度,从而控制填土的施工质量。

2.3.2.2 土的饱和密度 ρ_{sat}

土中孔隙完全被水充满时单位体积的质量称为土的饱和密度,表达式为

$$\rho_{sat} = \frac{m_s + V_v \rho_w}{V} \quad (2.7)$$

式中 ρ_w——水的密度,一般取 $\rho_w = 1\text{g/cm}^3$。

2.3.2.3 土的有效密度 ρ'

处于水下的土体,单位体积的有效质量称为土的有效密度,表达式为

$$\rho' = \frac{m_s - V_s \rho_w}{V} \quad (2.8)$$

根据以上表达式可知,同一种土的各种密度在数值上有如下的大小关系:

$$\rho_{sat} \geqslant \rho \geqslant \rho_d > \rho' \quad (2.9)$$

与密度指标对应的重力密度(简称重度)指标也有4个,即土的天然重度 $\gamma = \rho g$、干重度 $\gamma_d = \rho_d g$、饱和重度 $\gamma_{sat} = \rho_{sat} g$ 和有效重度 $\gamma' = \rho' g$,单位为 N/m^3 或 kN/m^3,其数值的关系同密度,$\gamma_{sat} \geqslant \gamma \geqslant \gamma_d > \gamma'$。其中,$g$ 为重力加速度($g = 9.81\text{N/kg}$,工程上为了计算方便,常取 10N/kg)。

2.3.2.4 土的孔隙比 e 与孔隙率 n

土中孔隙体积与土粒体积之比称为土的孔隙比,表达式为

$$e = \frac{V_v}{V_s} \quad (2.10)$$

孔隙比用小数表示,它是一个重要的物理性指标。工程中常用 e 来评价天然状态下土

的松密程度，同一类土的孔隙比越大，说明土越疏松；孔隙比越小，说明土越密实。

土的孔隙率是土中孔隙所占体积与总体积之比，以百分数计，表达式为

$$n = \frac{V_v}{V} \tag{2.11}$$

孔隙率与孔隙比的换算关系可以从其定义推导如下：

$$n = \frac{V_v}{V} = \frac{V_v}{V_s + V_v} = \frac{V_v/V_s}{1 + V_v/V_s} = \frac{e}{1+e} \tag{2.12}$$

2.3.2.5 土的饱和度 S_r

土中被水占据的孔体积与孔隙总体积之比，称为土的饱和度，以百分数计，表达式为

$$S_r = \frac{V_w}{V_v} \times 100\% \tag{2.13}$$

$S_r = 1.0$ 为完全饱和土，$S_r = 0$ 为完全干燥土。按饱和度可以把砂土划分为三种状态：$S_r \leq 0.5$ 为稍湿；$0.5 < S_r \leq 0.8$ 为很湿；$0.8 < S_r \leq 1.0$ 为饱和。

上述土的三相比例指标中，土粒相对密度 G_s、含水率 ω 和密度 ρ 三个指标通过试验测定后，可以推导出其余指标。在土力学中这些指标的运算是最基本的计算，其换算关系见表 2.4。

表 2.4　　　　　　　　　　　土的三相比例指标换算公式

指标名称及符号	指标表达式	常用换算公式	常见数值范围
密度 ρ	$\rho = \dfrac{m}{V}$	$\rho = \rho_d(1+\omega) = \dfrac{G_s(1+\omega)}{1+e}\rho_w$	$1.6 \sim 2.0 \text{g/cm}^3$
干密度 ρ_d	$\rho_d = \dfrac{m_s}{V}$	$\rho_d = \dfrac{\rho}{1+\omega} = \dfrac{G_s}{1+e}\rho_w$	$1.3 \sim 1.8 \text{g/cm}^3$
饱和密度 ρ_{sat}	$\rho_{sat} = \dfrac{m_s + V_v\rho_w}{V}$	$\rho_{sat} = \dfrac{G_s+e}{1+e}\rho_w$	$1.8 \sim 2.3 \text{g/cm}^3$
有效密度 ρ'	$\rho' = \dfrac{m_s - V_s\rho_w}{V}$	$\rho' = \rho_{sat} - \rho_w = \dfrac{G_s-1}{1+e}\rho_w$	$0.8 \sim 1.3 \text{g/cm}^3$
土粒相对密度 G_s	$G_s = \dfrac{m_s/V_s}{\rho_{w4℃}} = \dfrac{\rho_s}{\rho_{w4℃}}$	$G_s = \dfrac{S_r e}{\omega}$	黏性土：$2.72 \sim 2.75$ 砂土：$2.6 \sim 2.69$
孔隙比 e	$e = \dfrac{V_v}{V_s}$	$e = \dfrac{G_s\rho_w}{\rho_d} - 1 = \dfrac{G_s(1+\omega)}{\rho}\rho_w - 1$	淤泥质黏土：$1 \sim 1.5$ 黏性土和粉土：$0.4 \sim 1.2$ 砂土：$0.38 \sim 0.9$
孔隙率 n	$n = \dfrac{V_v}{V}$	$n = \dfrac{e}{1+e} = 1 - \dfrac{\rho_d}{G_s\rho_w}$	黏性土和粉土：$30\% \sim 60\%$ 砂土：$25\% \sim 45\%$
含水率 ω	$\omega = \dfrac{m_w}{m_s} \times 100\%$	$\omega = \dfrac{S_r e}{G_s} = \dfrac{\rho}{\rho_d} - 1$	$10\% \sim 70\%$
饱和度 S_r	$S_r = \dfrac{V_w}{V_v} \times 100\%$	$S_r = \dfrac{\omega G_s}{e} = \dfrac{\omega \rho_d}{n\rho_w}$	干土的 $S_r = 0$； 饱和土的 $S_r = 100\%$

【例 2.2】 用天平称出总质量为 90g 的土样，体积为 50cm³，烘干后的质量为 72g，

2.3 土的物理性质指标

相对密度为 2.67，求该土样的天然含水率 ω、密度 ρ、孔隙比 e 及饱和度 S_r。

解： 绘制三相图，如图 2.6 所示，将已知值填入图中，按各指标的定义进行计算。

已知 $V = 50 \text{cm}^3$，$m = 90\text{g}$，故按式（2.3）得

$$\rho = \frac{m}{V} = \frac{90}{50} = 1.8(\text{g/cm}^3)$$

已知 $m_s = 72\text{g}$，则 $m_w = 90 - 72 = 18\text{g}$，故按式（2.5）得

$$\omega = \frac{m_w}{m_s} \times 100\% = \frac{18}{72} \times 100\% = 25\%$$

图 2.6 [例 2.2] 图

从式（2.4）知

$$V_s = \frac{m_s}{G_s \rho_{w4℃}} = \frac{72}{2.67 \times 1} = 27(\text{cm}^3)$$

$$V_v = V - V_s = 50 - 27 = 23(\text{cm}^3)$$

故按式（2.10）得

$$e = \frac{V_v}{V_s} = \frac{23}{27} = 0.85$$

因 $V_w = \frac{m_w}{\rho_w} = \frac{18}{1} = 18(\text{cm}^3)$，故按式（2.13）得

$$S_r = \frac{V_w}{V_v} \times 100\% = \frac{18}{23} \times 100\% = 78.2\%$$

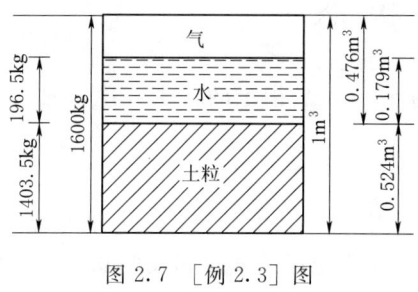

图 2.7 [例 2.3] 图

【例 2.3】 已知土的天然密度 ρ 为 1600kg/m³，含水率 ω 为 14%，土粒的相对密度 $G_s = 2.68$，试按三相草图计算土的孔隙比 e、饱和度 S_r 及饱和密度 ρ_{sat}。

解： 令土的体积 $V = 1\text{m}^3$，如图 2.7 所示，将已知值填入图中，按各指标的定义进行计算，则土的质量 $m = \rho V = 1600\text{kg}$。

土的质量 $m = m_s + m_w$；含水率 $\omega = m_w/m_s = 14\%$，求得

$$m_w = 196.5\text{kg}, \quad m_s = 1403.5\text{kg}$$

土颗粒体积 $V_s = m_s/(G_s \rho_w) = 1403.5/(2.68 \times 10^3) = 0.524(\text{m}^3)$

孔隙体积 $V_v = V - V_s = 1 - 0.524 = 0.476(\text{m}^3)$

水体积 $V_w = m_w/\rho_w = 0.197(\text{m}^3)$

孔隙比 $e = V_v/V_s = 0.476/0.524 = 0.908$

饱和度 $S_r = V_w/V_v \times 100\% = 0.197/0.476 = 41.4\%$

饱和密度 $\rho_{sat} = \dfrac{m_s + V_v \rho_w}{V} = \dfrac{1403.5 + 0.476 \times 1000}{1} = 1879.5(\text{kg/m}^3)$

【例 2.4】 某港口工程拟利用港池航道疏浚土进行冲填造陆，冲填区需填土方量为

10000m³，疏浚土的天然含水率为 31.0%，天然重度为 18.9kN/m³，冲填施工完成后冲填土的含水率为 62.6%，重度为 16.4kN/m³，不考虑沉降和土颗粒流失，使用的疏浚土方量大约是多少？

解：根据含水率的定义 $\omega = m_w/m_s \to m_w = \omega m_s$

土的重量 $mg = (m_s + m_w)g = (1+\omega)m_s g = \gamma V$

可得 $m_s g = \gamma V/(1+\omega)$

设使用的疏浚土方量为 V_1。由于疏浚前后，土颗粒的重量 $m_s g$ 是不变的，所以有

$$16.4 \times 10000/(1+62.6\%) = 18.9 V_1/(1+31.0\%)$$

则得

$$V_1 = 6990.89 \text{m}^3 \approx 7000 \text{m}^3$$

【**例 2.5**】 某土含水率为 12%，密度为 1.9g/cm³，若其孔隙比保持不变，当含水率增加到 22% 时，问 1m³ 土需加多少水？

解：加水前后土颗粒的质量不变，孔隙比不变。

加水前土颗粒的质量

$$m_s = 1.9 \times 10^6/(1+12\%) = 1.696 \times 10^6 (\text{g})$$

由含水率的定义得

$$m_w = \omega m_s$$

所以加水

$$\Delta m_w = (22\% - 12\%)m_s = 10\% \times 1.696 \times 10^6 = 1.696 \times 10^5 (\text{g}) \approx 170 \text{kg}$$

2.4 土 的 物 理 状 态

土的物理状态是指土的松密和软硬状态，对于粗粒土，是指土的松密程度；对于细粒土，是指土的软硬程度或黏性土的稠度。

2.4.1 无黏性土

无黏性土主要指的砂土和碎石土等粗粒土。这类土中缺少黏土矿物，不具有可塑性，呈单粒结构，性质主要取决于颗粒粒径及其级配情况，所以土的密实度是反映这类土工程性质的主要指标。

评价无黏性土密实度主要根据天然状态下孔隙比 e 的大小，无黏性土划分为疏松的、中等密实的和密实的三种。当 $e < 0.6$ 时，表示土中孔隙少，一般认为强度大压缩变形小；当 $e > 0.85$ 时，表示土中孔隙多，土疏松。由于无黏性土的级配起着很重要的作用，只有孔隙比一个指标未能考虑级配的因素，所以常采用相对密实度 D_r 的概念来评价，其表达式为

$$D_r = \frac{e_{max} - e}{e_{max} - e_{min}} \quad (2.14)$$

式中 e_{max} ——砂土在最疏松状态时的孔隙比，即最大孔隙比；

e_{min} ——砂土在最密实状态时的孔隙比，即最小孔隙比；

e ——砂土在天然状态时的孔隙比。

显然，当 $D_r=0$ 即 $e=e_{max}$ 时，表示砂土处于最疏松状态；当 $D_r=1$ 即 $e=e_{min}$ 时，表示砂土处于最密实状态。用相对密度 D_r 判定粗粒土的密实度标准是：当 $1 \geqslant D_r > 0.67$ 时，砂土是密实的；当 $0.67 \geqslant D_r > 0.33$ 时，砂土是中密的；当 $0.33 \geqslant D_r > 0$ 时，砂土是疏松的。

用相对密实度指标判别砂土密实度，可综合地反映土粒形状、土粒级配和结构等因素，一般可采用"松散器法"测定最大孔隙比，采用"振击法"测定最小孔隙比。由于天然状态下的 e 值不易确定，而且按《土工试验规程》（SL 237—1999）在室内测定 e_{max} 和 e_{min} 时，误差较大，所以工程上一般采用重型圆锥动力触探锤击数 $N_{63.5}$ 评价碎石土的密实度，用原位标准贯入试验的锤击数 N 来评价砂土的密实度。

N 是使质量为 63.5kg 的穿心锤以 76cm 的落距沿钻杆自由下落，将管状的标准贯入器击入 30cm 时相应的击数，见表 2.5。

表 2.5　　　　　　　　　　天然状态砂土的密实度分类

密实度	密实	中密	稍密	松散（极松）
标贯击数 N	$N>30$	$30 \geqslant N>15$	$15 \geqslant N>10$	$N \leqslant 10$

2.4.2 黏性土

黏性土与砂土在性质上有很大的差异，黏性土的特性主要取决于土中黏性颗粒与水之间的相互作用，因此，黏性土最主要的状态特征是它的稠度。稠度是指黏性土的干湿程度或在某一含水率下抵抗外力作用而变形或破坏的能力。

2.4.2.1 界限含水率

黏性土从一种状态变化到另一种状态的含水率称为界限含水率[又称阿太堡（Atterberg）界限含水率]，如图 2.8 所示。通常黏土根据含水率的多少有固态、半固态、可塑状态和流动状态，分别对应着缩限、塑限和液限三个界限含水率。

图 2.8　黏性土的界限含水率

所谓可塑状态，是当黏性土处在某含水率范围内时，可用外力塑成任何形状而不发生裂纹，并且当外力移除后仍能保持既得的形状而对应的状态，并将黏性土的这种性质称为可塑性。

土由可塑状态到流动状态的界限含水率称为液限 ω_L；由半固态到可塑状态的界限含水率称为塑限 ω_P；由固态到半固态的界限含水率称为缩限 ω_s。

黏性土的含水率的变化，对应着土中水的状态不同而致其工程性质不同。当土中含水率很大时，土粒被自由水隔开，土表现为浆液状的软稠液态，吹填土即处于此流动状态；当水分减少时，自由水消失，多数土粒间存在弱结合水，土粒在外力作用下相互错动而颗粒间的结构联结并不丧失，土处于可塑状态，作为路堤、岸堤等的填筑土即处于此状态；水分再减少时，弱结合水膜变薄，黏滞性增大，土向脆性的半固态转化；当水分继续减少，土中主要含强结合水时，结构联结较强，土处于坚硬的固态。

塑限的测定方法有搓滚法和液塑限联合测定法，测定液限的方法有液塑限联合测定法和蝶式仪法，缩限用收缩皿法测定，具体操作见相关规范。

2.4.2.2 塑性指数和液性指数

塑性指数是指液限和塑限的差值乘以100，即土处于可塑状态的含水率的变化范围，用符号 I_P 表示，即

$$I_P = (\omega_L - \omega_P) \times 100 \tag{2.15}$$

显然，液限与塑限之差越大，土处于可塑状态的含水率范围越大。从土的颗粒来说，土粒越细，则其表面积越大，含水率越高，因而 I_P 也随之增大。从矿物成分来说，黏土矿物含量越多，水化作用剧烈，结合水含量越高，因而 I_P 也越大。从土中水的离子成分和浓度来说，当水中高价离子的浓度增加时，土粒表面吸附的反离子层变薄，结合水含量减少，I_P 也小；反之随着反离子层中的低价阳离子的增加，I_P 变大。在工程上常按塑性指数对黏性土进行分类。

土的天然含水率在一定程度上反映土中水量的多少，但并不能说明土处于什么物理状态，因此还需要一个表征土的天然含水率与界限含水率之间关系的指标，这就是液性指标 I_L，它是指黏性土的天然含水率和塑限的差值与塑性指数之比，即

$$I_L = \frac{\omega - \omega_P}{\omega_L - \omega_P} \tag{2.16}$$

可见，当土的天然含水率 $\omega < \omega_P$ 时，$I_L < 0$，天然土处于坚硬状态；当 $\omega > \omega_L$ 时，$I_L > 1$，天然土处于流动状态；当 ω 处于 ω_P 与 ω_L 之间时，即 I_L 处于 0~1 之间时，天然土处于可塑状态。因此可以利用液性指标 I_L 来表示黏性土所处的软硬状态。I_L 值越大，土质越软；I_L 值越小，土质越硬。

《建筑地基基础设计规范》(GB 50007—2011) 根据液性指数来划分黏性土软硬状态，具体见表2.6。

表2.6 黏性土的状态划分

状态	坚硬	硬塑	可塑	软塑	流塑
液性指数 I_L	$I_L \leq 0$	$0 < I_L \leq 0.25$	$0.25 < I_L \leq 0.75$	$0.75 < I_L \leq 1$	$I_L > 1$

【例2.6】 从某地基取原状土样，测得土的液限 $\omega_L = 50\%$，塑限 $\omega_P = 20\%$，天然含水率 $\omega = 45\%$，那么土处于什么状态？

解：由式 (2.16) 求液性指数，得

$$I_L = \frac{\omega - \omega_P}{\omega_L - \omega_P} = \frac{45\% - 20\%}{50\% - 20\%} = 0.83$$

查表2.6可知，该土处于软塑状态。

2.4.2.3 灵敏度和触变性

天然状态下的黏性土通常都具有一定的结构性。当受到外来因素的扰动时，土粒间的胶结物质以及土粒、离子、水分子所组成的平衡体系受到破坏，土的强度降低和压缩性增大。工程中通常将保持天然结构的原状土的强度（无侧向抗压强度）与保持原含水率但天

然结构被破坏的重塑土强度的比值作为土的结构性指标，称为灵敏度 S_t，即

$$S_t = \frac{q_u}{q_u'} \tag{2.17}$$

式中 q_u——原状土无侧限抗压强度，kPa；

q_u'——重塑土无侧限抗压强度，kPa。

S_t 的值越大，土的灵敏度越高，根据灵敏度可将饱和黏性土分为：低灵敏（$1<S_t\leqslant 2$）、中灵敏（$2<S_t\leqslant 4$）和高灵敏（$S_t>4$）三类。土的灵敏度越高，结构性越强，受扰动后土的强度降低就越多，因此在基础施工中应保护基槽，尽量减少结构的扰动。

饱和黏性土的结构受到扰动，导致强度降低。但当扰动停止后，土颗粒和水分子及离子会重新排列组合，形成新的结构，土的强度又得到一定程度的恢复。黏性土这种含水率和密度不变，土因重塑而软化，又因静置而逐渐硬化，强度有所恢复的性质，称为土的触变性。如在黏性土中打桩时，桩侧土的结构受到破坏而强度降低，但停止打桩以后，土的强度渐渐恢复，桩的承载力逐渐增加，这就是土的触变性影响的结果。

2.5 土的压实性

在很多工程建设中都遇到填土问题，如地基、路堤、土坝、挡土墙、基坑回填等。进行填土时，经常都要采用夯击、振动或碾压等方法使土得到压实，以提高土的强度、减小压缩性和渗透性，保证地基和土工建筑物的稳定。土的压实性就是指土体在压实能量的作用下，土颗粒克服粒间阻力产生位移，使土中的孔隙减小、密度增大而达到某种密实程度的性质。

实践经验表明，压实细粒土宜采用夯击机具或压强较大的碾压机具，同时必须控制土的含水率，含水率太高或太低都得不到好的压密效果；压实粗粒土时，则宜采用振动机具，同时充分洒水。两种不同的做法说明细粒土和粗粒土具有不同的压密性质。

2.5.1 细粒土

在实验室内研究土的压实性的试验称为击实试验，分为重型和轻型两种，分别适用于粒径不大于 200mm 的土和粒径小于 5mm 的黏性土。击实仪主要包括击实筒、击锤及导筒等。击锤质量分别为 4.5kg 和 2.5kg，落高分别为 457mm 和 305mm。试验时，将含水率 ω 一定的土样分层装入击实筒，每铺一层（共 3～5 层）后均用击锤按规定的落距和击数锤击土样，试验达到规定击数后，测定被击实土样的含水率和密度并重复上述试验（通常为 5 个不同含水率的土样），将结果以含水率 ω 为横坐标，以干密度 ρ_d 为纵坐标绘制曲线，该曲线就是土的击实曲线（图 2.9）。

在击实曲线上，峰值干密度所对应的含水率称为最优含水率 ω_{op}（一般在 ω_p 附近），它表示在这一含水率下，用这种压实方法能够得到最大干密度 ρ_{dmax}。

在某一含水率下，将土压到最密，理论上是将土中所有的气体都从孔隙中赶走，使土达到饱和，理论上不同含水率所对应的土体达到饱和状态时的干密度表达式为

$$\rho_d = \frac{G_s \rho_w}{1 + \omega_{sat} G_s} \tag{2.18}$$

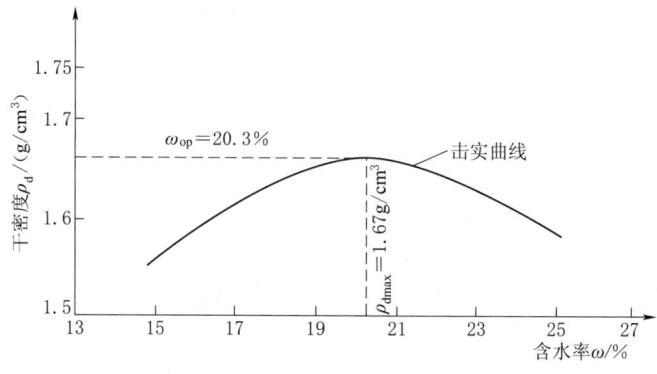

图 2.9　土的击实曲线

据此可得到理论上所能达到的最大压实曲线,即饱和度为 $S_r=100\%$ 的压实曲线,也称为饱和曲线（图 2.11）。

工程实践中常用压实度或压实系数 D_c 来控制填土的施工质量。

$$D_c = \frac{\rho_d}{\rho_{dmax}} \quad (2.19)$$

式中　ρ_d——现场施工填土的干密度；

　　　ρ_{dmax}——实验室击实试验得到的最大干密度。

D_c 值越接近 1,表示压实质量要求越高。《碾压式土石坝设计规范》（SL 274—2001）中规定,Ⅰ、Ⅱ级土石坝填土的压实度应达到 98%～100%。

2.5.2 粗粒土

砂和砂砾等粗粒土的压实性也与含水率有关,不过不存在一个最优含水率。一般在完全干燥或者充分洒水饱和的情况下容易压实到较大的干密度。潮湿状态下,由于毛细压力

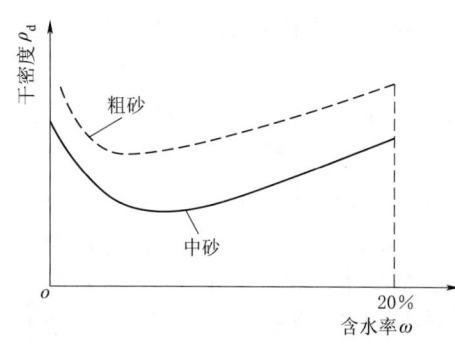

图 2.10　粗粒土的击实曲线

增加了粒间阻力,密度和干密度显著降低。粗砂含水率为 4%～5%,中砂含水率为 7% 左右时,压实干密度最小,见图 2.10。所以施工中要么风干,要么充分洒水使土饱和。

粗粒土的压实标准一般用相对密实度 D_r 控制。室内试验的结果也表明,对于饱和的粗粒土,在静力或动力的作用下,相对密实度大于 0.70～0.75 时,土的强度明显增加,变形显著减小,可以认为相对密实度 0.70～0.75 是力学性质的一个转折点。

2.5.3 影响压实效果的因素

影响压实效果的因素主要有土的类别、级配、压实功和含水率,另外土的毛细管压力以及孔隙压力对土的压实性也有一定的影响。

1. 土的类别及级配

在相同的压实功条件下,土粒越粗,最大干密度越大,最优含水率越小,土越容易压

实；土中含腐殖质越多,最大干密度越小,最优含水率越大,土不容易被压实;级配良好的土压实后的最大干密度比级配均匀的土压实后大,而最优含水率要小,即级配良好的土容易被压实。其原因是在级配良好的土体内,较粗颗粒形成的孔隙有较多的细颗粒去填充,因此可以获得较高的干密度。

2. 压实功

用不同的压实功,得到的击实曲线如图2.11所示。由图2.11可知,压实功越大,得到的最优含水率越小,相应的最大干密度越高。因此,对于同一种土,最优含水率和最大干密度并不是恒定值,而是随着压实功变化的。土偏干时,增大压实功对提高干密度的影响较大,偏湿时则效果不明显。

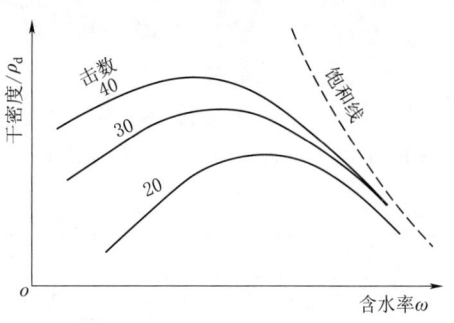

图2.11 不同压实功下的压实曲线

3. 含水率

含水率对细粒土的压实效果影响较大。当土体很干燥时,水处于强结合水状态,土样之间的摩擦力、黏结力都很大,土粒的相对移动困难,因而不易压实。当含水率增加时,水的薄膜变厚,摩擦力和黏结力减小,土粒之间彼此容易移动。随着含水率增加,土的压实干密度增大,至最优含水率时,干密度达到最大值;当含水率超过最优含水率时,自由水所占据的体积增大,限制了颗粒的进一步接近,含水率越大,水占据的体积越大,颗粒能够占据的体积越小,因而干密度越小。

2.6 土的工程分类

土的分类是根据土的工程性质的差异将土划分成一定的类别,其目的在于通过一种通用的鉴别标准,以便于在不同土类间做有价值的比较、评价、积累以及学术与经验的交流。

2.6.1 分类的原则

影响土的工程性质的主要因素是土的三相组成、土的物理状态和土的结构,其中土的三相组成起主要作用。

我国的分类方法目前还不统一,但一般遵循三个原则:①要考虑土的成因、地质年代;②要体现工程性质的差异;③所采用的分类指标容易测定,分类方法简单。

目前,国内外有两大类土的工程分类体系。一是材料系统的分类体系,即侧重于把土作为建筑材料,用于路堤、土坝和填土地基等工程,故以扰动土为基本对象,对土的分类以土的组成为主,不考虑土的天然结构性。例如《土的工程分类标准》(GB/T 50145—2007)、《土工试验规程》(SL 237—1999)等。二是建筑工程系统的分类体系,即侧重于把土作为建筑地基和环境,故以原状土为基本对象。因此,对土的分类除考虑土的组成外,还注重土的天然结构性,即土粒联结与空间排列特征。例如《建筑地基基础设计规范》(GB 50007—2011)、《岩土工程勘察规范》(GB 50021—2001)。

下面介绍《土的工程分类标准》(GB/T 50145—2007分类法)、《建筑地基基础设计规范》（GB 50007—2011）和《岩土工程勘察规范》（GB 50021—2001）分类法。

2.6.2 《土的工程分类标准》（GB/T 50145—2007）分类法

《土的工程分类标准》（GB/T 50145—2007）的主要特点是根据不同粒组的相对含量将土粒划分为巨粒土（$d>60\text{mm}$）、粗粒土（$60\text{mm}\geqslant d>0.075\text{mm}$）和细粒土（$d\leqslant 0.075\text{mm}$）。粗粒土分为砾类土和砂类土，并根据细粒含量和级配细分；细粒土则根据其在塑性图上的位置细分。

（1）巨粒土与含巨粒土、砾类土和砂类土按粒组含量、级配指标（不均匀系数 C_u 和曲率系数 C_c）和所含细粒的塑性高低，划分为 16 种土类，见表 2.7～表 2.9。

表 2.7　　　　　　　　　　巨粒土和含巨粒土的分类

土类	粒组含量		土代号	土名称
巨粒土	巨粒（$d>60\text{mm}$）含量 75%～100%	漂石含量大于卵石含量	B	漂石（块石）
		漂石含量不大于卵石含量	Cb	卵石（碎石）
混合巨粒土	50%＜巨粒含量≤75%	漂石含量大于卵石含量	BSl	混合土漂（块）石
		漂石含量不大于卵石含量	CbSl	混合土卵（块）石
巨粒混合土	15%＜巨粒含量≤50%	漂石含量大于卵石含量	SlB	漂（块）石混合土
		漂石含量不大于卵石含量	SlCb	卵（碎）石混合土

表 2.8　　　　　砾类土的分类 ［砾粒组（$2\text{mm}<d\leqslant 60\text{mm}$）含量大于 50%］

土类	粒组含量		土代号	土名称
砾	细粒含量<5%	级配 $C_u\geqslant 5$，$1\leqslant C_c\leqslant 3$	GW	级配良好砾
		级配不同时满足上述要求	GP	级配不良砾
含细粒土砾	细粒含量为 5%～15%		GF	含细粒土砾
细粒土质砾	15%≤细粒含量<50%	细粒组中粉粒含量≤50%	GC	黏土质砾
		细粒组中粉粒含量>50%	GM	粉土质砾

表 2.9　　　　　　　　　砂类土的分类（砾粒组含量≤50%）

土类	粒组含量		土代号	土名称
砂	细粒含量<5%	级配 $C_u\geqslant 5$，$1\leqslant C_c\leqslant 3$	SW	级配良好砂
		级配不同时满足上述要求	SP	级配不良砂
含细粒土砂	细粒含量为 5%～15%		SF	含细粒土砂
细粒土质砂	15%≤细粒含量<50%	细粒组中粉粒含量≤50%	SC	黏土质砂
		细粒组中粉粒含量>50%	SM	粉土质砾

（2）细粒土是指粒径小于 0.075mm 的粒组含量不小于总质量 50% 的土，参照塑性图（图 2.12）可进一步细分。综合我国的情况，当用 76g，锥角为 30°的液限仪锥尖入土 17mm 对应的含水率作为液限（相当于碟式液限仪测定值）时，用土的塑性图分类，见表 2.10。

2.6 土的工程分类

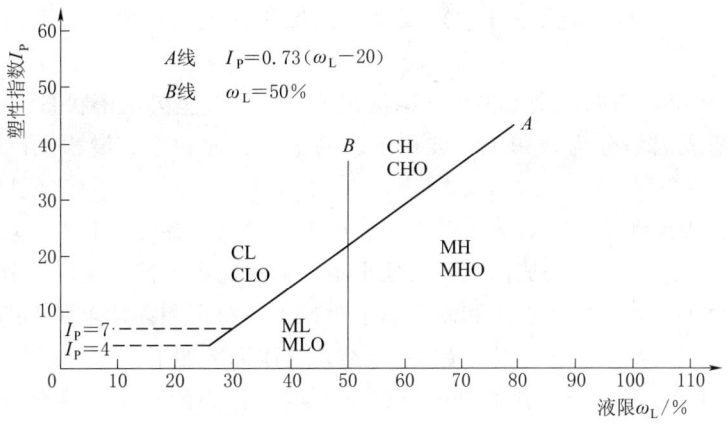

图 2.12 塑性图

表 2.10 细粒土的分类

土的塑性指标在塑性图中的位置		土代号	土名称
塑性指数 I_P	液限 $\omega_L/\%$		
$I_P \geqslant 0.73(\omega_L-20)$ 和 $I_P \geqslant 7$	$\geqslant 50$	CH	高液限黏土
	< 50	CL	低液限黏土
$I_P < 0.73(\omega_L-20)$ 和 $I_P < 4$	$\geqslant 50$	MH	高液限黏土
	< 50	ML	低液限黏土

细粒土中含有粗粒土时，若粗粒组（0.075mm<d≤60mm）的含量在 25% 以下，这时粗颗粒完全被细颗粒所包围，悬浮在细颗粒土组成的基质中，对细粒土性质影响不大，可以不标明，仍称为细粒土。当粗粒土含量达到 25%～50% 时，粗粒土可能形成骨架，对细粒土的性质会产生影响，这时称为含粗粒的细粒土。其中若粗粒中砾粒占优势，称含砾细粒土，在细粒土代号后缀以代号 G，如含砾低液限土的代号为 CLG；若粗粒中砂粒占优势，称含砂细粒土，在细粒土代号后缀以代号 S，如含砂高液限土的代号为 CHS。含有部分有机质（有机质含量为 5%～10%）的土称为有机质土，这类土应在相应土代号后缀以代号 O，如低液限有机质土的代号为 MLO。

2.6.3 《建筑地基基础设计规范》(GB 50007—2011) 和《岩土工程勘察规范》(GB 50021—2001) 分类法

该分类方法源于苏联的天然地基设计规范，结合我国土质条件和 40 多年实践经验，经改进补充而成。其主要特点是，在考虑划分标准时注重土的天然结构特性和强度，并始终与土的主要工程特性——变形和强度特征紧密联系，因此，首先考虑了按沉积年代和地质成因的划分，同时将某些特殊形成条件和特殊工程性质的区域性特殊土与普通土区别开来。在以上基础上，总体再按颗粒级配或塑性指数分为岩石、碎石土、砂土、粉土、黏性土和人工填土 6 大类，并结合沉积年代、成因和某种特殊性质综合定名。其分类标准如下。

（1）按沉积年代可划分为以下两类：

1) 老沉积土，第四纪晚更新世 Q_3 及其以前堆积的土，一般呈超固结状态，具有较高的结构强度。

2) 新近沉积土，第四纪全新世中近期沉积的土，一般呈欠压密状态，结构强度较低。

(2) 按地质成因划分为残积土、坡积土、洪积土、冲积土、淤积土、冰积土和风积土等。

(3) 按颗粒级配和塑性指数分为碎石土、砂土、粉土、黏性土和人工填土5大类。人工填土由人为因素形成，只是成因上与其他土不同，因此，天然土实际被分为碎石土、砂土、粉土和黏性土4大类。碎石土和砂土属于粗粒土，粉土和黏性土属于细粒土。粗粒土按粒径级配分类，细粒土则按塑性指数 I_P 分类。具体标准如下：

1) 粒径大于 2mm 的颗粒含量超过全重 50% 的土称为碎石土。根据颗粒级配和颗粒形状按表 2.11 分为漂石、块石、卵石、碎石、圆砾和角砾 6 类。

表 2.11　　　　　　　　　　　碎石土的分类

土的名称	颗粒形状	粒组含量
漂石	圆形及亚圆形为主	粒径大于 200mm 的颗粒含量超过全重 50%
块石	棱角形为主	
卵石	圆形及亚圆形为主	粒径大于 20mm 的颗粒含量超过全重 50%
碎石	棱角形为主	
圆砾	圆形及亚圆形为主	粒径大于 2mm 的颗粒含量超过全重 50%
角砾	棱角形为主	

注　分类时应根据粒组含量由大到小以最先符合者确定。

2) 粒径大于 2mm 的颗粒含量不超过全重的 50%，且粒径大于 0.075mm 的颗粒含量超过全重 50% 的土称为砂土。根据颗粒级配按表 2.11 分为砾砂、粗砂、中砂、细砂和粉砂。

表 2.12　　　　　　　　　　　砂土的分类

土的名称	粒组含量
砾砂	粒径大于 2mm 的颗粒含量占全重 25%～50%
粗砂	粒径大于 0.5mm 的颗粒含量超过全重 50%
中砂	粒径大于 0.25mm 的颗粒含量超过全重 50%
细砂	粒径大于 0.075mm 的颗粒含量超过全重 85%
粉砂	粒径大于 0.075mm 的颗粒含量超过全重 50%

注　分类时应根据粒组含量由大到小以最先符合者确定。

表 2.13　　　　　　　　　　　黏性土的分类

塑性指数 I_P	土的名称	塑性指数 I_P	土的名称
$I_P > 17$	黏土	$10 < I_P \leqslant 17$	粉质黏土

注　塑性指数由 76g 圆锥入土深度 10mm 测定的液限计算而得。

3) 粉土是指粒径大于 0.075mm 的颗粒含量不超过全重的 50% 而塑性指数 $I_P \leqslant 10$ 的土。它既不具有砂土透水性大、容易排水固结、抗剪强度较高的优点，又不具备黏性土防水性能好、不易被水冲蚀流失、具有较大黏聚力的优点。有资料表明，粉土的密实度与天然孔隙比 e 有关，一般 $e>0.9$ 时，为稍密，强度较低，属于软弱地基；$0.75<e<0.9$ 时为中密，其强度高，属于良好的天然地基。粉土的湿度状态可按天然含水率 ω 划分，当 $\omega<20\%$ 时，为稍湿；$20\%<\omega<30\%$ 时，为湿润；$\omega>30\%$ 时，为很湿。粉土在饱和状态下易于液化和结构软化，以至强度降低，压缩性增大。

4) 人工填土根据其物质组成和成因又分为素填土、压实填土、杂填土和冲填土。素填土是指由碎石、砂土、粉土和黏性土组成的填土，杂质含量很少或不含杂质。经分层压实或夯实的素填土称为压实填土。杂填土是含有大量建筑垃圾、工业废料或生活垃圾等杂物的填土。冲填土是由水力充填泥砂形成的填土。

此外，自然界中还分布许多特殊性质的土。具有一定分布区域或者工程意义上具有特殊成分、状态和结构特征的土称为特殊性土，《岩土工程勘察规范》（GB 50021—2001）中分为湿陷性土、红黏土、软土（包括淤泥和淤泥质土）、混合土、填土、多年冻土、膨胀土、盐渍土和污染土等。

思 考 题

2.1 如何确定固体颗粒的粒径分布？

2.2 土的不均匀系数 C_u 及曲率系数 C_c 的定义各是什么？如何从土的颗粒级配曲线图、C_u 及 C_c 数值上分析土的工程性质？

2.3 土中的水按存在状态分为哪几类？分别具有哪些特性？

2.4 土的物理性质指标有哪些？哪些可以直接测定？其中，反映土的松密程度、软硬程度和轻重程度的指标分别有哪些？

2.5 何为黏性土的稠度？根据稠度将黏性土划分为哪几种状态？对应的界限含水率有哪些？

2.6 何为黏性土的灵敏度与触变性？

2.7 何为最优含水率、最大干密度？影响土压实效果的主要因素有哪些？

2.8 何为压实度（压实系数）？

习 题

2.1 两种土的试验成果见表 2.14，下面 4 种判断哪些是正确的？

(1) 甲土比乙土的黏粒含量多。

(2) 甲土比乙土的天然密度大。

(3) 甲土比乙土的干密度大。

(4) 甲土比乙土的孔隙比大。

表 2.14　　　　　　　　　习 题 2.1 表

指标	甲土	乙土	指标	甲土	乙土
液限 ω_L	40%	25%	颗粒比重 G_s	2.7	2.66
塑限 ω_P	25%	17%	饱和度 S_r	100%	100%
天然含水率 ω	30%	22%			

2.2　某原状土样，经试验测试天然密度为 1.67g/cm³，含水率为 12.9%，土粒相对密度为 2.67，求：孔隙比 e、孔隙率 n 和饱和度 S_r。

2.3　某一完全饱和黏性土样的含水率为 30%，土粒比重为 2.73，液限为 33%，塑限为 17%，求孔隙比、干密度和饱和密度，并按塑性指数和液性指数分别确定该黏性土的分类名称和软硬状态。

2.4　从甲、乙两地黏性土层中各取出土样进行试样，两地土样的液限和塑限都相同，$\omega_L=40\%$，$\omega_P=25\%$，但甲地的天然含水率 $\omega=45\%$，而乙地的天然含水率 $\omega=20\%$，求：两地土样的液性指数各是多少？

2.5　某路基工程中需要取土料进行填筑，已测得土料的孔隙比为 1.15，压实度达到设计要求时填筑体的孔隙比为 0.65，则 1m³ 填筑体所需土料大约为多少？

2.6　某碾压土坝的土方量为 20 万 m³，设计填筑干密度为 1.65g/cm³。料场土的含水率为 12.0%，天然密度为 1.70g/cm³，液限为 32.0%，塑限为 20.0%，土粒比重为 2.72，试计算：

（1）为满足筑坝需要，至少需要多少方土料？

（2）如每日坝体的填筑量为 3000m³，该土的最优含水率为塑限的 95%，为达到最佳碾压效果，每天共需加水多少？

（3）土坝填筑后的饱和度是多少？

2.7　证明击实曲线上对应于饱和状态时的干密度公式 [式 (2.18)]。

中 英 词 汇 对 照

物理性质　physical properties　　　　土的三相组成　three phases of soil
固相　solid phase　　　　　　　　　　气相　vapor phase
搬运　transportation　　　　　　　　沉积　sedimentation
原生矿物　original mineral　　　　　　次生矿物　secondary mineral
黏土矿物　clay mineral　　　　　　　　结合水　combined (bound) water
自由水　free water　　　　　　　　　　颗分试验　particle size analysis test
筛分法　sieve analysis　　　　　　　　沉降分析法　hydrometer analysis
粒径分布曲线　grain size distribution curve　有效粒径　effective grain size
限制粒径　constrained grain size　　　粒组　fraction
不均匀系数　coefficient of uniformity　曲率系数　coefficient of curvature
级配　gradation　　　　　　　　　　　单粒结构　single grained structure

蜂窝结构　honeycomb structure
分散结构　disperded structure
密度　density
土粒相对密度　specific gravity of solids
孔隙比　void ratio
饱和度　degree of saturation
干重度　dry unit weight
饱和密度　saturated density
密实度　compactness
松散　loose
密实　dense，well compacted
中密　medium dense
稠度　consistency
可塑状态　plastic
缩限　shrinkage limit
液限　liquid limit
液性指数　liquidity index
锥式液限仪　cone penetrometer for liquid limit test
液塑限联合测定仪　liquid plastic limit combined device
灵敏度　sensitivity
无机土　inorganic soil
巨粒土　huge grained soil
黏性土　cohesive soil，clayey soil

砂　sand
淤泥　muck
絮凝结构　flocculent structure
物理性质指标　physical index
容重，重度　unit weight
含水率　water content
孔隙率　porosity
干密度　dry density
有效重度　effective unit weight
饱和重度　saturated unit weight
相对密实度　relative density
稍密　slightly dense
击实试验　compaction test
标准贯入试验　standard penetration test
半固态　semisolid
流态　liquid
塑限　plastic limit
塑性指数　plasticity index
触变性　thixotropy
有机土　organic soil
无黏性土　cohesionless(non-cohesive)soil
粉土　silty
黏土　clay
沼泽土　marsh soil

第3章 土中应力计算

> **内容导读**：土中的应力是地基变形和地基稳定性分析的基础。本章主要介绍自重应力、附加应力的计算及其分布和有效应力原理。
>
> **教学目标及要求**：掌握饱和土的有效应力原理，会计算不同条件下的自重应力和基底压力、基底附加应力和土中的附加应力，并明白相关计算的假定条件及与实际土中应力的差别。

3.1 概 述

建筑物建立在土（岩）层上，一般由满足使用功能的上部结构和埋在地下的基础两部分组成。影响建筑物沉降和稳定的足够大范围的土体称为地基，基础将上部结构的荷载扩散后传给地基，是建筑物的上部结构和地基的连接部分，见图3.1。建筑物的荷载通过基础传递到地基土中，使相应的土层产生应力。直接与基础相接触的下部土层称为持力层，持力层下性质截然不同的土层称为下卧层。

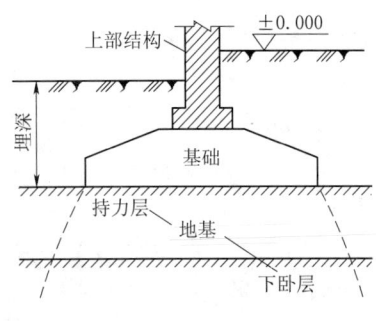

图 3.1 建筑物和地基

土坝或土堤、路堤也是一种建筑物，它们除了将自身重量传给地基外，自身也产生应力。渗流和动荷载也在土中产生应力。

土中应力的计算目前采用弹性理论法，即将土视为连续的、均质的、各向同性的、在水平和深度方向上是无限的弹性体。这种假定与土的实际情况（非连续、非均匀、各向异性、在水平和深度上有一定的范围）有出入，但在一定的荷载范围内，计算结果能满足实际工程的要求。

3.1.1 应力计算的目的

地基承受荷载产生应力，会给建筑物带来两方面的工程问题，即变形和稳定。如果地基土的变形超过允许值，会降低建筑物的价值甚至使其失去使用价值。如果地基某一区域中产生的应力超过土的强度，此时土体就要发生破坏，当这种破坏区域从土体内部延伸至地面时，会引起整个地基产生滑动，使建筑物丧失稳定。为了使设计的建筑物既安全可靠又经济合理，就需要研究土体中应力的大小和分布规律。

3.1.2 土中应力的类型

土体中的应力，按产生的原因分为自重应力和附加应力两种；按土体中应力的分担方式分为有效应力（土骨架所承担的应力）和孔隙应力（孔隙中的水、气承担的应力）。对于饱和土来说，孔隙应力就是孔隙水应（压）力，简称孔压。

3.2 饱和土中的有效应力原理

在土中某点截取一水平截面，其面积为 A，截面上作用着应力 σ（图3.2），它是由上面土骨架的自重、静水压力及外荷载 P 所产生的应力，称为总应力。这一应力一部分是由土颗粒来承担，即颗粒间的接触面传递的应力，称为有效应力 σ'；另一部分是由土体孔隙内的水承受，称为孔隙水应（压）力 u。则得到有效应力公式（公式的推导忽略颗粒间的接触面积）：

$$\sigma = \sigma' + u \tag{3.1}$$

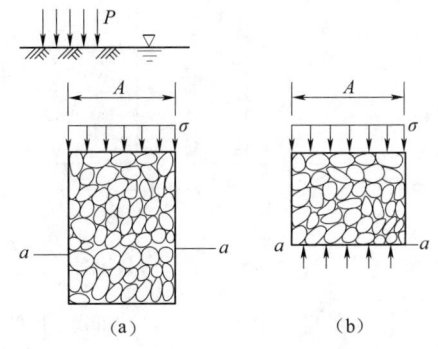

图 3.2 有效应力原理

式（3.1）即为太沙基提出的有效应力原理。它给出了土体中总应力、有效应力和孔隙水应力三者的关系。通常总应力可计算出，孔隙水应力等于该处测压管水柱产生的应力，那么可由式（3.1）计算出有效应力。

孔隙水应力可以由两部分组成：①由静水位产生的孔隙水应力，称为静孔隙水应力；②由渗流或加载所引起的，超过静水位的那一部分测压管水柱所产生的应力，称为超静孔隙水应力。对于稳定渗流来说，超静孔隙水应力不随时间变化（具体见第4章）；由荷载（动的或静的）引起的超静孔隙水应力将随时间而变化（具体见第5章）。

由于水压力在各个方向是相等的，因而只有有效应力才能使土体产生压缩（或固结）和强度。所以下面介绍的自重应力，如果没有特别说明，都是指的有效自重应力。

3.3 自 重 应 力

由土体自身重量产生的应力称为自重应力。对于成土年代很久的土层，在漫长的地质历史中，土体在自重应力作用下已经固结稳定，此时自重应力不再引起土的变形。而新近沉积的土层或近期人工吹填的土在自重作用下尚未完全固结，因而自重应力仍会引起土的固结变形。此外地下水位骤降也会引起土的自重应力的变化。

3.3.1 均质土中的自重应力

假定地基为具有水平表面的半无限弹性体，则在地基内任一水平面上和竖直面上仅作用有竖向自重应力 σ_{cz} 和水平向的侧向应力 $\sigma_{cx} = \sigma_{cy}$，而作用面上的剪应力不存在。因此，在深度为 z 的平面上，土体因自身重力产生的 σ_{cz} 等于单位面积上土柱体的重力 W，如图 3.3 中的矩形所示，即在深度为 z 处土的竖向自重应力（kN/m^2，即 kPa）为

$$\sigma_{cz} = \gamma z \tag{3.2}$$

式中　γ——土的重度，地下水位以下的土则取有效重度 γ'，kN/m^3；

　　　z——计算点至地面的距离（图3.3），或计算点至沉积土层顶面的距离（图

3.4），m。

由式（3.2）可知，自重应力随深度 z 线性增加，呈三角形分布，如图3.3中的三角形所示。

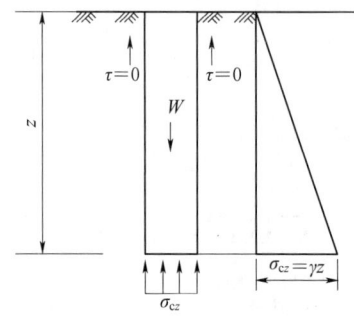

图3.3 均质土的竖向自重应力

图3.4 水面下的均质土

土体在自重作用下，水平向具有侧向应力，任一点水平向侧向应力在环向相等，可用式（3.3）计算：

$$\sigma_{cx} = \sigma_{cy} = K_0 \gamma z \tag{3.3}$$

式中 K_0——土的静止侧压力系数。

K_0——等于侧向有效应力与竖向有效应力之比，其数值与土的种类和固结情况有关，可在三轴仪中测定，也可在专门的侧压力仪器中测得。在缺乏试验资料时，可按下列经验公式估算：

砂性土：

$$K_0 = 1 - \sin\varphi' \tag{3.4}$$

黏性土：

$$K_0 = 0.95 - \sin\varphi' \tag{3.5}$$

超固结黏土：

$$K_0 = \sqrt{OCR}(1 - \sin\varphi') \tag{3.6}$$

式中 φ'——土的有效内摩擦角（具体见第6章）；

OCR——超固结比（具体见第5章）。

3.3.2 成层土中的自重应力

地基土通常为成层土。当地基为成层土体时，设各土层的厚度为 h_i，重度为 γ_i，则在深度为 z 处土的自重应力计算公式为

$$\sigma_{cz} = \gamma_1 h_1 + \gamma_2 h_2 + \cdots + \gamma_n h_n = \sum_{i=1}^{n} \gamma_i h_i \tag{3.7}$$

式中 n——从天然地面到深度为 z 处的土层数。

但在地下水位以下，若埋有不透水层（如岩层或只含结合水的坚硬黏土），由于不透水层中不存在水的浮力，故层面及层面以下自重应力按上覆土层的水土总重计算，这样紧靠上覆层与不透水层界面上下的自重应力有突变，使层面处有两个自重应力值［图3.5中，不透水层顶面的自重应力为实线体所示的 $\gamma_1 h_1 + \gamma_2 h_2 + \gamma_3' h_3 + \gamma_4' h_4$；不透水层底面

的自重应力为 $\gamma_1 h_1 + \gamma_2 h_2 + \gamma'_3 h_3 + \gamma'_4 h_4 + \gamma_w(h_3 + h_4)]$。

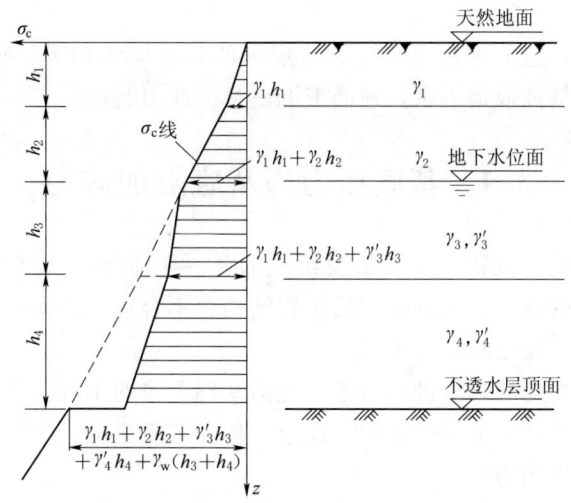

图 3.5　成层土中竖向自重应力沿深度的分布

【例 3.1】 某土层及其物理性质指标如图 3.6 所示，地下水位在地表下 1.0m 处，计算土中自重应力并绘出分布图。

取 z 轴向下。

解：（1）第 1 层。

a 点：$z = 0\text{m}$，$\sigma_{cza} = 0$。

b 点：$z = 1\text{m}$，$\sigma_{czb} = \gamma z = 18.6 \times 1 = 18.6(\text{kN/m}^2)$。

c 点：$z = 2\text{m}$，$\sigma_{czc} = \sigma_{czb} + \gamma' h = 18.6 + (18.8 - 10) \times 1 = 27.4(\text{kN/m}^2)$。

（2）第 2 层。

d 点：$z = 5\text{m}$，$\sigma_{czd} = \sigma_{czc} + \gamma' h_2 = 27.4 + (18.4 - 10) \times 3 = 27.4 + 25.2 = 52.6(\text{kN/m}^2)$。

土层中的自重应力 σ_{cz} 的分布如图 3.6 所示。

【例 3.2】 若大量抽取地下水，引起 [例 3.1] 中土层中的地下水位下降至地面以下 3m 处，计算土中自重应力，并与 [例 3.1] 中的结果比较，能得出什么结论？

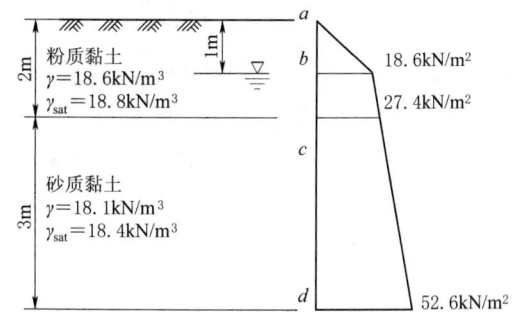

图 3.6　[例 3.1] 图

解： a 点、b 点的自重应力不发生变化。

（1）第 1 层。

c 点：$z = 2\text{m}$，$\sigma_{czc} = \sigma_{czb} + \gamma h = 18.6 + 18.6 \times 1 = 37.2(\text{kN/m}^2)$。

（2）第 2 层。

地下水位处于 $z = 3\text{m}$ 处，$\sigma_{czw} = \sigma_{czc} + \gamma_2 h = 37.2 + 18.1 \times 1 = 55.3(\text{kN/m}^2)$。

d 点：$z=5\text{m}$，$\sigma_{czd}=\sigma_{czw}+\gamma'h=55.3+(18.4-10)\times 2=55.3+16.8=72.1(\text{kN/m}^2)$。

根据上面的计算，地下水位下降后，土层中的自重应力增大，可使土体产生压缩变形。目前一些城市大量抽取地下水，地面下沉就是由此引起的。

3.4 基底压力与基底附加应力

地基和基础是保持建筑物稳定的重要组成部分，任何建筑都必须有可靠的地基和基础。基础是与地基紧密联系、互相依存的工程结构。不合理或错误的基础设计与施工质量问题都会导致基础工程质量缺陷与事故。

建筑物的上部结构荷载和基础的自重（包括基础上覆的土层）在基础底面与地基之间产生接触压力，施加于地基上单位面积的压力，称为基底压力。它与地基作用于基础上的反力互为作用力与反作用力。

基础通常埋置在天然地面下一定深度（图3.1）。由于天然土层在自重作用下的变形已经完成，故只有超出基底处原有自重应力的那部分应力才使地基产生附加变形。使地基产生附加变形的基底压力称为基底附加应力，亦称基底净压力。

3.4.1 基底压力
3.4.1.1 分布特征

基底压力的分布和强度受基础[刚度（图3.7和图3.8）、形状、尺寸、埋深等]、荷载（性质、大小、分布情况）以及地基土（性质、厚度、地下水位）等的影响。即使对于同一种基础、同一种地基，基底压力也会随荷载的大小而发生变化，如：图3.8（a）中的虚线为荷载较小时的基底压力的反力分布，实线为荷载增大时的马鞍形；荷载再增大时可变为抛物线形[图3.8（b）]，以至倒钟形[图3.8（c）]。

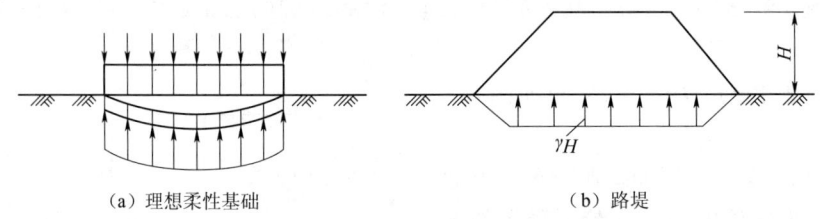

(a) 理想柔性基础　　　　　　　　　(b) 路堤

图3.7　柔性基础下的基底压力分布

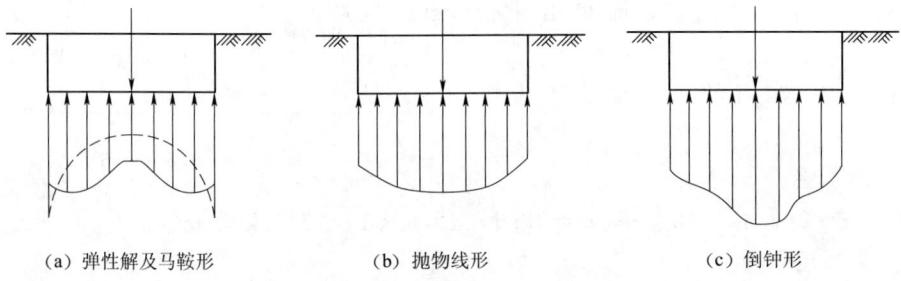

(a) 弹性解及马鞍形　　　(b) 抛物线形　　　(c) 倒钟形

图3.8　刚性基础下基底压力分布

但根据弹性理论中圣维南原理，基底压力的具体分布形式对地基应力计算的影响仅局限于一定深度范围；一般而言，当基底以下的深度超过基础宽度的1.5～2.0倍时，影响已不是很显著。因此，超出此范围以后，地基中附加应力的分布将与基底压力的分布关系不大，而只取决于荷载的大小、方向和合力的位置。

3.4.1.2 简化计算

通过前面的分析，对于无筋扩展基础（过去称为刚性基础）和具有一定刚度以及尺寸较小的扩展基础，在工程应用中，可近似认为基底压力按直线变化，用下列公式进行简化计算：

中心荷载下：

$$\bar{p} = \frac{F+G}{A} \tag{3.8}$$

竖向偏心荷载下：

$$p_{\min}^{\max} = \frac{F+G}{A} \pm \frac{M}{W} \tag{3.9}$$

$$G = \gamma_G A d$$

$$M = (F+G)e$$

$$W = \frac{bl^2}{6}$$

式中　A——基础的底面积；

　　　F——作用在基础顶面通过基底形心的竖向荷载；

　　　G——基础及其台阶上填土的总重，kN；

　　　γ_G——基础和填土的平均重度，一般取20kN/m³，地下水位以下取有效重度；

　　　d——基础埋置深度（当室内外埋深不同时取平均值），从设计地面算起；

　　　M——作用在基础底面的力矩；

　　　e——偏心距；

　　　W——基础底面的抗弯截面模量。

将W的表达式代入式（3.9）得

$$p_{\min}^{\max} = \frac{F+G}{A}\left(1 \pm \frac{6e}{l}\right) \tag{3.10}$$

当$e<l/6$时，基底地基反力呈梯形分布，$p_{\min}>0$，见图3.9（b）；当$e=l/6$时，基底地基反力呈三角形分布，$p_{\min}=0$；当$e>l/6$时，荷载作用点在截面核心外，$p_{\min}<0$，基底地基反力出现拉力，见图3.9（c）。由于地基土不可能承受拉力，此时基底与地基土局部脱开，使基底地基反力重新分布。根据偏心荷载与基底地基反力的平衡条件，地基反力的合力作用线应与偏心荷载作用线重合，得基底边缘最大地基反力$p'_{\max}$为

$$p'_{\max} = \frac{2(F+G)}{3\left(\dfrac{l}{2}-e\right)b} \tag{3.11}$$

对于条形基础（$l/b \geqslant 10$），式（3.8）中的$l=1$，则$A=b$，荷载F和G取单位长度上（每延米）的对应值（kN/m）。

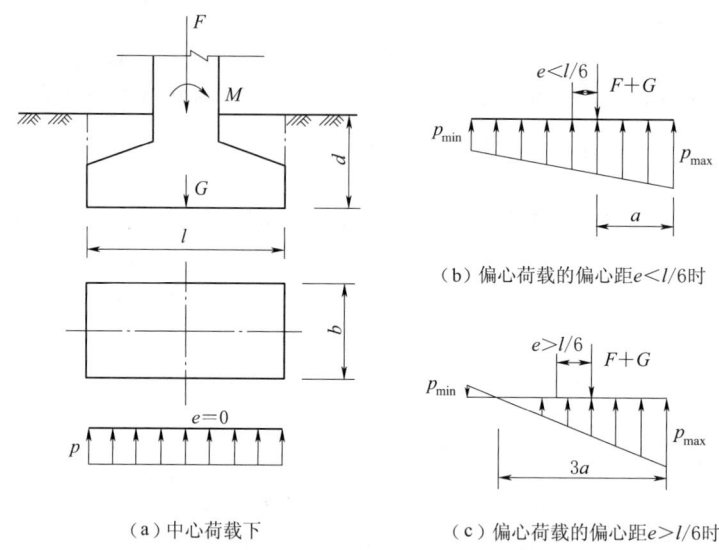

图 3.9 基底压力分布的简化计算

对于倾斜偏心荷载,先将倾斜荷载分解为竖向荷载和水平向荷载,再按前面的方法计算基底压力。

要指出的是,对于较大尺寸的基础,若要提高基础内力的计算精度,宜按弹性地基的基础梁(板)计算,可参考有关专著。

基底压力除了用来计算地基中的附加应力,还要用于计算基础本身的内力、配筋以及校核基础强度。

3.4.2 基底附加应力(基底净压力)

在工程实践中,一般浅基础总是置于天然地基下的一定深度,该处土中存在竖向自重应力。而当基础施工,进行土方开挖后,地基原有的自重应力被卸除。所以在计算基底附加压力时,需扣除基底处原先存在于土中的自重应力,即按下式计算:

$$p_0 = p - \sigma_{cz} = p - \gamma_m d \tag{3.12}$$

式中 p——基底压力;

σ_{cz}——基底处自重应力;

d——基础埋置深度,简称基础埋深,一般从天然地面算起;

γ_m——基底标高以上天然土层按分层厚度的加权重度;基础底面在地下水位以下的,地下水位以下的土层用有效重度计算。

由于计算地基自重应力时假定地基为半无限空间,而基坑开挖的卸土是局部的,因而上面的基底附加应力计算结果是近似的。不过对于一般浅基础来说,这种假设所造成的误差可以忽略不计。

但是,当基坑的平面尺寸较大或深度较大时,坑底将发生明显的回弹,且基坑中部的回弹量大于边缘处的回弹量。在沉降计算中应考虑这种坑底的回弹和再压缩而增加的沉降,一个近似的方法是修正基底附加应力,通常将式(3.12)中的 σ_{cz} 前乘以一个 $0\sim1$ 的折减系数 α,通常根据经验取值,精确取值是困难的。

【例 3.3】 某矩形单向偏心受压基础，基础底面尺寸为 3m×2m，地下水位在地表以下 0.5m 处，柱传给基础的竖向力为 300kN，弯矩为 120kN·m，试按图 3.10 所给资料计算基底压力（绘出分布图）和基底附加应力。

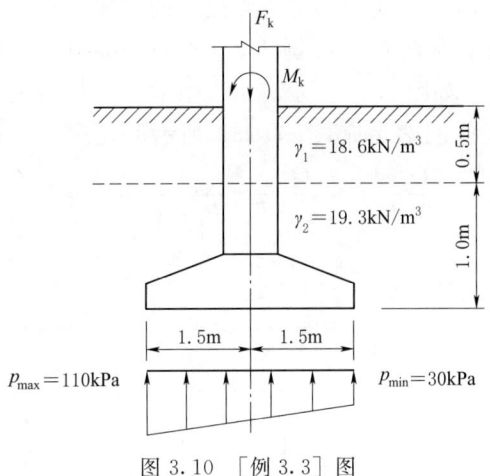

图 3.10 [例 3.3] 图

解： 基础及其上回填土的重量为

$$G = 3 \times 2 \times (20 \times 0.5 + 10 \times 1.0) = 120 \text{(kN)}$$

偏心距

$$e = M_k/(F_k + G) = 120/(300 + 120) = 0.286 \text{(m)} < 3/6 = 0.5 \text{m}$$

基底压力

$$p_{\min}^{\max} = \frac{F_k + G}{A}\left(1 \pm \frac{6e}{l}\right) = \frac{300 + 120}{3 \times 2} \times \left(1 \pm \frac{6 \times 0.286}{3}\right) = 70 \times (1 \pm 0.572) = \frac{110}{30}\text{(kN/m}^2\text{)}$$

基底以上土的加权重度

$$\gamma_m = \frac{\gamma_1 h_1 + \gamma_2 h_2}{h_1 + h_2} = \frac{18.6 \times 0.5 + 9.3 \times 1.0}{0.5 + 1.0} = 12.4 \text{(kN/m}^3\text{)}$$

基底附加应力

$$p_0 = p_{\min}^{\max} - \gamma_m d = \frac{110}{30} - 12.4 \times 1.5 = \frac{91.4}{11.4}\text{(kN/m}^2\text{)}$$

3.5 地基中的附加应力

由于地表是临空的，将地基看成均质各向同性的线性变形半无限空间体，因而计算地基中的附加应力可以直接应用弹性力学的求解方法。按照问题的性质，应力计算可分为空间问题和平面问题两大类。若地基中的应力是三维坐标 x、y、z 的函数，如矩形（$l/b < 10$）、圆形等基础下的地基附加应力计算即属于空间问题；若地基中的应力仅是 x（或 y）、z 两个坐标的函数，如条形基础（$l/b \geq 10$）下的地基附加应力计算即属于平面问题，路堤、土坝、挡土墙下基础大多属于条形基础。

建筑物作用于地基表面的荷载分布是多种多样的，但各种不同分布的荷载都可以划分成均布荷载和三角形分布荷载的组合。

任何荷载都有其作用面积，因此实际工程中没有集中力，但集中力作用下的附加应力解是求解其他荷载作用下附加应力解的基础，应用集中力的解答，通过叠加或者积分的方法可以得到各种分布荷载作用下的土中附加应力的计算公式。

3.5.1 集中荷载作用下地基中的附加应力

3.5.1.1 竖向集中荷载作用

在均匀的、各向同性的半无限弹性体表面作用一竖向集中力 Q 时，半无限体内任意

点 M 的应力（不考虑弹性体的体积力）可由布辛内斯克（法国人，J. Boussinesq）解计算，如图 3.11 所示。工程中常用的竖向正应力 σ_z 可表示成式（3.13）所示形式：

$$\sigma_z = \frac{3Q}{2\pi} \frac{z^3}{R^5} = \frac{3Q}{2\pi z^2} \frac{1}{\left[1+\left(\frac{r}{z}\right)^2\right]^{5/2}} = K \frac{Q}{z^2}$$

(3.13)

$$R = x^2 + y^2 + z^2$$

$$K = \frac{3}{2\pi \left[1+\left(\frac{r}{z}\right)^2\right]^{5/2}}$$

$$r = \sqrt{x^2 + y^2}$$

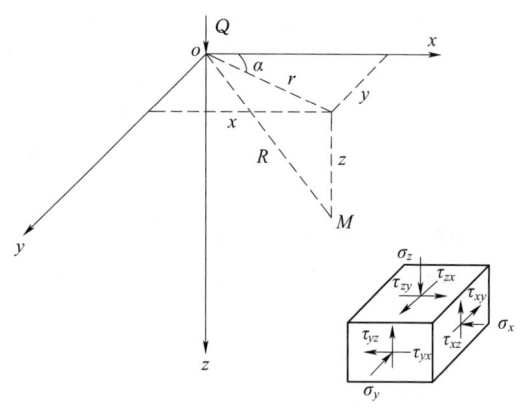

图 3.11 竖向集中力作用下地基中的应力

式中 R——计算点至集中力作用点的距离；

K——竖向集中力作用下竖向附加应力系数。

K 是 r/z 的函数，可查表 3.1。

表 3.1　　　　　　集中力作用于半无限表面时的竖向附加应力系数 K

r/z	K	r/z	K	r/z	K	r/z	K	r/z	K
0.00	0.4775	0.50	0.2733	1.00	0.0844	1.50	0.0251	2.00	0.0085
0.05	0.4745	0.55	0.2466	1.05	0.0744	1.55	0.0224	2.20	0.0058
0.10	0.4657	0.60	0.2214	1.10	0.0658	1.60	0.0200	2.40	0.0040
0.15	0.4516	0.65	0.1978	1.15	0.5810	1.65	0.0179	2.60	0.0029
0.20	0.4329	0.70	0.1762	1.20	0.0513	1.70	0.0160	2.80	0.0021
0.25	0.4103	0.75	0.1565	1.25	0.0454	1.75	0.0144	3.00	0.0015
0.30	0.3849	0.80	0.1386	1.30	0.0402	1.80	0.0129	3.50	0.0007
0.30	0.3577	0.85	0.1226	1.35	0.0357	1.85	0.0116	4.00	0.0004
0.40	0.3294	0.90	0.1083	1.40	0.0317	1.90	0.0105	4.50	0.0002
0.45	0.3011	0.95	0.0956	1.45	0.0282	1.95	0.0095	5.00	0.0001

由式（3.13）可知，在竖向集中力作用下地基附加应力的分布特点如下：

(1) σ_z 与 α 无关（图 3.11），应力呈轴对称分布。

(2) 在集中力作用线上，$r=0$，$K=3/(2\pi)$。当 $z=0$ 时，$\sigma_z \to \infty$，表明集中力作用点附近附加应力很大，同时也说明式（3.13）不适用于集中力作用处及其附近。因此在选择应力计算点时，不能过于接近集中力作用点。当 $z \to \infty$ 时，$\sigma_z = 0$，说明在集中力作用线上 σ_z 随深度增加而减小，见图 3.12 中的 A 线（虚线）。

(3) 在某一水平面上，此时 z 为定值。当 $r=0$ 时，K 最大，随着 r 的增大，K 减小，σ_z 逐渐减小，见图 3.12 中的 B 线。

(4) 在 $r>0$ 的某一圆柱面上，如图 3.12 中的 M 点下，$z=0$ 时，$\sigma_z=0$；随着 z 的

增大，σ_z 从零逐渐增大，至某一深度时达到最大，以后又逐渐减小，M 点下的附加应力分布见图 3.12 中的 C 线。

(5) 将地基中 σ_z 相同的点连接起来，可得到如图 3.13 所示的应力等值线，空间形状如泡状，称为应力泡。图 3.13 中离集中力作用点越远处，附加应力越小，此现象称为应力扩散。

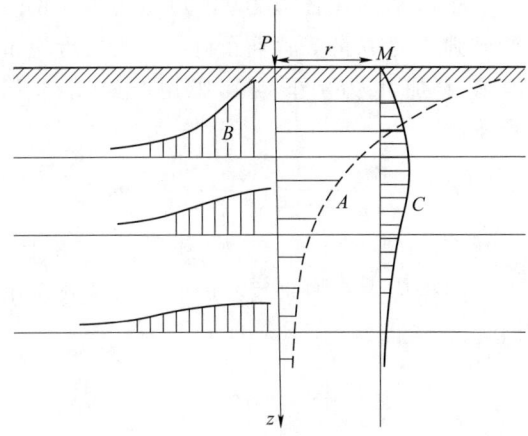

图 3.12 集中力作用下地基中附加应力分布

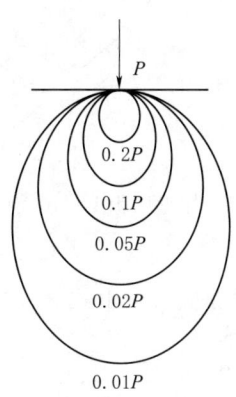

图 3.13 应力泡

若地基表面作用有若干集中力，可分别算出各集中力在地基中引起的附加应力，再根据叠加原理将它们相加，就得到了若干集中力共同作用在地基中产生的附加应力。

$$\sigma_z = K_1 \frac{Q_1}{z^2} + K_2 \frac{Q_2}{z^2} + K_3 \frac{Q_3}{z^2} + \cdots = \frac{1}{z^2} \sum_{i=1}^{n} K_i Q_i \qquad (3.14)$$

式（3.14）中的符号含义同式（3.13）。

3.5.1.2 水平向集中荷载作用

当半无限弹性体表面作用有水平集中力 Q_h 时，半无限体内任意点 M 的应力（不考虑弹性体的体积力）可由西罗提（Cerruti）解计算，如图 3.14 所示。工程中常用的竖向正应力 σ_z 可表示成式（3.15）：

$$\sigma_z = \frac{3 Q_h}{2\pi} \frac{xz^2}{R^5} \qquad (3.15)$$

式中的符号见图 3.14，含义同式（3.13）。只有当基底与地基表面之间有足够的传力条件（如摩擦力或黏聚力），并且将地基土体视为连续弹性体时，地基表面水平荷载才能在地基中引起附加应力。

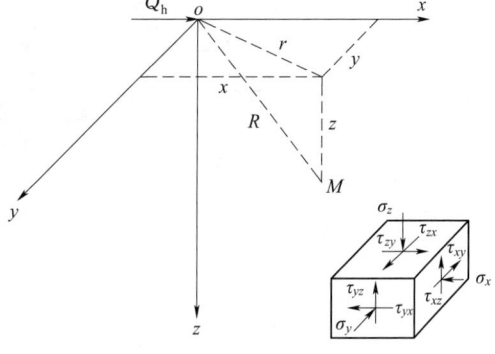

图 3.14 水平集中力作用下地基中的应力

3.5.2 分布荷载作用下地基中的附加应力

工程实践中，作用在地基上的荷载很少有集中力的形式，往往是通过基础分布在一定的面积上。在地基为弹性材料的假设前提下，利用 3.5.1 节的理论，根据实际的荷载条件与边界条件，通过叠加或者积分的方法可求得各种分布荷载作用时土中应力计算公式。

3.5.2.1 空间问题的附加应力计算

1. 矩形面积上作用竖向均布荷载时的附加应力

矩形基础，长边为 l，短边为 b，底面受到强度为 p 的竖直均布荷载（此处指均布基底附加压力，下同）作用，如图 3.15 所示。

$$d\sigma_z = \frac{3p}{2\pi} \frac{z^3}{(x^2+y^2+z^2)^{5/2}} dx dy \tag{3.16}$$

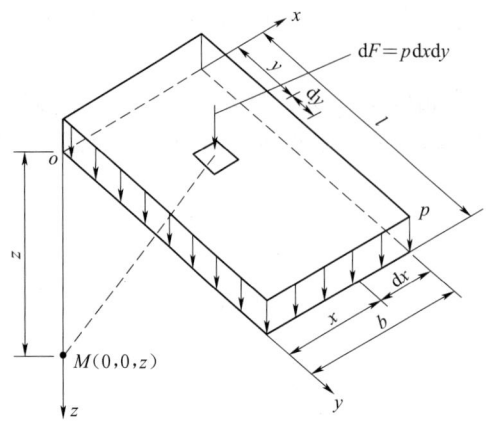

图 3.15 矩形面积上作用竖向均布荷载

根据应力叠加原理，矩形均布荷载作用下角点下附加应力可由式（3.16）在矩形面积上积分求得。

$$\sigma_z = \iint_A d\sigma_z = \frac{3p}{2\pi} \int_0^b \int_0^l \frac{z^3}{(x^2+y^2+z^2)^{5/2}} dx dy = \alpha_a p \tag{3.17}$$

式中 α_a——应力系数，它是 l/b 和 z/b 的函数，可由表 3.2 查得，表中没有的数值，可按线性插值获得。

表 3.2　　　　矩形面积上作用竖向均布荷载时角点下的竖向应力系数 α_a

z/b	l/b									
	1.0	1.2	1.4	1.6	1.8	2.0	3.0	4.0	5.0	≥10
0	0.250	0.250	0.250	0.250	0.250	0.250	0.250	0.250	0.250	0.250
0.2	0.249	0.249	0.249	0.249	0.249	0.249	0.249	0.249	0.249	0.249
0.4	0.240	0.242	0.243	0.243	0.244	0.244	0.244	0.244	0.244	0.244
0.6	0.223	0.228	0.230	0.232	0.232	0.233	0.234	0.234	0.234	0.234
0.8	0.200	0.208	0.212	0.215	0.217	0.218	0.220	0.220	0.220	0.220
1.0	0.175	0.185	0.191	0.196	0.198	0.200	0.203	0.204	0.204	0.205
1.2	0.152	0.163	0.171	0.176	0.179	0.182	0.187	0.188	0.189	0.189
1.4	0.131	0.142	0.151	0.157	0.161	0.164	0.171	0.173	0.174	0.174
1.6	0.112	0.124	0.133	0.140	0.145	0.148	0.157	0.159	0.160	0.160
1.8	0.097	0.108	0.117	0.124	0.129	0.133	0.143	0.146	0.147	0.148
2.0	0.084	0.095	0.103	0.110	0.116	0.120	0.131	0.135	0.136	0.137
2.5	0.060	0.069	0.077	0.083	0.089	0.093	0.106	0.111	0.114	0.115
3.0	0.045	0.052	0.058	0.064	0.069	0.073	0.087	0.093	0.096	0.099
4.0	0.027	0.032	0.036	0.040	0.044	0.048	0.060	0.067	0.071	0.076
5.0	0.018	0.021	0.024	0.027	0.030	0.033	0.044	0.050	0.055	0.061

3.5 地基中的附加应力

续表

z/b	l/b									
	1.0	1.2	1.4	1.6	1.8	2.0	3.0	4.0	5.0	≥10
6.0	0.013	0.015	0.017	0.020	0.022	0.024	0.033	0.039	0.043	0.051
7.0	0.010	0.011	0.013	0.015	0.016	0.018	0.025	0.031	0.035	0.043
9.0	0.006	0.007	0.008	0.009	0.010	0.011	0.016	0.020	0.024	0.032
10.0	0.005	0.006	0.007	0.007	0.008	0.009	0.013	0.017	0.020	0.028

在矩形面积上作用均布荷载时，若计算非角点下的地基土中竖向应力，可先将矩形按计算点位置分成若干小矩形，如图 3.16 所示。在计算出小矩形角点下土中竖向应力后，再采用叠加原理求出计算点的竖向应力 σ_z 值，这种计算方法一般称为角点法。

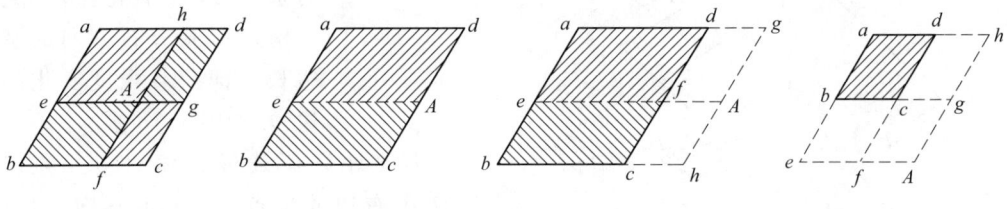

(a) 计算点A在基础内　　(b) 计算点A在基础边上　　(c) 计算点A在基础外一侧　　(d) 计算点A在基础角点外

图 3.16　角点法计算土中任意点的竖向应力

图 3.16 (a) 中 A 点下的附加应力为

$$\sigma_{zA} = \sigma_{zahAe} + \sigma_{zbfAe} + \sigma_{zAgdh} + \sigma_{zfcgA}$$

图 3.16 (b) 中 A 点下的附加应力为

$$\sigma_{zA} = \sigma_{zadAe} + \sigma_{zbcAe}$$

图 3.16 (c) 中 A 点下的附加应力为

$$\sigma_{zA} = \sigma_{zagAe} + \sigma_{zbhAe} - \sigma_{zAgdf} - \sigma_{zfchA}$$

图 3.16 (d) 中 A 点下的附加应力为

$$\sigma_{zA} = \sigma_{zahAe} - \sigma_{zbgAe} - \sigma_{zdhAf} + \sigma_{zcgAf}$$

应用角点法应注意：①要使计算点属于所划分的每一个矩形的角点；②划分矩形的总面积应等于原有的受荷面积；③查表时，所有分块矩形都是长边为 l，短边为 b。

【例 3.4】 有一矩形底面基础 $abcd$，$bc=4\text{m}$，$ab=6\text{m}$，其上作用均布荷载 $p_0=100\text{kPa}$，用角点法计算矩形基础外 k 点下深度 $z=6\text{m}$ 处的竖向附加应力。

解：$z=6\text{m}$，$\sigma_{zk} = \sigma_{ziaek} + \sigma_{zsdek} - \sigma_{zibfk} - \sigma_{zscfk}$

对于矩形 $iaek$，$l=9\text{m}$，$b=3\text{m}$，$l/b=3$，$z/b=2$，$\alpha_{a1}=0.131$。

对于矩形 $sdek$，$l=9\text{m}$，$b=1\text{m}$，$l/b=9$，$z/b=6$，$\alpha_{a2}=0.051$。

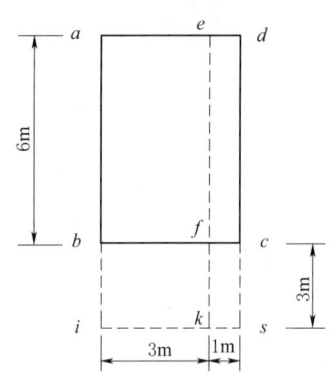

图 3.17　[例 3.4] 图

对于矩形 $ibfk$，$l=3\mathrm{m}$，$b=3\mathrm{m}$，$l/b=1$，$z/b=2$，$\alpha_{a3}=0.084$。

对于矩形 $scfk$，$l=3\mathrm{m}$，$b=1\mathrm{m}$，$l/b=3$，$z/b=6$，$\alpha_{a4}=0.033$。

$$\sigma_{zk}=100\times(0.131+0.051-0.084-0.033)$$
$$=100\times 0.065=6.5(\mathrm{kN/m^2})$$

2. 矩形面积上作用竖向三角形荷载时的附加应力

当矩形面积（$l\times b$）的基础上作用有三角形分布荷载时，为计算荷载为 0 的角点下的竖向应力值 σ_z，可将坐标原点取在荷载为 0 的角点上，相应的竖向应力值 σ_z 可用式（3.18）计算：

$$\sigma_z=\alpha_t p \tag{3.18}$$

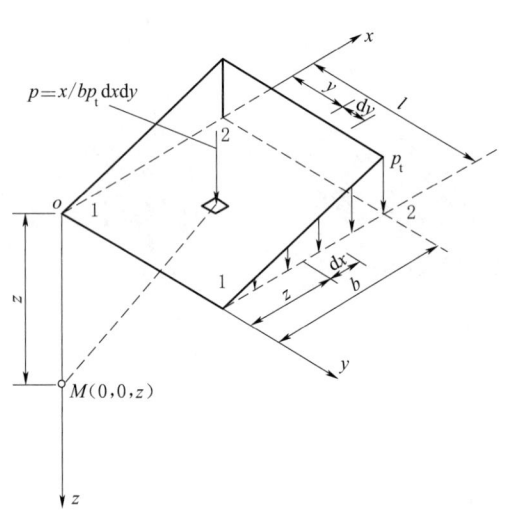

图 3.18 矩形面积上作用竖向三角形荷载

式中 α_t——附加应力系数，是 l/b 和 z/b 的函数，其值可由相应的应力系数表 3.3 查得，b 值是指三角形荷载分布方向的基础边长（即荷载强度变化的一边），如图 3.18 所示。

若要计算荷载最大值对应角点（图 3.18 中右边的角点 2）下地基中的应力，可将荷载分解为均布荷载（强度为 p）减去三角形荷载，分别计算出引起的地基应力之后叠加。倘若计算的位置不是荷载强度为 0 的角点下，首先将基础分割，构造相应的角点（前面的角点法）；然后将荷载分解为均布荷载和三角形荷载，分别计算后叠加。

表 3.3 矩形面积上作用竖向三角形荷载时压力为 0 角点下的竖向应力系数 α_t

z/b	l/b							
	0.2	0.6	1.0	1.4	1.8	3.0	8.0	10.0
0	0	0	0	0	0	0	0	0
0.2	0.0223	0.0296	0.0304	0.0305	0.0306	0.0306	0.0306	0.0306
0.4	0.0269	0.0487	0.0531	0.0543	0.0546	0.0548	0.0549	0.0549
0.6	0.0259	0.0560	0.0654	0.0684	0.069 4	0.0701	0.0702	0.0702
0.8	0.0232	0.0553	0.0688	0.0739	0.0759	0.0773	0.0776	0.0776
1.0	0.0201	0.0508	0.0666	0.0735	0.0766	0.0790	0.0796	0.0796
1.2	0.0171	0.0450	0.0615	0.0698	0.0738	0.0774	0.0783	0.0783
1.4	0.0145	0.0392	0.0554	0.0644	0.0692	0.0739	0.0752	0.0753
1.6	0.0123	0.0339	0.0492	0.0586	0.0639	0.0697	0.0715	0.0715

续表

z/b	l/b							
	0.2	0.6	1.0	1.4	1.8	3.0	8.0	10.0
1.8	0.0105	0.0294	0.0453	0.0528	0.0585	0.0652	0.0675	0.0675
2.0	0.0090	0.0255	0.0384	0.0474	0.0533	0.0607	0.0636	0.0636
2.5	0.0063	0.0183	0.0284	0.0362	0.0419	0.0514	0.0547	0.0548
3.0	0.0046	0.0135	0.0214	0.0280	0.0331	0.0419	0.0474	0.0476
5.0	0.0018	0.0054	0.0088	0.0120	0.0148	0.0214	0.0296	0.0301
7.0	0.0009	0.0028	0.0047	0.0064	0.0081	0.0124	0.0204	0.0212
10.0	0.0005	0.0014	0.0024	0.0033	0.0041	0.0066	0.0128	0.0139

3. 矩形面积上作用水平均布荷载时的附加应力

如图 3.19 所示，当矩形基础基底受水平荷载 P_h（基底的水平方向均布切向力）作用时，角点 1 和角点 2 下的地基竖向附加应力为

$$\begin{matrix}\sigma_{z1}\\ \sigma_{z2}\end{matrix} = \mp \alpha_h P_h \qquad (3.19)$$

式中 α_h——附加应力系数，是 l/b 和 z/b 的函数，这里的 b 是荷载作用方向的矩形的边长，l 是矩形的另一条边长，α_h 由表 3.4 查取。

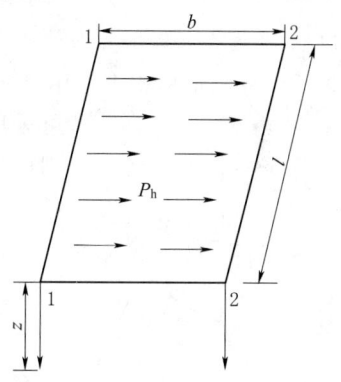

图 3.19 矩形基础上作用水平均布荷载

σ_{z1} 是水平荷载起始端角点 1 下的附加应力，为负值；σ_{z2} 是水平荷载终端角点 2 下的附加应力，为正值。显然在基础的 $2/b$ 的中线下的地基土中，由 P_h 引起的竖向附加应力为 0。角点法原理对于水平荷载作用的情况同样适用。

表 3.4　　矩形面积上作用水平均布荷载时角点下的竖向应力系数 α_h

z/b	l/b									
	1.0	1.2	1.4	1.6	1.8	2.0	4.0	6.0	8.0	10.0
0	0.1592	0.1592	0.1592	0.1592	0.1592	0.1592	0.1592	0.1592	0.1592	0.1592
0.2	0.1518	0.1523	0.1526	0.1528	0.1529	0.1529	0.1530	0.1530	0.1530	0.1530
0.4	0.1328	0.1347	0.1356	0.1362	0.1365	0.1367	0.1372	0.1372	0.1372	0.1372
0.6	0.1091	0.1121	0.1139	0.1150	0.1156	0.1160	0.1169	0.1170	0.1170	0.1170
0.8	0.0861	0.0900	0.0924	0.0939	0.0948	0.0955	0.0969	0.0970	0.0970	0.0970
1.0	0.0666	0.0708	0.0735	0.0753	0.0766	0.0774	0.0794	0.0796	0.0796	0.0796
1.2	0.0512	0.0553	0.0582	0.0601	0.0615	0.0624	0.0650	0.0652	0.0652	0.0652
1.4	0.0395	0.0433	0.0460	0.0480	0.0494	0.0505	0.0534	0.0537	0.0537	0.0538
1.6	0.0308	0.0341	0.0366	0.0385	0.0400	0.0410	0.0443	0.0446	0.0447	0.0447

续表

z/b	l/b									
	1.0	1.2	1.4	1.6	1.8	2.0	4.0	6.0	8.0	10.0
1.8	0.0242	0.0270	0.0293	0.0311	0.0325	0.0336	0.0370	0.0374	0.0375	0.0375
2.0	0.0192	0.0217	0.0237	0.0253	0.0266	0.0277	0.0312	0.0317	0.0318	0.0318
2.5	0.0113	0.0130	0.0145	0.0157	0.0167	0.0176	0.0211	0.0217	0.0219	0.0219
3.0	0.0070	0.0083	0.0093	0.0280	0.0331	0.0419	0.0474	0.0370	0.0370	0.0370
5.0	0.0018	0.0054	0.0088	0.0102	0.0110	0.0117	0.0150	0.0156	0.0158	0.0158
7.0	0.0007	0.0008	0.0009	0.0010	0.0012	0.0013	0.0022	0.0027	0.0029	0.0029
10.0	0.0002	0.0003	0.0003	0.0004	0.0004	0.0005	0.0008	0.0011	0.0013	0.0014

4. 圆形面积上作用竖向均布荷载时的附加应力

为了计算圆形面积上作用竖向均布荷载 p 时，土中任一点 $M(r,z)$ 的竖向正应力，可采用原点设在圆心 o 的极坐标（图 3.20），将式（3.13）在圆面积范围内积分求得

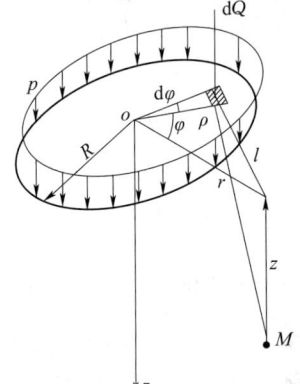

图 3.20 圆形面积上作用竖向均布荷载

$$\sigma_z = \frac{3pz^3}{2\pi} \int_0^{2\pi} \int_0^R \frac{\rho \mathrm{d}\varphi \mathrm{d}\rho}{(\rho^2 + r^2 - 2\rho r\cos\varphi + z^2)^{5/2}} \quad (3.20)$$

式（3.20）可简化为

$$\sigma_z = \alpha_c p \quad (3.21)$$

式中 R——圆的半径，m；

r——应力计算点 M 到 z 轴的水平距离，m；

α_c——应力系数，它是 r/R 及 z/R 的函数。

当计算点位于圆形中心点下方时，为

$$\alpha_c = 1 - \frac{1}{\left(\dfrac{R^2}{z^2}+1\right)^{3/2}}$$

α_c 也可由表 3.5 查取。

表 3.5　　　圆形面积上作用竖向均布荷载时的竖向应力系数 α_c

z/R	r/R										
	0	0.2	0.4	0.6	0.8	1.0	1.2	1.4	1.6	1.8	2.0
0	1.000	1.000	1.000	1.000	1.000	0.500	0	0	0	0	0
0.2	0.998	0.991	0.987	0.970	0.890	0.468	0.077	0.015	0.005	0.002	0.001
0.4	0.949	0.943	0.920	0.860	0.712	0.435	0.181	0.065	0.026	0.012	0.006
0.6	0.864	0.852	0.813	0.733	0.591	0.400	0.224	0.113	0.056	0.029	0.016
0.8	0.756	0.742	0.699	0.619	0.504	0.366	0.237	0.142	0.083	0.048	0.029
1.0	0.646	0.633	0.593	0.525	0.434	0.332	0.235	0.157	0.102	0.065	0.042

续表

z/R	r/R										
	0	0.2	0.4	0.6	0.8	1.0	1.2	1.4	1.6	1.8	2.0
1.2	0.547	0.535	0.502	0.447	0.377	0.300	0.226	0.162	0.113	0.078	0.053
1.4	0.461	0.452	0.425	0.383	0.329	0.270	0.212	0.161	0.118	0.086	0.062
1.6	0.390	0.383	0.362	0.330	0.288	0.243	0.197	0.156	0.120	0.090	0.068
1.8	0.332	0.327	0.311	0.285	0.254	0.218	0.182	0.148	0.118	0.092	0.072
2.0	0.285	0.280	0.268	0.248	0.224	0.196	0.167	0.140	0.114	0.092	0.074
2.2	0.246	0.242	0.233	0.218	0.198	0.176	0.153	0.131	0.109	0.090	0.073
2.4	0.214	0.211	0.203	0.192	0.176	0.159	0.140	0.122	0.104	0.087	0.071
2.6	0.187	0.185	0.179	0.170	0.158	0.144	0.129	0.113	0.098	0.084	0.069
2.8	0.165	0.163	0.159	0.151	0.141	0.130	0.118	0.105	0.092	0.080	0.067
3.0	0.146	0.145	0.141	0.135	0.127	0.118	0.108	0.097	0.087	0.077	0.067
3.4	0.117	0.116	0.114	0.110	0.105	0.098	0.091	0.084	0.076	0.068	0.061
3.8	0.096	0.095	0.093	0.091	0.087	0.083	0.078	0.073	0.067	0.061	0.055
4.2	0.079	0.079	0.078	0.076	0.073	0.070	0.067	0.063	0.059	0.054	0.050
4.6	0.067	0.067	0.066	0.064	0.063	0.060	0.058	0.055	0.052	0.048	0.045
5.0	0.057	0.057	0.056	0.055	0.054	0.052	0.050	0.048	0.046	0.043	0.041
5.5	0.048	0.048	0.047	0.046	0.045	0.044	0.043	0.041	0.039	0.038	0.036
6.0	0.040	0.040	0.040	0.039	0.039	0.033	0.037	0.036	0.034	0.033	0.031

3.5.2.2 平面问题的附加应力计算

1. 竖向线荷载作用下的附加应力

地基表面作用有线形均布荷载 $\overline{p}$，如图 3.21 所示，求地基中任意点的附加应力。在线荷载上取微元 dy，其上荷载 $\overline{p}dy$ 可看成集中力，将它在 M 点引起的附加应力在长度上积分，即得线荷载作用下地基中任意点的附加应力的弗拉曼（Flamant）解。

$$\sigma_z = \frac{3\overline{p}}{2\pi} \int_{-\infty}^{+\infty} \frac{z^3}{(x^2+y^2+z^2)^{5/2}} dy = \frac{2\overline{p}z^3}{\pi(x^2+z^2)^2} \quad (3.22)$$

2. 条形基础上作用竖向均布荷载时的附加应力

路堤、堤坝以及长宽比 $l/b \geqslant 10$ 的条形基础均可视作平面应变问题进行处理（在实际应用上，$l/b \geqslant 5$ 时也可作为平面问题计算，其精确度也是足够的）。

如图 3.22 所示，在土体表面作用分布宽度为 b 的均布条形荷载 p 时，土中任一点 M 的竖向应力 σ_z 可由式（3.22）在荷载分布宽度 b 范围内积分得到：

$$\sigma_z = \alpha_u p \quad (3.23)$$

式中 α_u——附加应力系数，是 x/b 和 z/b 的函数，可由表 3.6 查得，注意此时坐标轴的原点在均布荷载的中点处（图 3.22）。

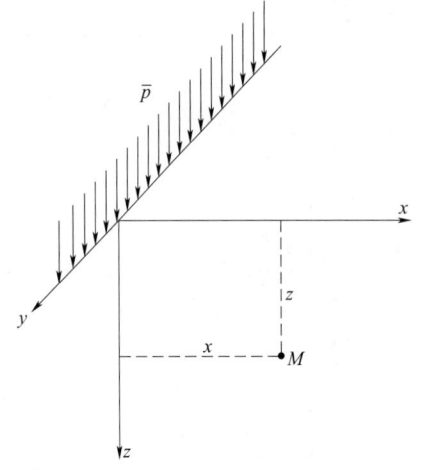
图 3.21 竖向线荷载作用

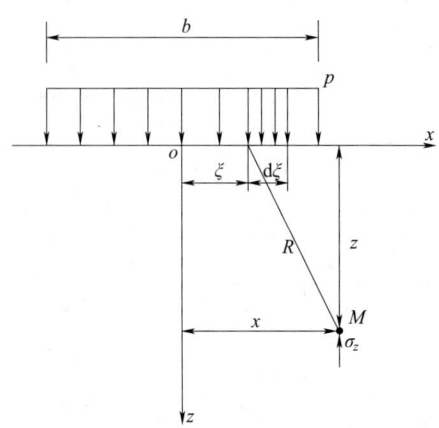
图 3.22 条形基础上作用竖向均布荷载

表 3.6　　　条形基础受竖向均布荷载作用时土中竖向附加应力系数 α_u

z/b	x/b					
	0	0.25	0.50	0.75	1.00	2.00
0.01	0.999	0.999	0.500	0	0	0
0.1	0.997	0.988	0.499	0.011	0.002	0
0.2	0.978	0.936	0.498	0.058	0.011	0
0.4	0.881	0.797	0.489	0.174	0.056	0
0.6	0.756	0.679	0.468	0.213	0.084	0.01
0.8	0.642	0.586	0.440	0.276	0.155	0.015
1.0	0.549	0.511	0.409	0.288	0.186	0.03
1.2	0.478	0.450	0.375	0.287	0.202	0.035
1.4	0.420	0.401	0.348	0.279	0.210	0.05
2.00	0.306	0.298	0.275	0.242	0.205	0.08

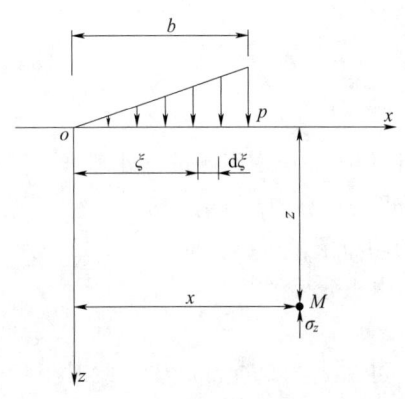
图 3.23 条形基础上作用三角形分布荷载

3. 条形基础上作用三角形分布荷载的附加应力

如图 3.23 所示，三角形分布荷载作用于条形基础底上，同样可以通过积分方法得到基底下任意点 M 处的附加应力 σ_z：

$$\sigma_z = \alpha_T p \tag{3.24}$$

式中　α_T——附加应力系数，是 x/b 和 z/b 的函数，可由表 3.7 查得；

p——三角形分布荷载的最大值，坐标原点在三角形分布荷载为 0 处，荷载增大的方向为正 x 轴方向。

3.5 地基中的附加应力

表 3.7　　　　条形基础受三角形分布荷载作用时土中竖向附加应力系数 α_T

z/b	x/b									
	1.00	0.50	0.25	0.00	0.25	0.50	0.75	1.00	1.25	1.50
0.01	0			0.003	0.249	0.50	0.75	0.497	0	0
0.1	0	0	0.002	0.032	0.251	0.498	0.735	0.468	0.010	0.002
0.2	0.001	0.002	0.009	0.061	0.255	0.489	0.682	0.437	0.050	0.009
0.4	0.003	0.014	0.036	0.110	0.263	0.441	0.534	0.379	0.137	0.043
0.6	0.008	0.031	0.066	0.140	0.258	0.378	0.421	0.328	0.177	0.080
0.8	0.017	0.049	0.089	0.155	0.243	0.321	0.343	0.285	0.188	0.106
1.0	0.025	0.065	0.104	0.159	0.224	0.275	0.286	0.250	0.184	0.121
1.2	0.033	0.076	0.111	0.154	0.204	0.239	0.246	0.221	0.176	0.126
1.4	0.041	0.084	0.114	0.151	0.186	0.210	0.215	0.198	0.165	0.127
2.0	0.057	0.089	0.108	0.127	0.143	0.153	0.155	0.147	0.134	0.115

【例 3.5】 某基础，宽 15m，长 160m，作用有铅直荷载 1500kPa/m 和弯矩 $M=750$kN·m，基础边荷载可忽略。计算距基础中心 3.75m 的 C 点下 15m 内附加应力沿深度的分布（C 点位于偏心一侧）。

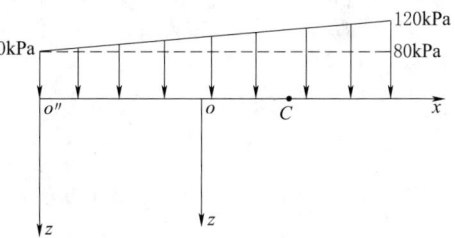

图 3.24　[例 3.5] 图

解：（1）求基底压力。基础受单向偏心荷载作用，偏心距为

$$e = \frac{M}{F+G} = \frac{750}{1500} = 0.5 \text{(m)}$$

因 $l/b = 160/15 > 10$，可视为条形基础，在长度方向取每米值进行计算。
基底两端压力为

$$p_{\min}^{\max} = \frac{F+G}{b}\left(1 \pm \frac{6e}{b}\right) = \frac{1500}{15} \times \left(1 \pm \frac{6 \times 0.5}{15}\right) = \frac{120}{80} \text{(kN/m}^2\text{)}$$

（2）求 C 点下附加应力。将基底梯形分布荷载分解为 $p_t = 40$kN/m² 的三角形荷载和 $p=80$kN/m² 的均布荷载，计算 C 点以下 z 为 0.15m、1.5m、3.0m、6.0m、9.0m、12.0m 和 15.0m 处的附加应力，见表 3.8。

表 3.8　　　　　　　　　　　[例 3.5] 附加应力计算表

z /m	z/b	均布荷载 $p=80$kN/m² ($x/b=3.75/15$)		三角形荷载 $p_t=40$kN/m² ($x/b=11.25/15$)		总附加应力
		α_u	$\sigma_1 = \alpha_u p$ /(kN/m²)	α_T	$\sigma_2 = \alpha_T p_t$ /(kN/m²)	$\sigma = \sigma_1 + \sigma_2$ /(kN/m²)
0.15	0.01	0.999	80.0	0.750	30.0	110.0
1.5	0.1	0.988	79.04	0.735	29.4	108.44
3.0	0.2	0.936	74.88	0.682	27.28	102.16

续表

z /m	z/b	均布荷载 $p=80\text{kN/m}^2$ ($x/b=3.75/15$)		三角形荷载 $p_t=40\text{kN/m}^2$ ($x/b=11.25/15$)		总附加应力
		α_u	$\sigma_1=\alpha_u p$ /(kN/m²)	α_T	$\sigma_2=\alpha_T p_t$ /(kN/m²)	$\sigma=\sigma_1+\sigma_2$ /(kN/m²)
6.0	0.4	0.797	63.76	0.534	21.36	85.12
9.0	0.6	0.679	54.32	0.421	16.84	71.16
12.0	0.8	0.586	46.88	0.343	13.72	60.6
15.0	1.0	0.511	40.88	0.286	11.44	52.32

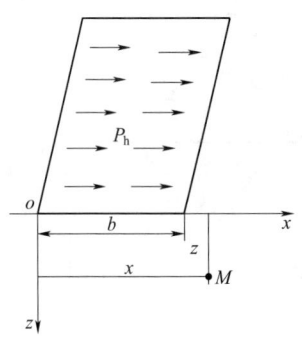

图 3.25 水平均布荷载作用在条形基础上

4. 条形基础上作用水平均布荷载时的附加应力

如图 3.25 所示,当条形基底受水平荷载 P_h(基底的水平方向均布切向力)作用时,地基中任意点 M 处竖向附加应力为:

$$\sigma_z = \alpha_h P_h \qquad (3.25)$$

式中 α_h——附加应力系数,是 x/b 和 z/b 的函数,注意,坐标原点在水平荷载起始端,荷载作用方向为正 x 方向。

表 3.9 条形基础受水平均布荷载作用时土中附加应力系数 α_h

z/b	x/b							
	−0.25	0	0.25	0.50	0.75	1.00	1.25	1.50
0.01	0.001	0.318	0.001	0	0.001	0.318	0.001	0.0001
0.1	0.042	0.316	0.039	0	0.039	0.316	0.042	0.011
0.2	0.116	0.306	0.103	0	0.103	0.306	0.116	0.038
0.4	0.199	0.274	0.159	0	0.159	0.274	0.199	0.103
0.6	0.212	0.234	0.147	0	0.147	0.234	0.212	0.144
0.8	0.197	0.194	0.121	0	0.121	0.194	0.197	0.158
1.0	0.175	0.159	0.096	0	0.096	0.159	0.175	0.157
1.2	0.153	0.131	0.078	0	0.078	0.131	0.153	0.147
1.4	0.132	0.108	0.061	0	0.061	0.108	0.132	0.133
2.0	0.085	0.064	0.034	0	0.034	0.064	0.085	0.096

3.6 非均质土中的附加应力

前面计算地基中的附加应力是将地基视为半无限各向同性的弹性体,而实际的地基土体往往是分层沉积的，岩性不同；即使同一土层，土体模量随深度是增加的，具有明显的各向异性和非线性特征。

3.6.1 双层土中的附加应力

实际工程中的地基土往往是由软硬不一的多种土层所组成的，其变形特性在竖直方向差异较大，应属于双层地基的应力分布问题。双层地基的应力分布问题有两种情况：①上层软弱、下层坚硬（如岩层），将产生应力集中现象，也就是荷载中心线下地基中附加应力比均质地基中大，软弱层越薄（岩层埋藏越浅），应力集中现象越显著；②上硬下软，将产生应力扩散现象，也就是荷载中心线下地基中附加应力比均质地基中小，上覆硬土层厚度越大，应力扩散现象越显著。扩散效应还与上下土层的变形模量和泊松比有关。

3.6.2 变形模量随深度增大的土中的附加应力

当地基土由单一土层构成时，其变形模量 E_0 常随地基深度而增大，这是由土体在沉积过程中的受力条件所致，这种现象在砂土中尤为显著。在荷载作用下，与均质地基（E_0 沿深度不变）相比，变形模量随深度增大的地基中竖向附加应力变大，或者说产生应力集中现象。

3.6.3 各向异性土中的附加应力

地基土体在天然沉积过程中水平向变形模量 E_h 和竖直向变形模量 E_v 不等，这将会影响地基中附加应力的分布。当 $E_v > E_h$ 时，地基中竖向附加应力产生应力集中现象；当 $E_v < E_h$ 时，地基中竖向附加应力产生应力扩散现象。

为简便起见，目前计算土中应力仍采用弹性理论公式，将地基土视作均匀的、连续的、各向同性的半无限体，这种假定同土体的实际情况有差别，但其计算结果尚能满足实际工程的要求。

思 考 题

3.1 土中的应力按照产生的原因和分担方式分为哪几种？

3.2 简述饱和土的有效应力原理。

3.3 地基中自重应力的分布有什么特点？

3.4 影响基底压力的因素有哪些？

3.5 基底压力和基底附加应力的差别是什么？

3.6 目前根据什么假设计算地基中的附加应力？这些假设是否合理可行？

3.7 地集中附加应力的分布有什么基本规律？相邻两基础下附加应力是否会彼此影响，为什么？

3.8 计算地基中的附加应力，对于空间问题，角点法的要点是什么？对于平面问题，坐标轴的选择如何根据荷载的性质而变化？

3.9 解释应力集中与应力扩散。

习 题

3.1 如图 3.26 所示，地下水位在高程 41m 处，计算并画出地基中的自重应力沿深度的分布曲线。如果地下水因某种原因突然下降至高程 35m 处（地下水位下降时细砂层成为非饱和土层，其重度为 17.8kN/m³，黏土层及粉质黏土层因其渗透性小，来不及排水，它们的含水情况不变）。此时地基中的自重应力有何改变？请用图表示（γ_w＝10kN/m³）。

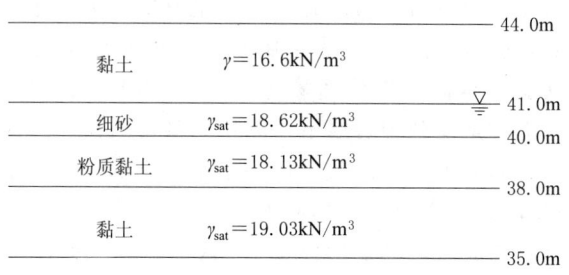

图 3.26　习题 3.1 图

3.2　地基上的条形基础（宽度为 b）和方形基础（宽度为 b），基础荷载均为 p（kPa），其他条件相同，二者基础中心点下的地基附加应力均为 $0.3p$ 时的深度各为多少？从中得到什么启示？

3.3　有一箱形基础，上部结构和基础自重传至基底的压力为 80kPa，若地基土的天然重度为 18kN/m³，地下水位在地表下 10m，计算基础埋置多深时基底附加应力正好为 0？

3.4　已知建筑物单柱基础面积为 4m×6m，基底附加应力为 30kPa，则基础中心点下 2m 处的垂直附加应力为多少？

3.5　已知某矩形基础尺寸为 4m×8m，上部荷载传至基础底面处的竖向力为 1920kN，弯矩为 240kN·m（偏心方向在长边上），基础埋深为 1.0m，土层天然重度为 18kN/m³，地下水位埋深为 1.0m，计算基底压力和基底附加应力。

3.6　有一矩形基础尺寸为 3m×6m，上部荷载传至设计地面标高处的荷载为 2000kN，偏心距为 0.3m（偏心方向在长边上），埋深 1m 范围土的重度为 17kN/m³，请计算基础中心点 O、边中点 A 和 B 下 6m 处的竖向附加应力。

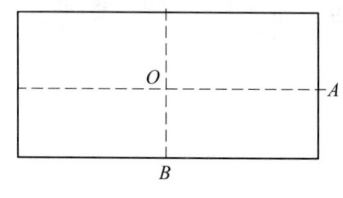

图 3.27　习题 3.6 图

中 英 词 汇 对 照

自重应力　geostatic stress　　　　　附加应力　additional stress
有效应力　effective stress　　　　　有效应力原理　principle of effective stress
叠加原理　principle of superposition　地面　ground level，GL
地下水位　ground water level，GWL　点荷载　point load
线荷载　line load　　　　　　　　　偏心荷载　eccentric load
均布荷载　uniform load　　　　　　偏心距　eccentricity；offsetting

三角分布荷载 triangular distributed load   矩形基础 rectangular foundation
条形基础 strip foundation   基底压力 foundation pressure
基底附加应力 net foundation pression   应力集中 stress concentration
应力扩散 stress dispersion

第4章 土的渗透性

> **内容导读**：土体中的孔隙是重力水流动的通道，开挖工程中需要排水，蓄水工程中需要挡水，地基处理中也涉及固结排水问题。水在土中的流动改变土体内部的应力状态，影响建筑物或地基的稳定性。本章主要介绍水在土中渗流的达西定律和产生的渗流力及其引起的渗透变形，简要介绍二维渗流和流网。
>
> **教学目标及要求**：掌握达西定律及其适用范围，渗透系数的测定及影响因素，渗流力的计算及其引起的破坏形式和防治措施；了解流网及工程应用。

4.1 概 述

土是具有孔隙的介质。当土作为水工建筑物地基或直接用来筑土坝挡水时，在水头差的作用下，水会透过土体发生流动，如图4.1所示，这一现象称为渗透。土允许水透过的性能称为土的渗透性。

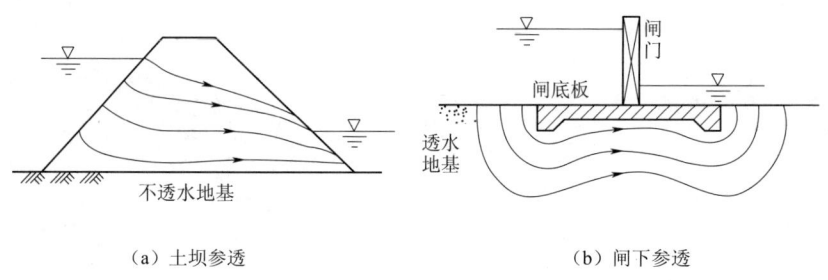

(a) 土坝参透　　　　　　　　　(b) 闸下参透

图4.1　闸坝渗透示意图

水在土中的渗透（渗流），一方面会引起渗漏，造成水量损失；另一方面可能引发管涌、滑坡等稳定问题。我国和其他国家的调查资料表明，由于渗流冲刷破坏失事的土坝多达40%，而与渗流密切相关的滑坡破坏也占15%左右，可见渗流对建筑物的影响作用很大。由渗透引起的渗漏问题与土的渗透性密切相关；而由渗透引起的稳定问题不但与土的渗透性相关，更重要的决定于渗流作用下的应力状态。此外，土体渗透性的强弱，对土体的固结、强度以及工程施工都有非常重要的影响。

因而本章先研究水在土中的渗流规律，然后分析渗流作用下的应力状态、渗流引起的渗透破坏和工程上常用的防渗措施，最后简要介绍如何利用流网分析渗流问题。

4.2 达 西 定 律

4.2.1 渗流模型

由于土体中孔隙的形状和大小极不规则，因而水在其中的渗流是一种十分复杂的水流现象，如图 4.2 所示。为了从宏观上把握地下水在土中的流动规律，人们用和真实水流属于同一流体的、充满整个含水层（包括全部的孔隙和土颗粒所占据的空间）的假想水流（图 4.3）代替在孔隙中流动的真实水流，来研究地下水的渗透规律。这种假想水流具有以下性质：①它通过任意断面的流量与真实水流通过同一断面的流量相等；②它在某一断面上的水头等于真实水流的水头；③它在土体体积内所受到的阻力等于真实水流所受到的阻力。

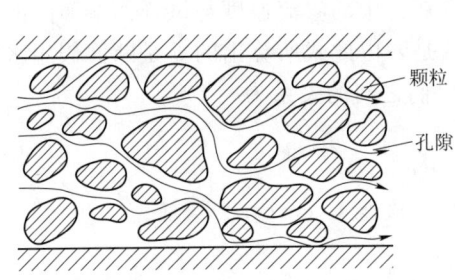

图 4.2 水在土中的渗流

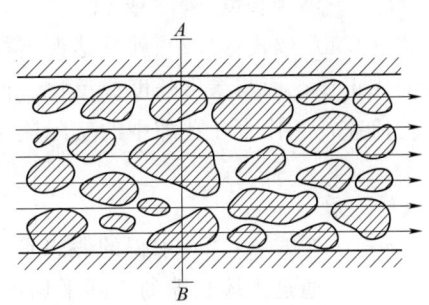

图 4.3 假想水流

4.2.2 达西定律表达式

1856 年法国工程师达西通过试验对均质砂土进行大量的研究，得出层流条件下的渗透规律，即达西渗透定律。

试验装置如图 4.4 所示，一个上端开口的直立圆筒，下部放碎石，碎石上放一块多孔滤板 c，滤板上面放置颗粒均匀的砂土样，其断面面积为 A，长度为 L。筒的两侧装有两支测压管，分别设置在土样上下端的过水断面 1、2 处。水由上端进水管 a 注入圆筒，并利用溢水管 b 保持筒内为恒定水位。透过土样的水从装有控制阀门 d 的弯管流入容器 V 中。

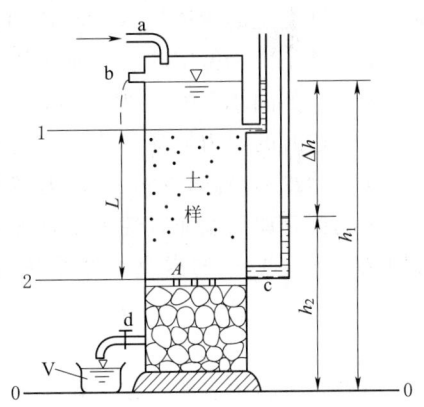

图 4.4 达西渗透试验装置

当筒的上部水面保持恒定以后，通过砂土的渗流是恒定流，测压管中的水面将恒定不变。图 4.4 中 0—0 面为基准面，h_1、h_2 分别为 1、2 断面处的测压管水位；$\Delta h = h_1 - h_2$，为经过砂样渗流长度 L 后的水头损失，即常水头差。

通过试验发现：单位时间内的渗流水量 q 与水力梯度 i 和圆筒断面积 A 成正比，且与土的透水性有关，即

$$q = vA = kiA \tag{4.1}$$

或

$$v = \frac{q}{A} = ki = k\frac{\Delta h}{L} \tag{4.2}$$

式中 v——断面平均渗透流速，cm/s；

q——单位时间的渗流水量，cm³/s；

A——垂直于渗流方向试样的截面积，cm²；

k——反映土的渗透性大小的比例常数，称为土的渗透系数，cm/s；

i——水力梯度或水力坡降，表示沿渗流方向单位长度上的水头损失，无量纲；

Δh——试样上下两断面的水头损失，cm 或 m；

L——渗径长度，cm 或 m。

式（4.1）或式（4.2）就是达西定律，表明水在土中的渗流速度与试样两端面间的水头损失成正比，而与渗径长度成反比。值得注意的是，由此式所算出的 v 是断面假想水流的平均流速，它比水在孔隙中的实际流速 v' 小。它们之间的关系为

$$v = v'n = v'\frac{e}{1+e} \tag{4.3}$$

式中 v——按式（4.2）求得的假想平均流速（达西流速），cm/s；

v'——通过土体孔隙的实际平均流速，cm/s；

n,e——土的孔隙率和孔隙比（假定面积孔隙率与体积孔隙率相等）。

为了简便，在工程设计中，除特别指出外，通常都指假想平均流速。

4.2.3 达西定律的适用范围

由式（4.2）可知，对于给定的砂土，其渗流速度与水头损失成正比［如图 4.5（a）中的线①所示］，而与渗径长度成反比。但是，对于黏性很强的密实黏土，不少学者的试验表明，这类土的渗透规律偏离达西定律，为不通过原点的曲线，如图 4.5（a）中的线②所示。这是由于密实的黏土所含的吸着水具有较大的黏滞阻力，因此只有水力坡降达到某一数值，如图 4.5（a）中的 i_b，克服了吸着水的黏滞阻力以后，才能发生渗透。将开始发生渗透时的水力坡降称为黏性土的起始水力坡降 i_b。一些试验资料表明，黏性土不但存在起始水力坡降，而且当水力坡降超过起始水力坡降后，渗流速度与水力坡降的规律还偏离达西定律而呈非线性关系，如图 4.5（a）中的实线②所示。但为了实用上的方便，常用图 4.5（a）中的虚直线②来描述密实黏土的渗透流速与水力坡降的关系，并以式（4.4）表示：

$$v = k(i - i_b) \tag{4.4}$$

另外，试验也表明，在粗颗粒土（如砾石、卵石等）中，只有在较小的水力坡降下，此类土的渗透规律才符合达西定律；而在较大的水力坡降下，水在土中的流动进入紊流状态，渗透流速与水力坡降不符合线性关系，如图 4.5（b）中的实线所示。由层流变为紊流的渗透流速，称为临界流速，其值为 0.3～0.5cm/s，工程上多用于判断是否发生渗透破坏。

也有人用水力学中的雷诺数表示达西定律的上限：

$$Re = \frac{vd}{\nu} \tag{4.5}$$

式中　　v——渗透流速，cm/s；

　　　　d——土颗粒的直径，cm，常用平均直径 d_{50}，有时也用有效直径 d_{10}；

　　　　ν——水的运动黏滞系数，cm²/s。

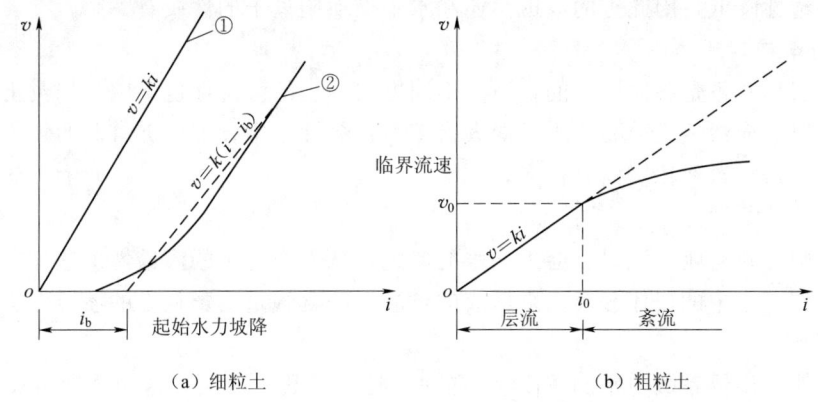

图 4.5　土的渗透流速与水力坡降的关系

由于颗粒的形状和排列情况以及孔隙率的不同，达西定律的上限没有一个十分明确的分界点，但从层流转换为紊流时的 Re 数一般为 0.1～7.5，因而一般认为土的孔隙内水流只要雷诺数 $Re<1.0$，达西定律就可以满足。

总之，虽然在较大的水力坡降下，粗颗粒中砂砾石的较快流动，或黏土中的微小流动，都不满足达西定律，然而在工程应用上，由于和整个渗流场相比，这些超过达西定律上下限的局部区域经常是不大的，而且大多数自然状态的土中的渗流均能符合层流规律或偏离不远；故为了计算简便，一般仍可按照达西定律处理问题。

4.2.4　土的渗透系数
4.2.4.1　渗透系数的影响因素

式（4.2）表明渗透系数 k 是当 $i=1$ 时的渗透流速，因此渗透系数是反映土的透水性能强弱的一个重要指标，常用它来计算堤坝和地基的渗流量、分析堤防和基坑开挖边坡逸出点的渗透稳定，是判断透水强弱的标准和选择坝体填筑土料的依据。如坝基土层按透水强弱划分时，可分为：①强透水层，$k>10^{-2}\sim 10^{-1}$ cm/s；②中等透水层，$k=10^{-5}\sim 10^{-2}$ cm/s；③弱透水层，$k<10^{-6}\sim 10^{-5}$ cm/s。在选择筑坝土料时，总是将渗透系数较小的土（$k<10^{-5}\sim 10^{-6}$ cm/s）用于填筑坝体的防渗部位。

影响土体渗透性的因素主要有土的因素和水的因素。土的因素主要有土的粒度及矿物成分、土的结构构造和土中气体等。水的因素主要有水的温度与水中的离子成分等。

1. 土的粒度及矿物成分

土的颗粒大小、形状及级配影响土中孔隙的大小及其形状，进而影响土的渗透性。土粒越粗、越浑圆、越均匀时，孔隙越大，渗透性就越强。砂土中含有较多粉土或黏性土颗粒，或者级配越好，孔隙越小，其渗透性就会大大降低。根据经验，匀粒砾砂的粒径常在 0.1～0.3mm 之间，其渗透系数与有效粒径的平方成正比，可按下列经验公式近似估计：

$$k=(100\sim 150)d_{10}^{2} \tag{4.6}$$

式中 k——砂的渗透系数，cm/s；

d_{10}——土的有效粒径，即土中小于此粒径的土重占全部土重的10%，cm。

土中含有亲水性较大的黏土矿物或有机质时，因为结合水膜厚度较厚，会阻塞土的孔隙，土的渗透性降低，因此土的渗透性还和水中交换阳离子的性质有关系。

2. 土的结构构造

天然土层通常不是各向同性的，因此不同方向，土的渗透性也不同。如黄土具有竖向大孔隙，所以竖向渗透系数要比水平向大得多。在黏性土中，如果夹有薄的粉砂层，它在水平方向的渗透系数要比竖向大得多。

3. 土中气体

当土孔隙存在密闭气泡时，会阻塞水的渗流，从而降低土的渗透性。这种密闭气泡有时是由于溶解于水中的气体分离出来形成的，故水的含气量也影响土的渗透性。

4. 水的温度

试验表明，渗透系数与水的重度 γ_w 和动力黏滞系数 η 有关，这两个数值又都取决于水的温度。水的重度 γ_w 随温度的变化较小，可忽略不计。但动力黏滞系数 η 随温度的变化较大。水温越高，η 越低；k 与 η 基本呈线性关系。因此，在水温为 T 时测得的 k_T 值应进行温度修正，使其成为标准温度下的渗透系数值。关于标准温度，各国不统一，苏联、日本、美国分别采用10℃、15℃、20℃。通常标准温度是20℃。以10℃或15℃为标准的理由是地下水的温度为10～15℃。《土工试验方法标准》（GB/T 50123—1999）、《公路土工试验规程》（JTG E40—2017）均采用20℃为标准温度。因此在标准温度20℃下的渗透系数应按式（4.7）计算：

$$k_{20} = \frac{\eta_T}{\eta_{20}} k_T \tag{4.7}$$

式中 k_{20}、k_T——水温为20℃和 T 时的渗透系数，cm/s；

η_{20}、η_T——水温为20℃和 T 时的动力黏滞系数（表4.1）。

表4.1 水的动力黏滞系数 η

水温/℃	η/($\times 10^{-3}$Pa·s)	水温/℃	η/($\times 10^{-3}$Pa·s)	水温/℃	η/($\times 10^{-3}$Pa·s)	水温/℃	η/($\times 10^{-3}$Pa·s)	水温/℃	η/($\times 10^{-3}$Pa·s)
0	1.794	9.5	1.328	14.5	1.160	19.5	1.022	26.0	0.879
5.0	1.516	10.0	1.310	15.0	1.144	20.0	1.010	27.0	0.859
5.5	1.493	10.5	1.292	15.5	1.130	20.5	0.998	28.0	0.841
6.0	1.470	11.0	1.274	16.0	1.115	21.0	0.986	29.0	0.823
6.5	1.449	11.5	1.256	16.5	1.101	21.5	0.974	30.0	0.806
7.0	1.428	12.0	1.239	17.0	1.088	22.0	0.963	31.0	0.789
7.5	1.407	12.5	1.223	17.5	1.074	22.5	0.952	32.0	0.773
8.0	1.387	13.0	1.206	18.0	1.067	23.0	0.941	33.0	0.757
8.5	1.367	13.5	1.190	18.5	1.048	24.0	0.919	34.0	0.742
9.0	1.347	14.0	1.175	19.0	1.035	25.0	0.899	35.0	0.727

总之,粗粒土渗透性的主要影响因素是颗粒大小、级配、密度、孔隙比以及土中封闭气泡的存在;黏性土渗透性的影响因素则更为复杂。黏性土中所含矿物、有机质以及黏土颗粒的形状、排列方式等都影响其渗透性。

4.2.4.2 饱和土渗透系数的测定

渗透系数可以通过试验直接测定,试验可在实验室或现场进行。一般地说,现场试验比室内试验得到的结果要准确些。因此,重要工程常需进行现场测定。

实验室常用的方法有常水头法和变水头法。前者适用于粗粒土(砂质土),后者适用于细粒土(黏质土和粉质土)。

1. 常水头法

常水头法是在整个试验过程中,水头保持不变,其试验装置如图 4.4 所示。设试样的厚度即渗径长度为 L,截面积为 A,试验时的水头差为 Δh,这三者在试验前可以直接量出或控制。试验中只要测出在某一时段 t 内流经试样的水量 Q,即可求出该时段内,单位时间内通过土体的流量 q,将 q 代入式(4.2)中,即可得到土的渗透系数:

$$k = \frac{QL}{A \Delta h t} \tag{4.8}$$

式中各指标的含义同式(4.2)。

2. 变水头法

黏性土由于渗透系数很小,流经试样的水量很少,难以直接准确量测,因此采用变水头法。在此法的整个试验过程中,水头是随着时间而变化的,其试验装置如图 4.6 所示。

试样的一端与玻璃管相连,在试验过程中测出某一时段 t ($t = t_2 - t_1$) 内细玻璃管中水位的变化,就可根据达西定律求出土的渗透系数。

设细玻璃管内部的截面积为 a,试验开始以后任一时刻 t 的水头差为 h,经时段 dt,细玻璃管中水位下落 dh,则在时段 dt 内流经试样的水量为

$$dV = -a\, dh \tag{4.9a}$$

式中负号表示渗水量随 h 的减小而增加。

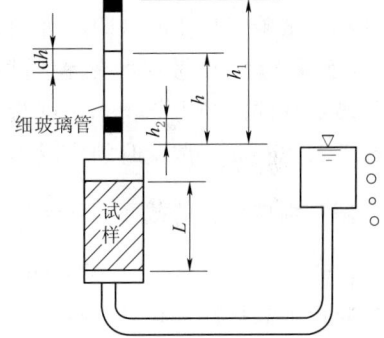

图 4.6 变水头试验装置示意图

根据达西定律,在时段 dt 内流经试样的水量又可表示为

$$dV = k \frac{h}{L} A\, dt \tag{4.9b}$$

由式(4.9a)、式(4.9b)得

$$dt = \frac{-aL}{kA} \frac{dh}{h}$$

将上式两边积分:

$$\int_{t_1}^{t_2} dt = -\int_{h_1}^{h_2} \frac{-aL}{kA} \frac{dh}{h}$$

即可得到土的渗透系数:

$$k=\frac{aL}{A(t_2-t_1)}\ln\frac{h_1}{h_2} \quad (4.10)$$

如用常对数表示，则式（4.10）可写成

$$k=2.3\frac{aL}{At}\lg\frac{h_1}{h_2} \quad (4.11)$$

式中 A，a——试样和细玻璃管内部的横截面积；

h_1，h_2——时刻 t_1、t_2 对应试样上下截面的水头差；

L——试样的高度，如图4.6所示。

试验时只需测出与时刻 t_1、t_2 对应的水头差 h_1 和 h_2 即可求出渗透系数。常见土的渗透系数的变化范围见表4.2。

表 4.2　　　　　　　　　不同土的渗透系数的变化范围

土的种类	渗透系数 k/(cm/s)	土的种类	渗透系数 k/(cm/s)
卵、砾石	$>10^{-1}$	粉质黏土	$10^{-6}\sim10^{-5}$
砂，砂砾混合物	$10^{-3}\sim10^{-1}$	黏土	$\leqslant10^{-7}$
粉土	$10^{-4}\sim10^{-3}$		

3. 现场试验

对于粗粒土或成层土，室内试验时不易取到原状样，或者土样不能反映天然土层的层序或土颗粒排列情况，这时现场试验得到的渗透系数将比室内试验准确。常用的有注水试验和抽水试验，具体的试验原理和方法参阅地下水方面的有关文献。

【例4.1】　设做变水头渗透试验的黏土试样的截面积 $A=30\text{cm}^2$，厚度为4cm，渗透仪细玻璃管的内径为0.4cm，试验开始时的水头差为165cm，经过时段5分25秒观察得水头差为150cm，试验时的水温为20℃，试求试样的渗透系数。

解：细玻璃管的截面积 $a=\dfrac{\pi d^2}{4}=\dfrac{3.14\times0.4^2}{4}=0.1256(\text{cm}^2)$，$A=30\text{cm}^2$，$L=4\text{cm}$，$t=5\times60+25=325\text{s}$，$h_1=165\text{cm}$，$h_2=150\text{cm}$。

将以上数据代入式（4.11）中：

$$k=2.3\frac{aL}{At}\lg\frac{h_1}{h_2}=2.3\frac{0.1256\times4}{30\times325}\lg\frac{165}{150}=4.91\times10^{-6}(\text{cm/s})$$

所以试样在20℃时的渗透系数为 $4.91\times10^{-6}\text{cm/s}$。

【例4.2】　如图4.7所示，观测孔 a、b 的水位标高分别为20.8m和20.5m，两孔的水平距离为20m。

（1）确定 ab 段的平均水力坡降 i。

（2）如该土层为细砂，渗透系数 $k=4\times10^{-2}\text{mm/s}$，试确定 ab 段的地下水流速 v 和每小时通过 1m^2 截面积（垂直于纸面）的流量 Q。

（3）问题同（2），但该土层为粉质黏土，渗透系数 $k=4\times10^{-5}\text{mm/s}$，起始水力坡降 $i_b=0.005$。

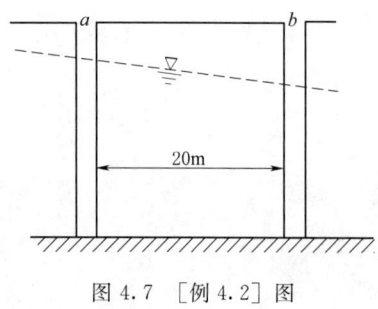

图4.7　[例4.2]图

解: (1) ab 段的水头损失为 $\Delta h = 20.8 - 20.5 = 0.3$ (m),渗流路径 $L = 20$m,平均水头坡降 $i = \Delta h/L = 0.3/20 = 0.015$。

(2) 由式 (4.2) 得
$$v = ki = 4 \times 10^{-2} \times 0.015 = 6.0 \times 10^{-4} \text{(mm/s)}$$
$$Q = qt = vAt = 6.0 \times 10^{-4} \times 1 \times 10^{6} \times 60 \times 60 = 216 \times 10^{4} \text{(mm}^3) = 2.16 \times 10^{-3} \text{(m}^3)$$

(3) 因为是粉质黏土,所以适用式 (4.4)。
$$v = k(i - i_b) = 4 \times 10^{-5} \times (0.015 - 0.005) = 4 \times 10^{-7} \text{(mm/s)}$$
$$Q = qt = vAt = 4 \times 10^{-7} \times 1 \times 10^{6} \times 60 \times 60 = 144 \times 10 \text{(mm}^3) = 1.44 \times 10^{-6} \text{(m}^3)$$

4.2.4.3 成层土的渗透系数

土是在漫长的地质年代中形成的,因此天然形成的土往往由渗透性不同的土层所组成。对于与土层层面平行和垂直的简单渗流情况,当各土层的渗透系数和厚度已知时,可求出整个土层与层面平行和垂直的平均渗透系数,并作为进行渗流计算的依据。

1. 与层面平行的渗流

在渗流场中截取渗径长度为 L 的一段与层面平行的渗流区域,各土层的水平向渗透系数分别为 k_1、k_2、$\cdots$、k_n,厚度分别为 H_1、H_2、$\cdots$、H_n,总厚度为 H。若通过各土层的渗流量分别为 q_{1x}、q_{2x}、$\cdots$、q_{nx},根据通过整个土层的总渗流量 q_x 等于各土层渗流量之和,得

$$q_x = q_{1x} + q_{2x} + \cdots + q_{nx} \tag{4.12}$$

根据达西定律,总渗流量又可表示为

$$q_x = k_x i H \tag{4.13}$$

式中 k_x——土层与层面平行的平均渗透系数;

i——为土层内平均水力梯度,$i = \Delta h/L$。

对于这种条件下的渗流,通过各土层相同距离的水头损失均相同,等于土层内平均水力梯度,于是任意土层内的单位渗流量为

$$q_{ix} = k_{ix} i H_i \tag{4.14}$$

将式 (4.13) 和式 (4.14) 分别代到式 (4.12) 的两边,则得到整个土层与层面平行的平均渗透系数为

$$k_x = \frac{1}{H} \sum_{i=1}^{n} k_i H_i \tag{4.15}$$

2. 与层面垂直的渗流

对于与层面垂直的渗流,根据水流连续定理,通过整个土层的总渗流量 q_z 必等于通过各土层的渗流量 q_{iz},即

$$q_z = q_{1z} = q_{2z} = \cdots = q_{nz} \tag{4.16}$$

设渗流通过任一土层的水头损失为 Δh_i,水力梯度 i_i 为 $\Delta h_i/H_i$,则上下两个断面的总水头损失 Δh 等于各土层的水头损失之和,总水力梯度 i 为 $\Delta h/H$:

$$\Delta h = \Delta h_1 + \Delta h_2 + \cdots + \Delta h_n \tag{4.17}$$

而由达西定律,通过整个土层的总渗流量为

$$q_z = k_z i A = k_z \frac{\Delta h}{H} A \tag{4.18}$$

由式（4.18）得

$$\Delta h = q_z H/(k_z A) \tag{4.19}$$

式中 k_z——与层面垂直的整个土层的平均渗透系数；

A——渗流断面的面积。

通过任一土层的渗流量为

$$q_{iz} = k_{iz} i_i A = k_{iz} \frac{\Delta h_i}{H_i} A \tag{4.20}$$

由式（4.20）得

$$\Delta h_i = q_{iz} H_i/(k_{iz} A) \tag{4.21}$$

将式（4.19）和式（4.21）代入式（4.17），并考虑到式（4.16），化简得到与层面垂直的整个土层平均渗透系数：

$$k_z = \frac{H}{\frac{H_1}{k_1} + \frac{H_2}{k_2} + \cdots + \frac{H_n}{k_n}} = \frac{H}{\sum_{i=1}^{n} \frac{H_i}{k_i}} \tag{4.22}$$

由式（4.15）和式（4.22）可知，对于成层土，如果各土层的厚度大致相近，而渗透性却相差悬殊时，与层面平行的平均渗透系数 k_x 将取决于最透水土层的厚度和渗透性，并可近似地表示为

$$k_x = \frac{k' H'}{H} \tag{4.23}$$

式中 k'、H'——最透水土层的渗透系数和厚度。

而与层面垂直的平均渗透系数 k_z 将取决于最不透水土层的厚度和渗透性，并可近似地表示为

$$k_z = \frac{k'' H}{H''} \tag{4.24}$$

式中 k''、H''——最不透水土层的渗透系数和厚度。

因此，成层土与层面平行的平均渗透系数 k_x 总是大于与层面垂直的平均渗透系数 k_z。

4.3 渗流力及渗透变形

水在土体中的渗流将引起土体内部应力状态的变化，从而改变水工建筑物地基或土坝的稳定条件。因此对水工建筑物来讲，如何确保在有渗流作用时的稳定性是个非常重要的课题。

渗流所引起的稳定问题一般可归结为以下两类：

（1）局部稳定问题。这是由于渗透水流将土体中的细颗粒冲出、带走或局部土体产生移动，导致土体变形而引起的。因此，这类问题常称为渗透变形问题。此类问题如不及时加以纠正，同样会造成整个建筑物的破坏。

（2）整体稳定问题。这类问题是在渗流作用下，整个土体发生滑动或坍塌。土坝（堤）在水位降落时引起的滑动、雨后的山体滑坡、泥石流是这类破坏的典型事例。

4.3 渗流力及渗透变形

关于渗流引起的整体稳定问题将在第 9 章中加以介绍，本节只限于局部稳定问题，即渗透变形破坏。

4.3.1 渗流力

由前面的渗流试验知，水在土体中流动时，会引起水头损失，表明水在土中流动引起能量的损失。这是由于水在土体孔隙中流动时，试图带动土颗粒而引起能量消耗。根据作用力与反作用力，土颗粒阻碍水流流动，给水流以作用力，那么水流也必然给土颗粒以某种拖曳力，将渗透水流施加于单位土体内土粒上的拖曳力称为渗流力。

4.3.1.1 渗流力的计算

在土中沿水流的渗流方向，切取一个土柱脱离体来分析。如图 4.8 所示，土柱体长度为 L，横截面积为 A，两端点 M_1 和 M_2 的水头差为 $H_1 - H_2$。由于地下水的渗流速度一般很小，加速度更小，所以惯性力可以忽略不计。计算渗流力时，假想所取的土柱内完全是水，并将土柱体中骨架对渗流水的阻力影响考虑进去，则作用于此土柱体内水体上的力如下：

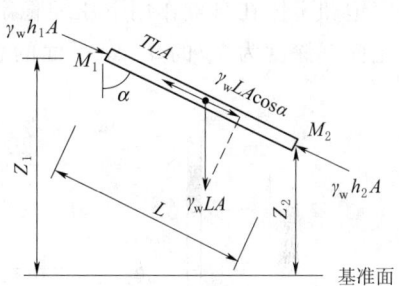

图 4.8 饱和土中的渗流力计算

(1) 作用在假想水柱体 M_1 点和 M_2 点横截面上的总静水压力 $\gamma_w h_1 A$ 和 $\gamma_w h_2 A$，前者的方向与水流方向一致，而后者则相反。

(2) 水柱体的重力 $\gamma_w LA$（假定水充满其中，忽略土颗粒）。

(3) 土柱体中骨架对渗流水的总阻力 TLA。其中，T 为单位体积土对渗流水的阻力（kN/m³），它与渗流力大小相等，方向相反。

根据渗流方向的静力平衡条件，有

$$\gamma_w h_1 A + \gamma_w LA\cos\alpha - TLA - \gamma_w h_2 A = 0 \tag{4.25}$$

式中 γ_w——水的重度，一般为 9.8kN/m³，近似可取 10kN/m³。

将 $\cos\alpha = (Z_1 - Z_2)/L$，$h_1 = H_1 - Z_1$，$h_2 = H_2 - Z_2$ [Z_1、Z_2 分别为两端点 M_1 和 M_2 横截面上的位置水头（图 4.8）；H_1、H_2 分别为两端点 M_1 和 M_2 横截面上的总水头（总水头 H＝位置水头 Z＋测压管水头 h）] 代入式 (4.25)，并将等式两边同除以 A，得

$$T = \gamma_w \frac{H_1 - H_2}{L} = \gamma_w i \tag{4.26}$$

由于水的渗流作用于土样的渗流力和土样中土粒骨架对水流的阻力 T 大小相等而方向相反，所以渗流作用于土骨架上单位体积的力，即渗流力为

$$j = T = \gamma_w i \tag{4.27}$$

渗流力的大小与水力坡降成正比，其作用方向与渗流（或流线）方向一致，是一种体积力，常以 kN/m³ 计。

从上述分析知，由于渗流力的存在，土体内部受力情况（包括大小和方向）发生变化。一般地说，这种变化对土体的整体稳定是不利的。

【例 4.3】 某基坑在细砂层中开挖，经施工排水、水位稳定后，实测水位情况如图 4.9 所示。根据场地勘察报告：细砂层饱和重度 $\gamma_{sat} = 19.2$kN/m³，$k = 5.5 \times 10^{-3}$cm/s。

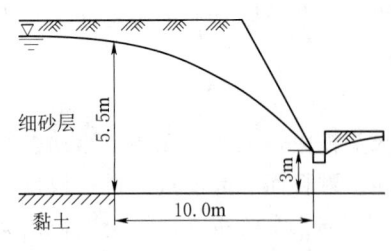

图 4.9 基坑开挖示意图

试求渗透水流的平均流速和渗流力。

解：$i = \dfrac{5.5 - 3.0}{10} = 0.25$

$v = ki = 5.5 \times 10^{-3} \times 0.25 = 1.375 \times 10^{-3} \text{cm/s}$

由式（4.27）得渗流力：

$j = \gamma_w i = 9.8 \times 0.25 = 2.45 \text{kN/m}^3$

4.3.1.2 静水和稳定渗流时土中的应力

1. 静水条件下土中的应力

图 4.10（a）为浸没在水下的饱和土体（以下均假定饱和土体在自重作用下压缩稳定），设土面至水面的距离为 h_1，土的饱和重度为 γ_{sat}，则土面下深度为 h_2 的 a—a 平面的总应力 σ 为

$$\sigma = \gamma_w h_1 + \gamma_{sat} h_2 \tag{4.28}$$

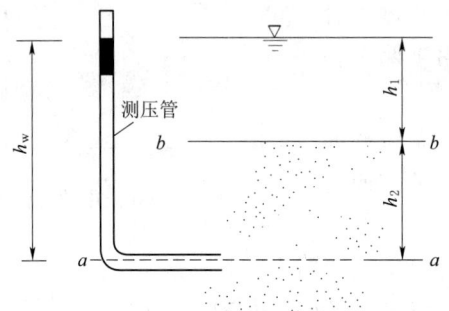

(a) 浸没在水下的饱和土体　　(b) a—a 和 b—b 截面上的受力

图 4.10　静水条件下的孔隙水应力和有效应力

孔隙水应力 u 为

$$u = \gamma_w h_w = \gamma_w (h_1 + h_2) \tag{4.29}$$

则根据有效应力公式，a—a 平面上的有效应力为

$$\sigma' = \sigma - u = (\gamma_w h_1 + \gamma_{sat} h_2) - \gamma_w (h_1 + h_2) = (\gamma_{sat} - \gamma_w) h_2 = \gamma' h_2 \tag{4.30}$$

可见，在静水条件下，孔隙水应力等于研究平面上单位面积的水柱重量，与水深成正比，呈三角形分布；而有效应力等于研究平面上单位面积的土柱有效重量，与土层深度成正比，也呈三角形分布，而与超出土面以上静水位的高低无关。孔隙水应力和有效应力的分布如图 4.10（b）所示。

2. 稳定渗流时土中的应力

(1) 渗流方向向下。图 4.11（a）为土体中的水在水头差作用下发生由上向下渗流的情况。此时在土层表面 b—b 上的孔隙水应力与静水情况相同，仍等于 $\gamma_w h_1$，而 a—a 面上的孔隙水应力将因水头损失而减小，其值为

$$u = \gamma_w h_w = \gamma_w (h_1 + h_2 - h) \tag{4.31}$$

式中　h——b—b 面与 a—a 面的水头差。

a—a 面上的总应力不变，则 a—a 面上的有效应力为

$$\sigma' = \sigma - u = (\gamma_w h_1 + \gamma_{sat} h_2) - \gamma_w (h_1 + h_2 - h) = (\gamma_{sat} - \gamma_w) h_2 + \gamma_w h$$
$$= \gamma' h_2 + \gamma_w h = \left(\gamma' + \gamma_w \frac{h}{h_2}\right) h_2 = (\gamma' + \gamma_w i) h_2 \tag{4.32}$$

孔隙水应力和有效应力的分布见图 4.11 (b)。

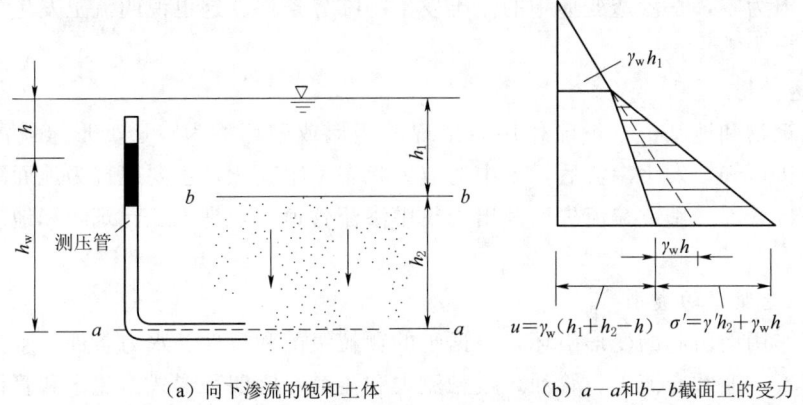

(a) 向下渗流的饱和土体　　(b) $a-a$ 和 $b-b$ 截面上的受力

图 4.11　向下渗流时的孔隙水应力和有效应力

与静水情况相比，$a-a$ 面上的总应力不变而孔隙水应力减少 $\gamma_w h$，同时有效应力增加 $\gamma_w h$，也就是有效应力中增加了向下的渗流力，因而向下的渗流有利于土体的稳定。

(2) 渗流方向向上。图 4.12 (a) 为土体在水位差作用下发生由下向上渗流的情况。此时在土层表面 $b-b$ 上的孔隙水应力与静水情况相同，仍等于 $\gamma_w h_1$，而 $a-a$ 面上的孔隙水应力将因水头增加而增大，其值为

$$u = \gamma_w h_w = \gamma_w (h_1 + h_2 + h) \tag{4.33}$$

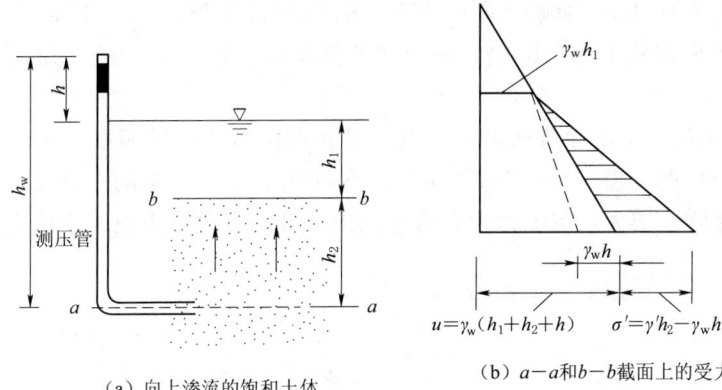

(a) 向上渗流的饱和土体　　(b) $a-a$ 和 $b-b$ 截面上的受力

图 4.12　向上渗流时的孔隙水应力和有效应力

$a-a$ 面上的总应力不变，则 $a-a$ 面上的有效应力为

$$\sigma' = \sigma - u = (\gamma_w h_1 + \gamma_{sat} h_2) - \gamma_w (h_1 + h_2 + h) = (\gamma_{sat} - \gamma_w) h_2 - \gamma_w h$$
$$= \gamma' h_2 - \gamma_w h = \left(\gamma' - \gamma_w \frac{h}{h_2}\right) h_2 = (\gamma' - \gamma_w i) h_2 \tag{4.34}$$

孔隙水应力和有效应力的分布见图 4.12 (b)。

与静水情况相比，a—a 面上的总应力不变而孔隙水应力增加了 $\gamma_w h$，同时有效应力减少 $\gamma_w h$，也就是说在总应力不变时，孔隙水应力和有效应力是此消彼长的关系。此外，在向上渗流的情况下，有效应力中减少了向上的渗流力。当式（4.34）中的 $j=\gamma_w i=\gamma'$ 时，有效应力为零，是渗透变形中的流土发生的临界条件。这也说明流土发生的实质是土中的有效应力为零。

4.3.2 渗透变形

土工建筑物和地基由于渗流作用而出现的变形或破坏称为渗透变形（或渗透破坏）。由前面的分析可知，发生渗流后，土中的应力状态发生变化，主要表现为地面隆起、土层剥落、土颗粒悬浮、细颗粒流失以及出现集中渗流管道等，是土工建筑物和地基破坏的主要原因之一。

4.3.2.1 渗透变形的类型

由渗流作用而引起的变形破坏，根据土的颗粒级配和特性、水力条件、水流方向和地质情况等因素，通常有流土、管涌、接触流失和接触冲刷四种形式。流土和管涌发生在同一土层中，接触流失和接触冲刷发生在成层土中。接触流失是在层次分明、渗透系数相差悬殊的两层土中，当渗流垂直于层面将渗透系数小的土层中的细颗粒带到渗透系数大的土层中的现象。接触冲刷是渗流沿着渗透系数不同的两种土层的接触面或建筑物与地基的接触面流动时，沿接触面带走细颗粒的现象。

1. 流土

正常情况下，土体中各个颗粒之间都是相互紧密结合的，并具有较强的制约力。但在向上渗流作用下，局部土体表面会隆起或颗粒群同时发生移动而流失，这种现象称为流土，如图 4.13 所示。它主要发生在地基或土坝下游渗流逸出处而不发生于土体内部。基坑或渠道开挖时所出现的流沙现象是流土的一种常见形式。流土常发生在颗粒级配均匀的细砂、粉砂和粉土等土层中，在饱和的低塑性黏性土中，当受到扰动时，也会发生流土。

图 4.13 表示河堤下游渗流逸出处，由于堤外水位高涨，局部覆盖层被水流冲溃，使得逸出处的土层自重减轻或者由于堤内水位突然上升，浸润线上的上游流入点与下游出逸点间的水力坡降骤然增大，渗流力大大超过逸出点处的有效重力而发生流土。

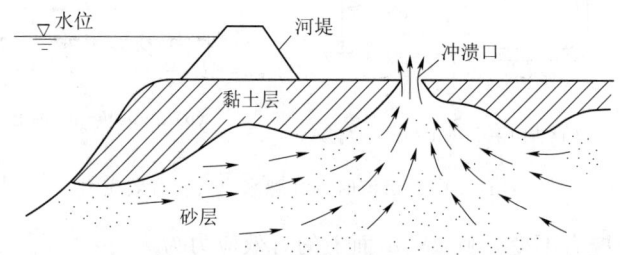

图 4.13 堤坝下游的流土破坏

由式（4.34）知，一旦 $j>\gamma'$，流土就会发生。而 $j=\gamma'$ 时，土体处于流土的临界状态,此时的水力坡降定义为临界水力坡降,以 i_{cr} 表示。

$$i_{cr} = \frac{\gamma'}{\gamma_w} = \frac{\gamma_{sat} - \gamma_w}{\gamma_w} = \frac{\gamma_{sat}}{\gamma_w} - 1 \quad (4.35)$$

此外,若将 $\gamma' = \rho' \times 9.80 = \frac{(G_s-1)\rho_w}{1+e} \times 9.80 = \gamma_w(G_s-1)(1-n)$ 表示,则

$$i_{cr} = (G_s - 1)(1 - n) \quad (4.36)$$

这是均匀土层中临界水力坡降的另一表达方式。从式(4.36)可知均匀土层中流土的临界水坡降取决于土的物理性质。当土粒比重和孔隙率为已知时,土的临界水力坡降是一定值,一般为 0.8~1.2。

流土一般发生在渗流的逸出处,因此,只要将渗流逸出处的水力坡降,即逸出坡降 i_e 求出,就可判别流土的可能性:当 $i_e < i_{cr}$ 时,土处于稳定状态;当 $i_e = i_{cr}$ 时,土处于临界状态;当 $i_e > i_{cr}$ 时,土处于流土状态。通常把渗流逸出处的流网网格的平均水力坡降作为逸出坡降。具体求解参见 4.4.3 节。

在设计时,为保证建筑物的安全,通常将逸出坡降限制在容许坡降 $[i]$ 之内,即

$$i_e < [i] = \frac{i_{cr}}{F_s} \quad (4.37)$$

式中 F_s——稳定安全系数,常取 1.5~2.0;对水工建筑物的危害较大,取 2.0;对于特别重要的工程可取 2.5。

2. 管涌

在渗流力的作用下,土中的细颗粒在粗颗粒形成的孔隙中被移去并被带出,在土体内形成贯通的渗流管道,这种现象称为管涌,如图 4.14 所示。开始时土体中的细颗粒沿渗流方向移动并不断流失,继而较粗颗粒发生移动,从而在土体内部形成管状通道,带走大量砂粒,最后堤坝被破坏。管涌发生的部位可以在渗流逸出处,也可以在土体内部。它主要发生在砂砾中,必须具备两个条件:①几何条件,土中粗颗粒所形成的孔隙必须大于细颗粒的直径,一般不均匀系数 $C_u > 10$ 的土才会发生管涌,这是必要条件;②水力条件,渗流力大到能够带动细颗粒在粗颗粒形成的孔隙中运动,可用管涌的临界水力坡降来表示,它标志着土体中的细粒开始流失,表明水工建筑物或地基某处出现了薄弱环节。南京水科院在总结国内外试验研究的基础上,根据作用在单个颗粒上的渗流力与颗粒在水中自重相平衡的原理,得到了发生管涌的临界坡降计算公式:

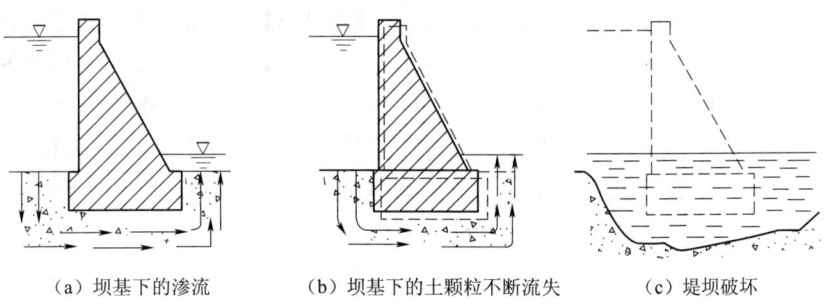

(a) 坝基下的渗流　　(b) 坝基下的土颗粒不断流失　　(c) 堤坝破坏

图 4.14 坝基管涌失事示意图

$$i_{cr} = \frac{42 d_3}{\sqrt{\dfrac{k}{n^3}}} \tag{4.38}$$

式中　　k——土的渗透系数，cm/s；

　　　　d_3——占总土重3%的土粒粒径，mm；

　　　　n——土的孔隙率，%。

式（4.38）也是《水力发电工程地质勘察规范》(GB 50287—2016) 中推荐的计算临界水力坡降的方法之一。

但发生管涌的临界水力坡降的理论计算至今尚不成熟，一般可按表4.3来设计。

就一般黏性土来说，只有流土而无管涌，而对于无黏性土来说，其渗透变形的形式与土的颗粒组成、级配和密度等因素有关。

表4.3　　　　　　　　　砂砾料的水力坡降变化范围

水力坡降	渗透破坏形式			
	流 土		管 涌	
	$C_u \leqslant 5$	$C_u > 5$	级配连续	级配不连续
临界水力坡降	0.8~1.0	1.0~1.5	0.2~0.4	0.1~0.3
容许水力坡降	0.4~0.5	0.5~0.8	0.15~0.25	0.1~0.2

【**例4.4**】　有自下向上的渗流，已知水头差为15cm，试样长度为30cm，试求试样所受的渗流力是多少？若已知试样的 $G_s = 2.75$，$e = 0.63$，试问该试样是否会发生流土现象？

解：水头损失为

$$i = \frac{\Delta h}{L} = \frac{15}{30} = 0.5$$

该试样的临界水力坡降为

$$i_{cr} = \frac{G_s - 1}{1 + e} = \frac{2.75 - 1}{1 + 0.63} = 1.07$$

∵ $i < i_{cr}$

∴试样不会发生流土现象。

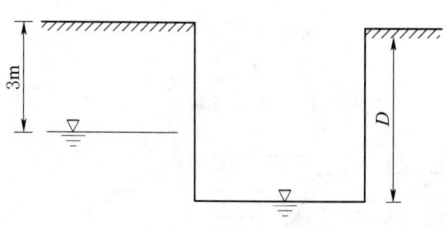

图4.15　基坑开挖示意图

【**例4.5**】　某基坑开挖工程如图4.15所示。开挖土层为均质的各向同性的黏土层，$G_s = 2.72$，$e = 0.63$，厚15.32m；黏土层下为均质的砂层，地下水位在地面以下3m处。试问基坑不发生渗透破坏的最大开挖深度是多少？

解：该黏土层的临界水力坡降

$$i_{cr} = \frac{G_s - 1}{1 + e} = \frac{2.72 - 1}{1 + 0.63} = 1.06$$

设最大开挖深度为 Dm，则总水头差为

$$\Delta h = (15.32 - 3) - (15.32 - D) = D - 3$$

平均水力坡降

$$i = \frac{\Delta h}{L} = \frac{D-3}{15.32-D}$$

令 $i = i_{cr}$，得

$$1.06 = \frac{D-3}{15.32-D}$$

解得 $D = 9.33$m。

【例 4.6】 ［例 4.3］中的基坑是否安全？

解：临界水力坡降

$$i_{cr} = \frac{\gamma'}{\gamma_w} = \frac{\gamma_{sat} - \gamma_w}{\gamma_w} = \frac{\gamma_{sat}}{\gamma_w} - 1 = \frac{19.2}{9.8} - 1 = 0.96$$

实际水力坡降为 0.25＜0.96，所以基坑是安全的。

4.3.2.2 渗透变形的防治

通过理论分析可知，可以通过增加渗流路径、减小渗流坡降两方面采取措施防治渗透引起的破坏。

1. 流土的防治措施

（1）上游做垂直防渗帷幕，如混凝土防渗墙、打钢板桩、灌浆帷幕等。根据需要，帷幕可以完全切断地基的透水层，也可不完全切断透水层，做成悬挂式，起延长渗径，减小下游逸出坡降的作用。

（2）上游做水平防渗铺盖，以延长渗径，降低下游逸出坡降。

（3）水利工程中，下游挖减压沟或打减压井，贯穿渗透性小的黏土，以降低作用在黏性土层底面的渗透压力。

（4）下游加透水盖板，以防止土粒被渗流力所悬浮。

（5）土层加固处理，如冻结法。

2. 管涌的防治措施

（1）改变水力条件，降低土层内部和渗流逸出处的坡降。如上游做防渗铺盖或打板桩等。

（2）改变几何条件。在渗流逸出部位铺设层间关系满足要求的反滤层，是防止管涌破坏的有效措施。反滤层一般是 1～3 层级配较为均匀的砂子和砾石层，用以保护基土，防止细颗粒被带出；同时应具有较大的透水性，使渗流可以畅通。

4.4 二维渗流和流网

前面介绍的渗流属简单边界条件下的单向渗流，只要渗透介质的渗透系数和厚度以及

两端的水头或水头差为已知,介质内的流动特性,例如测压管水头、渗透速度和水力坡降等均可根据达西定律确定。然而,工程上遇到的渗流问题,边界条件要复杂得多,水流形态往往是二维的或三维的。例如,常见的土坝和闸基下的渗流(图 4.1),介质内的流动特性常逐点不同,只能以微分方程的形式表示,然后根据边界条件进行求解。本节简要介绍二维渗流方程及流网。

4.4.1 二维稳定渗流场中的拉普拉斯方程

在渗流场内各运动要素(流速、流量、水位)不随时间变化的地下水运动,称为稳定渗流。假定水体不可压缩,则根据水流连续原理,单位时间内流入和流出微量单元体的水量应相等,从而得到二维流连续方程:

$$k_x \frac{\partial^2 h}{\partial x^2} + k_z \frac{\partial^2 h}{\partial z^2} = 0 \tag{4.39}$$

式中 k_x、k_z——x 和 z 方向的渗透系数;

h——测压管水头。

如果土是各向同性的,即 $k_x = k_z$,则式(4.39)可表示为

$$\frac{\partial^2 h}{\partial x^2} + \frac{\partial^2 h}{\partial z^2} = 0 \tag{4.40}$$

式(4.40)即为著名的拉普拉斯(Laplace)方程,它是描述平面稳定渗流的基本方程。通过求解一定边界条件下的拉普拉斯方程,即可求得该条件下的渗流场。

4.4.2 流网的特征及绘制

上述拉普拉斯方程表明,渗流场内任一点水头是其坐标的函数,知道了水头分布,即可确定渗流场的其他特征。求解拉普拉斯方程一般有四类方法,即数学解析法、数值解法、电模拟法、图解法。其中尤以图解法简便、快速,在工程中应用广泛。

4.4.2.1 流网的特征

流线是渗流场中某一瞬时的一条线,线上各水质点在此瞬时的流向均与此线相切。等势线(等水头线)是表示势能或总水头的等值线,即每一根等势线上的测压管水位都是齐平的。

渗流场内可以作一系列等水头面和流面。在某一典型剖面或切面上,由一系列等势线与流线组成的网格称为流网。两条流线之间的区域叫流槽。它与管道相似,流进多少水量,也就流出多少水量。流槽中任意断面的流量是相等的。

对于各向同性渗流介质,由水力学知,流网具有下列特征:

(1)流线与等势线互相正交。设想如果它们不正交,某一点渗流的方向与等势线不垂直,则流速就能分解为垂直于等势线方向和沿着等势线方向的两个分量。前面讲过,流动是由于势能不平衡,沿着等势线各点的势相等,就不可能有流动,也就是说,不可能有沿着等势线的流速分量,那么流线只能与等势线相垂直。

(2)流线与等势线构成的各个网格的长宽比为常数。当长宽比为1时,网格为曲线正方形,这是最常见的一种流网。

(3)流网中任意相邻等势线间的差值相等。

(4)流线与流线不能相交,等势线之间也不能相交。

(5) 各个流槽的渗流量相等。

由这些特征可知，流网中流线越密的部位流速越大；等水头线越密的部位，水力坡降越大。

4.4.2.2 流网的绘制

根据以上流网的特征，在徒手绘制流网时，通常先绘出已知的等势线和流线，如地下水位线或者浸润线，实际上就是一条流线，此处孔隙水应力为零，其总水头只包括位置水头；静水位下的透水边界是一条等势线，其上各点的总水头相等，等于静水位的高程；任何不透水边界就是一条流线；地下水的渗出段，孔隙水应力为零，其总水头只包括位置水头，所以当它不为水平时，也为一条流线；然后再增绘其他流线与等势线。根据以上特征，大致绘出闸基下的流网图，如图 4.16 所示。

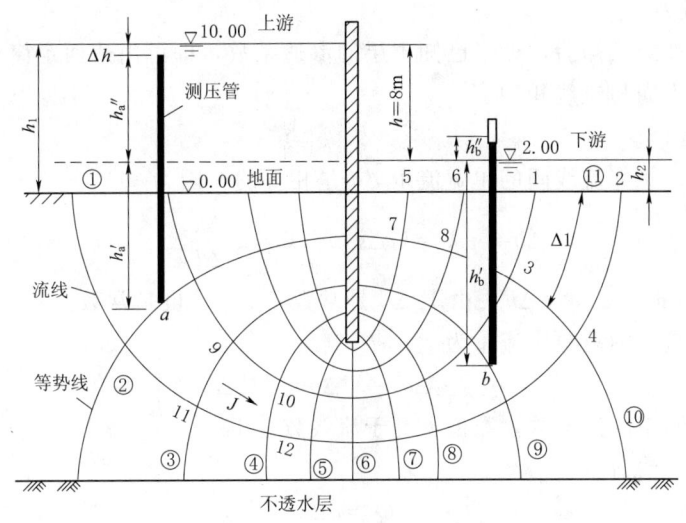

图 4.16 闸基下的渗流
①～⑪—等势线；1～12—流线与等势线相交的点

4.4.3 流网的应用

4.4.3.1 求土层中各点的测压管水头、水力坡降和平均渗流力

根据流网特征可知，任意两相邻等势线间的差值相等，即水头损失相等，从而算出相邻两条等势线之间的水头损失 Δh，即

$$\Delta h = \frac{\Delta H}{N} = \frac{\Delta H}{n-1} \quad (N = n-1) \tag{4.41}$$

式中 ΔH——上、下游水位差，即水从上游流到下游的总水头损失；

N——等势线间隔数；

n——等势线数。

则第 $i+1$ 条等势线处的总水头为

$$h_{i+1} = H_1 - i \times \Delta h \tag{4.42}$$

式中 H_1——上游等势线的值。

对于网格中的点，可用内插法近似估计得到总水头。

那么第 i 网格的平均水力坡降为

$$i = \frac{\Delta h}{L_i} \quad (4.43)$$

式中 L_i——第 i 个网格的长度,可根据比例量出。

由式(4.43)知,流网图上,网格密集的地方,就是水力坡降最大的地方,所以此处是渗透流速最大处,这对采取何种工程措施防治渗透变形起着决定性作用。

4.4.3.2 孔隙水应力

渗流场中各点的孔隙水应力等于该点处测压管中的水柱高度乘以水的重度 γ_w。应当注意,处于同一等势线上的不同点,其测压管水位虽然相同,但由于其距基准面的距离不同,因而具有不同的孔隙水应力。

4.4.3.3 渗流速度

各点的水力坡降已知后,如果已知土层的渗透系数,即可由达西定律 $v=ki$ 求出各点的渗流速度,其方向与流线相切。

4.4.3.4 渗流量

流网中任意两相邻流线间的单宽流量 Δq 是相等的,因为

$$\Delta q = vA = ki\Delta s \times 1.0 = k\frac{\Delta h}{\Delta l}\Delta s \quad (4.44)$$

当取 $\Delta l = \Delta s$ 时,$\Delta q = k\Delta h$,由于 Δh 是常数,故 Δq 也是常数。

通过坝下渗流区的总单宽流量为

$$q = \sum \Delta q = M\Delta q = Mk\Delta h \quad (4.45)$$

式中 M——流网中的流槽数,数值上等于流线数减 1。

通过坝底的总渗流量为

$$Q = qL \quad (4.46)$$

式中 L——坝基长度。

4.4.3.5 判断渗流逸出处抵抗流土的安全系数

若已知土的饱和重度为 20kN/m^3,计算流土的临界坡降:

$$i_{cr} = \frac{\gamma_{sat} - \gamma_w}{\gamma_w} = \frac{20-9.8}{9.8} = 1.04$$

将 i_{cr} 与式(4.43)计算出的实际坡降进行比较即可判定。下面以图 4.16 为例来说明流网的应用。

【**例 4.7**】 如图 4.16 所示,若地基土比重为 2.68,孔隙率为 38%,渗透系数为 $5\times 10^{-4}\text{mm/s}$,试求:(1)$a$ 点的孔隙水应力和有效应力。

(2)渗流逸出处 1 和 2 是否会发生流土?

(3)图 4.16 中网格 9、10、11、12 上的渗流力是多少?

(4)求地基的单宽渗流量。

解:(1)本例中,$n=11$,$N=10$,$\Delta H=8\text{m}$,故相邻两条等势线之间的水头损失 $\Delta h = 8/10 = 0.8\text{m}$。有了 Δh 就可以求出任意点的测压管水头。测压管水头是位置水头与压强水头、流速水头之和。由于土中水的流速很小,可忽略流速水头。故测压管水头只为

位置水头与压强水头之和。位置水头是测点相对于某基准面的位置高度，物理意义是单位重量液体相对于基准面的位置势能。压强水头表示测压管内液体上升的高度，是单位重量液体所具有的压强势能。例如图 4.16 中等势线②上 a 点的测压管水头 h_a，以不透水层为基准面，有

$$h_a = z_a + h_{ua} \tag{4.47}$$

式中　z_a——位置水头，不透水面至 a 点的垂直距离，可由图 4.16 按图比例量出，约为 12m；

　　　h_{ua}——压强水头，$h_{ua} = h_a' + h_a''$。

其中 h_a''、h_a' 分别计算如下。由于 a 点位于等势线②上，所以测压管水位超过下游静水位的高度为

$$h_a'' = h - \Delta h = 8.0 - 0.8 = 7.20(\mathrm{m})$$

从图上按比例量得 $h_a' = 10.0\mathrm{m}$，所以 a 点的压强水头

$$h_{ua} = 7.20 + 10.0 = 17.20 \text{ (m)}$$

代入式（4.47）得到 a 点的测压管水位为 29.20m。

而 a 点的孔隙水压力为

$$u_a = h_{ua} \times \gamma_\mathrm{w} = 17.20 \times 9.8 = 168.56(\mathrm{kN/m^2})$$

其中，a 点的静孔隙水压力为

$$u_a' = h_a' \times \gamma_\mathrm{w} = 10 \times 9.8 = 98(\mathrm{kN/m^2})$$

a 点的超静孔隙水压力为

$$u_a'' = h_a'' \times \gamma_\mathrm{w} = 7.20 \times 9.8 = 70.56(\mathrm{kN/m^2})$$

a 点的总应力为

$$\sigma = \gamma_\mathrm{w} h_1 + \gamma_\mathrm{sat}(h_a' - h_2) \quad \text{（其中 } h_1 = 10\mathrm{m}, h_2 = 2\mathrm{m}, \text{见图 4.16）}$$

$$\gamma_\mathrm{sat} = [G_\mathrm{s}(1-n) + n]\gamma_\mathrm{w} = [2.68 \times (1-0.38) + 0.38] \times 9.8 = 20(\mathrm{kN/m^3})$$

所以 a 点的总应力 $\sigma = 258\mathrm{kN/m^2}$

根据有效应力原理，得 a 点的有效应力：

$$\sigma' = \sigma - u_a = 258 - 168.56 = 89.44(\mathrm{kN/m^2})$$

应当注意，处于同一等势线上的不同点，其测压管水位虽然相同，但由于其距基准面的距离不同，因而具有不同的孔隙水压力。

（2）由图 4.16 按比例量出渗流场 1、2、3、4 的平均渗流长度，即流程 $\Delta l = 8.0\mathrm{m}$，而任意相邻等势线水头损失 $\Delta h = 0.8\mathrm{m}$，故可求得该渗流场的平均水力坡降 $i = \dfrac{\Delta h}{\Delta l} = 0.1$，进而求得其平均渗流力 $j = i\gamma_\mathrm{w} = 0.1 \times 9.8 = 0.98\mathrm{kN/m^3}$，而此处土的有效重度 $\gamma' = \gamma_\mathrm{sat} - \gamma_\mathrm{w} = 10\mathrm{kN/m^3} > j$，所以不会发生流土（也可由临界水力坡降 $i_\mathrm{cr} = (G_\mathrm{s}-1)(1-n) = 1.04 > i = 0.1$ 确定）。

（3）由图 4.16 按比例量出渗流场 9、10、11、12 的平均渗流长度，即流程 $\Delta l = 5.0\mathrm{m}$，两流线间的平均距离 $b = 4.4\mathrm{m}$，网格的水头损失为 0.8m，则作用在该网格渗流力为

$$J = jA = \gamma_\mathrm{w} i \Delta l b = 9.8 \times (0.8/5.0) \times 5.0 \times 4.4 = 34.5(\mathrm{kN/m})$$

（4）$M = 5$，$\Delta h = 0.8\mathrm{m}$，$k = 5 \times 10^{-4}\mathrm{mm/s} = 5 \times 10^{-7}\mathrm{m/s}$，所以，由式（4.45）得

$$q = 5 \times 5 \times 10^{-7} \times 0.8 = 2 \times 10^{-6} \text{ (m}^3\text{/s)}$$

思 考 题

4.1 达西定律的适用条件是什么？其中的流速通常指什么流速？

4.2 何为水力坡降？何为起始水力坡降？何为临界水力坡降？

4.3 室内确定渗透系数的方法有哪几种？它们的适用条件是什么？

4.4 简要回答影响土的渗透性的因素主要有哪些？

4.5 何为渗流力？它是一种什么力？常见的渗透破坏形式有哪几种？试详细说明。

4.6 什么叫流网？流网具有哪些特征？流网在工程上有什么作用？

4.7 等水头线上的各点具有相同的什么水头？是否具有相同的孔隙水应力？为什么？

习 题

4.1 某试样长 30cm，其横截面积为 103cm²，作用于试样两端的固定水头差为 90cm，此时通过试样流出的水量为 120cm³/min，该试样的渗透系数是多少？

4.2 设做变水头渗透试验的黏土试样的截面积为 30cm²，厚度为 4cm，渗透仪细玻璃管的内径为 0.4cm，试验开始时的水位差为 145cm，经过 7 分 25 秒观察得水位差为 130cm，试验时的水温为 20℃，试求试样的渗透系数。

4.3 坝基由 a、b、c 三层水平土层组成，厚度分别为 8m、5m、7m。这三层土都是各向异性的。土层 a、b、c 的垂直向和水平向渗透系数分别是：$k_{az}=0.010$m/s，$k_{ah}=0.040$m/s，$k_{bz}=0.020$m/s，$k_{bh}=0.050$m/s，$k_{cz}=0.030$m/s，$k_{ch}=0.090$m/s。当水垂直于土层层面渗流时的平均渗透系数是多少？当水平行于土层层面渗流时，三土层的平均渗透系数是多少？

4.4 资料同图 4.16，试计算：

（1）图中 b 点的测压管水头、孔隙水压力和有效应力各是多少？

（2）靠近板桩的下游地面的流网的平均渗流力多大？

（3）下游地面 5、6 发生流土的可能性如何？

4.5 某工程基槽开挖深 5m，地下水位深 6m，土的天然重度为 20kN/m³，饱和重度为 21kN/m³。地面以下 7m 处有承压水，承压水头为 3.0m。问基槽是否安全？

4.6 某土坝底宽为 160m，坝上游正常蓄水位为 40m，已知坝体为相对不透水体，坝基为粉砂土地，其土粒比重为 2.69，土体孔隙比为 0.90，若安全系数取 $F_s=2.5$，该坝坝基是否发生渗透破坏？

中 英 词 汇 对 照

渗流，渗透　seepage, permeate　　　　渗透性　permeability

渗透系数　coefficient of permeability　　渗流速度　seepage velocity

常水头渗透试验　constant head permeability test
临界水力梯度　critical hydraulic gradient
水力坡降（水力梯度）　hydraulic gradient
达西定律　Darcy's law
渗透变形　seepage deformation
等势线　equipotential lines
流土（流沙）　flowing soil (sand)
变水头渗透试验　falling head or variable head permeability test
水头损失　head loss
渗流力　seepage force
流线　flow lines
流网　flow net
管涌　piping

第 5 章　土的压缩性与地基变形

> **内容导读**：地基在载荷的作用下会产生压缩变形而引起建筑物的沉降，沉降过大会对建筑物带来危害。本章介绍衡量和测定沉降的指标、沉降的计算（包括最终沉降和固结沉降）、一维固结理论及工程应用。
>
> **教学目标及要求**：掌握土的压缩性指标，会计算地基的沉降，明确应力历史对沉降的影响，掌握固结理论及其应用。

5.1　概　　述

土是由气液固三相组成的。对于饱和土体，土颗粒之间的孔隙完全被水充满，为两相体。土体受力后的变形有：土颗粒被压缩，土中的水和气体被压缩，土中的水和气体被从孔隙中挤出，孔隙体积减小。研究表明，在一般压力（100～600kPa）作用下，土体的变形主要是由孔隙体积减小而引起的，此时土颗粒在压力作用下移动、挤密。这种由荷载导致地基内正应力增加，孔隙体积缩小，从而引起建筑物的基础竖直方向的位移（下沉）称为沉降。

图 5.1　浦东川沙镇居民楼

沉降可分为均匀沉降和不均匀沉降（差异沉降）。但不管哪类沉降，都可能对建筑物带来危害，轻者影响建筑物的正常使用，重者则致使建筑物损坏。如图 5.1 所示，两栋楼由于沉降而倾斜。对于水工建筑物如泄洪闸，不均匀沉降会引起闸门的启闭困难，造成洪水漫溢；而溢流闸即使均匀沉降，也会因沉降过大，不能维持需要的水位而影响使用。因此为了保证建筑物的安全和正常使用，尤其是比较重要的建筑物，设计时必须计算其可能产生的最大沉降量和沉降差，必须了解施工和使用过程中不同时期的沉降量，将其控制在允许范围之内。如果沉降量超过建筑物所允许的范围，必须采取改善地基条件或修改建筑物设计的措施。

地基土的变形都需要一定的时间，不同性质的土类，沉降稳定所需时间差别较大。压缩量随时间增长的过程称为土的固结。

沉降根据土体的变形机理分为瞬时沉降、主固结沉降和次固结沉降。

瞬时沉降是指加荷后瞬时发生的沉降。对于饱和软黏土，加载瞬间土中的水来不及排出,这时土体不发生体积变形,但是在靠近基础边缘应力集中处,地基土中会产生剪应变,剪应变引起土体侧向变形而产生的沉降称为瞬时沉降。其大小与基础的形状、尺寸和附加应力大小等因素有关,通常按弹性理论公式计算。

主固结沉降是指饱和土体在荷载作用下,随超静孔隙水应力的消散,有效应力增大,致使土体体积压缩而引起的固结沉降,沉降速率取决于孔隙水的排出速率,是黏土地基沉降的主要组成部分,通常采用分层总和法计算。

次固结沉降是指超静孔隙水应力消散后,有效应力不变,而土骨架变形仍随时间缓慢增长的变化,既包括剪应变,也包括体积变化,通常认为是由土骨架的蠕变造成的,比如举世闻名的比萨斜塔的沉降还在进行。次固结沉降一般仅在黏性土中发生,而且占总沉降量的比例较小,计算中一般不考虑。

5.2 土的压缩性

土具有压缩性是导致地基沉降的内因,外因则是外加的荷载在地基中产生的附加应力。土在压力作用下体积缩小的特性称为土的压缩性,主要是土内孔隙体积减小所致,故土体的变形常用孔隙比的变化来衡量。

5.2.1 室内压缩试验及压缩指标

土的室内压缩试验亦称固结试验,是研究土的压缩性的最基本的方法。

室内压缩试验采用的试验装置为压缩仪(或固结仪),如图 5.2 所示。试验时将切有土样的环刀置于刚性护环中,由于金属环刀及刚性护环的限制,土样在竖向压力作用下只能发生竖向变形,而无侧向变形,故又称侧限压缩试验或单向固结试验。在土样上下放置的透水石是土样受压后排出孔隙水的两个界面。压缩过程中竖向压力通过刚性板施加给土样,土样产生的压缩量可通过百分表量测。常规压缩试验通过逐级加荷进行,《土工试验规程》(SL 237—1999)的荷载率为 1,即 p

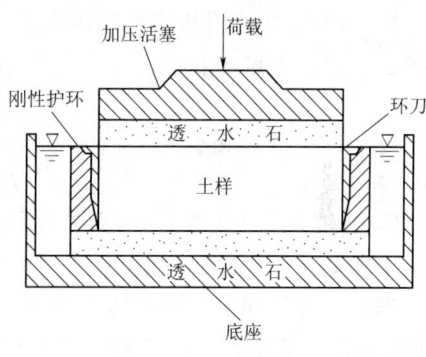

图 5.2 压缩仪示意图

为 50kPa、100kPa、200kPa、400kPa、800kPa 等。每级荷载压缩稳定是指附加应力完全转化为有效应力,规定为每小时变形小于 0.01mm 或加荷 24h。

根据压缩过程中土样变形与土的三相指标的关系,可以导出相应荷载 p 下沉降稳定后的孔隙比 e 与压缩量 ΔH 的关系,即

$$e = e_0 - \frac{\Delta H}{H_0}(1 + e_0) \tag{5.1}$$

式中 e_0——土样的初始孔隙比;

H_0——土样的初始高度,常规的试验取 2cm。

这样,根据式(5.1)即可得到各级荷载 p 下压缩稳定对应的孔隙比 e,从而可绘制出土样压缩试验的 e-p 曲线及 e-$\lg p$ 曲线等,得到土的压缩性指标。

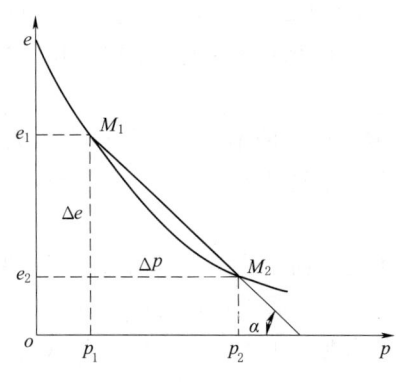

图 5.3 $e-p$ 曲线确定压缩系数

1. 压缩系数 a

通常可将常规压缩试验所得的孔隙比 e 随压力 p 的变化关系采用普通直角坐标绘制成 $e-p$ 曲线，如图 5.3 所示。设压力由 p_1 增至 p_2，相应的孔隙比由 e_1 减小到 e_2，当压力变化范围不大时，可将 M_1M_2 一小段曲线用割线来代替，用割线 M_1M_2 的斜率来表示土在这一段压力范围的压缩性，即

$$a = \tan\alpha = \frac{\Delta e}{\Delta p} = \frac{e_1 - e_2}{p_2 - p_1} \tag{5.2}$$

式中 a——压缩系数，压缩系数越大，土的压缩性越高，MPa^{-1}。

从图 5.3 还可以看出，压缩系数 a 值与土所受荷载的大小有关。《建筑地基基础设计规范》(GB 50007—2011) 中采用 $100 \sim 200 \text{kPa}$ 压力区间内对应的压缩系数 $a_{1\sim 2}$ 来评价土的压缩性。即：$a_{1\sim 2} < 0.1 \text{MPa}^{-1}$，属低压缩性土；$0.1 \text{MPa}^{-1} \leqslant a_{1\sim 2} < 0.5 \text{MPa}^{-1}$，属中压缩性土；$a_{1\sim 2} \geqslant 0.5 \text{MPa}^{-1}$，属高压缩性土。

2. 压缩指数 C_c

采用半对数的直角坐标，就得到 $e-\lg p$ 曲线（图 5.4）。在 $e-\lg p$ 曲线中，当压力较大时，曲线接近直线。将 $e-\lg p$ 曲线直线段的斜率用 C_c 来表示，称为压缩指数，它是无量纲的量：

$$C_c = \frac{e_1 - e_2}{\lg p_2 - \lg p_1} = \frac{e_1 - e_2}{\lg \frac{p_2}{p_1}} \tag{5.3}$$

C_c 值越大，土的压缩性越高。低压缩性土的 C_c 一般小于 0.2，高压缩性土的 C_c 值一般大于 0.4。

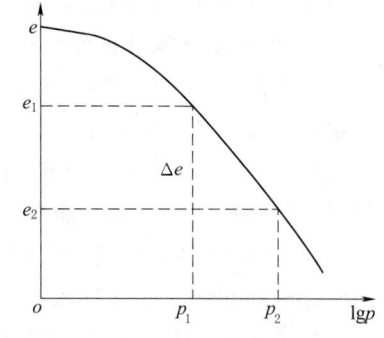

图 5.4 $e-\lg p$ 曲线确定压缩指数

图 5.5 为从同一土层中的上中下三处取土样 a、b、c 进行室内压缩试验，得到如图 5.5 (b) 所示的 3 条 $e-\lg p$ 曲线。虽然起始的初始孔隙比 e_0 不同，但三条曲线的末端都汇集到同一条直线，因而具有相同的压缩指数，说明对于同一土层，压缩指数不随取样深度而变化。

图 5.6 为原状样与扰动程度不同的土样的 $e-\lg p$ 曲线。由于目前钻探取样的技术条件不够理想，土样取出后应力的释放、试样的运输及室内实验时人工扰动等，多少对试样造成扰动，扰动程度越大，偏离原状样的压缩曲线的程度越大。但当压力较大时，它们的 $e-\lg p$ 曲线都近乎直线且大致相交于 $0.42e_0$ 处。

3. 体积压缩系数 m_v 与侧限压缩模量 E_s

根据 $e-p$ 曲线，可以得到侧限压缩模量，简称压缩模量，用 E_s 来表示。其定义为土在完全侧限的条件下竖向应力增量 Δp 与相应的应变增量 $\Delta \varepsilon$ 的比值：

$$E_s = \frac{\Delta p}{\Delta \varepsilon} = \frac{\Delta p}{\Delta H / H_1} \tag{5.4}$$

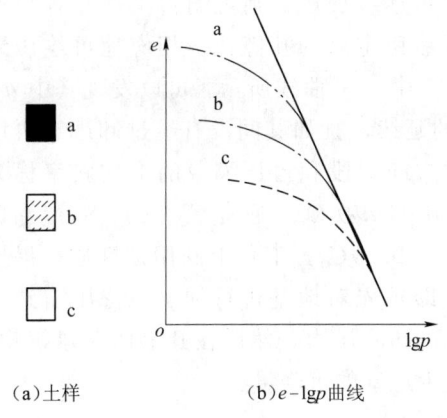
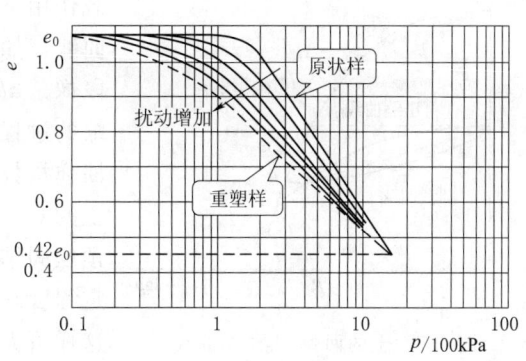

图 5.5　均匀土层不同部位的 $e-\lg p$ 曲线　　　图 5.6　扰动程度不同的土样的 $e-\lg p$ 曲线

式中　E_s——侧限压缩模量，MPa。

在无侧向变形，即横截面面积不变的情况下，根据土粒所占高度不变的条件，土样变形量 ΔH 可用相应的孔隙比的变化 $\Delta e = e_1 - e_2$ 来表示：

$$\Delta H = \frac{e_1 - e_2}{1 + e_1} H_1 = \frac{\Delta e}{1 + e_1} H_1 \tag{5.5}$$

将式（5.5）代入式（5.4），结合式（5.2），得到压缩系数 a 与压缩模量 E_s 之间的关系：

$$E_s = \frac{\Delta p}{\Delta H / H_1} = \frac{\Delta p}{\Delta e / (1 + e_1)} = \frac{1 + e_1}{a} \tag{5.6}$$

E_s 衡量的是土抵抗压缩变形的能力，E_s 越大，土抵抗压缩变形的能力越强，土的压缩性就越小。E_s 大于 15MPa，为低压缩性土；E_s 小于 4MPa，为高压缩性土；处于两者之间的为中压缩性土。

土的体积压缩系数是指在侧限条件下，受单位压力增量作用引起的单位体积压缩量，单位为 MPa^{-1}。

$$m_v = \frac{\frac{\Delta v}{v_1}}{\Delta p} = \frac{\frac{\Delta e}{1 + e_1}}{\Delta p} = \frac{a}{1 + e_1} = \frac{1}{E_s} \tag{5.7}$$

同压缩系数 a 一样，压缩模量 E_s 也不是常数，而是随着压力大小而变化。因此，在运用到沉降计算中时，比较合理的做法是根据实际竖向应力的大小在压缩曲线上取相应的孔隙比计算这些指标。

4. 回弹指数 C_e

常规的压缩曲线是在试验中连续递增加压获得的，如果加压到某一值 p_b（相应于图 5.7 中曲线上的 b 点）后不再加压，而是逐级进行卸载直至零，并且测得各卸载等级下土样回弹稳定后土样高度，进而换算得到相应的孔隙比，即可绘制出卸载阶段的关系曲线，图 5.7 中 bc 曲线称为回弹曲线（或膨胀曲线）。可以看到回弹曲线和初始加载的曲线 ab 不重合。卸载至零时，土样的孔隙比没有恢复到初始压力为零时的孔隙比 e_0。这就显示土残留了一部分压缩变形，称之为残余变形，但也恢复了一部分压缩变形，称之为弹性变

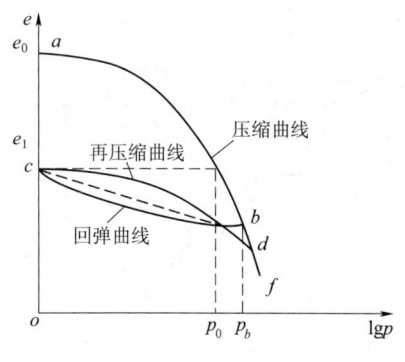

图 5.7 土的回弹-再压缩曲线

形。若接着重新逐级加压，则可测得土样在各级荷载作用下再压缩稳定后的孔隙比，相应地可绘压缩曲线，如图 5.7 中 cdf 曲线所示。可以发现其中 df 段像是 ab 段的延续，犹如其间没有经过卸载和再压缩的过程一样。卸载段和再压缩段的平均斜率称为回弹指数或再压缩指数 C_e。通常 $C_e \ll C_c$，一般黏性土的 $C_e \approx (0.1 \sim 0.2) C_c$。工程上利用该性质，提出预压固结法，即预先对地基进行加压，待压缩到一定程度之后，再卸除压力，然后在其上修建建筑物，这样可大大减少地基的沉降量。

5.2.2 现场压缩试验及衡量指标

1. 现场载荷试验方法

现场载荷试验是在现场通过千斤顶逐级对置于地基土上的载荷板施加荷载（图 5.8），观测记录沉降随时间的发展以及稳定时的沉降量 s，将上述试验得到的各级荷载与相应的稳定沉降量绘制成 p-s 曲线，即获得地基土载荷试验的结果（图 5.9）。

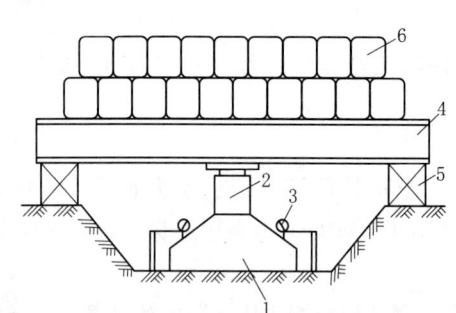

图 5.8 地基土现场载荷试验
1—载荷板；2—千斤顶；3—百分表；
4—平台；5—枕木；6—堆重

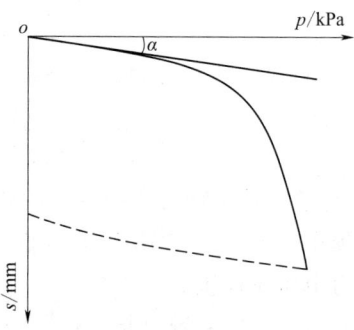

图 5.9 地基土现场载荷试验 p-s 曲线

根据提供反力的方式不同，载荷试验分为地锚反力架法载荷试验和堆载反力架法载荷试验。图 5.8 为堆载反力架法载荷试验。具体试验方法见《建筑地基基础设计规范》（GB 50007—2011）。

2. 地基变形模量

在 p-s 曲线中，当荷载小于某数值时，荷载与载荷板沉降之间基本呈直线关系。在这段直线关系内，可利用根据弹性理论计算沉降的公式反求地基的变形模量 E_0：

$$E_0 = \frac{pb(1-\mu^2)}{s}\omega \tag{5.8}$$

式中 p——直线段的荷载强度，kPa；

s——载荷板相应于 p 的下沉量；

b——载荷板的宽度或直径；

μ——土的泊松比,砂土可取 0.2~0.25,黏性土可取 0.25~0.45;

ω——沉降影响系数,对于刚性载荷板,方形板取 $\omega=0.88$,圆形板取 $\omega=0.79$。

从理论上可以得到压缩模量 E_s 与变形模量 E_0 之间的换算关系:

$$E_0 = \beta E_s \tag{5.9}$$

其中

$$\beta = 1 - \frac{2\mu^2}{1-\mu} = 1 - \mu K_0$$

式中 K_0——静止侧压力系数,具体见第 3 章。

由于 $0 \leqslant \mu \leqslant 0.5$,所以 $0 \leqslant \beta \leqslant 1$。

由于土体不是完全弹性体,加上试验的影响因素较多,理论关系与实测关系有一定差距。实测资料表明,E_0 与 E_s 的比值并不像理论得到的在 0~1 之间变化,而可能出现 E_0/E_s 超过 1 的情况,且土的结构性越强或压缩性越小,其比值越大。

土的弹性模量要比变形模量(表 5.1)、压缩模量大得多,可能是它们的十几倍或者更大。

表 5.1　　　　　　　　　不同土的变形模量经验值　　　　　　　　　单位:MPa

土的类型	泥炭	塑性黏土	硬塑黏土	较硬黏土	松砂	密实砂	密实砂砾、砾石
变形模量	0.1~0.5	0.5~4	4~8	8~15	10~20	50~80	100~200

5.2.3 土的压缩性与应力历史的关系

从图 5.4 可见,土的 e-$\lg p$ 曲线的前半段较平缓,而后半段(即直线段)较陡,说明只有当压力超过某值时土才会发生较显著的压缩。一般土在其沉积过程中在上覆压力或其他荷载作用下经历过压缩和固结,当土样从原位中取出,其原有应力释放,相当于回弹过程(图 5.7 中的 bc 过程),因此在压缩试验中只有当施加的压力超过土在原位所受的应力时,土样的压缩量才会较大(处于 df 阶段),否则就处于再压缩阶段(图 5.7 中的 cd 过程)。

由此可见,土的压缩性与其受荷历史(应力历史)密切相关。土在历史上所受过的最大竖向有效应力称为先期(前期)固结应力,常用 p_c 表示。

把前期固结应力 p_c 与现在所受竖向应力 p_0 的比值定义为超固结比 OCR,以评价土层的应力状态。若 $OCR = p_c/p_0 > 1$,则定义为超固结土,说明历史上曾有上覆压力超过现在的应力,目前处于卸载状态;若 $OCR = p_c/p_0 = 1$,则定义为正常固结土,即地基土历史上从未受过比现有上覆压力更大的力,且在上覆压力作用下已固结稳定。新近堆积的土层在自重的作用下尚未完全固结稳定,为欠固结土,但 $OCR = 1$,因为目前所受的应力即为历史上的最大应力。

5.2.3.1 先期(前期)固结应力的确定

为了判断地基土的应力历史,必须先确定土的前期固结应力。最常用的方法是卡萨格兰德(Casagrande)根据室内压缩试验 e-$\lg p$ 曲线的特点建议的经验图解法,其作图方法和步骤如下,见图 5.10。

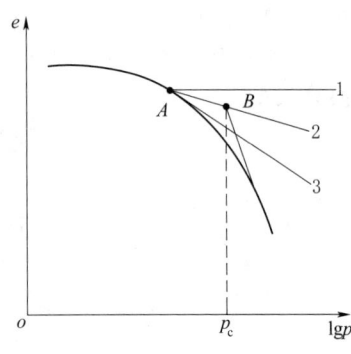

图 5.10 前期固结应力的确定

(1) 在室内 $e-\lg p$ 曲线上，找出曲率最大的 A 点，过 A 点作水平线 $A1$、切线 $A3$ 以及它们的角平分线 $A2$。

(2) 将 $e-\lg p$ 曲线下部的直线段向上延伸交角平分线 $A2$ 于 B 点，则 B 点对应的横坐标即为前期固结应力 p_c。

应当指出，作图中人为的因素、试验过程对试样的扰动以及纵坐标选用不同的坐标比例，都会影响到前期固结应力的确定。因此前期固结应力的确定，还需结合土层形成的历史资料加以综合分析确定。

5.2.3.2 现场压缩曲线的推求

由图 5.6 知，室内压缩试验的 $e-\lg p$ 曲线或多或少与现场原位土的压缩试验曲线有所不同，因而必须得到符合原位土体压缩性的现场压缩曲线。由此计算的地基沉降才更符合实际。

前期固结应力确定后，将它与试样原位现有固结应力比较，可以判定该土的应力状态。然后，依据室内压缩试验的 $e-\lg p$ 曲线，即可推求出现场压缩曲线。

1. 正常固结土

前期固结应力 p_c 等于取土地点处土的自重应力 p_0。假定土样取出后体积不发生变化，则实验室测定的初始孔隙比 e_0 就是取土深度处土的天然孔隙比。由 e_0 和前期固结应力 p_c 在 $e-\lg p$ 坐标上定出 E 点，如图 5.11 所示，此即土的现场压缩曲线的起点。

然后从纵坐标 $0.42e_0$ 处作一水平线交室内压缩曲线于 C 点，连接 E 点和 C 点，即得现场压缩曲线。

2. 超固结土

前期固结应力 p_c 大于取土地点处土的自重应力 p_0，如图 5.12 所示，p_0 位于 p_c 的左侧，说明土样由前期固结应力 p_c 减至现在的自重应力 p_0 曾在原位经历了回弹。首先

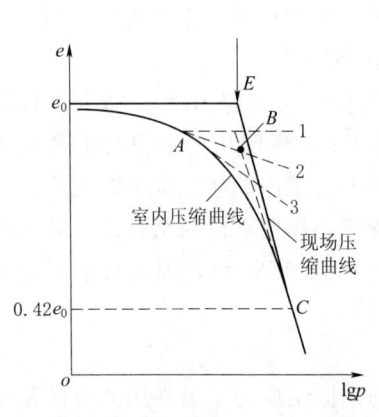

图 5.11 正常固结土现场压缩曲线的推求

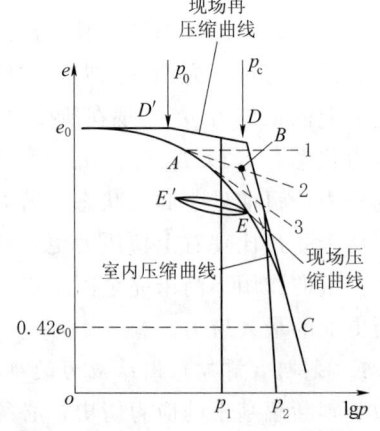

图 5.12 超固结土现场压缩曲线的推求

由试样的初始孔隙比 e_0 和现在的自重应力 p_0 定出 D' 点,此即土在现场压缩曲线的起点。假定现场再压缩曲线的斜率 C_e 与室内再压缩曲线的斜率相同,则从 D' 作斜率为 C_e 的直线,交前期固结应力 p_c 的位置线于 D 点,$D'D$ 即为现场再压缩曲线。最后从纵坐标 $0.42e_0$ 处作一水平线交室内压缩曲线于 C 点,连接 D 点和 C 点,则折线 $D'DC$ 即为超固结土的现场压缩曲线。

3. 欠固结土

欠固结土实际上是正常固结土的一种特例,它的现场压缩曲线的推求方法与正常固结土相同,但压缩的起始点较高。

由此可见,在压力增量相同的情况下,超固结土的压缩量最小,欠固结土的压缩量最大。

对于超固结土,当压力增量 $\Delta p = p_1 - p_0 < p_c - p_0$ 时,如图 5.12 中的 p_1 位置处(p_1 在 p_c 的左侧),地基土体只处于再压缩阶段;当压力增量 $\Delta p > p_c - p_0$ 时,如图 5.12 中的 p_2 位置处(p_2 在 p_c 的右侧),地基的沉降量包括再压缩曲线 $p_0 - p_c$ 段对应的沉降量和 $p_c - p_2$ 段现场压缩曲线对应的沉降量之和。

因此在应力状态不同的地基土层上修建建筑物时,必须考虑应力历史对地基沉降的影响。

5.3 地基最终变形量计算

地基变形稳定后的沉降量称为地基的最终沉降量。为了保证重要建筑物的正常使用与安全,需估计建筑物可能产生的最大沉降量、沉降差和倾斜度,以判断地基变形是否超出允许的范围。无黏性土地基变形完成得快;黏性土地基,不仅历时长,而且固结沉降和次固结沉降难以在时间上分开(前面是从变形机理进行的划分)。目前我国在实际工程中广为应用的单向压缩分层总和法,并未区分瞬时沉降、固结沉降和次固结沉降,并采用侧限压缩试验的结果 e-p 曲线或 e-$\lg p$ 曲线计算变形。

5.3.1 弹性理论计算瞬时沉降

如果饱和土体处于无侧向变形条件下,则可认为瞬时沉降为 0。由于瞬时沉降值通常不大,一般建筑物可不考虑。对于沉降要求高的建筑物,可用弹性理论来估算。砂土的沉降和饱和黏性土在局部均布荷载作用下的瞬时沉降可用式(5.10)计算:

$$S = \frac{1-\mu^2}{E_0} \omega b p \qquad (5.10)$$

式中 p ——基底均布压力;

b ——矩形短边或圆的直径;

μ ——泊松比;

E_0 ——地基的变形模量(可参照表 5.1 取值);

ω ——沉降影响系数,是 l/b 的函数,可由表 5.2 查得。

表 5.2　　　　　　　　　　　　　　　沉降影响系数 ω 值

基础	位置	圆形	方形 (l/b)	矩形 (l/b)									
			1.0	1.5	2.0	3.0	4.0	5.0	6.0	7.0	8.0	9.0	10.0	100.0
柔性基础	角点	0.64	0.56	0.68	0.77	0.89	0.98	1.05	1.12	1.17	2.21	1.25	1.27	2.00
	中心	1.00	1.12	1.36	1.53	1.78	1.96	2.10	2.23	2.33	2.42	2.49	2.53	4.00
	平均	0.85	0.95	1.15	1.30	1.53	1.70	1.83	1.96	2.04	2.12	2.19	2.25	3.69
刚性基础		0.79	0.88	1.08	1.22	1.44	1.61	1.72	—	—	—	—	2.12	3.40

5.3.2　分层总和法计算地基最终变形量

基于第 3 章，土层中的附加应力随深度逐渐减小，因此地基土的压缩只发生在有限的土层深度内。借助积分的思想，将此范围内的土层划分为足够薄的若干层，用第 3 章中的弹性理论计算每层土顶底面的附加应力，将每层土内的平均应力作为该层土的应力，该应力不随该层厚度变化，并且不考虑侧向变形，用侧限压缩试验得到的压缩指标计算每层的压缩变形量，最后累加即可得到地基的最终变形量。

5.3.2.1　单一土层的变形（沉降）计算

假定地基中有一薄土层，厚 H_0，受平均应力为 σ_z 的作用，计算产生的压缩变形 ΔH。根据已知条件，有下面 4 种计算方法。

（1）在取得室内压缩试验 e-p 曲线后，即可由土层初始受到的平均应力 p_0 和加荷后土层最终的平均应力 p_1 分别在 e-p 曲线上查得对应的 e_0 和 e_1，由式（5.5）计算出该层的压缩沉降量。

（2）若由压缩试验求得压缩系数 a，则可由式（5.2）换算得到

$$e_0 - e_1 = \Delta e = a(p_1 - p_0) = a\Delta p \tag{5.11}$$

其中 Δp 为该层土中的平均附加应力，则式（5.5）亦可由下式计算：

$$\Delta H = \frac{a}{1+e_0}\Delta p H_0 \tag{5.12}$$

（3）若由压缩试验 e-$\lg p$ 曲线求得压缩指数 C_c，则可由式（5.3）换算得到

$$e_0 - e_1 = \Delta e = C_c(\lg p_1 - \lg p_0) = C_c \lg \frac{p_1}{p_0} \tag{5.13}$$

则式（5.5）亦可由下式计算：

$$\Delta H = \frac{C_c}{1+e_0}\lg \frac{p_1}{p_0} H_0 \tag{5.14}$$

对于超固结土，如果地基土处于回弹再压缩阶段，如图 5.12 中的 p_1 位置处，则将式（5.13）中的 C_c 用 C_e 代替来计算沉降量。如果地基土处于 p_2 位置处，则式（5.13）就变为下式：

$$e_0 - e_1 = \Delta e = C_e(\lg p_c - \lg p_0) + C_c(\lg p_2 - \lg p_c) = C_e \lg \frac{p_c}{p_0} + C_c \lg \frac{p_2}{p_c} \tag{5.15}$$

则式 (5.5) 可由下式计算：

$$\Delta H = \frac{H_0}{1+e_0}\left(C_e \lg \frac{p_c}{p_0} + C_c \lg \frac{p_2}{p_c}\right) \tag{5.16}$$

(4) 由侧限压缩模量 E_s [式 (5.6)] 和体积压缩系数 m_v [式 (5.7)]，可得沉降计算的公式：

$$\Delta H = \frac{1}{E_s}\Delta p H_0 \tag{5.17}$$

$$\Delta H = m_v \Delta p H_0 \tag{5.18}$$

式 (5.5) 是计算沉降量的根本公式，可由压缩试验 $e-p$ 曲线直接查得；式 (5.12)、式 (5.17) 和式 (5.18) 是通过压缩系数 a 计算沉降，由于压缩系数不是定值，所以存在误差；式 (5.14)、式 (5.16) 是根据压缩曲线 $e-\lg p$ 推求的现场压缩曲线，因而精度较高。

5.3.2.2 分层总和法计算地基的变形（沉降）

由于地基通常是由不同性质的土层组成，而且引起地基变形的地基土层有限，因此首先需要确定压缩土层的厚度和划分的土层数。

1. 确定受压土层下限

常用的方法有应力控制法和应变控制法。

(1) 应力控制法。土层的自重应力自地面向下随着深度的增加是逐渐增大的，而基底下土层中的附加应力是随着深度的增加逐渐衰减的，因而工程上一般取附加应力等于 0.2 倍的自重应力处，或当下部土层压缩性高时，取 0.1 倍处，作为受压土层下限（图 5.13）。

(2) 应变控制法。《建筑地基基础设计规范》(GB 50007—2011) 中按控制变形来确定压缩层下限，一般采用试算法。即自试算深度 z_n 往上取 Δz 厚度范围土层，如果 Δz 厚度范围土层的沉降量 $\Delta s'_n$ 满足式 (5.19)，则停止计算。沉降计算深度即为 z_n。

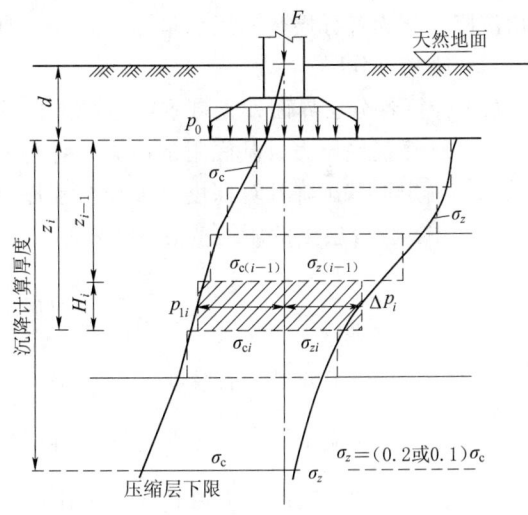

图 5.13 分层总和法计算地基最终沉降量

$$\Delta s'_n \leqslant 0.025 \sum_{i=1}^{n} \Delta s_i \tag{5.19}$$

式中 $\Delta s'_n$——自试算深度 z_n 往上 Δz 厚度范围土层的压缩量（包括考虑相邻荷载的影响），Δz 的取值按表 5.3 确定。

如确定的沉降计算深度 z_n 上，Δz 厚度范围的压缩量不满足式 (5.19)，应继续往下进行计算，直到满足式 (5.19) 为止。

表 5.3　　　　　　　　　　　　　　Δz 的 取 值

b/m	$b\leqslant 2$	$2<b\leqslant 4$	$4<b\leqslant 8$	$8<b\leqslant 15$	$15<b\leqslant 30$	$b>30$
$\Delta z/\text{m}$	0.3	0.6	0.8	1.0	1.2	1.5

该方法是一种比较严谨的方法，因为沉降计算深度 z_n 附近的小薄层的变形量相对总的变形量而言小于 0.025，对总沉降量的贡献量很小，那么其下土层的压缩量可以忽略不计。

当无相邻荷载影响，基础宽度在 1～50m 范围内时，地基沉降计算深度也可按下列简化公式计算：

$$z_n = b(2.5 - 0.4\ln b) \tag{5.20}$$

式中　b——基础宽度。

在计算深度范围内若存在基岩时，沉降计算深度 z_n 取至基岩表面。

2. 压缩土层分层

分层厚度 H_i 越小，计算越精确，但分层数就多，相应的计算工作量也增多。分层的基本原则是：将天然土层交界处和地下水位处作为分层面；分层厚度 H_i 一般取 2～4m，或者 $H_i \leqslant 0.4b$（b 为基础宽度）；压缩性大的土层的 H_i 尽可能小些。

3. 计算步骤

分层总和法一般取基底中心点下地基附加应力来计算各分层土的竖向压缩量，基础的平均沉降量 s 为各分层竖向压缩量 Δs_i 之和。具体计算步骤如下。

(1) 地基土分层。

(2) 计算各分层界面处土自重应力，土自重应力应从天然地面起算。

(3) 计算基底压力、基底附加应力，计算基底中心下各分层界面处竖向附加应力。

(4) 确定地基沉降计算深度（或压缩层厚度）。

(5) 计算各分层土的压缩量 Δs_i：

$$\Delta s_i = \frac{\Delta e_i}{1+e_{1i}} H_i = \frac{e_{1i}-e_{2i}}{1+e_{1i}} H_i \tag{5.21}$$

式中　H_i——第 i 分层土的厚度；

e_{1i}——对应于第 i 分层土上下层面自重应力值的平均值 $p_{1i}\left[\dfrac{\sigma_{c(i-1)}+\sigma_{ci}}{2}\right]$，从土的压缩曲线上得到的孔隙比；

e_{2i}——对应于第 i 分层土自重应力平均值 p_{1i} 与上下层面附加应力值的平均值 Δp_i 之和 p_{2i}，从土的压缩曲线上得到的孔隙比。

Δp_i、p_{2i} 分别为

$$\Delta p_i = \frac{\sigma_{z(i-1)}+\sigma_{zi}}{2} \tag{5.22}$$

$$p_{2i} = p_{1i} + \Delta p_i \tag{5.23}$$

根据已知条件，也可由式（5.12）、式（5.14）、式（5.16）和式（5.18）计算沉降量。

(6) 由各分层土的压缩量叠加计算基础的最终沉降量。

$$s = \sum_{i=1}^{n} \Delta s_i \tag{5.24}$$

式中 n ——沉降计算深度范围内的分层数。

【例 5.1】 墙下条形基础宽度为 2.0m，传至地面的荷载为 100kN/m，基础埋置深度为 1.2m，地下水位在基底以下 0.6m，如图 5.14 所示。地基土的室内压缩试验的荷载 p 和相应的孔隙比 e 见表 5.4，用分层总和法求基础中点的沉降量。

解：（1）地基分层。考虑分层厚度不超过 $0.4b=0.8$m 以及地下水位，基底以下厚 1.2m 的黏土层分成两层，层厚均为 0.6m，其下粉质黏土层分层厚度均取为 0.8m。

（2）计算自重应力。计算分层处的自重应力，地下水位以下取有效重度进行计算。

计算各分层上下界面处自重应力的平均值，作为该分层受压前所受侧限竖向应力 p_{1i}，各分层点的自重应力值及各分层的平均自重应力值见图 5.14。

（3）计算竖向附加应力。基底平均附加应力为

$$p_0 = \frac{100 + 20 \times 1.0 \times 1.2 \times 2.0}{2.0 \times 1.0} - 1.2 \times 17.6 = 52.9(\text{kPa})$$

表 5.4   地基土的室内压缩试验的荷载 p 和相应孔隙比 e

土	荷载 p/kPa				
	0	50	100	200	300
黏土	0.651	0.625	0.608	0.587	0.570
粉质黏土	0.978	0.889	0.855	0.809	0.773

查条形基础竖向应力系数表（表 3.6），可得应力系数 a_u，计算各分层点的竖向附加应力，并计算各分层上下界面处附加应力的平均值，见图 5.14 及表 5.5。

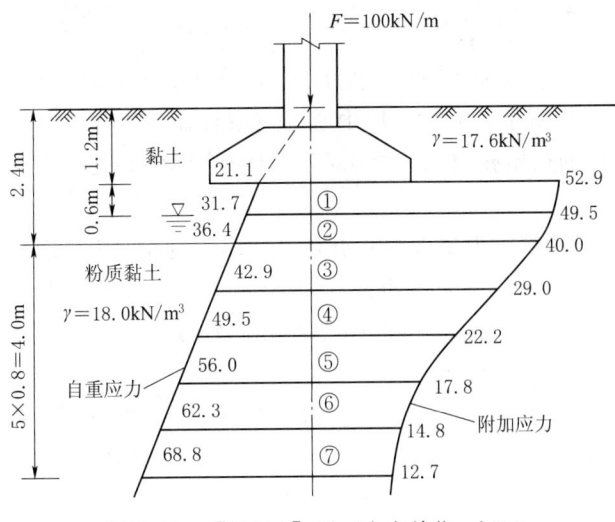

图 5.14   [例 5.1] 图 (应力单位：kPa)

第5章 土的压缩性与地基变形

表 5.5 分层总和法计算地基最终沉降

分层点	深度 z/m	自重应力 σ_c/kPa	附加应力 σ_z/kPa	层号	层厚 H_i/m	自重应力平均值 p_{1i}/kPa	附加应力平均值 Δp_i/kPa	总应力平均值 p_{2i}/kPa	受压前孔隙比 e_{1i}（对应 p_{1i}）	受压后孔隙比 e_{2i}（对应 p_{2i}）	分层压缩量 Δs_i/mm
0	0	21.1	52.9								
1	0.6	31.7	49.5	①	0.6	26.4	51.2	77.6	0.637	0.616	7.7
2	1.2	36.4	40.0	②	0.6	34.1	44.8	78.9	0.633	0.615	6.6
3	2.0	42.9	29.0	③	0.8	39.7	34.5	74.2	0.901	0.872	12.2
4	2.8	49.5	22.2	④	0.8	46.2	25.6	71.8	0.896	0.874	9.3
5	3.6	56.0	17.8	⑤	0.8	52.8	20.0	72.8	0.887	0.874	5.5
6	4.4	62.3	14.8	⑥	0.8	59.2	16.3	75.6	0.883	0.872	4.7
7	5.2	68.8	12.7	⑦	0.8	65.7	13.8	79.4	0.878	0.869	3.8

（4）将各分层自重应力平均值和附加应力平均值之和作为该分层受压后的总应力 p_{2i}。

（5）确定压缩层深度。一般可按 $\sigma_z/\sigma_c = 0.2$ 来确定压缩层深度，在 $z = 4.4$m 处，$\sigma_z/\sigma_c = 14.8/62.3 = 0.237 > 0.2$；在 $z = 5.2$m 处，$\sigma_z/\sigma_c = 12.7/68.8 = 0.184 < 0.2$，所以压缩层深度可取为基底以下 5.2m。

（6）计算各分层的压缩量。对于第③层有

$$\Delta s_3 = \frac{e_{1i} - e_{2i}}{1 + e_{1i}} H_i = \frac{0.901 - 0.872}{1 + 0.901} \times 800 = 12.2 \text{(mm)}$$

各分层的压缩量列于表 5.5 中。

（7）计算基础平均最终沉降量。

$$s = \sum_{i=1}^{7} s_i = 7.7 + 6.6 + 12.2 + 9.3 + 5.5 + 4.7 + 3.8 = 49.8 \text{(mm)}$$

【例 5.2】 有一仓库，基础底面尺寸为 12.5m×12.5m，$P = (F+G)/A = 100$kPa，地基剖面如图 5.15（a）所示，从黏土层中心部位取样做室内压缩试验，得压缩曲线如图 5.15（b）所示，土样的初始孔隙比 $e_0 = 0.67$。试求仓库中心处的沉降量（砂土层沉降量不计）。

解：（1）确定沉降计算点为基础中心点，基底压力为 $P = 100$kPa。

（2）地基分层。砂土层及基岩的沉降量不计，故只需要将黏土层进行分层。取层厚 $H_i = 0.4b = 0.4 \times 12.5 = 5$m，故 10m 厚的黏土层分为两层。

（3）计算自重应力并绘分布曲线。

黏土层顶面的自重应力　　$\sigma_{cz1} = 19 \times 2 + 9 \times 3 = 38 + 27 = 65$ （kPa）

黏土层中心处的自重应力　　$\sigma_{cz2} = \sigma_{cz1} + 10 \times 5 = 115$ （kPa）

黏土层底面的自重应力　　$\sigma_{cz3} = \sigma_{cz2} + 10 \times 5 = 165$ （kPa）

则两层黏土层的平均自重应力分别为 90kPa 和 140kPa。

（4）求黏土层中的附加应力并绘分布曲线。基础为正方形，属空间问题。求基础中心

5.3 地基最终变形量计算

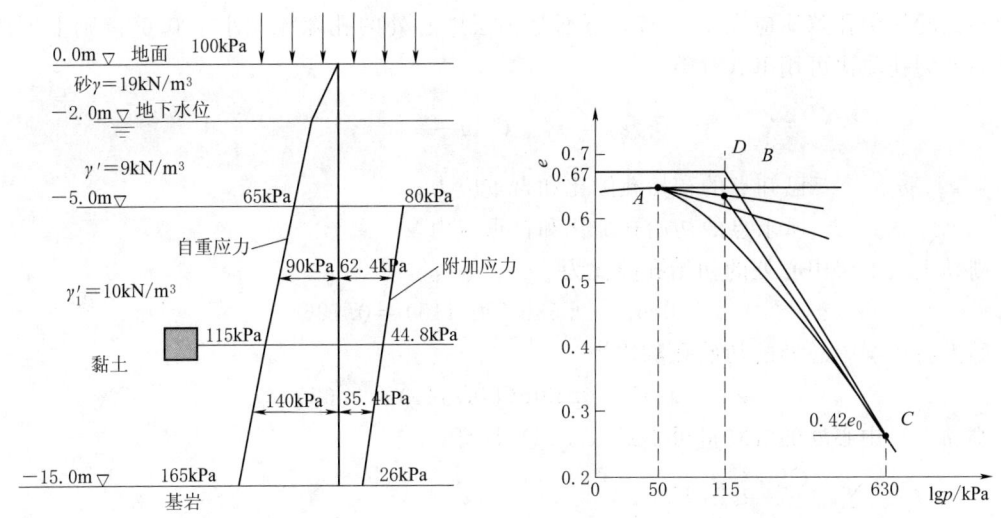

(a) 地基及应力计算图　　　　(b) 室内e-$\lg p$曲线AC及现场压缩曲线DC的推求

图 5.15　[例 5.2] 图

点下地基中的附加应力，需将基础四等分，则$l=b=6.25\mathrm{m}$。

黏土层顶面，$z=5\mathrm{m}$，$l/b=1$，$z/b=5/6.25=0.8$，查表 3.2 得$\alpha_1=0.2$，则
$$\sigma_{z1}=4\alpha_1 P=4\times 0.2\times 100=80(\mathrm{kPa})$$

黏土层中心，$z=10\mathrm{m}$，$l/b=1$，$z/b=10/6.25=1.6$，查表 3.2 得$\alpha_2=0.112$，则
$$\sigma_{z2}=4\alpha_2 P=4\times 0.112\times 100=44.8(\mathrm{kPa})$$

黏土层底面，$z=15\mathrm{m}$，$l/b=1$，$z/b=15/6.25=2.4$，查表 3.2，线性差分得$\alpha_3=0.0648$，则
$$\sigma_{z3}=4\alpha_3 P=4\times 0.0648\times 100=26(\mathrm{kPa})$$

则两层黏土层的平均附加应力分别为 62.4kPa 和 35.4kPa。

(5) 确定前期固结应力，推求现场压缩曲线。由卡萨格兰德的方法得到黏土层的前期固结应力为 115kPa。步骤(3)中求得黏土层中心处的自重应力为 115kPa，所以该黏土层为正常固结土。

由$e_0=0.67$与前期固结应力 115kPa 得D点，再由$0.42e_0(=0.28)$在室内压缩曲线上得C点，作D和C点的连线即得现场压缩曲线。C点的横坐标为 630kPa，经计算得到现场压缩指数为
$$C_c=\frac{0.67-0.28}{\lg\dfrac{630}{115}}=0.53$$

(6) 计算沉降量。黏土层各分层的沉降量可用式 (5.14) 计算。一般来说，对不同分层，如果土质相同，则压缩指数相同；如果土质不同，则应分别求出各分层的现场压缩指数。至于初始孔隙比，不同土质各分层的初始孔隙比当然不同。但对于相同土质的各分层，如果土层较厚，也应考虑初始孔隙比随深度的变化（图 5.5）。

如本例题中，试验试样是从黏土层中心处取得，其初始孔隙比为 0.67，则上面黏土

层中心处的初始孔隙比应大于 0.67，下面黏土层中心处的孔隙比应小于 0.67。则上下两层中心处的孔隙比可用下式计算：

$$e_{0i} = e_0 - C_c \lg \frac{\sigma_{czi}}{\sigma_{cz0}}$$

式中　e_0、σ_{cz0}——已知点的初始孔隙比和自重应力；

　　　e_{0i}、σ_{czi}——所求点的初始孔隙比和自重应力。

则黏土层上层中心处的初始孔隙比为

$$e_{01} = 0.67 - 0.53\lg(90/115) = 0.726$$

黏土层下层中心处的初始孔隙比为

$$e_{02} = 0.67 - 0.53\lg(140/115) = 0.625$$

则黏土层中心处的沉降量可由式（5.14）计算：

$$s = \sum \frac{C_c}{1+e_0} \lg \frac{p_1}{p_0} H_0$$

$$= \frac{0.53}{1+0.726} \lg \frac{90+62.4}{90} \times 500 + \frac{0.53}{1+0.625} \lg \frac{140+35.4}{140} \times 500$$

$$= 35.1 + 16.0 = 51.1 (\text{cm})$$

【例 5.3】　某一超固结黏土层，厚 2.0m，前期固结压力 $p_c = 300$kPa。现存上覆压力为 100kPa。在该地基上修建建筑物，引起该土层中产生平均附加应力 $\sigma_z = 400$kPa，黏土的压缩指数 $C_c = 0.4$，回弹指数 $C_e = 0.1$，初始孔隙比 $e_0 = 0.70$。

（1）试求该土层最终变形。

（2）设另一建筑物建造后，只引起该土层中产生平均附加应力 $\sigma_z = 200$kPa，试问这种情况下该土层的最终变形为多少？

解：（1）100+400>300，所以计算沉降量用式（5.16）：

$$s = \frac{H_0}{1+e_0}\left(C_e \lg \frac{p_c}{p_0} + C_c \lg \frac{p_2}{p_c}\right)$$

$$= \frac{200}{1+0.7} \times \left(\lg \frac{300}{100} \times 0.1 + \lg \frac{100+400}{300} \times 0.4\right)$$

$$= 16.05(\text{cm})$$

（2）100+200=300，所以计算沉降量用式（5.14）：

$$s = \frac{C_e}{1+e_0} \lg \frac{p_1}{p_0} H_0 = \frac{0.1}{1+0.7} \lg \frac{100+200}{100} \times 200 = 5.61(\text{cm})$$

5.3.3　《建筑地基基础设计规范》（GB 50007—2011）法计算最终变形量

5.3.3.1　计算原理

应力面积法是《建筑地基基础设计规范》（GB 50007—2011）中推荐使用的一种计算地基最终沉降量的方法，故又称为规范方法。应力面积法一般按地基土的天然分层面划分计算土层，引入土层平均附加应力的概念，通过平均附加应力系数，将基底中心以下地基中 $z_{i-1} \sim z_i$ 深度范围的附加应力按等面积原则化为相同深度范围内矩形分布时的分布应力大小，再按矩形分布应力情况计算土层的压缩量，土层压缩量的总和即为地基的计算沉降量。理论上基础的平均沉降量可表示为

5.3 地基最终变形量计算

$$s' = \sum_{i=1}^{n} \Delta s'_i = \sum_{i=1}^{n} \frac{p_0}{E_{si}}(z_i \overline{\alpha_i} - z_{i-1} \overline{\alpha_{i-1}}) \quad (5.25)$$

式中　　n——沉降计算深度范围划分的土层数；

　　　　p_0——基底附加压力；

　　　　E_{si}——第 i 层土的压缩模量；

　　　　z_i、z_{i-1}——基础底面至第 i 层土、第 $i-1$ 层土底面的距离；

　　　　$\overline{\alpha_i}$、$\overline{\alpha_{i-1}}$——平均竖向附加应力系数，矩形面积上均布荷载作用时角点下平均竖向附加应力系数可从表 5.6 查得，其他荷载情况请查阅相关规范；

　　　　$\overline{\alpha_i} p_0$、$\overline{\alpha_{i-1}} p_0$——将基底中心以下地基中 $z_{i-1} \sim z_i$ 深度范围附加应力按等面积化为相同深度范围内矩形分布时分布应力的大小，见图 5.16。

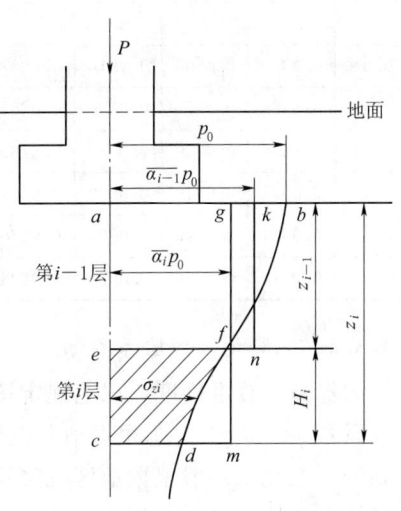

图 5.16　规范法沉降量计算原理图

表 5.6　矩形基础均布荷载角点下的平均竖向附加应力系数 $\overline{\alpha}$

z/b	l/b										
	1.0	1.2	1.4	1.6	1.8	2.0	2.8	3.6	4.0	5.0	10.0
0	0.2500	0.2500	0.2500	0.2500	0.2500	0.2500	0.2500	0.2500	0.2500	0.2500	0.2500
0.2	0.2496	0.2497	0.2497	0.2498	0.2498	0.2498	0.2498	0.2498	0.2498	0.2498	0.2498
0.4	0.2474	0.2479	0.2481	0.2483	0.2483	0.2484	0.2485	0.2485	0.2485	0.2485	0.2485
0.6	0.2423	0.2437	0.2444	0.2448	0.2451	0.2452	0.2455	0.2452	0.2455	0.2452	0.2456
0.8	0.2346	0.2372	0.2387	0.2395	0.2400	0.2403	0.2408	0.2409	0.2410	0.2410	0.2410
1.0	0.2252	0.2291	0.2313	0.2326	0.2335	0.2340	0.2349	0.2352	0.2352	0.2353	0.2353
1.2	0.2149	0.2199	0.2229	0.2248	0.2260	0.2268	0.2282	0.2286	0.2287	0.2288	0.2289
1.4	0.2043	0.2102	0.2140	0.2164	0.2190	0.2191	0.2211	0.2217	0.2218	0.2220	0.2221
1.6	0.1939	0.2006	0.2049	0.2079	0.2099	0.2113	0.2138	0.2146	0.2148	0.2150	0.2152
1.8	0.1840	0.1912	0.1960	0.1994	0.2018	0.2034	0.2066	0.2077	0.2079	0.2082	0.2084
2.0	0.1746	0.1822	0.1875	0.1912	0.1938	0.1958	0.1996	0.2009	0.2012	0.2015	0.2018
2.4	0.1578	0.1657	0.1715	0.1757	0.1789	0.1812	0.1862	0.1880	0.1885	0.1890	0.1896
2.8	0.1433	0.1514	0.1574	0.1619	0.1654	0.1680	0.1739	0.1763	0.1769	0.1777	0.1784
3.2	0.1310	0.1390	0.1450	0.1497	0.1533	0.1562	0.1628	0.1657	0.1664	0.1675	0.1685
3.6	0.1205	0.1282	0.1342	0.1389	0.1427	0.1456	0.1528	0.1561	0.1570	0.1583	01595
4.2	0.1073	0.1147	0.1205	0.1251	0.1289	0.1319	0.1396	0.1434	0.1445	0.1462	0.1479
4.8	0.0967	0.1036	0.1091	0.1136	0.1173	0.1204	0.1283	0.1324	0.1337	0.1357	0.1379
5.2	0.0906	0.0972	0.1026	0.1070	0.1106	0.1136	0.1217	0.1259	0.1273	0.1295	0.1320

续表

z/b	l/b										
	1.0	1.2	1.4	1.6	1.8	2.0	2.8	3.6	4.0	5.0	10.0
6.0	0.0805	0.0866	0.0916	0.0957	0.0991	0.1021	0.1101	0.1146	0.1161	0.1185	0.1216
6.8	0.0723	0.0779	0.0826	0.0865	0.0898	0.0926	0.1004	0.1050	0.1066	0.1092	0.1129
7.6	0.0656	0.0709	0.0752	0.0789	0.0820	0.0846	0.0922	0.0968	0.0984	0.1012	0.1054
8.4	0.0601	0.0649	0.0690	0.0724	0.0754	0.0779	0.0852	0.0898	0.0914	0.0943	0.0988
9.2	0.0554	0.0599	0.0637	0.0670	0.0697	0.0721	0.0792	0.0837	0.0853	0.0882	0.0931
10.0	0.0514	0.0556	0.0592	0.0622	0.0649	0.0672	0.0739	0.0783	0.0779	0.0829	0.0880

5.3.3.2 沉降计算经验系数 ψ_s

为提高计算准确度，规范规定按式（5.25）计算得到的沉降 s' 尚应乘以一个沉降计算经验系数 ψ_s。ψ_s 定义为根据地基沉降观测资料推算的最终沉降量 s 与由式（5.25）计算得到的 s' 之比，一般根据地区沉降观测资料及经验确定，也可按表5.7查取。

综上所述，应力面积法的地基最终沉降量计算公式为

$$s = \psi_s s' = \psi_s \sum_{i=1}^{n} \frac{p_0}{E_{si}} (z_i \overline{\alpha_i} - z_{i-1} \overline{\alpha_{i-1}}) \tag{5.26}$$

表 5.7　　　　　　　　　　沉降计算经验系数 ψ_s

基底附加压力	$\overline{E_s}/\mathrm{MPa}$				
	2.5	4.0	7.0	15.0	20.0
$p_0 \geq f_k$	1.4	1.3	1.0	0.4	0.2
$p_0 \leq 0.75 f_k$	1.1	1.0	0.7	0.4	0.2

注　$\overline{E_s} = \sum A_i / \sum \dfrac{A_i}{E_{si}}$，$A_i = p_0 (z_i \overline{\alpha_i} - z_{i-1} \overline{\alpha_{i-1}})$，$f_k$ 为地基承载力标准值。

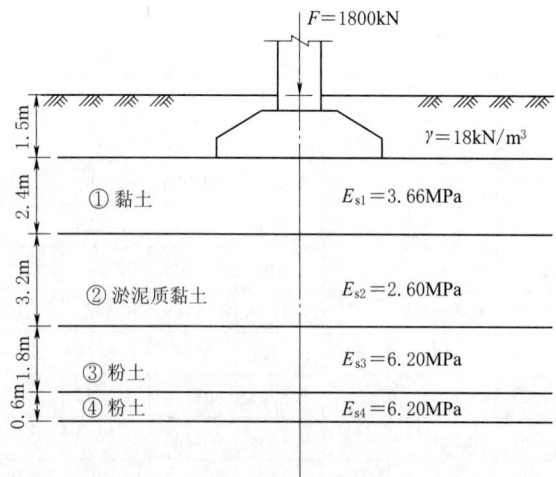

图 5.17　[例 5.4] 图

5.3.3.3 沉降计算深度的确定

沉降计算深度按 5.3.2.2 节中的应变控制法确定。

【例 5.4】 设基础底面尺寸为 $4.8\mathrm{m} \times 3.2\mathrm{m}$，埋深为 $1.5\mathrm{m}$，传至地面的中心荷载 $F = 1800\mathrm{kN}$，地基的土层分层及各层土的侧限压缩模量（相应于自重应力至自重应力加附加应力段）如图 5.17 所示，持力层的地基承载力为 $f_k = 180\mathrm{kPa}$，用应力面积法计算基础中点的最终沉降。

解：（1）基底附加压力为

$$p_0 = \frac{F+G}{A} - \gamma d = \frac{1800 + 4.8 \times 3.2 \times 1.5 \times 20}{4.8 \times 3.2} - 18 \times 1.5 = 120(\text{kPa})$$

(2) 取计算深度为8m，计算过程见表5.8，计算沉降量为123.4mm。

表5.8 应力面积法计算地基最终沉降量

z/m	l/b	z/b	$\bar{\alpha}$	$z\bar{\alpha}$	$z_i\bar{\alpha_i} - z_{i-1}\bar{\alpha_{i-1}}$	E_{si} /MPa	s_i/mm	$\sum_{i=1}^{n}\Delta s_i/\text{mm}$
0	1.5	0/1.6=0	$4\times 0.2500=1.0000$	0				
2.4	1.5	2.4/1.6=1.5	$4\times 0.2108=0.8432$	2.024	2.024	3.66	66.3	66.3
5.6	1.5	5.6/1.6=3.5	$4\times 0.1392=0.5568$	3.118	1.094	2.60	50.5	116.8
7.4	1.5	7.4/1.6=4.625	$4\times 0.1145=0.4580$	3.389	0.271	6.20	5.3	122.1
8.0	1.5	8.0/1.6=5.0	$4\times 0.1080=0.4320$	3.456	0.067	6.20	$1.3\leqslant 0.025\times 123.4$	123.4

(3) 确定沉降计算深度 z_n。根据 $b=3.2\text{m}$，查表5.3可得，$z=0.6\text{m}$，往上取 z 厚度范围（即 7.4～8.0m 深度范围）的土层计算沉降量为 $1.3\text{mm} \leqslant 0.025 \times 123.4 = 3.09\text{mm}$，满足要求，故沉降计算深度可取为8m。

(4) 确定修正系数 ψ_s。

$$\overline{E_s} = \frac{\sum A_i}{\sum \frac{A_i}{E_{si}}} = \frac{p_0(z_4\bar{\alpha_4} - 0\times\bar{\alpha_0})}{p_0\left[\frac{z_1\bar{\alpha_1} - 0\times\bar{\alpha_0}}{E_{s1}} + \frac{z_2\bar{\alpha_2} - z_1\bar{\alpha_1}}{E_{s2}} + \frac{z_3\bar{\alpha_3} - z_2\bar{\alpha_2}}{E_{s3}} + \frac{z_4\bar{\alpha_4} - z_3\bar{\alpha_3}}{E_{s4}}\right]}$$

$$= \frac{p_0 \times 3.456}{p_0\left(\frac{2.024}{3.66} + \frac{1.094}{2.60} + \frac{0.271}{6.20} + \frac{0.067}{6.20}\right)} = 3.36(\text{MPa})$$

由于 $p_0 = 120\text{kPa} \leqslant 0.75 f_k = 135\text{kPa}$，查表5.7，由线性差分得，$\psi_s = 1.04$。

(5) 计算基础中点最终沉降量 s。

$$s = \psi_s s' = \psi_s \sum_{i=1}^{4} \frac{p_0}{e_{si}}(z_i\bar{\alpha_i} - z_{i-1}\bar{\alpha_{i-1}}) = 1.04 \times 123.4 = 128.3(\text{mm})$$

5.4 太沙基一维固结理论

饱和黏性土地基在建筑物荷载作用下要经过相当长时间才能达到最终沉降，不是瞬时完成的。为了建筑物的安全与正常使用，对于某些重要或特殊的建筑物，应在工程实践和分析研究中掌握沉降与时间关系的规律性，因为较快的沉降速率对于建筑物有较大的危害。例如，在第四纪一般黏性土地区，四五层以上的民用建筑物的允许沉降仅10cm左右，沉降超过此值就容易产生裂缝；而沿海软土地区，沉降的固结过程很慢，建筑物能够适应地基的变形，因此，类似建筑物的允许沉降量可达20cm，甚至更大。

碎石土和砂土的压缩性小而渗透性大，在受荷后固结稳定所需的时间很短，可以认为在外荷载施加完毕时，其固结变形就已经基本完成。饱和黏性土与粉土地基在建筑物荷载作用下需要经过相当长时间才能达到最终沉降。例如厚的饱和软黏土层，其固结变形需要几年甚至几十年才能完成。因此，工程中一般只考虑黏性土和粉土的变形与时间的关系。

固结理论基于有效应力原理,主要研究荷载作用下孔隙水应力向有效应力转化的过程,表现为孔隙水的排除,孔隙缩小,工程中体现为时间和地基变形的关系。太沙基一维固结理论为单向固结理论,适用于大面积瞬时均布荷载下地基沉降与时间的关系,对于二维和三维问题的求解有基础意义。

5.4.1 饱和土一维渗流固结模型

饱和土体由外荷载引起的单向渗流固结作用可以用图 5.18 的物理模型说明。在一个装满水的圆桶中,上部安装带细孔的活塞,活塞与桶之间安装一个弹簧,弹簧代表土骨架;水相当于土孔隙中的自由水,共同模拟饱和土体。

由于圆桶是刚性的,在活塞顶面骤然施加一外力,活塞只能竖向压缩,代表土骨架的单向压缩,水从活塞的细孔中排除,代表孔隙水只能单向渗流。利用该模型可形象地体现饱和土一维固结过程中应力和变形的发展,包括加载的瞬时[图 5-19(a)];孔隙水排出,土体固结[图 5.19(b)];固结完成[图 5.19(c)];超静孔隙水应力逐渐消散和土体(弹簧)逐渐压缩。

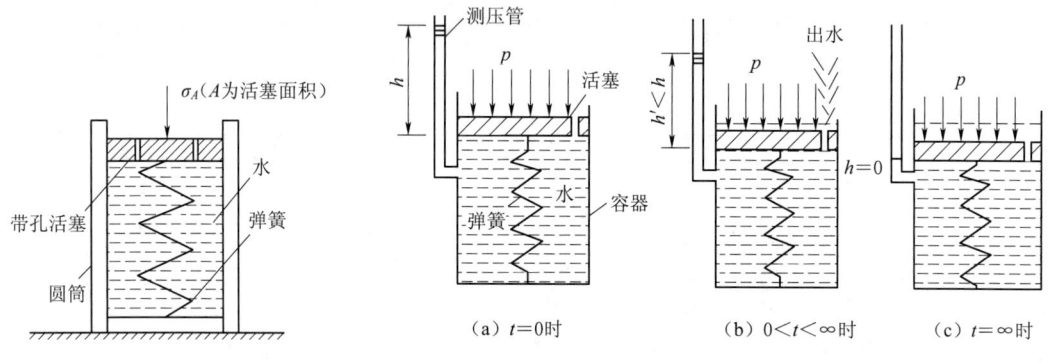

图 5.18 一维固结模型　　图 5.19 单向渗流固结过程

图 5.19(a)中,荷载施加,土中的孔隙水来不及排出,压力完全由孔隙水承担,测压管中的水柱高度 $h=p/\gamma_w$,弹簧(土骨架)没有受力和变形,因而,$u=p$,$\sigma'=0$。

图 5.19(b)中,在荷载的作用下,水逐渐从活塞的细孔中流出,测压管中的水柱高度 $h'<h$,弹簧受力被压缩,因而,$u<p$,$\sigma'=p-u$。

图 5.19(c)中,经过足够长的时间,活塞的孔隙中不再有水排出,测压管中的水柱与圆桶中的静水位齐平,因而,$u=0$,$\sigma'=p$,土体固结完成。

5.4.2 饱和土一维渗流固结理论

太沙基一维固结理论可用于求解一维侧限应力状态下,饱和黏性土地基受外荷载作用发生渗流固结过程中任意时刻土骨架及孔隙水的应力分担量,如大面积均布荷载下薄压缩层地基的渗流固结等。

5.4.2.1 基本假设

太沙基一维固结理论基本假设如下:

(1) 土是均质的、各向同性和完全饱和的。

(2) 土颗粒和水是不可压缩的,土的压缩完全由孔隙体积的减小引起。

(3) 土层的压缩和土中水的渗流只沿竖向发生；土的压缩速率仅取决于水的排出速率。

(4) 土中水的排出服从达西定律。

(5) 整个固结过程中，渗透系数 k 和压缩系数 a 保持不变。

(6) 外荷载是一次瞬时大面积施加的。

饱和土的一维渗流固结过程中，某时刻有效应力和孔隙水应力沿土层厚度的分布如图 5.20 所示，土中阴影部分是有效应力 σ'，z 坐标轴右侧的空白部分为超静孔隙水应力 u。

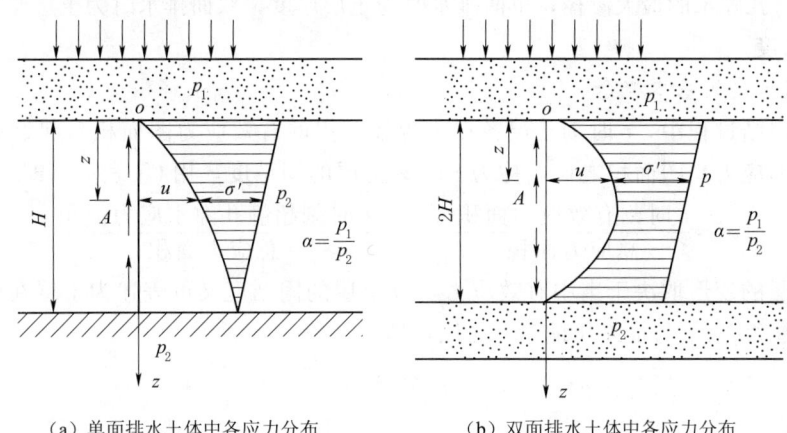

(a) 单面排水土体中各应力分布　　　　(b) 双面排水土体中各应力分布

图 5.20　固结过程中有效应力和孔隙水应力沿土层厚度的分布

5.4.2.2　一维固结微分方程

根据固结过程中孔隙水的排出量（应用达西渗流理论计算）与土体积的压缩量（应用单向压缩理论计算）相等，得到太沙基一维固结微分方程，可表示为如下形式：

$$\frac{\partial u}{\partial t} = C_v \frac{\partial^2 u}{\partial^2 z} \quad (5.27)$$

式中　C_v——土的竖向固结系数，衡量土固结得快慢，cm^2/s。

C_v 计算公式如下：

$$C_v = \frac{k(1+e_0)}{a\gamma_w} = \frac{kE_s}{\gamma_w} \quad (5.28)$$

式中　k——土层的渗透系数；

a——土层的压缩系数；

e_0——土层的初始孔隙比；

E_s——土的侧限压缩模量。

应当注意，上面各参数在固结过程中实际上是随着有效应力而变化的。为了简化，解题时将它们视为常数，计算时宜取固结过程中的平均值。

可以根据土层渗流固结的初始条件与边界条件求出式（5.27）的特解。顶面排水、底面不透水的初始条件与边界条件如下：$t=0$ 时，$0 \leqslant z \leqslant H$ 处，$u=p_1$；$0 < t \leqslant \infty$ 时，$z=0$ 处（透水面），$u=0$；$0 \leqslant t \leqslant \infty$ 时，$z=H$ 处（不透水面），$\partial u/\partial z=0$；$t=\infty$ 时，$0 \leqslant z \leqslant H$ 处，$u=0$。

用分离变量法可求得式（5.27）的一个解为

$$u(z,t) = \frac{4}{\pi}\sigma_z \sum_{m=1}^{\infty} \frac{1}{m} \exp\left(-\frac{m^2\pi^2}{4}T_v\right) \sin\frac{m\pi z}{2H} \quad (5.29)$$

$$T_v = \frac{C_v t}{H^2}$$

式中　　m——奇正整数（1，3，5，…）；

T_v——时间因数；

H——孔隙水的最大渗径，单面排水时为土层厚度，双面排水时为土层厚度的1/2。

5.4.3　固结度

5.4.3.1　固结度的基本概念

土层在固结过程中，t 时刻土层各点土骨架承担的有效应力图面积与起始超静孔隙水压力（或附加应力）图面积之比，称为 t 时刻土层的固结度，用 U_t 表示，即

$$U_t = \frac{t \text{时刻有效应力面积}}{\text{总应力面积}} = 1 - \frac{t \text{时刻超静孔隙水应力面积}}{\text{总应力面积}} \quad (5.30)$$

由于土层的变形取决于土中有效应力，故土层的固结度又可表述为土层在固结过程中任一时刻的压缩量 s_t 与最终压缩量 s 之比，即

$$U_t = \frac{s_t}{s} \quad (5.31)$$

5.4.3.2　固结度的计算

当地基受连续均布荷载作用时，初始超静孔隙水压力 u 沿深度为矩形分布，此时固结度 U_t 可由下式计算：

$$U_t = 1 - \frac{8}{\pi^2} \sum_{m=1}^{\infty} \frac{1}{m^2} \exp\left(-\frac{m^2\pi^2}{4}T_v\right) \quad (5.32)$$

其中，m 为正奇数。

当起始超静孔隙水压力 u 沿深度为一般的线性分布时，在单面排水条件下，固结度 U_t 可由下式近似计算：

$$U_t = 1 - \frac{32(\frac{\pi}{2}\alpha - \alpha + 1)}{\pi^3(1+\alpha)} \exp\left(-\frac{\pi^2}{4}T_v\right) \quad (5.33)$$

式中　　α——排水面附加应力 σ_1' 与不排水面附加应力 σ_1'' 的比值，即 $\alpha = \sigma_1'/\sigma_1''$。

实际工程中，作用于饱和土层中的起始超静水压力（另一方面也是有效应力）分布情况比较复杂，但在具体应用中可以足够准确地把实际可能遇到的起始超静水压力近似地分为以下5种情况进行处理。

（1）情况 0。$\alpha=1$，应力图形为矩形，适用于土层已在自重应力作用下固结，基础底面积较大而压缩层较薄的情况。

（2）情况 1。$\alpha=0$，应力图形为三角形。这相当于大面积新填土层（饱和时）由于土本身自重应力引起的固结；或者土层由于地下水位大幅度下降，在地下水位变化范围内自重应力随深度增加的情况。

（3）情况 2。$\alpha<1$，适用于土层在自重作用下尚未固结又在其上修建建筑物基础的

情况。

(4) 情况 3。$\alpha=\infty$，基底面积小，土层厚，土层底面附加应力已接近 0。

(5) 情况 4。$\alpha>1$，土层厚度大于基础宽度的一半，附加应力随深度增加而减少，但土层底面处的附加应力大于 0。

以上情况都是单面排水，当边界条件为双面排水时，不论土层中的附加应力如何分布，一律按 $\alpha=1$ 计算，即情况 0。

为便于实际使用，对应不同的 α 值，将其 $U_t - T_v$ 关系制成图 5.21 供查用（对于 $\alpha=1$，图 5.21 中左上角单独列出 U_t 与 T_v 关系）。

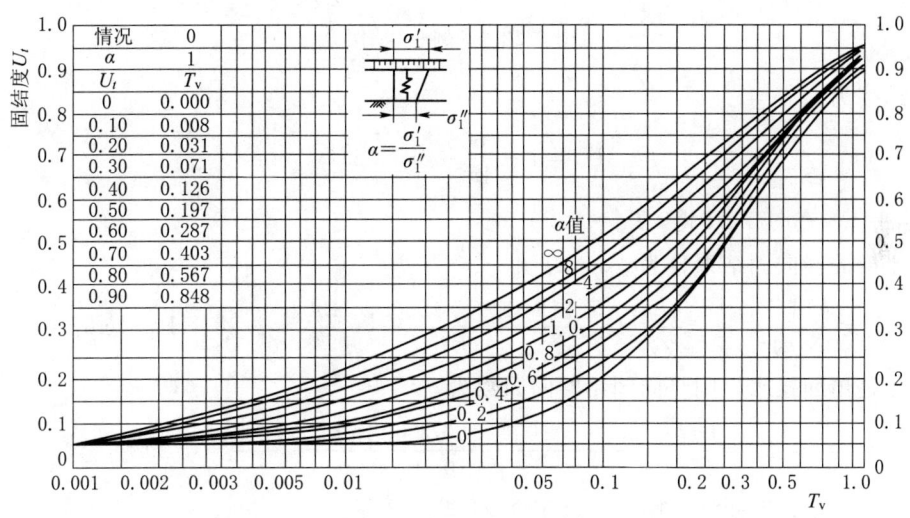

图 5.21 时间因数 T_v 与固结度 U_t 的关系图

5.4.3.3 固结度计算的工程应用

在地基固结分析中，通常有三类问题：①已知土层固结条件时可求出某一时间对应的固结度，从而计算出相应的地基沉降 s_t；②推算达到某一固结度（或某一沉降 s_t）所需的时间 t；③根据前一阶段测定的沉降-时间曲线，推算以后的沉降-时间关系。

【例 5.5】 在厚 10m 的饱和黏土层表面瞬时大面积均匀堆载 $p_0=150$kPa，如图 5.22 所示。若干年后，用测压管分别测得土层中 A、B、C、D、E 五点的孔隙水压力为 51.6kPa、94.2kPa、133.8kPa、170.4kPa、198.0kPa，已知土层压缩模量 E_s 为 5.5MPa，渗透系数为 5.14×10^{-8}cm/s。

(1) 试估算此时黏土层的固结度，并计算此黏土层已固结了几年。

(2) 再经过 5 年，则该黏土层的固结度将达到多少？黏土层 5 年间产生了多大的压缩量？

解：(1) 用测压管测得的孔隙水压力值包括静孔隙水压力和超静孔隙水压力，扣除静孔隙水压力后，A、B、C、D、E 五点的超静孔隙水应力分别为 32.0kPa、55.0kPa、75.0kPa、92.0kPa、100.0kPa，计算此超孔隙水压力图的应力面积近似为 608kPa·m。

起始超孔隙水压力（或最终有效附加应力）图的面积为 $150\times10=1500$kPa·m。此

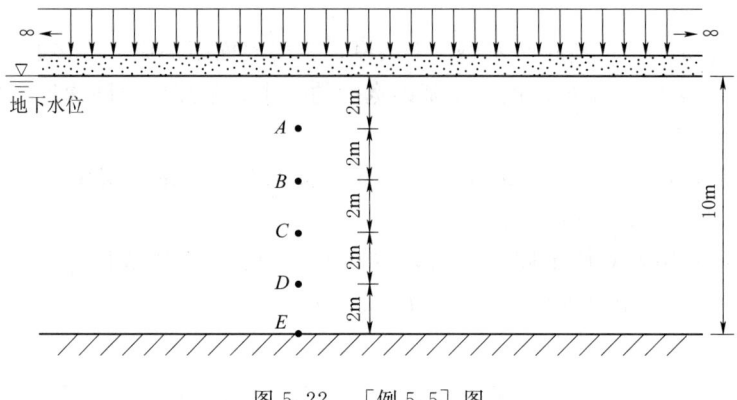

图 5.22 [例 5.5] 图

时的固结度为

$$U_t = 1 - \frac{608}{1500} = 59.5\%$$

因 $\alpha = 1$,查图 5.21 得,$T_v = 0.29$。

黏土层的竖向固结系数为

$$C_v = \frac{k(1+e_0)}{a\gamma_w} = \frac{kE_s}{\gamma_w} = \frac{5.14 \times 10^{-8} \times 5500 \times 100}{9.8} = 2.88 \times 10^{-3} (\text{cm}^2/\text{s})$$

由于是单面排水,则竖向固结时间因数为

$$T_v = \frac{C_v t}{H^2} = \frac{2.88 \times 10^{-3} \times 60 \times 60 \times 24 \times 365 t}{1000^2} = 0.29$$

解得 $t = 3.22$ 年,即此黏土层已固结了 3.22 年。

(2) 再经过 5 年,则竖向固结时间因数为

$$T_v = \frac{C_v t}{H^2} = \frac{2.88 \times 10^{-3} \times 60 \times 60 \times 24 \times 365 \times (3.22+5)}{1000^2} = 0.75$$

查图 5.21 得 $U_t = 0.861$,即该黏土层的固结度达到 86.1%。在整个固结过程中,黏土层的最终压缩量为

$$s = \frac{p_0 H}{E_s} = \frac{150 \times 1000}{5500} = 27.3 (\text{cm})$$

因此这 5 年间黏土层产生的压缩量为 $(86.1 - 59.5)\% \times 27.3 \text{cm} = 7.26 \text{cm}$。

【例 5.6】 有一黏土层,厚为 10m,上下两面均可排水。现从黏土层中心取样后切取一厚为 2cm 的试样,放入固结仪做固结试验(上下均有透水石),在某一级固结压力作用下,测得其固结度达到 80%所需的时间为 10min,问该黏土层在同样固结压力(即上下均布固结压力)作用下达到同一固结度所需的时间为多少?若黏土层改为单面排水,所需时间又为多少?

解: 已知黏土层厚为 $H_1 = 10\text{m}$,试样厚度 $H_2 = 2\text{cm}$,达到固结度 80%所需的时间为 $t_2 = 10\text{min}$,设黏土层达到 80%固结度所需时间为 t_1,由于土的性质和固结度均相同,由 $C_{v1} = C_{v2}$ 及 $T_{v1} = T_{v2}$ 的条件可得

$$\frac{t_1}{\left(\frac{H_1}{2}\right)^2} = \frac{t_2}{\left(\frac{H_2}{2}\right)^2}$$

于是

$$t_1 = \frac{H_1^2}{H_2^2} t_2 = \frac{100\,0^2}{2^2} \times 10 = 250000(\min) = 173.6(d)$$

当黏土层改为单面排水时，其所需时间为 t_3，则由 T_v 相同的条件得

$$\frac{t_3}{H_1^2} = \frac{t_1}{\left(\frac{H_1}{2}\right)^2} \rightarrow t_3 = 4t_1 = 4 \times 173.6 = 694.4 \text{ (d)}$$

从上可知，在其他条件相同的情况下，单面排水所需的时间为双面排水的4倍。

思 考 题

5.1 为什么可以说土的压缩变形实际上是土的孔隙体积的减小？

5.2 衡量土压缩性的指标有哪些？如何定义的？

5.3 根据土体的变形机理，沉降可分为哪三种？

5.4 为何有了压缩系数还要定义压缩模量？

5.5 地下水位的升降对建筑物沉降是否有影响？

5.6 用式（5.5）和式（5.12）计算各分层的沉降量时，哪个公式计算的结果更准确？为什么？

5.7 根据应力历史，如何判断土的应力状态？为什么要判断土的应力状态？

5.8 影响地基固结的主要土性参数有哪些？

5.9 什么是地基沉降计算深度？如何确定？

5.10 计算地基最终沉降量的分层总和法与应力面积法的主要区别有哪些？二者的实用性如何？

5.11 按照规范计算的沉降，是否包括施工期内的沉降？能否反映上部结构与基础刚度的影响？

5.12 确定沉降经验系数需要考虑哪些内容？

5.13 饱和土的太沙基一维固结理论假定条件有哪些？

5.14 采用堆载预压法对软土场地淤泥层进行处理，其他条件相同，达到同样固结度时，请问上下两面排水时间和单面排水时间有何关系？

习 题

5.1 某市地处冲积平原，当前地下水位埋深在地面以下4m，由于开采地下水，地下水位逐年下降，年下降率为1m，主要地层有关参数的平均值见表5.9。第③层以下为不透水的基岩。不考虑第③层以下地层可能产生的微量变形，请问今后20年内该市地面

总沉降大约是多少？

表 5.9　　　　　　　　　　习题 5.1 土层参数

层序	岩性	厚度/m	层底深度/m	物理力学性质指标		
				孔隙比 e_0	a/MPa^{-1}	E_s/MPa
①	粉质黏土	5	5	0.75	0.3	
②	粉土	8	13	0.65	0.25	
③	细砂	11	24			15.0

5.2　从某土样的压缩曲线上取得的数据为 100kPa 时，对应的孔隙比为 1.15；200kPa 对应的孔隙比为 1.05，判断其压缩性。

5.3　某土样取土深度为 22.0m，测得先期固结应力为 350kPa，地下水位为 4.0m，水位以上土的密度为 1.85g/cm³，水位以下土的密度为 1.90g/cm³。该土样的超固结比为多少？

5.4　某建筑物采用独立基础，基础平面尺寸为 4m×6m，基础埋深为 1.5m，拟建场地地下水位距地表 1.0m，地基土层分布及主要物理力学指标见表 5.10。

表 5.10　　　　　　　　习题 5.4 土层主要物理力学指标

层序	土名	层底深度/m	含水率/%	天然重度 /(kN/m³)	孔隙比	液性指数	压缩模量/MPa
①	填土	1.00		18.0			
②	粉质黏土	3.50	30.5%	18.7	0.82	0.7	7.5
③	淤泥质黏土	7.90	48.0%	17.0	1.38	1.2	2.4
④	黏土	15.00	22.5%	19.7	0.68	0.35	9.9

(1) 假如作用于基础底面处的有效附加应力为 80kPa，第④层属超固结土（$OCR=1.5$），可作为不压缩层考虑，沉降计算经验系数取 1.0，请计算独立基础最终沉降量。

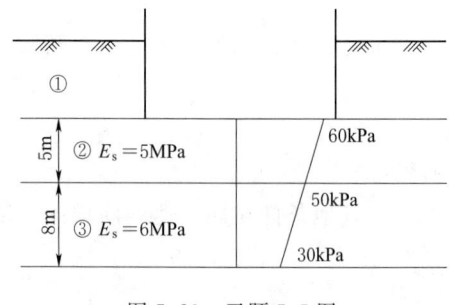

图 5.23　习题 5.5 图

(2) 假如作用于基础底面处的有效附加应力为 60kPa，压缩层厚度为 5.2m，根据《建筑地基基础设计规范》（GB 50007—2011）确定计算深度范围内压缩模量的当量值。

5.5　某筏板基础，其地层资料如图 5.23 所示，第③层下面为基岩。该 4 层建筑物建造后两年需加层至 7 层。已知未加层前基底有效附加应力为 60kPa，地基中的附加应力线如图 5.23 所示，建筑后两年固结度达 0.80；加层后基底附加应力增加到 100kPa（第二次加载施工期很短，忽略不计加载过程，E_s 近似不变），则加载后建筑物基础中点的最终沉降量大约为多少？

5.6　某建筑场地采用预压排水固结法加固软土地基。软土厚度为 10m，软土层面以上和层底以下都是砂层，未设置排水竖井。为简化计算，假定预压是一次瞬时施加的。已知该软土层孔隙比为1.60,压缩系数为0.8MPa^{-1},竖向渗透系数为5.8×10^{-7}cm/s。请计算软土地基固结度达到80%大约需要多少天?

5.7 某饱和黏土层厚10m,在大面积均布荷载$p=120$kPa作用下,土层的初始孔隙$e=1.0$,压缩系数$a=0.3$MPa^{-1},渗透系数$k=18$mm/y,按黏土层在双面或单面排水条件下分别求:

(1) 加荷一年时的沉降量。

(2) 沉降量达140mm所需的时间。

中英词汇对照

压缩　compression

压缩层　compressible layer

主固结　primary consolidation

压缩系数　compression coefficient

回弹指数　swelling index or expansion index

固结仪　consolidation apparatus

原状试样　intact specimen

现场压缩曲线　in-situ compression curve

前期固结应力　preconsolidation pression

超固结　overconsolidated

超固结比　overconsolidated ratio

固结度　degree of consolidation or percent consolidation

单面排水　half closed layer

沉降　settlement

固结　consolidation

次固结　secondary consolidation

压缩指数　compression index

压缩模量　compression modulus

固结试验　consolidation test

固结应力　consolidation pressure

应力历史　stress history

正常固结　normally consolidated

欠固结　underconsolidated

固结系数　coefficient of consolidation

时间因数　time factor

双面排水　open layer

第6章 土的抗剪强度

内容导读：土的抗剪强度理论是土力学三大基本理论之一，在各类岩土工程问题中，土的抗剪强度是最重要的计算参数，因此科学正确地确定土体的抗剪强度，是岩土工程设计的关键。各类工程结构物的地基、挡墙、边坡等的稳定性均由土的抗剪强度控制。

教学目标及要求：掌握土的抗剪强度（组成、理论、抗剪强度指标的确定方法及其影响因素）；会计算土中一点的应力并判断应力状态；掌握直剪试验和三轴试验方法；了解孔隙水应力系数、应力路径的基本概念。

6.1 概　　述

大多数工程建（构）筑物都是建造在土基之上，建筑物的稳定性等工程问题与土的工程性质，特别是土的强度特性密切相关。因此，土的强度特性一直是岩土工程领域最重要的研究课题之一。

工程实践表明，土体的破坏通常都是剪切破坏（如绪论中的特朗斯康谷仓倾倒和香港宝城滑坡）。之所以会产生剪切破坏，是因为与土颗粒自身压碎破坏相比，土体更容易产生相对滑移。图 6.1 为四种与土的强度破坏有关的工程问题。工程中的挡土墙土压力、地

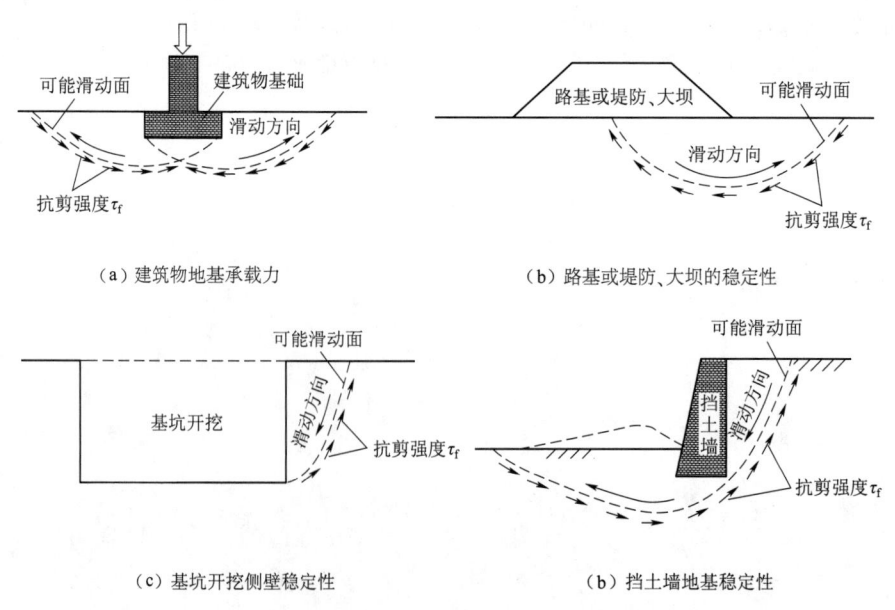

图 6.1　与土的强度破坏有关的工程问题

基承载力、土坡和地基稳定性等问题都与土的抗剪强度直接有关。

以地基稳定问题为例，在外荷载和自重作用下，建筑物地基内部将产生剪应力和相应的变形，同时亦会产生抵抗这种剪切变形的阻力或抗剪应力。当建筑物和地基保持稳定时，土体内的剪应力和抗剪应力处于平衡状态。若剪应力增大，抗剪应力亦随之增大。但土的抗剪应力有极限，一旦达到该极限值时，土体就要发生破坏，这个极限值就是土的抗剪强度。

本章先介绍土的抗剪强度理论、土的抗剪强度试验、三轴压缩试验中的孔隙压力系数，再介绍饱和黏性土的抗剪强度（包括抗剪强度指标的选择）、应力路径，最后介绍工程中抗剪强度指标的选用。

6.2 土的抗剪强度理论

材料的强度是指材料抵抗外荷载的能力，其数值等于作用在其上的极限应力。材料的破坏表现为变形的急剧发展或连续发展，或累积发展到使用功能破坏的程度。自然界形成的土体，由于其具有碎散性、多相性和自然变异性的特点，其强度更具有特殊性。土体抵抗外荷载所产生的极限剪应力就称为土的抗剪强度。

6.2.1 库伦公式及抗剪强度指标

1773年库伦（Coulomb）开展砂土的剪切试验，并将其抗剪强度 τ_f 表达为滑动面上法向应力 σ 的函数，即

$$\tau_f = \sigma \tan\varphi \tag{6.1}$$

以后库伦又提出适合于黏性土的更具有普遍意义的表达式：

$$\tau_f = c + \sigma \tan\varphi \tag{6.2}$$

式中 c——土的黏聚力（内聚力），kPa；

φ——土的内摩擦角，(°)。

式（6.1）和式（6.2）统称为库伦公式或库伦定律。c、φ 为抗剪强度指标（参数）。将库伦公式表示在 τ_f-σ 坐标中为两条直线，如图6.2所示。由库伦公式知，无黏性土的抗剪强度与剪切面上的法向应力成正比，其本质是由于土粒之间的滑动摩擦以及凹凸面间的镶嵌作用所产生的摩阻力，大小取决于土粒表面的粗糙度、土的密实度以及颗粒级配等

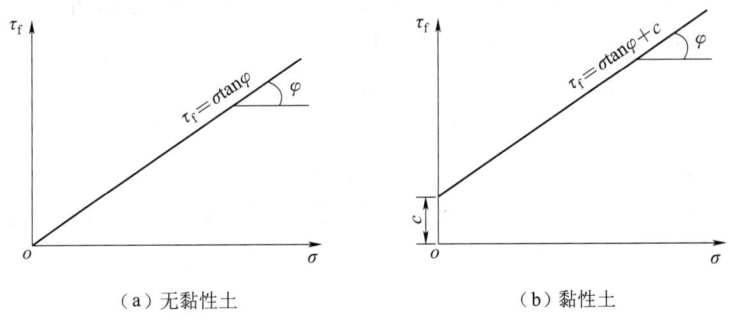

（a）无黏性土　　　　　　　　　（b）黏性土

图6.2 抗剪强度与法向应力之间的关系

因素。黏性土的抗剪强度由两部分组成，一部分是摩擦力（与法向应力成正比）；另一部分是土粒之间的黏聚力，它是由黏性土颗粒之间的胶结作用和静电引力效应等因素引起的。

大量试验研究表明，土的抗剪强度不仅与土的性质有关，还与试验时的排水条件、剪切速率、应力状态和应力历史等因素有关，其中最重要的是试验时的排水条件。根据太沙基有效应力原理，土体内的剪应力只能由土的骨架承担，因此，土的抗剪强度 τ_f 应表示为剪切破坏面上的法向有效应力 σ' 的函数，库伦公式应修正为

$$\tau_f = c' + \sigma' \tan\varphi' \tag{6.3}$$

式中　τ_f——土的抗剪强度，kPa；

σ'——剪切破坏面上的法向有效应力，kPa；

c'——有效黏聚力，也称为内聚力，τ_f-σ 坐标中抗剪强度线在纵轴上的截距，kPa；

φ'——有效内摩擦角，即抗剪强度线的倾角，(°)。

因此，土的抗剪强度有两种表达方法：①用总应力 σ 表示剪切破坏面上的法向应力，称为抗剪强度总应力法，相应的 c、φ 称为总应力强度指标（参数）；②用有效应力 σ' 表示剪切破坏面上的法向应力，其表达式为式（6.3），称为抗剪强度有效应力法，c'、φ' 称为有效应力强度指标（参数）。试验研究表明，土的抗剪强度取决于土的有效应力，然而，由库伦公式建立的概念在应用上比较方便，许多土工问题的分析方法都建立在这种概念基础上，故在工程上仍沿用至今。黏性土的抗剪强度指标的变化范围很大，土的摩擦角从 0°～30°变化，土的黏聚力从 10～200kPa 变化。

6.2.2　莫尔-库伦破坏准则

所谓破坏准则就是如果满足其应力状态就会产生破坏的条件公式。需注意，强度公式可以选定一个，但土破坏的条件却可以根据工程需要的不同而选定。

土是否达到剪切破坏状态，与其所受的应力组合密切相关，这种破坏时的应力组合关系称为破坏准则。土的破坏准则是一个非常复杂的问题，至今仍没有一个被学界公认的可以适用于土的理想的破坏准则。而目前被认为比较能拟合试验结果，因此被生产实践所广泛采用的破坏准则之一，就是莫尔-库伦破坏准则。

6.2.3　土中一点的应力极限平衡条件

6.2.3.1　土中一点应力的计算（莫尔应力圆）

土体内部任一平面上，只要该面上的剪应力等于其抗剪强度即可发生剪切破坏。因此，应当研究土体内任一微小单元体的应力状态。

土体内某微小单元体的任一平面上，其所受应力可分解为法向应力（正应力）和切向应力（剪应力）两个分量。如果某一平面上只有法向应力，没有切向应力，则该平面称为主应力面，此时作用在主应力面上的法向应力称为主应力。

莫尔应力圆表示与最大主应力面呈 α 夹角的任意面上的垂直应力 σ、剪应力 τ 与最大主应力 σ_1、最小主应力 σ_3 之间的关系。这些应力状态点位于同一个圆的圆周上，叫作应力圆。

对图 6.3 中的单元体 abc 列平衡方程，定义 bc 边的面积为 A（单位厚度），得下式：

$$\sigma_a A = (\sigma_1 A \cos\alpha)\cos\alpha + (\sigma_3 A \sin\alpha)\sin\alpha \tag{6.4}$$

$$\tau_a A = (\sigma_1 A\cos\alpha)\sin\alpha - (\sigma_3 A\sin\alpha)\cos\alpha \tag{6.5}$$

根据三角函数关系可得

$$\sigma_a = \frac{\sigma_1+\sigma_3}{2} + \frac{\sigma_1-\sigma_3}{2}\cos2\alpha \tag{6.6}$$

$$\tau_a = \frac{\sigma_1-\sigma_3}{2}\sin2\alpha \tag{6.7}$$

由于 $\sin^2 2\alpha + \cos^2 2\alpha = 1$，$\cos2\alpha = 2\cos^2\alpha - 1 = 1 - 2\sin^2\alpha$，如果利用正应力和剪应力两式，消去公式中的 α，则有

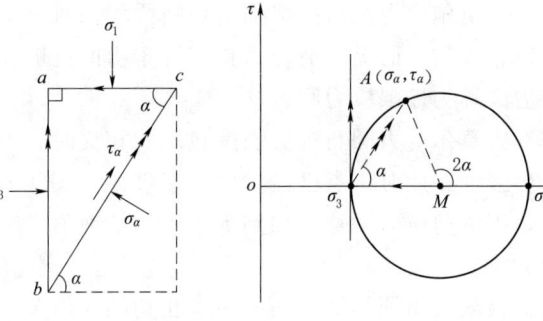

(a) 单元体的应力状态　　(b) 莫尔应力圆

图 6.3　单元体的应力状态和莫尔应力圆

$$\left(\sigma_a - \frac{\sigma_1+\sigma_3}{2}\right)^2 + \tau_a^2 = \left(\frac{\sigma_1-\sigma_3}{2}\right)^2 \tag{6.8}$$

式（6.8）表明，如果以正应力为横坐标，以剪应力为纵坐标，在 σ-τ 坐标平面内，土单元体的应力状态（σ_a，τ_a）就位于以 $\left(\frac{\sigma_1+\sigma_3}{2},0\right)$ 为圆心、以 $\frac{\sigma_1-\sigma_3}{2}$ 为半径的圆周上，该圆就称为莫尔应力圆［图 6.3（b）］。若某土单元体的莫尔应力圆一经确定，那么该单元体的应力状态也就确定。

【例 6.1】 已知地基中某点的大主应力为 400kPa，小主应力为 200kPa，计算：

（1）最大剪应力值及最大剪应力作用面与大主应力面的夹角。

（2）与大主应力作用方向成 30°的面上的正应力和剪应力。

解：（1）最大剪应力作用面与大主应力面的夹角 α 为 45°，代入式（6.7）得

$$\tau_{\max} = \frac{400-200}{2}\sin90° = 100(\text{kPa})$$

（2）$\alpha = 60°$，代入式（6.6）、式（6.7）得

$$\sigma_{60°} = \frac{400+200}{2} + \frac{400-200}{2}\cos120° = 250\text{（kPa）}$$

$$\tau_{60°} = \frac{400-200}{2}\sin120° = 86.6\text{（kPa）}$$

6.2.3.2　土中一点应力状态的判断（极限平衡条件）

如果已知土的抗剪强度指标 c 和 φ，同时土中某点的应力状态已经确定，可将其抗剪强度线与相应的莫尔应力圆画在同一张坐标图上（图 6.4），根据应力圆和抗剪强度线之间的关系就可以判断土体在这一点上是否达到极限平衡状态，可分为如下三种情况。

（1）如果整个莫尔应力圆位于抗剪强度包络线的下方，表明通过该点的任意平面上的剪应力

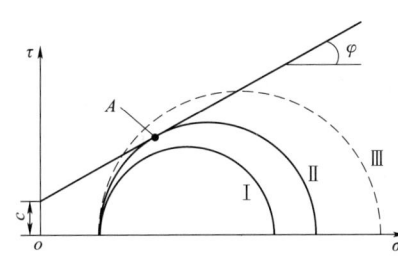

图 6.4　莫尔应力圆与抗剪强度之间的关系

都小于土的抗剪强度,此时该点处于稳定状态,不会发生剪切破坏。

(2) 当莫尔应力圆与抗剪强度包络线相切时（切点如图6.4中的 A 点所示）,表明在相切点所代表的平面上,剪应力正好等于土的抗剪强度,此时该点处于极限平衡状态,相应的应力圆称为极限应力圆。

(3) 当莫尔应力圆与抗剪强度包络线相交时,表明该点某些平面上的剪应力已经超过土的抗剪强度,此时该点已经发生剪切破坏。实际上该莫尔应力圆所代表的应力状态是不存在的,因为剪应力一旦增加到等于土的抗剪强度时,土中应力将重新分布,剪应力不会继续增大。

根据极限应力圆与抗剪强度包线相切的几何关系,建立土的极限平衡条件。在土体中取一微单元体,如图6.5（a）所示,mn 为破裂面,它与大主应力的作用面（水平面）成破裂角 α_f。该点处于极限平衡状态时的莫尔圆如图6.5（b）所示。将抗剪强度包线延长与 σ 轴相交于 R 点,由三角形 ARD 可知:$\overline{AD} = \overline{RD}\sin\varphi$。

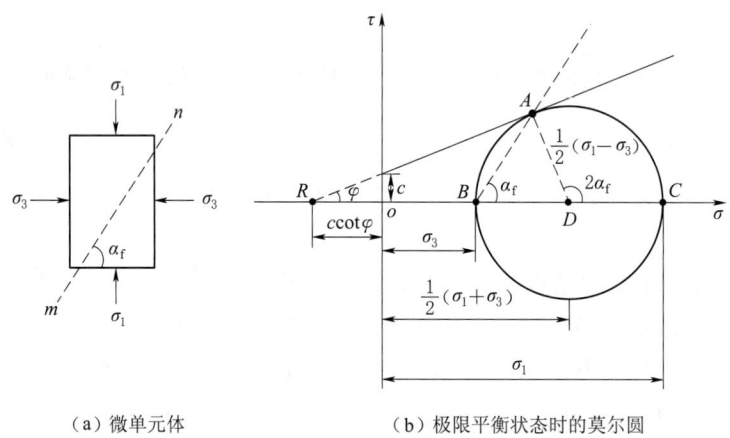

(a) 微单元体　　　　　　(b) 极限平衡状态时的莫尔圆

图6.5　土体中一点达到极限平衡状态时的莫尔圆

因
$$\overline{AD} = \frac{1}{2}(\sigma_1 - \sigma_3),\ \overline{RD} = c\cot\varphi + \frac{1}{2}(\sigma_1 + \sigma_3)$$

故
$$\sin\varphi = (\sigma_1 - \sigma_3)/(\sigma_1 + \sigma_3 + 2c\cot\varphi) \tag{6.9}$$

化简后利用三角函数关系得到土的极限平衡条件:

$$\sigma_{1f} = \sigma_3 \tan^2\left(45° + \frac{\varphi}{2}\right) + 2c\tan\left(45° + \frac{\varphi}{2}\right) \tag{6.10}$$

或
$$\sigma_{3f} = \sigma_1 \tan^2\left(45° - \frac{\varphi}{2}\right) - 2c\tan\left(45° - \frac{\varphi}{2}\right) \tag{6.11}$$

对于无黏性土,由于 $c=0$,则由式（6.10）和式（6.11）可知,无黏性土的极限平衡条件为

$$\sigma_{1f} = \sigma_3 \tan^2\left(45° + \frac{\varphi}{2}\right) \tag{6.12}$$

或
$$\sigma_{3f} = \sigma_1 \tan^2\left(45° - \frac{\varphi}{2}\right) \tag{6.13}$$

在图 6.5（b）的三角形 ARD 中，由外角与内角的关系可得破裂角：
$$\alpha_f = 45° + \varphi/2 \tag{6.14}$$

说明破坏面与大主应力 σ_1 作用面的夹角为 $45° + \varphi/2$，或破坏面与小主应力 σ_3 作用面的夹角为 $45° - \varphi/2$。

【例 6.2】 设地基中某点的大主应力为 400kPa，小主应力为 100kPa，土的内摩擦角为 30°，黏聚力为 10kPa，问该点处于什么状态？

解：由式（6.10）得
$$\sigma_{1f} = 100\tan^2\left(45° + \frac{30°}{2}\right) + 2 \times 10 \times \tan\left(45° + \frac{30°}{2}\right)$$
$$= 100\tan^2(45° + 15°) + 20\tan 60° = 334.64(\text{kPa})$$

而实际的 $\sigma_1 = 400$kPa，大于 σ_{1f}，说明该点土体早已破坏。

或者利用式（6.11）得
$$\sigma_{3f} = 400\tan^2\left(45° - \frac{30°}{2}\right) - 2 \times 10 \times \tan\left(45° - \frac{30°}{2}\right)$$
$$= 400\tan^2(45° - 15°) - 20\tan 30° = 121.79(\text{kPa})$$

而实际的 $\sigma_3 = 100$kPa，小于 σ_{3f}，说明该点土体早已破坏。

6.3 土的抗剪强度试验

土的抗剪强度测定方法通常包括室内直接剪切试验、三轴压缩试验、无侧限抗压强度试验和现场十字板剪切试验等。

6.3.1 直接剪切试验

直接剪切试验在直剪仪上进行。直接剪切仪分为应变控制式和应力控制式两种，前者是控制试样产生一定位移，如量力环中量表指针不再前进，表示试样已剪损，测定其相应的水平剪应力；后者则是对试样分级施加一定的水平剪应力，如相应的位移不断增加，认为试样已剪损。目前我国普遍采用的是应变控制式直剪仪，如图 6.6 所示，该仪器的主要

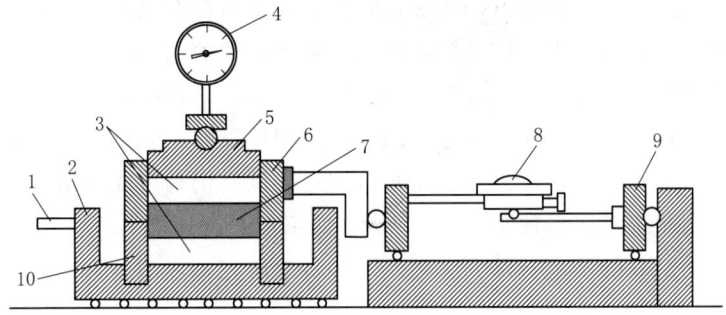

图 6.6 应变控制式直剪仪
1—轮轴；2—底座；3—透水石；4—量表；5—活塞；6—上盒；7—土样；
8—量表；9—量力环；10—下盒

部件有由固定的上盒和活动的下盒组成的剪切盒、加压设备和量测设备等。试验时，由杠杆系统对试样施加某一垂直压力 σ，然后等速转动手轮对下盒施加水平推力，使试样在上下盒之间的水平接触面上产生剪切变形，直至破坏。剪应力的大小通过与上盒接触的量力环的变形值确定。在剪切过程中，随着上下盒相对剪切变形的发展，土样中的抗剪强度逐渐发挥出来，直到剪应力等于土的抗剪强度时，土样剪切破坏，所以土样的抗剪强度用剪切破坏时的剪应力来度量。

图 6.7（a）表示剪切过程中剪应力 τ 与剪切位移 δ 之间的关系，通常可取峰值或稳定值作为破坏点，如图中箭头所示。同一种土（重度和含水率相同）至少取 4 个试样，分别在不同垂直压力 σ 下剪切破坏，一般可取垂直压力为 100kPa、200kPa、300kPa、400kPa，将试验结果绘制成如图 6.7（b）所示的抗剪强度 τ_f 和垂直压力 σ 之间的关系。对于黏性土和粉土，τ_f-σ 关系曲线基本上成直线关系，该直线与横轴的夹角为内摩擦角 φ，在纵轴上的截距为黏聚力 c，直线方程可用库伦公式（6.2）表示。对于无黏性土，τ_f 与 σ 之间的关系则是通过原点的一条直线，可用式（6.1）表示。

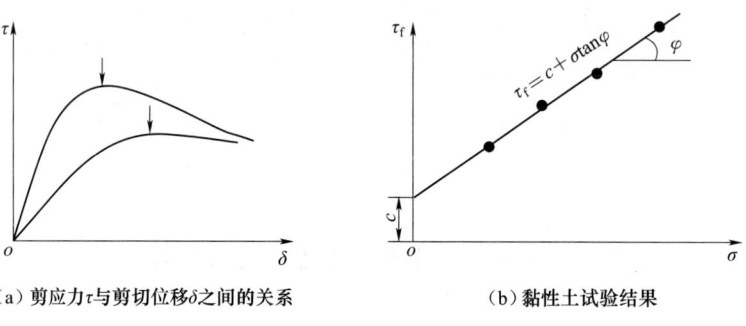

(a) 剪应力 τ 与剪切位移 δ 之间的关系　　　(b) 黏性土试验结果

图 6.7　直接剪切试验结果

为近似模拟土体在现场受剪的排水条件，直接剪切试验可分为快剪、固结快剪和慢剪三种方法。快剪试验是在试样施加竖向压力 σ 后，立即快速（0.8~1.2mm/min）施加水平剪应力使试样剪切。固结快剪试验是允许试样在竖向压力下排水，待固结稳定后，再快速施加水平剪应力使试样剪切破坏。慢剪试验也是允许试样在竖向压力下排水，待固结稳定后，则以缓慢的速率（小于 0.02mm/min）施加水平剪应力使试样剪切。

直剪仪具有构造简单、操作方便等优点，但直剪试验存在以下缺点：①剪切面限定在上下盒之间的平面，而不是沿土样最薄弱面剪切破坏；②剪切面上剪应力分布不均匀，土样剪切破坏时先从边缘开始，在边缘发生应力集中现象；③在剪切过程中，土样剪切面逐渐缩小，而在计算抗剪强度时却是按土样的原截面积计算的；④试验时不能严格控制排水条件，不能量测孔隙水压力，在进行不排水剪切时，试样仍有可能排水，因此快剪试验和固结快剪试验仅适用于渗透系数小于 10^{-6}cm/s 的细粒土。

为了改善直剪试验的不足，重大工程及一些科学研究，多用较为完善的三轴压缩试验确定土的抗剪强度指标。

6.3.2　三轴压缩试验

三轴压缩试验由三轴仪完成，三轴仪主要由压力室、轴向加荷系统、周围加压系统和量测系统等组成,如图 6.8 所示,压力室是三轴仪的主要组成部分,它是一个由金属上盖、底座和透明有机玻璃圆筒组成的密闭容器。

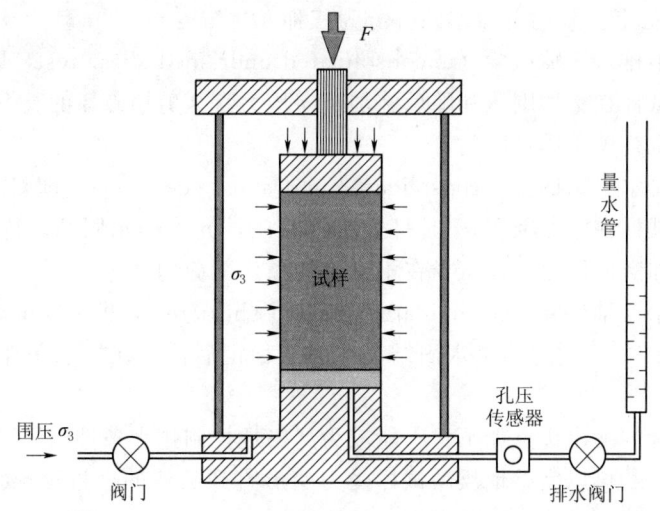

图 6.8 三轴仪示意图

常规试验方法的主要步骤如下:将土切成圆柱体套在橡胶膜内,放在密封的压力室中,然后向压力室内充水,使试样在各向受到围压 σ_3,并使围压在整个试验过程中保持不变,这时试样内各向的三个主应力都相等,因此不产生剪应力 [图 6.9(a)]。然后再通过传力杆对试样施加竖向压力,这时竖向主应力就大于水平向主应力,当水平向主应力保持不变,而竖向主应力逐渐增大时,试样最终受剪而破坏 [图 6.9(b)]。

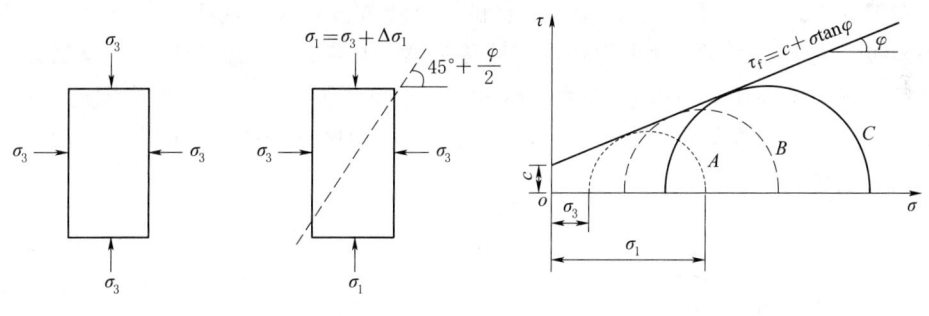

(a)试样受周围压力　　(b)破坏时试样上的主应力　　(c)土的抗剪强度包线或破坏包线

图 6.9 三轴压缩试验原理

设剪切破坏时由传力杆加在试样上的竖向压应力增量为 $\Delta\sigma_1$,则试样上的大主应力为 $\sigma_1 = \sigma_3 + \Delta\sigma_1$,而小主应力为 σ_3,以 $\sigma_1 - \sigma_3$ 为直径可画出一个极限应力圆,如图 6.9(c)中圆 A。用同一种土的若干个试样(三个及三个以上)按上述方法分别进行试验,每个试样施加不同的围压 σ_3,可分别得出剪切破坏时的大主应力 σ_1,将这些结果绘成一组极限应力圆,如图 6.9(c)中的圆 A、圆 B 和圆 C。由于这些试样都剪切至破坏,根据莫尔-库伦理论,作这一组极限应力圆的公共切线,即为土的抗剪强度包线或破坏包线,通常近似取为一条直线,该直线与横坐标的夹角为土的内摩擦角 φ,直线在纵坐标轴上的截

距为土的黏聚力 c。

对应于直接剪切试验的快剪、固结快剪和慢剪试验,三轴压缩试验按剪切前受到周围压力 σ_3 的固结状态和剪切时的排水条件分为三种。

(1) 不固结不排水三轴试验（unconsolidated undrained shear test,即 UU 试验）,简称不排水试验。试样在施加围压和随后施加竖向压力直至剪切破坏的整个过程中都不允许排水,试验自始至终关闭排水阀门。

(2) 固结不排水三轴试验（consolidated undrained shear test,即 CU 试验）,简称固结不排水试验。试样在施加围压 σ_3 时打开排水阀门,允许排水固结,待固结稳定后关闭排水阀门,再施加竖向压力,使试样在不排水的条件下剪切破坏。

(3) 固结排水三轴试验（consolidated drained shear test,即 CD 试验）,简称排水试验。试样在施加围压 σ_3 时允许排水固结,待固结稳定后,再在排水条件下施加竖向压力至试样剪切破坏。

三轴压缩试验的突出优点如下:①能较为严格地控制排水条件以及可以量测试样中孔隙水压力的变化;②可以完整地反映试样受力变形直到破坏的全过程;③为单元体试验,试样中的应力和应变相对均匀,状态也比较明确;④破坏面在最薄弱处,而不像直接剪切仪那样限定在上下盒之间;⑤可以模拟不同工况,进行不同应力路径的试验;⑥三轴压缩仪还用以测定土的其他力学性质,如土的弹性模量,因此它是土工试验不可缺少的设备。三轴压缩试验的缺点是试样的受力是轴对称的,即试样中的主应力 $\sigma_2 = \sigma_3$,而实际上土体的受力状态未必都属于这类轴对称情况。已经问世的各种真三轴仪可以解决这个问题。

6.3.3 无侧限抗压强度试验

无侧限抗压强度试验实际上是三轴压缩试验的一种特例,即围压 $\sigma_3 = 0$ 的三轴试验。试验仪器如图 6.10 (a) 所示。试验时,将试样直接放置在仪器底座上,通过手动或电动控制底座缓慢上升,顶压上部量力环或荷载传感器,从而产生轴向压力 q 直至试样产生剪切破坏。破坏时轴向压应力以 q_u 表示,称为无侧限抗压强度。由于试验中围压只有等于 0 一种情况,所以试验仅能测得一个通过原点的极限应力圆,如图 6.10 (b) 所示,因此无法获得破坏包线。

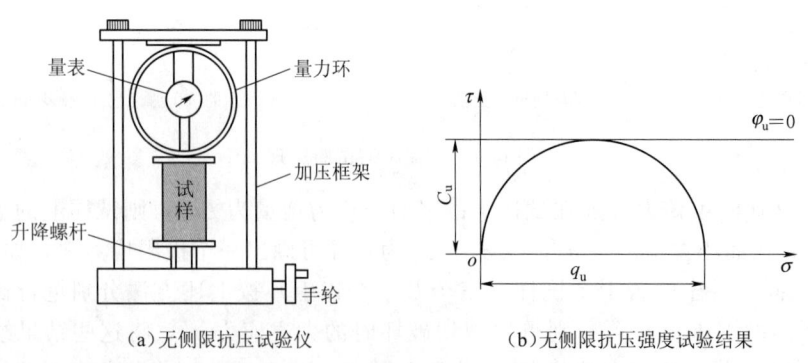

(a) 无侧限抗压试验仪　　(b) 无侧限抗压强度试验结果

图 6.10　无侧限抗压强度试验

饱和黏土的不固结不排水剪切试验中,破坏包线为一水平线,即 $\varphi_u = 0$。据此,可以

根据无侧限抗压强度试验测得的抗压强度值 q_u 来推算土的不固结不排水剪切黏聚力 c_u，又称为不排水强度，即

$$\tau_f = \frac{q_u}{2} = c_u \tag{6.15}$$

由于土体在取样过程中势必受到扰动，其原位应力被释放，因此用这种土样测试获得的不排水强度实际上并不能代表土的原位不排水强度，通常低于原位不排水强度。

顺便指出，除利用无侧限抗压强度试验测定饱和软黏土的不排水抗剪强度值 c_u 外，还常用它来测定饱和黏土的灵敏度 S_t，见第 2 章相关内容。

6.3.4 十字板剪切试验

现场测定饱和黏土的原位不排水强度时，常采用十字板剪切仪。它不需要钻孔取样，土体受到的扰动较小；此外，试验时土的排水条件和受力状态与实际条件比较接近，因此非常适合难以取样的高灵敏度的饱和软黏土。该仪器主要由两片十字交叉的金属板头、扭力装置和量测装置三部分组成，见图 6.11。金属板头的高度和宽度之比一般为 2。现场测试时，将十字板头插入土中待测深度位置，然后在地面上对轴杆施加扭矩，带动十字板转动。十字板头的矩形翼片旋转时与土

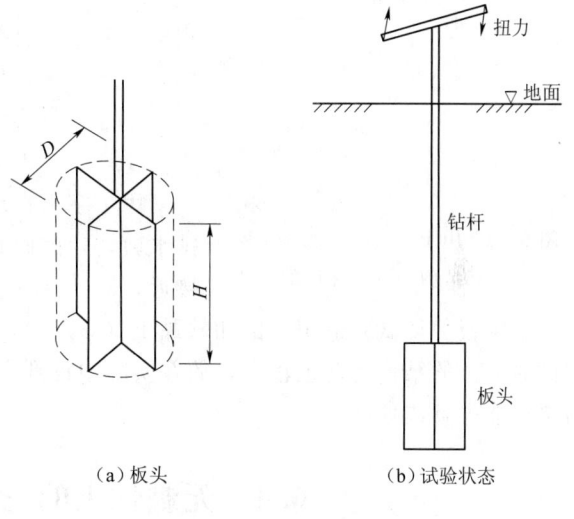

图 6.11 十字板剪切试验

体间形成圆柱状剪切面。通过测量装置测得最大扭转力矩 M_{max}，据此可计算出土的抗剪强度。土体发生剪切破坏时，最大扭转力矩由圆柱体侧面和上下表面土体的抗剪强度产生的两部分抵抗力矩组成。

$$M_{max} = M_1 + M_2$$

假定圆柱体侧面和上下表面土体的抗剪强度 τ_f 相同，则圆柱体侧面的抵抗力矩为

$$M_1 = \tau_f \pi D H \frac{D}{2}$$

上下表面土体的抵抗力矩为

$$M_2 = 2\int_0^{D/2} \tau_f 2\pi r \, \mathrm{d}r \, r = \tau_f \frac{\pi D^2}{2} \frac{D}{3}$$

则

$$M_{max} = \tau_f \left(\frac{\pi D^2}{2} H + \frac{\pi D^2}{2} \frac{D}{3} \right) \tag{6.16}$$

于是土的抗剪强度为

$$\tau_f = \frac{M_{max}}{\frac{\pi D^2}{2}\left(H + \frac{D}{3}\right)} \tag{6.17}$$

式中 τ_f ——土的抗剪强度，kPa；
M_{max} ——施加的最大扭矩，kN·m；
D，H ——十字板的宽度和高度，m；
dr ——离十字板轴心距离为 r 的微分环带的宽度。

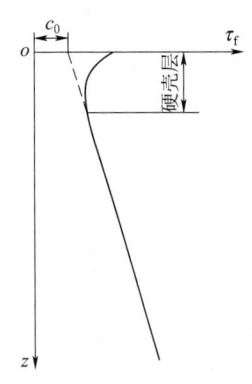

图 6.12 用十字板测定的软土层抗剪强度随深度的变化

图 6.12 表示用十字板测定正常固结饱和软黏土抗剪强度的结果，在硬壳层以下的软土层中抗剪强度随深度基本上成直线变化，并可用下式表示：

$$\tau_f = c_0 + \lambda z \tag{6.18}$$

式中 λ ——直线段的斜率，kN/m³；
z ——以地表为起点的深度，m；
c_0 ——直线段的延长线在水平坐标轴（即原地面）上的截距，kPa。

用十字板在现场测定土的抗剪强度的试验条件同不排水剪切，因此其结果一般与无侧限抗压强度试验结果接近，即 $\tau_f \approx q_u/2 = c_u$。

十字板剪切试验适用于饱和软黏土（$\varphi=0$），它的优点是构造简单，操作方便，原位测试时对土的结构扰动也较小，故在实际中得到广泛应用。但软土层中夹薄砂层时，测试结果可能失真或偏高。

6.4 无黏性土的三轴剪切性质

图 6.13 表示不同初始孔隙比的同一种砂土在相同周围压力 σ_3 下受剪时的应力-应变关系和体积变化。密实的紧砂初始孔隙比较小，其应力-应变关系有明显的峰值。超过峰值后，随应变的增加应力逐步降低，呈应变软化型；其体积变化是开始稍有减少，继而增加（剪胀），这是由于较密实的砂土颗粒之间排列比较紧密，剪切时砂粒之间产生相对滚动，土颗粒之间的位置重新排列的结果。松砂的强度随轴向应变的增加而增大，应力-应变关系呈应变硬化型，对同一种土，紧砂和松砂的强度最终趋向同一值，通常称为残余强度或最终强度，以 τ_r 表示；松砂受剪其体积减小（剪缩），在高的周围压力下，不论砂土的松紧如何，受剪时都将剪缩。

不同初始孔隙比的试样在同一压力下进行剪切试验，可以得出初始孔隙比 e_0 与体积变化 $\Delta V/V$ 之间的关系，如图 6.14 所示。体积变化为零的初始孔隙比称为临界孔隙比 e_{cr}。在三轴试验中，临界孔隙比是与围压 σ_3 有关的，不同的 σ_3 可以得出不同的 e_{cr} 值。如果饱和砂土的初始孔隙比 e_0 大于临界孔隙比 e_{cr}，在剪应力作用下由于剪缩必然使孔隙水压力增高，而有效应力降低，致使砂土的抗剪强度降低。当饱和松砂受到动荷载作用（例如地震）时，由于孔隙水来不及排出，孔隙水压力不断增加，就有可能使有效应力降低到零，因而使砂土像流体那样完全失去抗剪强度，这种现象称为砂土的液化，因此，临界孔隙比对研究砂土液化也具有重要意义。

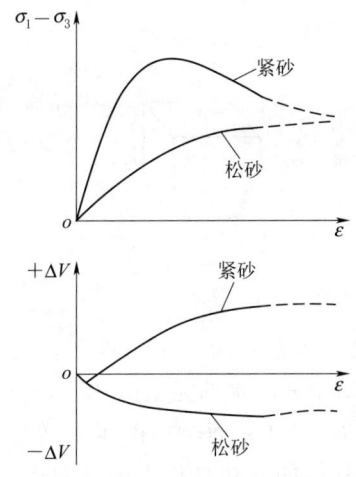

图 6.13 砂土受剪时的应力-应变-体变曲线

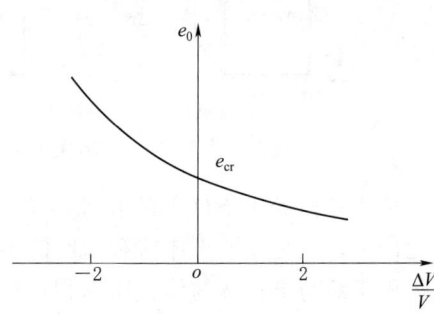

图 6.14 砂土的临界孔隙比

无黏性土的抗剪强度取决于有效法向应力和内摩擦角。密实砂土的内摩擦角与初始孔隙比、土粒表面的粗糙度以及颗粒级配等因素有关。初始孔隙比小、土粒表面粗糙、级配良好的砂土,其内摩擦角较大。松砂的内摩擦角大致与干砂的天然休止角相等(天然休止角是指干燥无黏性土堆积起来所形成的最大坡角),可以在实验室用简单的方法测定。近年来的研究表明,无黏性土的强度性状也十分复杂,它还受各向异性、试样的沉积方法、应力历史等因素的影响。

6.5 饱和黏土的三轴剪切性质

6.5.1 孔隙水压力系数

为了用有效应力法分析实际工程中的变形和稳定问题,常常需要知道外荷载作用后在土中所引起的孔隙水压力值。一种较为简便的方法是利用孔压系数进行计算。所谓孔压系数是指土体在不排水和不排气的条件下,由外荷载引起的孔隙压力增量与应力增量(以总应力表示)的比值,用以表征孔隙压力对总应力变化的反映。

根据有效应力原理,在外荷载作用下土体内部要产生孔隙压力。对于非饱和土体,其孔隙内既有气又有水。由于水-气界面上表面张力和弯液面的存在,孔隙气压力 u_a 和孔隙水压力 u_w 是不相等的,且 $u_a > u_w$。当土体饱和度较高时,可不考虑表面张力的影响,认为 $u_a = u_w$,此时为简单起见,统一称为孔隙压力 u。

6.5.1.1 各向等压作用下的孔隙压力系数 B

假定各向同性的线弹性土体内某点处于轴对称的应力状态,则可以将它分解为如图 6.15 所示的各向等压的球应力和偏压应力状态。

在各向等压应力增量 $\Delta\sigma_1 = \Delta\sigma_2 = \Delta\sigma_3$ 作用下,土体中产生的孔隙压力为 Δu_1,与应力增量的比值定义为孔隙压力系数 B,即

$$B = \frac{\Delta u_1}{\Delta\sigma_3} \tag{6.19}$$

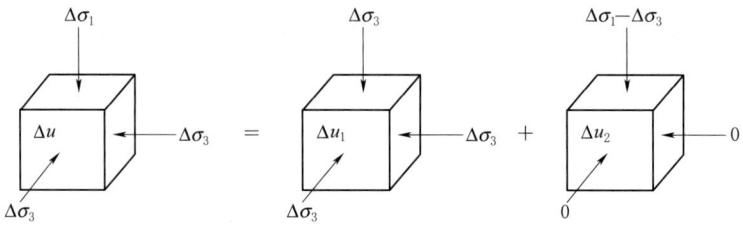

图 6.15 土体中的应力状态

B 称为各向等压条件下的孔隙压力系数。它反映土体在各向等压条件下,孔隙应力的变化情况,也是反映土体饱和程度的指标。对于孔隙中充满水的完全饱和土,由于孔隙水的体积压缩与土骨架的体积压缩相比可以忽略,故 $B=1.0$,此时周围压力增量完全由孔隙水来承担。对于孔隙中充满气体的干土,孔隙中气体的压缩是很大的,故 $B=0$。对于一般的非饱和土,$B=0 \sim 1$,而且饱和度越大,B 值越高。

6.5.1.2 偏应力作用下的孔隙压力系数 A

假定土样在偏应力增量 $\Delta\sigma_1 - \Delta\sigma_3$ 作用下的孔隙压力增量为 Δu_2,大小与偏应力增量 $\Delta\sigma_1 - \Delta\sigma_3$ 及土样的饱和程度有关(相应地,轴向和侧向有效应力增量分别为 $\Delta\sigma_1' = \Delta\sigma_1 - \Delta\sigma_3 - \Delta u_2$ 和 $\Delta\sigma_2' = \Delta\sigma_3' = -\Delta u_2$)。

则土体在周围压力增量和轴向压力增量作用下,亦即三轴压缩条件下的孔隙压力为

$$\Delta u = \Delta u_1 + \Delta u_2 = B[\Delta\sigma_3 + A(\Delta\sigma_1 - \Delta\sigma_3)] \tag{6.20}$$

式(6.20)即为斯开普顿(Skempton,1954)结合轴对称试样的三轴试验,提出的孔隙水压力的计算公式。

由式(6.20)得出

$$BA = \frac{\Delta u_2}{\Delta\sigma_1 - \Delta\sigma_3}$$

对于饱和土,$B=1$,则

$$A = \frac{\Delta u_2}{\Delta\sigma_1 - \Delta\sigma_3} \tag{6.21}$$

可以看出,土体中的孔隙压力是平均正应力增量和偏应力增量的综合函数。A 是偏应力条件下的孔隙压力系数,对于弹性体是常数,$A=1/3$;对于土体则不是常量。它取决于偏应力增量 $\Delta\sigma_1 - \Delta\sigma_3$ 所引起的体积变化,其变化范围很大,主要与土的类型、初始应力状态、应力历史及应力路径等因素有关,随着偏应力 $\Delta\sigma_1 - \Delta\sigma_3$ 的变化而呈非线性变化。如果 $A<1/3$,属于剪胀土,如密实的砂和超固结黏性土等;如果 $A>1/3$ 则属于剪缩土,如较松的砂和正常固结黏性土等。各类土的孔隙压力系数 A 值可参考表 6.1,如要精确计算土的孔隙压力,应根据实际的应力和应变条件,进行三轴压缩试验,直接测定 A 值。

表6.1 孔隙压力系数 A

土样（饱和）	A（用于验算土体破坏的数值）	土样（饱和）	A（用于计算地基变形的数值）
很松的细砂	2～3	很灵敏的软黏土	>1
灵敏黏土	1.5～2.5	正常固结黏土	0.5～1
正常固结黏土	0.7～1.3	超固结黏土	0.25～0.5
轻度超固结黏土	0.3～0.7	严重超固结黏土	0～0.25
严重超固结黏土	−0.5～0		

6.5.2 试验条件的影响（UU、CU、CD试验）

广义的黏性土包括粉土，饱和黏性土、粉土的抗剪强度最好由三轴压缩试验测定，按剪切前的固结状态和剪切时的排水条件分为不固结不排水抗剪强度、固结不排水抗剪强度和固结排水抗剪强度。

6.5.2.1 不排水抗剪强度

如前所述，不排水试验（UU试验）是在施加周围压力和轴向压力直至剪切破坏的整个试验过程中都不允许排水。如果有一组饱和黏性土试样先在某一周围压力下固结至稳定，试样中的初始孔隙水压力为静水压力。然后分别在不排水条件下施加周围压力和轴向压力直至剪切破坏，试验结果如图 6.16 所示。图 6.16 中

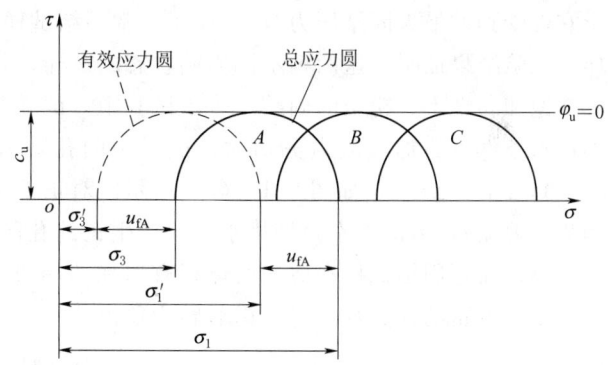

图 6.16 饱和黏性土的不固结不排水试验结果

三个实线半圆 A、B、C 分别表示三个试样在不同的 σ_3 作用下破坏时的总应力圆，虚线是有效应力圆。试验结果表明，虽然三个试样的周围压力 σ_3 不同，但破坏时的主应力差相等，在 τ_f-σ 图上表现为三个总应力圆直径相同，因而破坏包线是一条水平线，即

$$\varphi_u = 0 \tag{6.22}$$

$$\tau_f = c_u = (\sigma_1 - \sigma_3)/2 \tag{6.23}$$

式中 φ_u——不排水内摩擦角，(°)；

c_u——不排水抗剪强度，kPa。

在试验中如果分别量测试样破坏时的孔隙水压力 u_f，试验成果可以用有效应力整理，结果表明，三个试样只能得到同一个有效应力圆，并且有效应力圆的直径与三个总应力圆直径相等，即

$$\sigma'_1 - \sigma'_3 = (\sigma_1 - \sigma_3)_A = (\sigma_1 - \sigma_3)_B = (\sigma_1 - \sigma_3)_C \tag{6.24}$$

这是由于在不排水条件下，试样在试验过程中含水率不变，体积不变，饱和黏性土的孔隙压力系数 $B = 1$，改变周围压力增量只能引起孔隙水压力的变化，并不会改变试样中的有效应力，各试样在剪切前的有效应力相等，因此抗剪强度不变。如果在较高的剪前固结压力下进行不固结不排水试验，就会得出较大的不排水抗剪强度 $c_u(\varphi_u = 0)$。

由于一组试样试验的结果有效应力圆是同一个，因而就不能得到有效应力破坏包线和 c'、φ' 值，所以这种试验一般只用于测定饱和土的不排水抗剪强度。

不固结不排水试验的不固结是在三轴压力室压力下不再固结，而保持试样原来的有效应力不变，如果饱和黏性土从未固结过，将是一种泥浆状土，抗剪强度也必然等于零。一般从天然土层中取出的试样，相当于在某一压力下已经固结，总具有一定的天然强度。天然土层的有效固结压力是随深度变化的，所以不排水抗剪强度 c_u 也随深度变化，均质的正常固结不排水强度大致随有效固结压力线性增大。饱和的超固结黏土的不固结不排水强度包线也是一条水平线，即 $\varphi_u = 0$。

6.5.2.2 固结不排水抗剪强度

饱和黏性土的固结不排水抗剪（CU 试验）强度在一定程度上受应力历史的影响，因此，在研究黏性土的固结不排水强度时，要区别试样是正常固结还是超固结。将第 5 章的正常固结土和超固结土的概念应用到三轴固结不排水试验中，如果试样所受到的围压 σ_3 大于它曾受到的最大固结压力 p_c，属于正常固结试样；如果围压 $\sigma_3 < p_c$，则属于超固结试样。试验结果证明，这两种不同固结状态的试样，其抗剪强度性状是不同的。

在饱和黏性土、粉土的固结不排水试验中，试样在 σ_3 作用下充分排水固结，$\Delta u_1 = 0$，在不排水条件下施加偏应力剪切时，试样中的孔隙水压力随偏应力的增加而不断变化，$\Delta u_2 = A(\Delta\sigma_1 - \Delta\sigma_3)$，如图 6.17（b）所示。对正常固结试样进行剪切时，其体积有减少的趋势（剪缩），但由于不允许排水，故产生正的孔隙水压力，由试验得出孔隙压力系数都大于零；而超固结试样在剪切时体积有增加的趋势（剪胀）；强超固结试样在剪切过程中，开始产生正的孔隙水压力，以后转为负值。

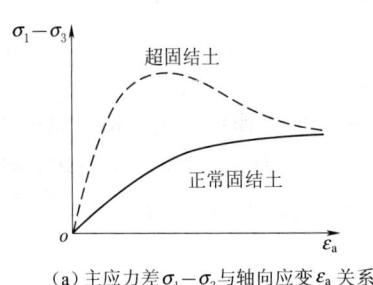 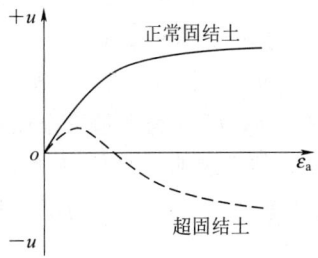

(a) 主应力差 $\sigma_1 - \sigma_3$ 与轴向应变 ε_a 关系　　(b) 孔隙水压力 u 与轴向应变 ε_a 关系

图 6.17　固结不排水试验的孔隙水压力

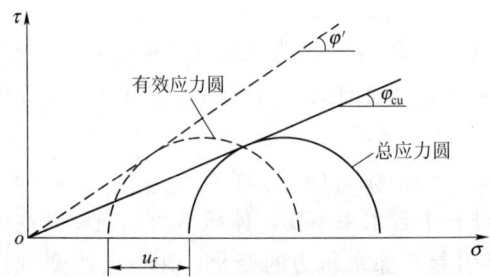

图 6.18　正常固结饱和黏性土、粉土固结不排水试验结果

图 6.18 表示正常固结饱和黏性土、粉土固结不排水试验结果，图中实线表示总应力圆和总应力破坏包线。如果试验时量测孔隙水压力，试验结果可以用有效应力整理。图 6.18 中虚线表示有效应力圆和有效应力破坏包线，u_f 为剪切破坏时的孔隙水压力。由于 $\sigma_1' = \sigma_1 - u_f$，$\sigma_3' = \sigma_3 - u_f$，故 $\sigma_1' - \sigma_3' = \sigma_1 - \sigma_3$，即有效应力圆与总应力圆直径相等，但

位置不同，两者之间的距离为 u_f。因为正常固结试样在剪切破坏时产生正的孔隙水压力，故有效应力圆在总应力圆的左侧。总应力破坏包线和有效应力破坏包线都通过原点，说明未受任何固结压力的土（如泥浆状土）不会具有抗剪强度。总应力破坏包线的倾角以 φ_{cu} 表示，一般在 10°～20°之间；有效应力破坏包线的倾角 φ' 称为有效内摩擦角，φ' 比 φ_{cu} 大一倍左右。

超固结土的固结不排水总应力破坏包线如图 6.19（a）所示，是一条略平缓的曲线，可近似用直线 ab 代替，与正常固结破坏包线 bc 相交，bc 线的延长线仍通过原点，实用上将 abc 折线取为一条直线，如图 6.19（b）所示，总应力强度指标为 c_{cu} 和 φ_{cu}，于是，固结不排水剪切的总应力破坏包线可表达为

$$\tau_f = c_{cu} + \sigma \tan\varphi_{cu} \tag{6.25}$$

如用有效应力表示，有效应力圆和有效应力破坏包线如图 6.19（b）中虚线所示。由于超固结土在剪切破坏时，产生负的孔隙水压力，故有效应力圆在总应力圆的右侧[图 6.19（b）中圆 A]，正常固结试样（随着围压的增大，就成为正常固结土）产生正的孔隙水压力，故有效应力圆在总应力圆的左侧[图 6.19（b）中圆 B]，有效应力强度包线可表示为

$$\tau_f = c' + \sigma' \tan\varphi' \tag{6.26}$$

通常 $c' < c_{cu}$，$\varphi' > \varphi_{cu}$。

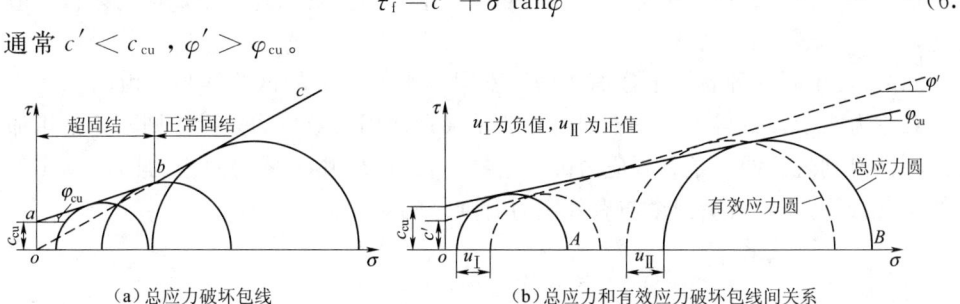

图 6.19 超固结土的固结不排水试验结果

6.5.2.3 固结排水抗剪强度

在固结排水试验（CD 试验）整个试验过程中，超孔隙水压力始终为零，总应力最后全部转化为有效应力，所以总应力圆就是有效应力圆，总应力破坏包线就是有效应力破坏包线。图 6.20（a）和图 6.20（b）分别为试验的应力-应变关系、体积变化与应变关系。在剪切过程中，正常固结黏土发生剪缩，而超固结土则是先剪缩，继而主要呈现剪胀的特性。

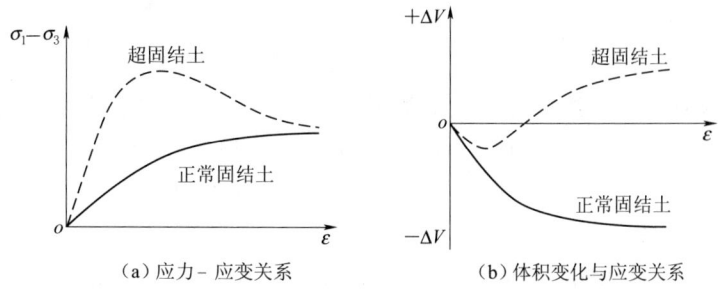

图 6.20 固结排水试验的应力应变关系和体积变化

图 6.21 为固结排水试验结果。正常固结土的破坏包线通过原点，如图 6.21（a）所示，黏聚力 $c_d=0$；内摩擦角 φ_d 在 $20°\sim40°$ 之间；超固结土的破坏包线略弯曲，实用上近似取为一条直线代替，如图 6.21（b）所示，c_d 为 $5\sim25\text{kPa}$，φ_d 比正常固结土的内摩擦角要小。

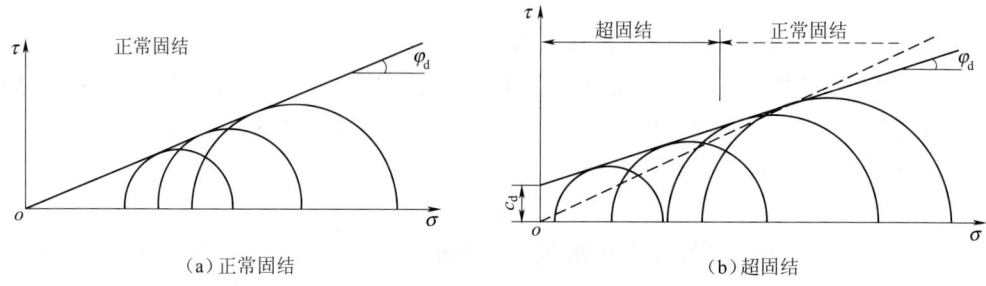

图 6.21 固结排水试验结果

试验证明，c_d、φ_d 与固结不排水试验得到的 c'、φ' 很接近，由于排水试验所需的时间太长，故实用上以 c'、φ' 代替 c_d 和 φ_d。但是两者的试验条件是有差别的，固结不排水试验在剪切过程中试样的体积保持不变，而固结排水试验在剪切过程中试样的体积一般要发生变化，c_d、φ_d 略大于 c'、φ'。

图 6.22 表示同一种黏性土分别在三种不同排水条件下的试验结果。由图 6.22 可见，如果用总应力表示，将得出完全不同的试验结果；而用有效应力表示，则不论采用那种试验方法，都得到近乎同一条有效应力破坏包线（图 6.22 中实线为总应力圆，虚线为有效应力圆）。由此可见，抗剪强度与有效应力有唯一的对应关系。

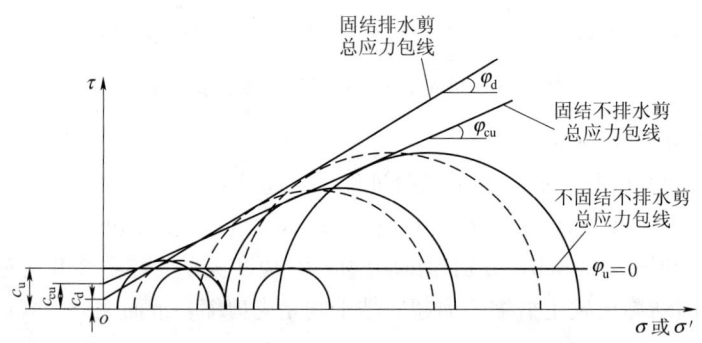

图 6.22 三种试验方法结果比较

【例 6.3】 某正常固结饱和黏性土试样在三轴仪中进行固结不排水试验，施加周围压力 $\sigma_3=200\text{kPa}$，试样破坏时的主应力差 $\sigma_1-\sigma_3=280\text{kPa}$，如果破坏面与水平面的夹角 $\alpha_f=57°$，试求破坏面上的法向应力和剪应力以及试样中的最大剪应力。

解：由总应力法得
$$\sigma_1=280+200=480(\text{kPa})，\sigma_3=200\text{kPa}，\alpha_f=57°$$
按式（6.6）和式（6.7）计算破坏面上的法向应力 σ 和剪应力 τ：

$$\sigma = \frac{1}{2}(\sigma_1+\sigma_3)+\frac{1}{2}(\sigma_1-\sigma_3)\cos2\alpha_f = 283(\text{kPa})$$

$$\tau = \frac{1}{2}(\sigma_1-\sigma_3)\sin2\alpha_f = 128(\text{kPa})$$

最大剪应力发生在 $\alpha=45°$ 的平面上，得

$$\tau_{\max} = \frac{1}{2}(\sigma_1-\sigma_3) = 140(\text{kPa})$$

【例 6.4】 在 [例 6.3] 中，由试样固结不排水试验，测得孔隙水压力 $u_f=180\text{kPa}$，有效内摩擦角 $\varphi'=25°$，有效黏聚力 $c'=80\text{kPa}$，试说明为什么试样的破坏面发生在 $\alpha_f=57°$ 的平面而不发生在最大剪应力的作用面？

解：由有效应力法得

$$\sigma_1' = 480-180 = 300(\text{kPa})$$

$$\sigma_3' = 200-180 = 20(\text{kPa})$$

$$\tau_{\max} = \frac{1}{2}(\sigma_1-\sigma_3) = \frac{1}{2}(\sigma_1'-\sigma_3') = 140(\text{kPa})$$

破坏面上的有效正应力 σ' 和抗剪强度 τ_f 计算如下：

$$\sigma' = \sigma-u_f = 283-180 = 103(\text{kPa})$$

$$\tau_f = c'+\sigma'\tan\varphi' = 80+103\tan25° = 128(\text{kPa})$$

可见，在 $\alpha=57°$ 的平面上土的抗剪强度等于该面上的剪应力，即 $\tau_f=\tau=128(\text{kPa})$，故在该面上发生剪切破坏。

在最大剪应力的作用面（$\alpha=45°$）上：

$$\sigma = 0.5\times(480+200)+0.5\times(480-200)\cos90° = 340(\text{kPa})$$

$$\sigma' = 0.5\times(300+20)+0.5\times(300-20)\cos90° = 160(\text{kPa})$$

或

$$\sigma' = \sigma-u_f = 340-180 = 160(\text{kPa})$$

$$\tau_f = c'+\sigma'\tan\varphi' = 80+160\tan25° = 155(\text{kPa})$$

由 [例 6.3] 算得，在 $\alpha=45°$ 的平面上最大剪应力 $\tau_{\max}=140\text{kPa}$，可见，该面上剪应力虽然比较大（>128kPa），但抗剪强度 $\tau_f(=155\text{kPa})$ 大于剪应力 $\tau_{\max}$，故在剪应力最大的作用平面上不发生剪切破坏。

6.5.3 应力路径

与弹性体不同，土是一种弹塑性材料，同一应力状态因加载、卸载、重新加载或卸载的过程不同，所对应的应变及相应的土的性质则不同。因此，研究土的性质，不仅需要知道其初始和最终应力状态，还应对其应力变化过程进行详细描述。

土体中一点的应力状态可以用应力空间中的一个点来表示，该点称为该应力状态对应的应力点。土体中该点应力状态的变化可以用应力点移动来表示，应力点的运动轨迹称为应力路径。

图 6.23 表示应力历史对土的抗剪强度的影响。图 6.23（a）为 $e-p$ 曲线，图 6.23（b）为抗剪强度莫尔包线。若土体应力历史为 $DABC$，土体抗剪强度莫尔包线为 oc，若应力历史为 $DAA'ABC$，则莫尔包线为 $a'ac$；若应力历史为 $DABB'BC$，则莫尔包线为 $b'bc$。可见，应力历史不同，土的抗剪强度莫尔包线也不一样。

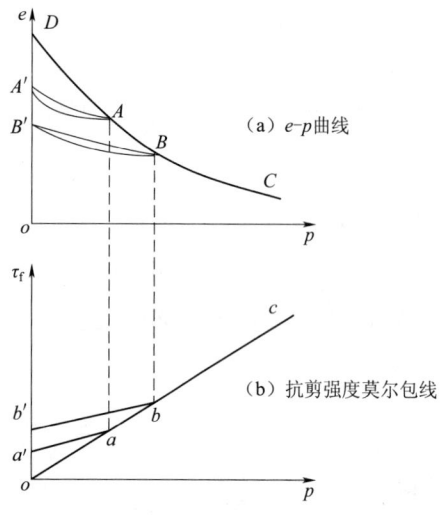

图 6.23 应力历史对抗剪强度的影响

在二维平面问题中，应力变化过程可以用一系列的应力圆表示，但当应力变化过程复杂时，不仅不方便而且很混乱。一种更为简单方便的方法是，利用应力圆上的一个特征点的移动轨迹来表示应力路径。通常选择与主应力面成 45°的斜面作为应力路径参考平面，作用于该面的法向应力大小对应于相应应力圆的圆心横坐标值，剪应力等于该应力圆的半径。如此，每个应力圆都可以用该圆的圆心位置 $p=(\sigma_1+\sigma_3)/2$ 和应力圆半径 $q=(\sigma_1-\sigma_3)/2$ 来唯一确定（用点 C 表示）。表示该斜面上应力的 C 点同时也代表了该单元的应力状态。因此，C 点的变化轨迹 C_1，C_2，…，C_n 就代表单元土体的应力路径，如图 6.24 所示。

土体的应力路径也可以用有效应力表示，称为有效应力路径。其横坐标 p' 和纵坐标 q' 可按如下公式计算：

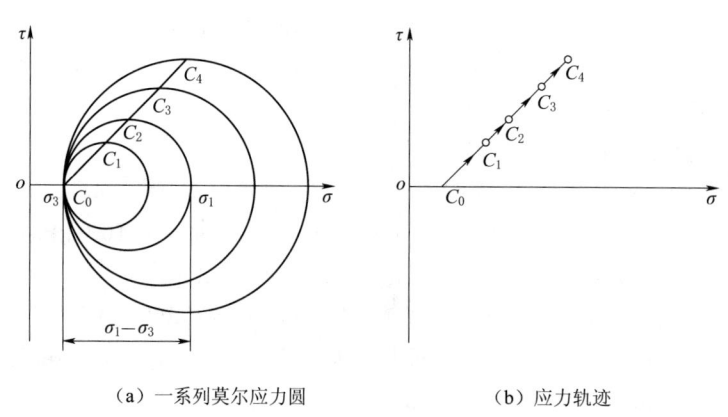

图 6.24 应力路径概念

$$p'=\frac{1}{2}(\sigma_1'+\sigma_3')=\frac{1}{2}(\sigma_1-u+\sigma_3-u)=\frac{1}{2}(\sigma_1+\sigma_3)-u=p-u \quad (6.27)$$

$$q'=\frac{1}{2}(\sigma_1'-\sigma_3')=\frac{1}{2}(\sigma_1-u-\sigma_3+u)=\frac{1}{2}(\sigma_1-\sigma_3)=q \quad (6.28)$$

图 6.25（a）表示正常固结黏土三轴固结不排水剪切试验的应力路径。图 6.25 中总应力路径 AB 是直线，而有效应力路径 AB' 则是曲线，两者之间的距离即为孔隙水压力 u。因为正常固结黏土在不排水剪切时产生正的孔隙水压力，故有效应力路径在总应力路径的左边，从 A 点开始，沿曲线至 B' 点剪切破坏。图 6.25（a）中 K_f 线和 K_f' 线分别为以总应力和有效应力表示的极限应力圆顶点的连线，u_f 为剪切破坏时的孔隙水压力。

图 6.25（b）为超固结土的应力路径，AB 和 AB' 为弱超固结试样的总应力路径和有效应力路径，由于弱超固结土在受剪过程中产生正的孔隙水压力，故有效应力路径在总应

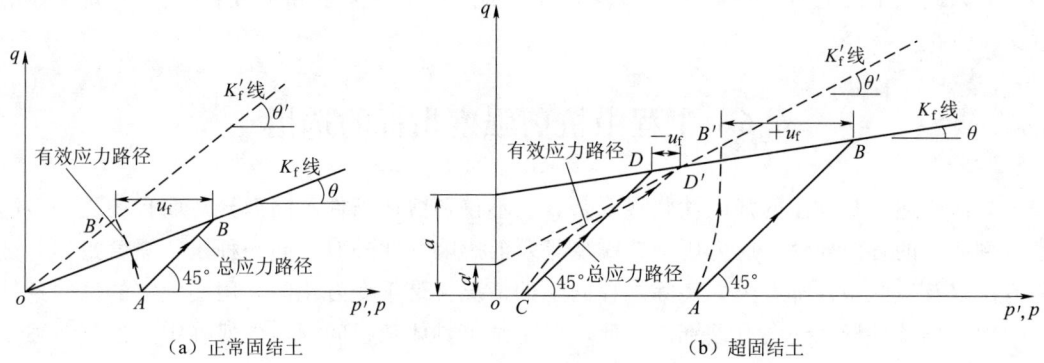

(a) 正常固结土　　　　　　　　　(b) 超固结土

图 6.25　三轴压缩固结不排水试验中的应力路径

力路径左边；CD 和 CD' 表示某一强超固结试样的应力路径，由于强超固结试样开始出现正的孔隙水压力，以后逐渐转为负值，故有效应力路径开始在总应力路径左边，后来逐渐转移到右边，至 D' 点剪切破坏。

利用固结不排水试验的有效应力路径确定的 K'_f 线，可以求得有效应力强度参数 c' 和 φ'。多数试验表明，在试样发生剪切破坏时，应力路径发生转折或趋向于水平，因此认为应力路径的转折点可作为判断试样破坏的标准，将 K'_f 线与抗剪强度破坏包线绘在同一张图上，设 K'_f 线与纵坐标的截距为 a'，倾角为 θ'，由图 6.26 不难证明，θ'、a' 与 c'、φ' 之间有如下关系：

$$\sin\varphi' = \tan\theta' \tag{6.29}$$
$$c' = a'/\cos\varphi' \tag{6.30}$$

这样，就可以根据 a'、θ' 反算 c'、φ'，这种方法称为应力路径法，该法比较容易从同一批土样的较为分散的试验结果中得出 c'、φ' 值。

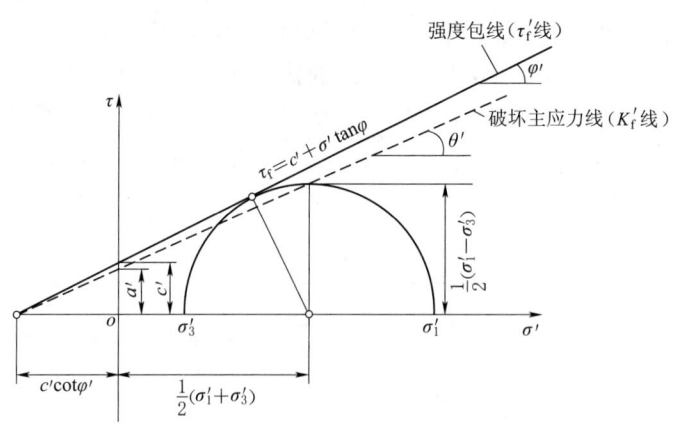

图 6.26　a'、θ' 和 c'、φ' 之间的关系

由于土体的变形和强度不仅与受力的大小有关，更重要的是还与土的应力历史有关，

土的应力路径可以模拟土体实际的应力历史,全面地研究应力变化过程对土的力学性质的影响,因此,土的应力路径对进一步探讨土的应力-应变关系和强度都具有十分重要的意义。

6.6 工程中抗剪强度指标的选用

如前所述,黏性土的强度性状很复杂,它不仅随剪切条件不同而异,而且还受许多因素(例如土的各向异性、应力历史、蠕变等)的影响。此外对于同一种土,强度指标与试验方法以及试验条件都有关,实际工程问题的情况又是千变万化的,用实验室的试验条件去模拟现场条件毕竟还会有差别。因此,对于某个具体工程问题,如何确定土的抗剪强度指标并不是一件容易的事情。

首先要根据工程问题的性质确定三种不同排水的试验条件,进而决定采用总应力或有效应力的强度指标,然后选择室内或现场的试验方法。一般认为,由三轴固结不排水试验确定的有效应力强度 c'、φ' 宜用于分析地基的长期稳定性(例如土坡的长期稳定性分析、估计挡土结构物的长期土压力、位于软土地基上结构物的长期稳定分析等);而对于饱和软黏土的短期稳定性问题,则宜采用不固结不排水试验的强度指标 c_u,即 $\varphi_u=0$,以总应力法进行分析。一般工程问题多采用总应力法分析,其指标和测试方法的选择大致如下。

若建筑物施工速度较快,而地基土的透水性和排水条件不良时,可采用三轴不固结不排水试验或直剪仪的快剪试验结果;如果地基荷载增长速率较慢,地基土的透水性不太小(如低塑性的黏土)以及排水条件又较佳时(如黏土层中夹砂层),则可以采用固结排水或慢剪试验结果;如果介于以上两种情况之间,可用固结不排水或固结快剪试验结果。由于实际加荷情况和土的性质是复杂的,而且地基土在建筑物的施工和使用过程中都要经历不同的固结状态,因此,在确定强度指标时还应结合工程经验。

总应力强度指标的三种试验结果各不相同,一般来说,$\varphi_u < \varphi_{cu} < \varphi_d$,所得 c 值也不同。表 6.2 列出三种试验方法的大致适用范围,可供参考。应当指出,总应力强度指标仅能考虑三种特定的固结情况,由于地基土的性质和实际加载情况十分复杂,地基在建筑施工阶段和使用期间经历不同的固结状态,要准确估计地基土的固结度十分困难。此外,即使是在同一时间,地基中不同部位土体的固结度亦不尽相同。但总应力法对整个土层采用某一固结度的强度指标,这与实际情况相去甚远。因此,在确定总应力强度指标时,还应结合工程经验。在工程设计的计算分析中,应尽可能采用有效应力强度指标的分析方法。

表 6.2　　　　　　　　　　　　三种试验方法的适用范围

试验方法	适 用 范 围
UU 试验	地基为透水性差的饱和黏性土,排水不良,建筑物施工速度快,常用于施工期的强度与稳定验算
CU 试验	建筑物竣工较长时间后,突遇荷载增大,如房屋加层、天然土坡上堆载等
CD 试验	地基的透水性较好(如砂土等低塑性土),排水条件良好(如黏土层中夹有砂层),而建筑物施工速度又较慢

只有当室内试验的应力状态、应力水平和应力路径与实际工程的应力条件完全相同时，试验所得的强度指标才能符合实际，而这只能近似做到。因此，在选择某种土的抗剪强度指标 c 和 φ 时，必须同时指出土样的原始固结状态和所用的试验方法，才能正确判断这种指标的意义及如何用于计算分析。

思 考 题

6.1 什么是莫尔-库伦破坏准则？

6.2 什么是极限平衡条件？极限平衡条件与土的破坏准则是否是一回事？

6.3 试分别阐述直剪试验和三轴压缩试验的一般原理、方法和优缺点。

6.4 绘制应力莫尔圆，解释为什么土中发生剪切破坏的实际破坏面不是剪应力最大的平面？剪切破坏面与大主应力面成多少度角？

6.5 什么是不固结不排水、固结不排水和固结排水剪切试验？

6.6 请根据正常固结和超固结黏土固结不排水剪切试验得到的总应力和有效应力莫尔圆间的位置关系，分析其有效内摩擦角与总应力内摩擦角间大小关系；分析其有效内摩擦角 φ' 与总应力内摩擦角 φ_{cu} 间的大小关系。

6.7 什么是应力路径？应力路径有哪两种表示方法？两种方法间关系如何？

习 题

6.1 如图 6.27 所示，地基表面作用有条形均布荷载 p，在地基内 M 点引起的附加应力为 $\sigma_z = 94\text{kPa}$，$\sigma_x = 45\text{kPa}$，$\tau_{zx} = 51\text{kPa}$。地基为粉质黏土，重度 $\gamma = 19.6\text{kN/m}^3$，$c = 19.6\text{kPa}$，$\varphi = 28°$，侧压力系数为 0.5，试求：①作用于 M 点的大、小主应力；②判断该点土体是否破坏？

6.2 一正常固结黏土进行固结不排水试验，土样剪切破坏时的参数如下：$\sigma_3 = 80\text{kPa}$，偏应力增量 $\Delta\sigma_{1f} = 65\text{kPa}$，孔隙水压力 $u_f = 45\text{kPa}$。计算固结不排水的内摩擦角 φ，以及固结排水的内摩擦角 φ_d (φ')。

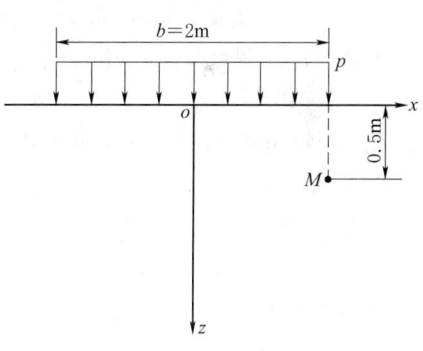

图 6.27 习题 6.1 图

6.3 某试样进行三轴剪切试验，剪破时的大、小主应力分别为 $\sigma_1 = 290\text{kPa}$，$\sigma_3 = 100\text{kPa}$。对同一种土样若保持 $\sigma_3 = 200\text{kPa}$ 不变，增加轴向应力，则当① $\varphi = 0$，② $c = 0$ 时，试样剪破时的大主应力 σ_1 各为多少？

6.4 一正常固结黏土进行固结排水试验，土样剪切破坏时的参数如下：$\sigma_3 = 80\text{kPa}$，偏应力增量 $\Delta\sigma_{1f} = 120\text{kPa}$。计算：

（1）土样的有效内摩擦角 φ_1。

（2）破坏面与大主应力作用面的夹角。

(3) 破坏面上的正应力和剪应力。

6.5 某无黏性土饱和试样进行排水剪切（CD）试验，测得抗剪强度指标为 $c_d=0$，$\varphi_d=31°$。如果对同一试样进行固结不排水剪切试验，施加的围压 $\sigma_3=200\text{kPa}$，试样破坏时的轴向偏应力 $(\sigma_1-\sigma_3)_f=180\text{kPa}$。试求试样的不排水剪切强度指标 φ_{cu} 和破坏时的孔隙水压力 u_f。

6.6 某正常固结饱和黏性土试样进行不固结不排水试验得：$\varphi_u=0$，$c_u=25\text{kPa}$。对同样的土进行固结不排水试验，得到的有效抗剪强度指标为：$c'=0$，$\varphi'=30°$。试求该试样在固结不排水条件下剪切破坏时的有效大、小主应力。

中 英 词 汇 对 照

抗剪强度　shear strength
抗剪强度参数　shear strength parameters
抗剪强度包线　stress failure envelope
莫尔-库伦破坏准则　Mohr - Coulomb failure criterion
莫尔应力圆　Mohr's circle
孔隙压力系数　pore pressure parameter
直接剪切试验　direct shear test
三轴剪切试验　triaxial shear test
十字板剪切试验　vane shear test
无侧限抗压强度　unconfined compression strength
无侧限抗压强度试验　unconfined compression test
固结不排水剪切试验　consolidated - undrained shear test
固结排水剪切试验　consolidated - drained shear test
极限平衡状态　state of limit equilibrium

不排水剪切试验　undrained shear test
内摩擦角　angle of internal friction
黏聚力　cohesion
正应力　normal stress
剪应力　shear stress
剪应变　shear strain
剪切面　shear plane
剪切破坏　shear failure
剪胀　shear dilation
剪缩　shear contraction
法向应力　normal stress
峰值剪切强度　peak shear strength
残余强度　residual shear strength
等向压缩　isotropic compression
临界孔隙比　critical void ratio
应变软化　strain - softening
应变硬化　strain - hardening
应力路径　stress path

第7章 土 压 力

> **内容导读**：工程中存在许多支挡土体的构筑物，它们必然受到土传递过来的土压力。本章主要介绍土压力的类型和计算方法。
>
> **教学目标及要求**：掌握产生三种土压力的条件，掌握朗肯土压力理论和库伦土压力理论。

7.1 概 述

工程中许多构筑物如挡土墙［图7.1（a）］、隧道［图7.1（b）］和基坑围护结构［图7.1（c）］等挡土结构起着支撑土体，保持土体稳定，使之不致坍塌（图7.2）；而另一些构筑物如桥台等则受到土体的支撑，土体起着提供反力的作用［图7.1（d）］。在这些构筑物与土体的接触面处均存在侧向压力的作用，这种侧向压力就是土压力。

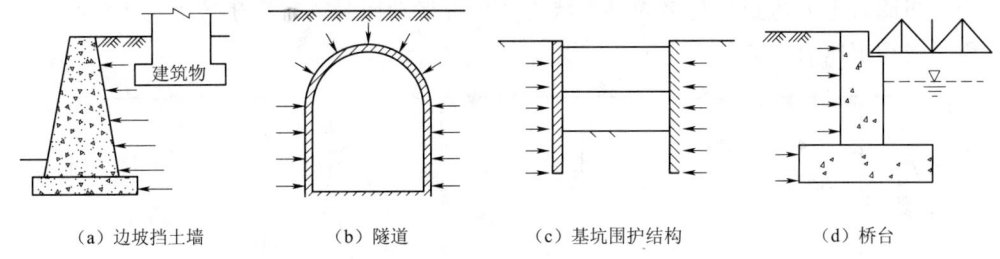

(a) 边坡挡土墙　　　(b) 隧道　　　(c) 基坑围护结构　　　(d) 桥台

图7.1 工程中的挡土墙

广义的土压力包括挡土结构物后的土体、地下水、地面建筑物及其他形式的荷载对挡土结构物背面产生的侧向力。计算土压力就是确定土压力的大小、方向和作用点（力的三要素）。对于等截面长条形挡土墙，一般按平面应变沿长度方向取1m计算。

土压力问题是土力学的一个重大课题，从16世纪以来就产生了多种土压力理论。目前广泛应用的朗肯理论和库伦理论都是以极限平衡为基础。正在研究将有限单元法和电子计算机技术运用到土压力课题。

图7.2 基坑坍塌

7.1.1 挡土墙的类型

挡土墙按构造特点可分为重力式、悬臂式、扶壁式及锚杆式和加筋土挡土墙；按刚度及位移方式可分为刚性挡土墙、柔性挡土墙和加筋挡土墙。

重力式挡土墙，通常用砖石、混凝土等来修建。这类挡土墙是利用材料的重力来维持稳定的，需要有较大的断面尺寸，因而结构笨重、施工慢和投资多，但具有就地取材的优点，所以仍是当前大量采用的一种挡土结构形式。它的刚度很大，墙身不允许有过大的挠曲变形，在土压力作用下，与墙身的位移比起来，挠曲变形对土压力的影响甚微，可以忽略不计，这种挡土墙称为刚性挡土墙。本章主要介绍刚性挡土墙土压力的计算与分布。

7.1.2 土压力的类型

土压力的大小主要与挡土墙的位移、挡土墙的形状、墙后填土的性质以及墙的刚度等因素有关，但起决定作用的因素是墙的位移。根据墙身位移的情况，作用在墙背上的土压力可分为静止土压力、主动土压力和被动土压力。

7.1.2.1 静止土压力

如果挡土墙在土压力的作用下，其本身不发生变形和任何位移（移动或转动），土处于弹性平衡状态，则这时作用在挡土墙上的土压力称为静止土压力，如图 7.3（a）所示。

7.1.2.2 主动土压力

挡土墙向前离开填土，随着墙的位移逐渐增大，土体作用于墙上的土压力逐渐减小，当墙后土体达到主动极限平衡状态并出现滑动面时，作用于墙上的土压力减至最小，称为主动土压力，如图 7.3（b）所示。

7.1.2.3 被动土压力

挡土墙在外力作用下移向填土，随着墙的位移逐渐增大，土体作用于墙上的土压力逐渐增大，当墙后土体达到被动极限平衡状态并出现滑动面时，作用于墙上的土压力增至最大，称为被动土压力，如图 7.3（c）所示。

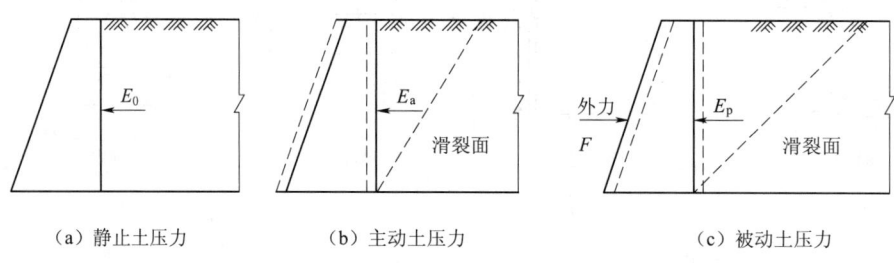

（a）静止土压力　　　　（b）主动土压力　　　　（c）被动土压力

图 7.3　土压力的类型

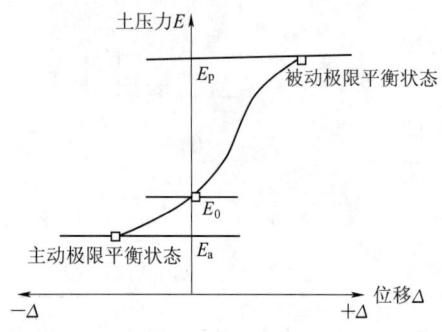

图 7.4　土压力与挡土墙位移之间的关系

实际工程中，大部分情况下的土压力值均介于上述三种极限状态下的土压力值之间。土压力的大小及分布与作用在挡土结构上的土体性质、挡土结构本身的材料及挡土结构的位移有关，其中挡土结构的位移是影响土压力性质的关键因素。图 7.4 表示土压力与挡土墙位移之间的关系，产生被动土压力所需要的位移量（$+\Delta/H=0.01\sim0.05$）大大超过产生主动土压力所需要的位移量（$-\Delta/H=0.001\sim0.005$）（其中 H 为墙高，Δ 为墙顶面的水平位移）。

7.2 静止土压力

静止土压力只发生在挡土墙为刚性、墙体不发生任何位移的情况下。在实际工程中，作用在深基础侧墙或者 U 形桥台上或者嵌在基岩上挡土墙的土压力，可近似看作静止土压力。

静止土压力的计算比较简单，由于墙静止不动，土体无侧向位移，因此可按第 3 章介绍的水平向自重应力计算公式来确定，若墙后填土为均质体，则单位面积上静止土压力强度为

$$\sigma_0 = K_0 \gamma z \tag{7.1}$$

式中 K_0——静止侧压力系数（参见第 3 章），常小于 1，超固结黏土和压实填土的 k_0 可能也会大于 1，通常砂土 k_0 为 0.2～0.4，黏性土 k_0 取值为 0.4～0.8，也可参照第 3 章中的式（3.4）、式（3.5）和式（3.6）取值。

γ——土的重度；

z——土压力计算点的深度。

由式（7.1）可以看出，静止土压力的大小沿深度为线性变化，分布规律如图 7.5 (a) 所示。每延米总的静止土压力合力大小等于土压力分布的面积，即

$$E_0 = \frac{1}{2} K_0 \gamma H^2 \tag{7.2}$$

式中 H——墙高，合力的作用点位于 $H/3$ 处，即静止土压力三角形分布的形心处。

若墙后填土中有地下水，则计算静止土压力时，水下的重度取为有效重度，其分布规律如图 7.5（b）所示，相应静止土压力合力的大小 E_0 等于土压力分布图形的面积，即

$$E_0 = \frac{1}{2} K_0 \gamma H_1^2 + K_0 \gamma H_1 H_2 + \frac{1}{2} K_0 \gamma' H_2^2 \tag{7.3}$$

E_0 的作用点位于图形的形心处。

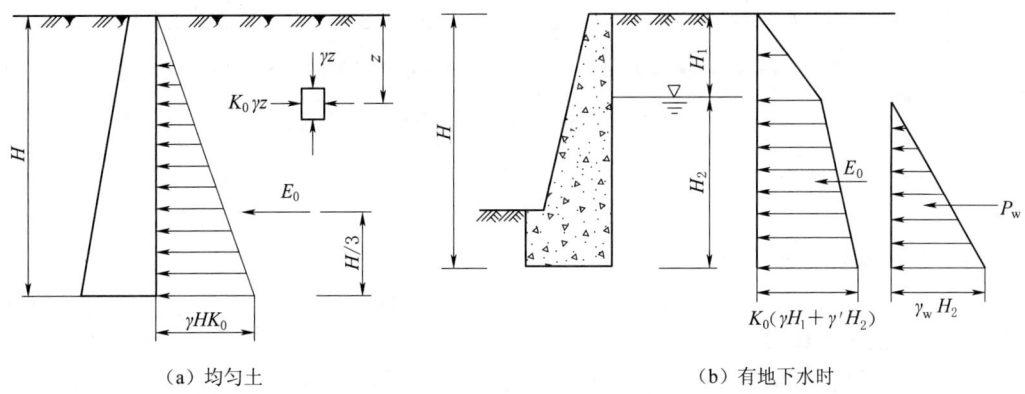

(a) 均匀土　　　　　　　　　(b) 有地下水时

图 7.5 静止土压力的分布

此外还应考虑水压力的作用，作用在墙背上的总水压力为

$$P_w = \frac{1}{2}\gamma_w H_2^2 \tag{7.4}$$

水压力的作用点作用在 $H_2/3$ 处。

7.3 朗肯土压力理论

7.3.1 基本原理和基本假定

朗肯土压力理论是朗肯于 1857 年提出的。假定挡土墙背垂直、光滑，其后土体表面水平并无限延伸，这时土体内的任意水平面和墙的背面均为主平面（在这两个平面上的剪应力为零），作用在该平面上的法向应力即为主应力，如图 7.6（a）所示。根据土压力的定义，墙后土体处于极限平衡状态时的破坏面分别如图 7.6（c）和图 7.6（d）所示，相应状态的莫尔应力圆如图 7.6（b）中的圆Ⅱ和圆Ⅲ。

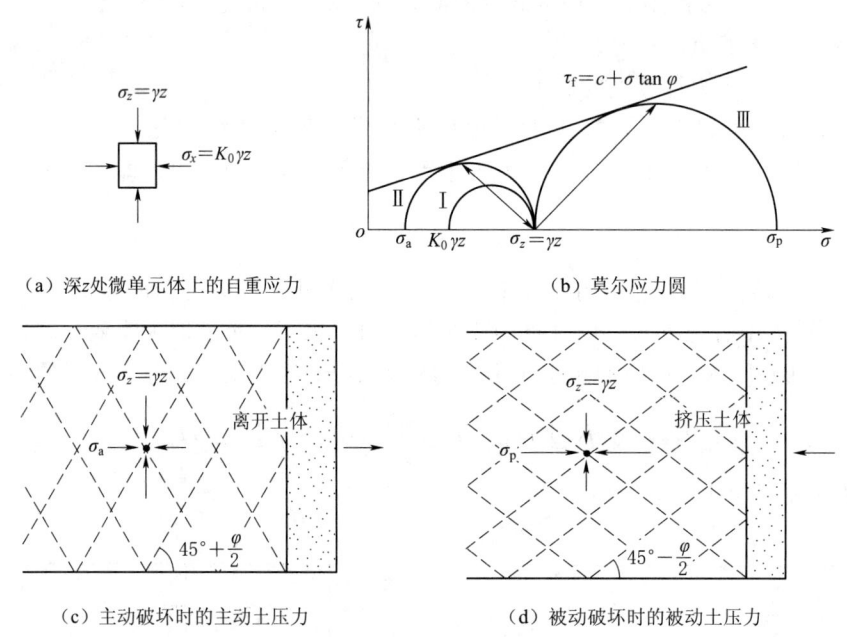

(a) 深 z 处微单元体上的自重应力　　(b) 莫尔应力圆

(c) 主动破坏时的主动土压力　　(d) 被动破坏时的被动土压力

图 7.6 弹性半空间土中 z 处的朗肯土压力状态

朗肯主动极限状态：

$$\sigma_1 = \sigma_z = \gamma z, \sigma_3 = \sigma_x = \sigma_a \tag{7.5}$$

朗肯被动极限状态：

$$\sigma_1 = \sigma_x = \sigma_p, \sigma_3 = \sigma_z = \gamma z \tag{7.6}$$

7.3.2 朗肯主动土压力

考察挡土墙后土体表面下深度 z 处的微小单元体的应力状态变化过程。当挡土墙在土压力的作用下向远离土体的方向位移时，作用在微土体上的竖向应力保持不变，而水平向应力逐渐减小，直至土体处于极限平衡状态。土处于极限平衡状态时的最大主应力为 σ_z，而最小主应力即为主动土压力强度 σ_a。根据土的极限平衡理论，可推导出主动土压

力强度 σ_a 的计算公式如下。

7.3.2.1 无黏性土

由于无黏性土的黏聚力为 0，所以主动土压力强度为

$$\sigma_a = \gamma z \tan^2\left(45° - \frac{\varphi}{2}\right) \tag{7.7}$$

或

$$\sigma_a = \gamma z K_a \tag{7.8}$$

由式（7.8）可知，无黏性土的主动土压力强度 σ_a 与深度 z 成正比，土压力强度沿墙高呈三角形分布（图 7.7）。作用在单位长度挡墙上的土压力为三角形分布，即

$$E_a = \frac{1}{2} \gamma h^2 K_a \tag{7.9}$$

式中 K_a——主动土压力系数，$K_a = \tan^2\left(45° - \frac{\varphi}{2}\right)$。

土压力作用点在距墙底 $h/3$ 高度处（三角形的形心处）。

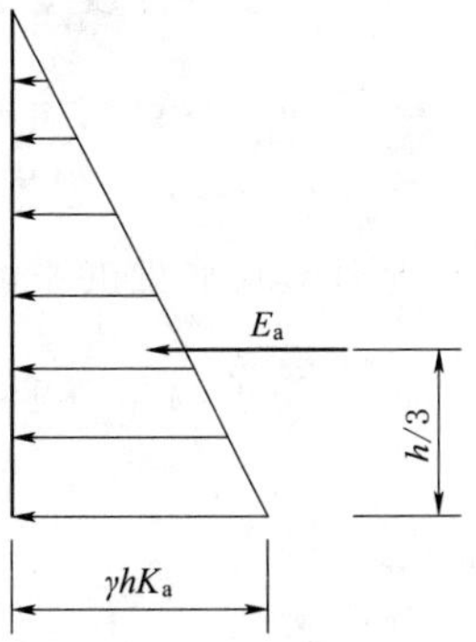

7.3.2.2 黏性土

黏性土的主动土压力强度为

图 7.7 无黏性土的 σ_a 分布

$$\sigma_a = \gamma z \tan^2\left(45° - \frac{\varphi}{2}\right) - 2c \tan\left(45° - \frac{\varphi}{2}\right) \tag{7.10}$$

或

$$\sigma_a = \gamma z K_a - 2c \sqrt{K_a} \tag{7.11}$$

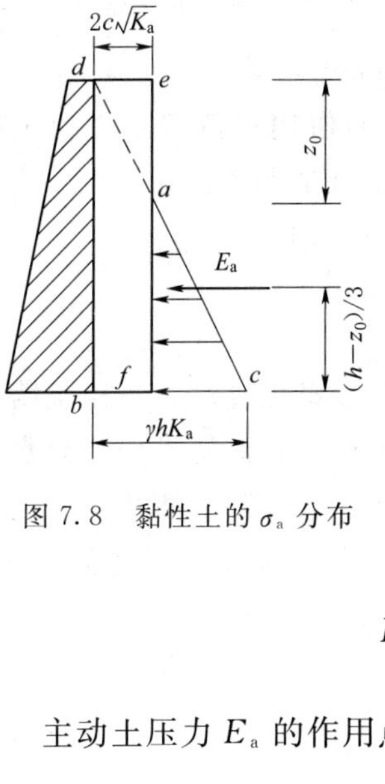

黏性土中的土压力强度由两部分组成：①由土体自重引起的土压力 $\gamma z K_a$；②黏聚力 c 引起的负侧压力 $2c\sqrt{K_a}$。两部分的叠加结果如图 7.8 所示，其中 aed 部分是负侧压力，对墙背 db 是拉应力，但实际上土与墙背在很小的拉应力作用下即会分离，故在计算土压力时，这部分的压力应设为零，因此黏性土的土压力分布仅是 afc 部分。令式（7.11）为零即可求得临界深度 z_0：

$$z_0 = \frac{2c}{\gamma \sqrt{K_a}} \tag{7.12}$$

图 7.8 黏性土的 σ_a 分布

单位长度挡墙上的主动土压力可由土压力实际分布面积计算（图 7.8 中 afc 部分的面积）。

$$E_a = \frac{1}{2} \gamma H^2 K_a - 2cH \sqrt{K_a} + \frac{2c^2}{\gamma} \tag{7.13}$$

主动土压力 E_a 的作用点通过三角形的形心，即作用在离墙底 $\dfrac{h - z_0}{3}$ 高度处。

【例 7.1】 有一挡土墙高 6m，墙背竖直、光滑，墙后填土面水平，填土的物理力学指标为：$c = 15 \text{kPa}$，$\varphi = 15°$，$\gamma = 18 \text{kN/m}^3$。求主动土压力及其作用点，并绘出主动土压力分布图。

解：(1) 计算墙顶处的主动土压力强度 σ_{a1}。

$$\sigma_{a1} = \gamma z \tan^2\left(45° - \frac{\varphi}{2}\right) - 2c \tan\left(45° - \frac{\varphi}{2}\right)$$

$$= 18 \times 0 \times \tan^2\left(45° - \frac{15°}{2}\right) - 2 \times 15 \tan\left(45° - \frac{15°}{2}\right)$$

$$= -23.0(\text{kPa}) < 0$$

(2) 计算临界深度 z_0。

$$z_0 = \frac{2c}{\gamma \tan\left(45° - \frac{\varphi}{2}\right)} = \frac{2 \times 15}{18 \times \tan\left(45° - \frac{15°}{2}\right)} = 2.17(\text{m})$$

(3) 计算墙底处的主动土压力强度 σ_{a2}。

$$\sigma_{a2} = \gamma z \tan^2\left(45° - \frac{\varphi}{2}\right) - 2c \tan\left(45° - \frac{\varphi}{2}\right)$$

$$= 18 \times 6 \tan^2\left(45° - \frac{15°}{2}\right) - 2 \times 15 \tan\left(45° - \frac{15°}{2}\right)$$

$$= 40.6(\text{kPa})$$

(4) 绘出主动土压力的分布图，如图 7.9 所示。

(5) 计算主动土压力值。主动土压力值按分布面积计算如下：

$$E_a = \frac{1}{2} \times 40.6 \times (6 - 2.17)$$

$$= 77.7(\text{kN/m})$$

(6) 确定 E_a 的作用点位置。主动土压力 E_a 的作用点离墙底的距离为

$$\frac{h - z_0}{3} = \frac{6 - 2.17}{3} = 1.28(\text{m})$$

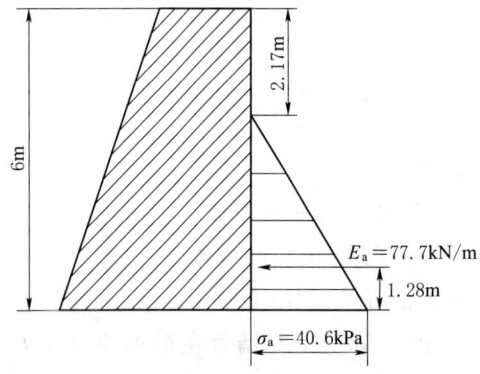

图 7.9 ［例 7.1］土压力分布图

7.3.3 朗肯被动土压力

考察挡土墙后土体表面下深度 z 处的微小单元体的应力状态变化过程，当挡土墙在土压力的作用下向着土体方向位移时，作用在微土体上的竖向应力 σ_z 保持不变，而水平向应力 σ_x 逐渐增大，由小主应力变为大主应力，直至达到土体处于极限平衡状态。土体处于极限平衡状态时的最小主应力为自重应力，而最大主应力即为被动土压力强度 σ_p。与主动土压力推导过程相似，可推导出被动土压力强度 σ_p 的计算公式如下。

无黏性土

$$\sigma_p = \gamma z K_p \tag{7.14}$$

黏性土

$$\sigma_p = \gamma z K_p + 2c\sqrt{K_p} \tag{7.15}$$

其中，K_p 为被动土压力系数，$K_p = \tan^2\left(45° + \frac{\varphi}{2}\right)$。

可知，无黏性土的被动土压力强度呈三角形分布，如图 7.10（a）所示；黏性土中的被动土压力强度呈梯形分布，如图 7.10（b）所示。作用在单位长度挡土墙上的土压力 E_p 同样可由土压力实际分布面积计算，E_p 的作用线通过土压力强度分布图的形心。

7.3.4 几种常见情况下土压力的计算

7.3.4.1 填土面上有连续均布荷载

当墙后土体表面有连续均布荷载 q 作用时，均布荷载 q 在土中产生的上覆压力沿墙体方向矩形分布，分布强度为 q，如图 7.11 所示。土压力的计算方法是将上覆压力项 γz 换成 $\gamma z + q$ 计算即可，无黏性土的主动土压力强度 σ_a 为

$$\sigma_a = K_a (\gamma z + q) \tag{7.16}$$

黏性土的主动土压力强度 σ_a 为

$$\sigma_a = K_a (\gamma z + q) - 2c \sqrt{K_a} \tag{7.17}$$

此时式（7.17）可能大于等于 0，也可能小于 0。如小于 0，仍需令式（7.17）等于 0，求出临界深度。后面通过［例 7.4］说明计算过程。

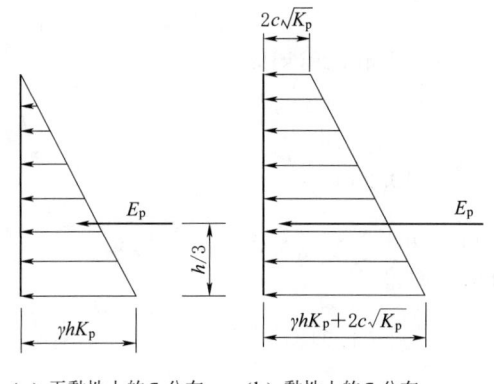

（a）无黏性土的 σ_p 分布　（b）黏性土的 σ_p 分布

图 7.10 被动土压力分布

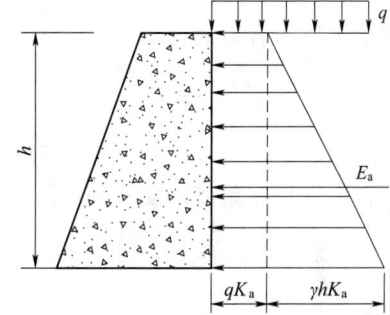

图 7.11 无黏性土表面超载 q 作用的土压力

7.3.4.2 分层填土

一般情况下墙后土体均由几层不同性质的水平土层组成。在计算各点的土压力时，可先计算其相应的自重应力，在土压力公式中换以相应的自重应力即可，需注意的是土压力系数应采用各点对应土层的土压力系数值，即土压力强度在土层的分界面处会有 2 个数值，以［例 7.2］说明。

【例 7.2】挡土墙高 5m，墙背直立、光滑，墙后土体表面水平，共分二层，各层土的物理力学指标如图 7.12 所示，求主动土压力并绘出土压力分布图。

解：第一层的土压力强度计算如下。

层顶面处　　　　　　　　　　　$\sigma_{a0} = 0$

层底面处　　$\sigma_{a1} = 18 \times 2 \times \tan^2\left(45° - \dfrac{30°}{2}\right) - 2 \times 0 \times \tan\left(45° - \dfrac{30°}{2}\right) = 12 (\text{kPa})$

第二层的土压力强度计算如下。

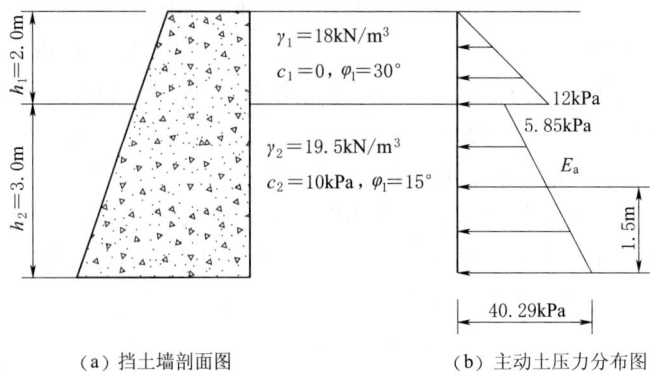

(a) 挡土墙剖面图　　　　　(b) 主动土压力分布图

图 7.12　[例 7.2] 图

层顶面处 $\sigma_{a2} = 18 \times 2 \times \tan^2\left(45° - \dfrac{15°}{2}\right) - 2 \times 10 \times \tan\left(45° - \dfrac{15°}{2}\right) = 5.85 \text{(kPa)}$

层底面处　$\sigma_{a3} = (18 \times 2 + 19.5 \times 3) \tan^2\left(45° - \dfrac{15°}{2}\right)$

$$- 2 \times 10 \times \tan\left(45° - \dfrac{15°}{2}\right) = 40.29 \text{(kPa)}$$

主动土压力合力为

$$E_a = \dfrac{1}{2} \times 12 \times 2 + 5.85 \times 3 + \dfrac{1}{2} \times (40.29 - 5.85) \times 3$$

$$= 12 + 17.55 + 51.66 = 81.21 \text{(kN/m)}$$

设合力作用在距离墙底（踵）x 处，根据力矩平衡得

$$E_a x = 12 \times \left(3 + \dfrac{2}{3}\right) + 17.55 \times \dfrac{3}{2} + 51.71 \times \dfrac{3}{3}$$

解得：$x = 1.5 \text{m}$。

主动土压力分布图如图 7.12（b）所示。

7.3.4.3　墙后填土有地下水

当墙后土体中有地下水存在时，墙体除受到土压力的作用外，还将受到水压力的作用。通常所说的土压力是指土粒有效自重形成的压力，其计算方法是地下水位以下部分采用土的有效重度 γ' 计算，水压力按静水压力计算。但在实际工程中计算墙体上的侧压力时，考虑到土质条件的影响，可分别采用水土分算或水土合算的计算方法。所谓水土分算法是将土压力和水压力分别计算后再叠加的方法，这种方法比较适合渗透性大的砂土层情况；水土合算法在计算土压力时则将地下水位以下的土体重度取为饱和重度，水压力不再单独计算叠加，这种方法比较适合渗透性小的黏性土层情况。

【例 7.3】　某挡土墙墙背垂直、光滑，填土面水平，墙高 6m，墙后填土为无黏性土，地下水位在离墙顶 2m 处，如图 7.13 所示，求作用在墙背上的总水平压力。

解：主动土压力系数为

$$K_{a1} = \tan^2\left(45° - \dfrac{35°}{2}\right) = 0.271$$

$$K_{a2} = \tan^2\left(45° - \frac{30°}{2}\right) = 0.333$$

第二层土的有效重度为

$$\gamma' = \gamma_d - \frac{\gamma_w}{1+e} = 16.8 - \frac{10}{1+0.33} = 9.3(kN/m^3)$$

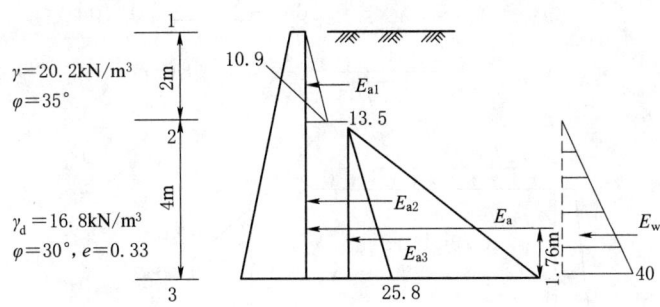

图 7.13 [例 7.3] 图

第一层的土压力强度计算如下。

层顶面 1 处　　$\sigma_{a1} = 0$

层底面 2 处　　$\sigma_{a2上} = 20.2 \times 2 \times 0.271 = 10.9(kPa)$

第二层的土压力强度

层顶面 2 处　　$\sigma_{a2下} = 20.2 \times 2 \times 0.333 = 13.5(kPa)$

层底面 3 处　　$\sigma_{a3} = (20.2 \times 2 + 9.3 \times 4) \times 0.333 = 25.8(kPa)$

水压力　　$\sigma_{aw} = 10 \times 4 = 40(kPa)$

$$E_{a1} = \frac{1}{2} \times 2 \times 10.9 = 10.9(kN/m)$$

$$E_{a2} = 13.5 \times 4 = 54.0(kN/m)$$

$$E_{a3} = \frac{1}{2} \times 4 \times (25.8 - 13.5) = 24.6(kN/m)$$

$$E_w = \frac{1}{2} \times 4 \times 40 = 80.0(kN/m)$$

$$E = E_a + E_w = 10.9 + 54.0 + 24.6 + 80.0 = 169.5(kN/m)$$

设距墙底面为 x，合力作用点由下式求出：

$$10.9 \times \left(\frac{1}{3} \times 2 + 4\right) + 54.0 \times 2 + 24.6 \times \frac{4}{3} + 80.0 \times \frac{4}{3} = 169.5x$$

解得：$x = 1.76m$。

【例 7.4】　某挡土墙墙背垂直、光滑，墙高 7m，填土面水平。填土表面作用有大面积均布荷载 $q = 15kPa$，地下水位处于第三层土顶面，如图 7.14 所示。试求墙背总土压力与水压力。

解：(1) 符合朗肯假定条件，各层土的主动土压力系数为

$$K_{a1} = \tan^2\left(45° - \frac{10°}{2}\right) = 0.704$$

$$K_{a2} = \tan^2\left(45° - \frac{16°}{2}\right) = 0.568$$

$$K_{a3} = \tan^2\left(45° - \frac{20°}{2}\right) = 0.490$$

(2) 在开裂深度处小主应力（主动土压力强度）为0，即

$$0 = (15 + 20 \times z_{01}) \times 0.704 - 2 \times 12\sqrt{0.704}$$

解得

$$z_{01} = \frac{2 \times 12}{20 \times \sqrt{0.704}} - \frac{15}{20} = 0.68(\text{m})$$

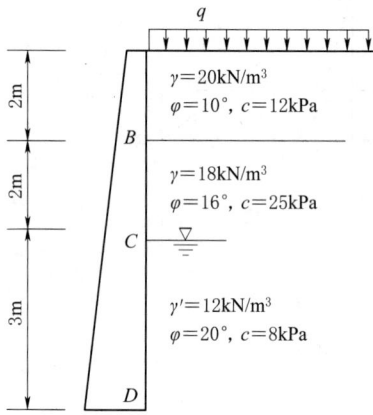
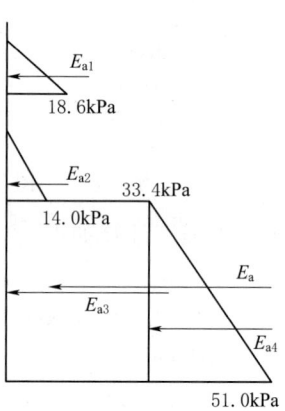

图 7.14　[例 7.4] 图

(3) 在第二层土顶面，可算出主动土压力仍然为负值，故

$$0 = (15 + 20 \times 2 + 18 z_{02}) \times 0.568 - 2 \times 25\sqrt{0.568}$$

解得

$$z_{02} = 0.63\text{m}$$

$$\sigma_{aB上} = (15 + 20 \times 2) \times 0.704 - 2 \times 12\sqrt{0.704} = 18.6(\text{kPa})$$

$$\sigma_{aC上} = (15 + 20 \times 2 + 18 \times 2) \times 0.568 - 2 \times 25\sqrt{0.568} = 14.0(\text{kPa})$$

$$\sigma_{aC下} = (15 + 20 \times 2 + 18 \times 2) \times 0.490 - 2 \times 8\sqrt{0.490} = 33.4(\text{kPa})$$

$$\sigma_{aD} = (15 + 20 \times 2 + 18 \times 2 + 12 \times 3) \times 0.490 - 2 \times 8\sqrt{0.490} = 51.0(\text{kPa})$$

主动土压力合力计算如下：

$$E_{a1} = \frac{1}{2} \times (2 - 0.68) \times 18.6 = 12.28(\text{kN/m})$$

$$E_{a2} = \frac{1}{2} \times (2 - 0.63) \times 14.0 = 9.59(\text{kN/m})$$

$$E_{a3} = 3 \times 33.4 = 100.2(\text{kN/m})$$

$$E_{a4} = \frac{1}{2} \times 3 \times (51.0 - 33.4) = 26.4(\text{kN/m})$$

$$E_a = 12.28 + 9.59 + 100.2 + 26.4 = 148.47(\text{kN/m})$$

设距墙底面为 x，合力作用点由下式求出：

$$148.47x = 12.28 \times \left(\frac{1}{3}(2-0.68) + 2 + 3\right) + 9.59 \times \left(\frac{1}{3}(2-0.63) + 3\right)$$
$$+ 100.2 \times 1.5 + 26.4 \times \frac{3}{3}$$

得 $x = 1.86(\text{m})$。

总水压力为

$$E_\text{w} = \frac{1}{2} \times 10 \times 3^2 = 45 \, (\text{kN/m})$$

注意：[例 7.4] 只是求土压力作用点的位置，所以未与水压力合并计算（[例 7.3] 合并计算）作用点。

7.4 库伦土压力理论

7.4.1 基本原理和基本假定

由于朗肯理论的假定条件在工程上经常难以满足，所以对于不满足朗肯条件的情况，多应用库伦于 1776 年根据挡土墙后滑动楔体达至极限平衡状态时的静力平衡方程解出的土压力计算方法。

其基本假定如下：

(1) 挡土墙后土体为均匀各向同性无黏性土（$c=0$）。

(2) 挡土墙后产生主动或被动土压力时墙后土体形成滑动土楔，其滑裂面为通过墙踵的平面。

(3) 滑动土楔可视为刚体。

7.4.2 库伦主动土压力计算

如图 7.15（a）所示，设挡土墙高为 h，墙背俯斜，与垂线的夹角为 ε，墙后土体为无黏性土（$c=0$），土体表面与水平线夹角为 β，墙背与土体的摩擦角为 δ。挡土墙在土压力作用下将向远离主体的方向位移（平移或转动），最后土体处于极限平衡状态，墙后土体将形成一滑动土楔，假定其滑裂面为平面 BC，滑裂面与水平面成角 θ。

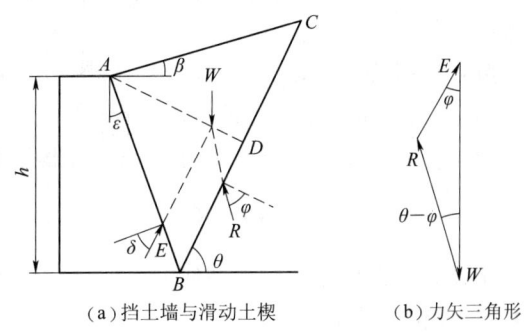

(a) 挡土墙与滑动土楔　　(b) 力矢三角形

图 7.15 库伦主动土压力计算

沿挡土墙长度方向取 1m 进行分析，并取滑动土楔 ABC 为隔离体，作用在滑动土楔上的力有土楔体的自重 W，滑裂面 BC 上的反力 R 和墙背面对土楔的反力 E（土体作用在墙背上的土压力与 E 大小相等方向相反）。滑动土楔在 W、R、E 的作用下处于平衡状态，因此三力必形成一个封闭的力矢三角形，如图 7.15（b）所示。根据正弦定理并求出 E 的最大值即为墙背的库伦主动土压力：

$$E_a = \frac{1}{2}\gamma h^2 K_a \tag{7.18}$$

式中 K_a——库伦主动土压力系数。

K_a 计算如下：

$$K_a = \frac{\cos^2(\varphi-\varepsilon)}{\cos^2\varepsilon\cos(\varepsilon+\delta)\left[1+\sqrt{\dfrac{\sin(\varphi+\delta)\sin(\varphi-\beta)}{\cos(\varepsilon+\delta)\cos(\varepsilon-\beta)}}\right]^2} \tag{7.19}$$

若 $\varepsilon=\delta=\beta=0$，墙背垂直、光滑，墙后填土面水平，则式（7.19）与朗肯公式完全一致。

库伦主动土压力强度为

$$\sigma_a = \frac{dE_a}{dz} = \gamma z K_a \tag{7.20}$$

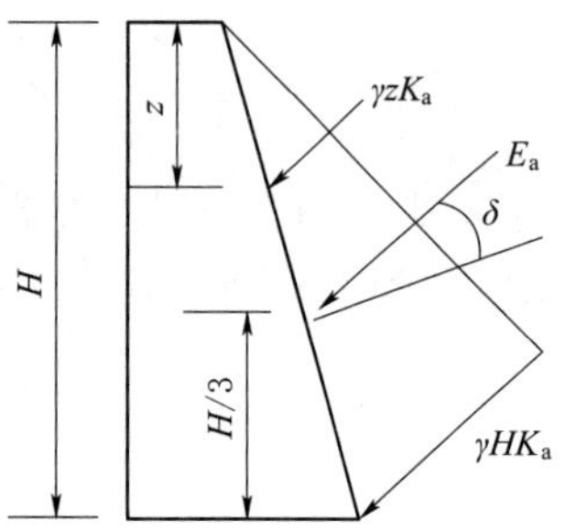

7.4.3 库伦主动土压力分布

库伦主动土压力强度分布图为三角形，E_a 的作用方向与墙背法线逆时针成 δ 角，作用点在距墙底 $H/3$ 处，如图 7.16 所示。

墙背外摩擦角的取值直接影响到土压力的大小。通常墙背平滑，排水不良，摩擦角为 $(0\sim1/3)\varphi$；墙背粗糙，排水良好，摩擦角为 $(1/3\sim1/2)\varphi$；墙背很粗糙，排水良好，摩擦角为 $(1/2\sim2/3)\varphi$；填土与墙背间不可能滑动，摩擦角为 $(2/3\sim1)\varphi$。

图 7.16 库伦主动土压力分布

【例 7.5】 挡土墙高 5m，墙背倾斜角 $\varepsilon=10°$，填土坡角 $\beta=20°$，填土重度为 $18kN/m^3$，$\varphi=30°$，$c=0$，填土与墙背的摩擦角 $\delta=(2/3)\varphi$，按库伦土压力理论计算主动土压力。

解：根据 $\varepsilon=10°$，$\beta=20°$，$\gamma=18kN/m^3$，$\varphi=30°$，$c=0$ 和 $\delta=(2/3)\varphi$ 的条件，按式（7.19）可求得主动土压力系数 $K_a=0.540$。

由于主动土压力沿墙背垂直面为三角形分布，故主动土压力的合力为

$$E_a = \frac{1}{2}\gamma h^2 K_a = \frac{1}{2}\times 18 \times 5^2 \times 0.540 = 121.5(kN/m)$$

主动土压力作用点在离墙底 $h/3=5.0/3=1.67$（m）处。

7.4.4 库伦被动土压力

库伦被动土压力计算公式的推导与库伦主动土压力的方法相似，计算简图如图 7.17 所示，计算公式为

$$E_p = \frac{1}{2}\gamma h^2 K_p \tag{7.21}$$

式中 K_p——库伦被动土压力系数。

K_p 计算如下：

$$K_p = \frac{\cos^2(\varphi+\varepsilon)}{\cos^2\varepsilon\cos(\varepsilon-\delta)\left[1-\sqrt{\dfrac{\sin(\varphi+\delta)\sin(\varphi+\beta)}{\cos(\varepsilon-\delta)\cos(\varepsilon-\beta)}}\right]^2} \qquad (7.22)$$

库伦被动土压力强度分布图也为三角形，E_p 的作用方向与墙背法线顺时针成 δ 角，作用点在距墙底 $h/3$ 处。

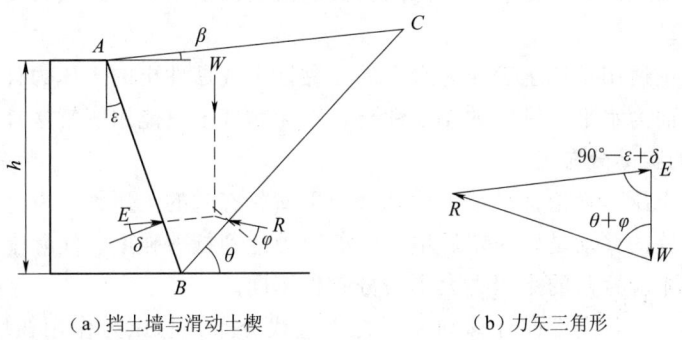

图 7.17 库伦被动土压力计算

当 $\varepsilon=\delta=\beta=0$，即墙背垂直光滑，土体表面水平时，库伦土压力计算公式与朗肯土压力公式一致。库伦被动土压力强度为

$$\sigma_p = \frac{\mathrm{d}E_p}{\mathrm{d}z} = \gamma z K_p \qquad (7.23)$$

库伦被动土压力强度分布也为三角形，E_p 作用在墙背法线的下方且与墙背法线成 δ 角，作用点在距墙底 $H/3$ 处，如图 7.18 所示。

库伦土压力理论是从无黏性土推导得到的，故不能直接用于计算黏性土中的土压力。

工程实践表面，墙后土体破坏时的滑动面只有在主动状态下墙背斜度不大且墙背与土体之间的摩擦角很小时才接近于平面，库伦公式的平面假设引起的误差在计算主动土压力时比较小，约为 2%~10%；而在计算被动土压力时的误差较大，且误差随摩擦角的增大而增大，有时可达 2~3 倍。

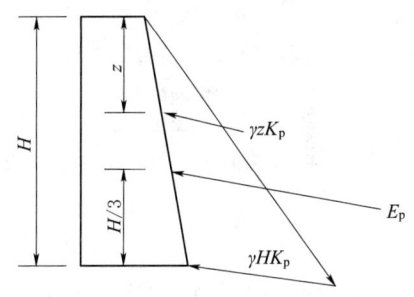

图 7.18 库伦被动土压力分布

7.5 土压力问题的讨论

7.5.1 朗肯理论与库伦理论的比较

（1）朗肯理论主要问题：基于土单元体的应力极限平衡条件建立的，采用墙背竖直、光滑，填土表面水平的假定，计算出的土压力值与实际情况存在误差，主动土压力偏大，被动土压力偏小。

库伦理论主要问题：基于滑动楔体的静力平衡条件建立的，采用破坏面为平面的假定，与实际情况存在差距（尤其是当墙背与填土间摩擦角较大时）。

（2）朗肯和库伦土压力理论都是由墙后填土处于极限平衡状态的条件得到的。但朗肯理论求得的是墙背各点土压力强度分布，而库伦理论求得的是墙背上的总土压力。

（3）朗肯理论在其推导过程中忽视了墙背与填土之间的摩擦力，认为墙背是光滑的，计算的主动土压力误差偏大，被动土压力误差偏小，而库伦理论考虑了这一点，所以，主动土压力接近于实际值。但被动土压力因为假定滑动面是平面误差较大，因此，一般不用库伦理论计算被动土压力。

（4）朗肯理论适用于填土表面为水平的无黏性土或黏性土的土压力计算，而库伦理论只适用于填土表面为水平或倾斜的无黏性土，对无黏性土只能用图解法计算。

7.5.2 土压力的实际分布

朗肯与库伦土压力理论都是填土达到极限平衡状态时的土压力，发生这种状态的土压力必须要求挡土墙的移动足以使墙后填土的剪应力达到抗剪强度。实际上，挡土墙移动的大小和方式不同，墙背面的土压力大小与分布也不同。

若墙的下端不动，上端向外移动，压力为直线分布，总压力作用在墙底面以上 $H/3$ 处，如图 7.19（a）所示。当上端移动达到一定数值时，填土发生主动破坏，此时作用在墙上的土压力为主动土压力。

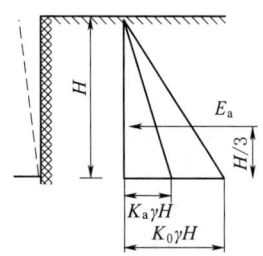
（a）墙下端不动，上端向外移动

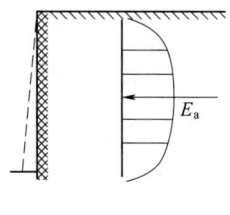
（b）墙上端不动，下端向外移动

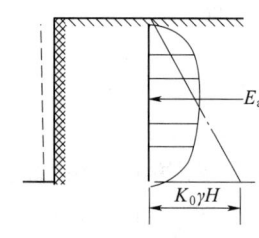
（c）墙上端和下端都向外移动

图 7.19 墙在不同位移下的土压力

当墙的上端不动，下端向外移动时，位移的大小不能使填土发生主动破坏，压力为曲线分布。总压力作用在墙底面以上 $H/2$ 处，如图 7.19（b）所示。

若墙的上端和下端都向外移动，位移的大小未使填土发生主动破坏，压力也是曲线分布，如图 7.19（c）所示，总压力作用在 $H/2$ 附近。当位移超过图 7.19（a）上端转动所发生的主动破坏的位移时，填土中也将发生主动破坏，压力成为直线分布，总压力作用点降至 $H/3$ 处。

7.5.3 实际工程中土压力的应用

在挡土墙计算中很少按静止土压力计算，这是因为大部分挡土结构物都有不同程度的微小变形和位移，可能产生主动土压力。根据实验研究，当挡土墙的位移达到墙高的 $0.1\% \sim 0.5\%$ 就可能产生主动土压力，这是一般的挡土墙都容易达到的。因此，挡土墙的土压力通常都按主动土压力计算。被动土压力通常用在桥台处的挡土墙计算。

直接浇筑在岩基上的挡土墙,墙的变形不足以达到主动破坏状态,按静止土压力计算比较符合实际的受力情况。但是,由于静止土压力系数难以精确确定,所以在设计中常将主动土压力增大 25% 作为计算的土压力,如图 7.20 所示,误差偏于安全方面。

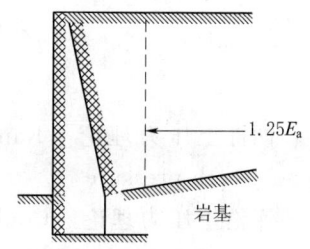

图 7.20 岩基上的挡土墙

对于有凝聚力的黏性填土,用朗肯土压力公式可以直接计算,用库伦理论却不能计算,往往用折减内摩擦角的办法考虑凝聚力的影响,误差可能较大。用假定平面破坏面的库伦理论计算被动土压力,误差太大;用朗肯理论计算,误差相对小一些,但也是偏大。

若墙后填土中有水时,设计挡墙还应考虑墙背面水压力的作用。为了降低墙后的水压力,应设置排水孔,或用粗砂作填料,这比准确计算土压力更为重要。

思 考 题

7.1 土压力有哪几种?影响土压力的各种因素中最主要的因素是什么?

7.2 试阐述主动土压力、静止土压力和被动土压力的定义和产生的条件。

7.3 比较朗肯土压力理论和库伦土压力理论的基本假定、计算方法和适用条件。

7.4 填土中有地下水时,作用在挡土墙上的力有何变化?

7.5 进行挡土墙设计时,填土的含水率是计算土压力的必要参数吗?

习 题

7.1 挡土墙高 6m,墙背垂直、光滑,墙后填土面水平,填土重度为 $18kN/m^3$,饱和重度为 $19kN/m^3$,黏聚力 $c=0$,内摩擦角 $\varphi=30°$,求:

(1) 墙后无地下水时的主动土压力分布与合力。

(2) 挡土墙地下水位离墙底 2m 时,作用在挡土墙上的土压力和水压力。

7.2 挡土墙高 4.5m,墙背垂直、光滑,墙后土体表面水平,土体重度 $\gamma=18.5kN/m^3$,$c=10kPa$,$\varphi=25°$,求主动土压力沿墙高的分布及主动土压力合力的大小和作用点位置。

7.3 挡土墙高 6m,墙背垂直、光滑,墙后土体表面水平。第一层土为砂土,厚度为 2m,土层物理力学指标为 $\gamma_1=19.0kN/m^3$,$\varphi_1=25°$。第二层为黏性土,厚度为 4m,土层物理力学指标为 $\gamma_2=18.0kN/m^3$,$c_2=10kPa$,$\varphi_2=20°$。求主动土压力强度,并绘出主动土压力沿墙高的分布。

7.4 挡土墙高 5m,墙背倾斜角(俯斜)$\varepsilon=20°$,填土倾角 $\beta=20°$,填土重度 $\gamma=19.0kN/m^3$,$c=0kPa$,$\varphi=25°$,填土与墙背的摩擦角 $\delta=15°$,用库伦土压力理论计算:

(1) 主动土压力的大小、作用点位置和方向。

(2) 主动土压力沿墙高的分布。

中英词汇对照

朗肯土压力理论　Rankine's theory of earth pressure

库伦土压力理论　Coulomb's theory of earth pressure

静止土压力　earth pressure at static state

主动土压力　active earth pressure

被动土压力　passive earth pressure

土压力系数　earth pressure coefficient

静止土压力系数　at-rest earth pressure coefficient

主动土压力系数　active earth pressure coefficient

被动土压力系数　passive earth pressure coefficient

第8章 地基承载力

> **内容导读**：当地基承受的由建筑物传来的荷载超过地基的承载力时，地基会产生沉降变形和剪切变形，甚至最终会引起建筑物破坏。本章主要介绍由地基承载力不足而引起的地基破坏模式，地基承载力的确定方法及适用条件。
>
> **教学目标及要求**：掌握地基承载力的概念及破坏模式；掌握地基承载力的确定方法、计算方法及适用条件。

8.1 概　　述

地基承载力是指地基土单位面积上所能承担荷载的能力。地基在建筑物荷载作用下，可能产生的破坏类型一般为两种：①地基在建筑物荷载作用下产生过大的变形，从而导致建筑物严重下沉、倾斜或挠曲；②建筑物的荷重过大，使得地基土体内出现剪切破坏区域，当剪切破坏区域不断扩大，发展成连续的滑动面时，基础下面部分土体将沿滑移面滑动，地基将丧失稳定性，导致建筑物产生倾倒、倒塌等灾难性破坏，如绪论中的特朗斯康谷仓。

地基承载力问题是土力学中一个重要的研究课题，其目的是充分掌握地基的承载规律，发挥地基的承载能力，合理确定地基承载力，使位于地基上的各种工程具有足够的安全储备，确保地基不致因荷载过大而发生剪切破坏，保证基础不因沉降或沉降过大而影响建筑物的安全和正常使用，使工程在使用期内能安全、正常地发挥应有的功能。

8.1.1 地基破坏形式

在荷载作用下地基因承载力不足引起的破坏一般都由地基土的剪切破坏引起。试验研究表明，它有三种破坏形式：整体剪切破坏、局部剪切破坏和冲切（刺入）剪切破坏，如图8.1所示。

1. 整体剪切破坏

当作用在地基土中的应力达到土体的抗剪强度时，地基土开始发生剪切破坏，随着荷载的增大，塑性变形区不断扩展，最终在土体中形成连续的滑动面，基础急剧下沉、倾倒，同时地基四周的土体隆起，地基土发生整体剪切破坏，如图8.1（a）所示。这种破坏模式常见于压缩性较低的土体中，如密实砂土和坚硬黏土。

2. 局部剪切破坏

在荷载作用下，地基在基础边缘以下开始发生剪切破坏，随着荷载的继续增加，剪切破坏区不断扩大，塑性变形区域仅局限于地基中的某一区域内，破坏时地基可能会有隆起，但基础不会发生明显倾斜或倒塌，如图8.1（b）所示。描述这种破坏模式的 $p-s$ 曲

第8章 地基承载力

线一般没有明显的转折点，其直线段范围较小，是一种以变形为主要特征的破坏形式。

3. 冲切（刺入）剪切破坏

在荷载作用下基础产生较大沉降，基础周围的部分土体也产生下陷，破坏时基础好像刺入土层，不出现明显的破坏区和滑动面，基础没有明显的倾斜，其 $p-s$ 曲线没有转折点，是一种典型的以变形为特征的破坏形式。在压缩性较大的松砂、软土地基中，或基础埋深较大时相对容易发生冲剪破坏。

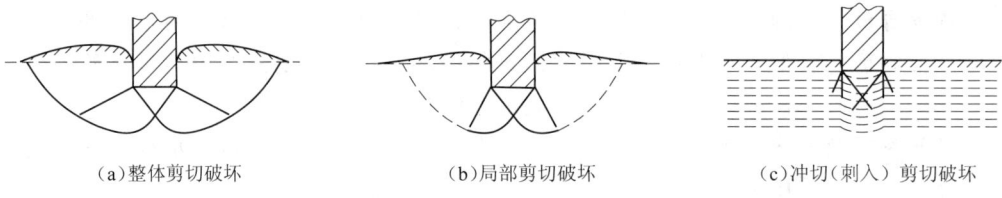

(a) 整体剪切破坏　　　　　(b) 局部剪切破坏　　　　　(c) 冲切（刺入）剪切破坏

图 8.1　地基的破坏模式

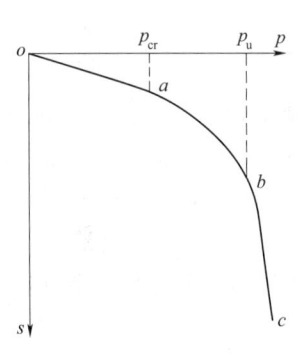

图 8.2　$p-s$ 曲线

8.1.2　地基的承载性状

载荷试验研究表明，荷载作用下，地基的整体剪切破坏的荷载-沉降曲线（$p-s$ 曲线）如图 8.2 所示，地基的承载性状可分为以下三个阶段。

(1) 压密阶段（或称线弹性变形阶段）。相当于 $p-s$ 曲线上的 oa 段。在这一阶段，$p-s$ 曲线接近于直线，土体处于弹性平衡状态，荷载的沉降主要是由土体的压密变形引起的。把 $p-s$ 曲线上 a 点相对应的荷载称为临塑荷载 p_{cr}。

(2) 剪切阶段（或称弹塑性变形阶段）。相当于 $p-s$ 曲线上的 ab 段。在这一阶段，$p-s$ 曲线不再保持线性关系，沉降的增长率随荷载的增大而迅速增加。此时地基中局部范围内（首先在基础边缘处）的剪应力达到土体的抗剪强度而发生剪切破坏，这些区域也称为塑性区。随着荷载的继续增加，土体中塑性区的范围不断扩大，直到土体形成连续滑动面，从荷载板两侧挤出而破坏。把 $p-s$ 曲线上 b 点相对应的荷载称为极限荷载 p_u。

(3) 破坏阶段。相当于 $p-s$ 曲线上的 bc 段。此时 $p-s$ 曲线陡直下降，荷载超过极限荷载后，荷载板急剧下沉，土体中的塑性区的范围不断扩展，最后在土体中形成连续滑动面，土从荷载板四周挤出隆起，载荷板急剧下沉或向一侧倾倒，地基发生整体剪切破坏。

8.1.3　地基承载力的确定

在荷载的作用下，地基土体内部各点的应力随之发生变化；当某一点剪应力达到土的抗剪强度时，该点或小区域内各点即处于极限平衡状态，土中的应力将重新分布。这种小范围的剪切破坏区，称为塑性区。地基内小范围的极限平衡状态大都可以恢复到弹性平衡状态，地基尚能趋于稳定，仍具有安全的承载能力，此时地基所承受的荷载称为塑性荷载。但此时地基变形较大，必须验算地基的变形值不超过允许值。但若荷载继续增加，地基内极限平衡区的发展范围随之不断扩大，地基承载力不足而失去稳定性，此时地基达到极限承载力。

地基容许承载力或地基承载力特征值是在保证地基稳定的条件下，使建筑物基础沉降的计算值不超过允许值的地基承载力。

目前地基承载力特征值的确定方法主要有载荷试验或其他原位测试、公式计算并结合工程实践经验等方法综合确定。

随着计算机技术的发展，有限元等数值分析方法也被应用于地基承载力的理论计算中。本章主要介绍理论公式法和规范法，关于原位测试法和有关深基础的承载力计算请参阅有关资料。

8.2　理论公式法确定地基承载力特征值

由地基的承载性状知，相应于地基变形的三个阶段，地基有两个界限荷载：①相当于从压密变形阶段过渡到塑性变形阶段的界限荷载，称为地基临塑荷载，一般记为 p_{cr}，即对应 p-s 曲线 a 点的荷载；②相应于从塑性变形阶段过渡到整体剪切破坏阶段的界限荷载，称为极限荷载，记为 p_u，即对应 p-s 曲线 b 点的荷载。那么理论上就有三种确定承载力的方法：①取临塑荷载为承载力值，此时地基的承载力未能充分发挥；②取产生局部塑性区对应的塑性荷载为地基承载力；③对极限荷载 p_u 取一定的安全储备系数后的值为地基承载力。

8.2.1　临塑荷载

临塑荷载是指基础边缘地基土中将要出现但尚未出现塑性变形区时的基底压力。以下介绍根据弹性理论和极限平衡条件来确定临塑荷载的方法。

设在均质地基上有一条形基础，宽度为 b，埋深为 d，基础底面作用均布竖直荷载 p，如图 8.3（a）所示。根据弹性理论，地基中 M 点处的最大和最小主应力为

$$\genfrac{}{}{0pt}{}{\sigma_1}{\sigma_3} = \frac{p - \gamma_0 d}{\pi}(2\beta \pm \sin 2\beta) \tag{8.1}$$

式中　σ_1、σ_3——最大、最小主应力，kPa；

　　　p——条形基础基底压力，kPa；

　　　2β——任一点 M 到条形荷载两端点的夹角，rad。

　　　$\gamma_0 d$——基础埋深范围内土的自重应力，kPa。

同时，M 点处土体自重产生的竖向应力 $\sigma_{cz} = \gamma(d+z)$，水平向应力为 $\sigma_{cx} = K_0 \sigma_{cz}$，可假定 $K_0 = 1$，则土体自重在 M 点产生的大小主应力为

$$\genfrac{}{}{0pt}{}{\sigma_1}{\sigma_3} = \gamma(d+z) \tag{8.2}$$

因此，在基础埋深为 d 时，根据叠加原理，地基中任一点 M 处的最大和最小应力为

$$\genfrac{}{}{0pt}{}{\sigma_1}{\sigma_3} = \frac{p - \gamma_0 d}{\pi}(2\beta \pm \sin 2\beta) + \gamma(d+z) \tag{8.3}$$

若 M 点处于塑性区的边界，则 M 点处于极限平衡状态。由极限平衡条件可知，该点的大小主应力应满足极限平衡条件：

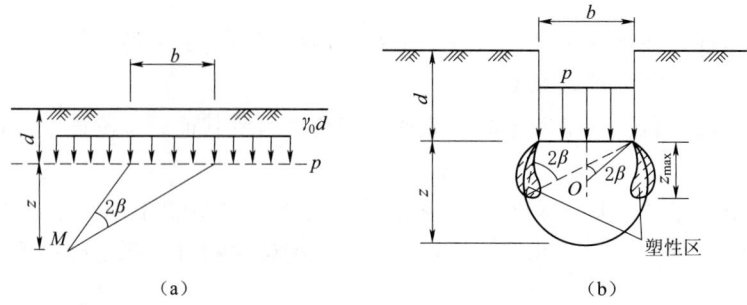

图 8.3 均布条形荷载下地基中的应力

$$\sin\varphi = \frac{\sigma_1 - \sigma_3}{\sigma_1 + \sigma_3 + 2c\cot\varphi} \tag{8.4}$$

将式 (8.3) 代入式 (8.4) 整理后得

$$z = \frac{p - \gamma_0 d}{\gamma \pi}\left(\frac{\sin 2\beta}{\sin\varphi} - 2\beta\right) - \frac{c}{\gamma \tan\varphi} - d \tag{8.5}$$

式 (8.5) 为塑性变形开展区的边界方程，它表示塑性区边界上任一点的坐标 z 与夹角 β 的关系，若已知基础的埋深 d，荷载 p 以及土体的性质指标 γ、c、φ 时，假定不同的 β 值，代入式 (8.5) 得到不同的深度 z 值，将一系列由对应 z 和 β 值决定其位置的点连接起来，即可得到条形荷载作用下地基土体中塑性区的边界线，如图 8.3 (b) 所示。

在条形荷载 p 作用下，计算塑性区开展的最大深度时，可将式 (8.5) 对 β 求导，并令其等于零，即

$$\frac{\mathrm{d}z}{\mathrm{d}\beta} = \frac{p - \gamma_0 d}{\gamma \pi}\left(\frac{2\cos 2\beta}{\sin\varphi} - 2\right) = 0 \tag{8.6}$$

由此解得

$$2\beta = \frac{\pi}{2} - \varphi \tag{8.7}$$

将其代入式 (8.5) 即可得到塑性区最大埋深的表达式

$$z_{\max} = \frac{p - \gamma_0 d}{\gamma \pi}\left(\cot\varphi - \frac{\pi}{2} + \varphi\right) - \frac{c}{\gamma \tan\varphi} - d \tag{8.8}$$

由式 (8.8) 可得如下相应的基底均布荷载 p 的表达式：

$$p = \frac{\pi}{\cot\varphi - \frac{\pi}{2} + \varphi}\gamma z_{\max} + \left[1 + \frac{\pi}{\cot\varphi - \frac{\pi}{2} + \varphi}\right]\gamma_0 d + \left[\frac{\pi\cot\varphi}{\cot\varphi - \frac{\pi}{2} + \varphi}\right]c \tag{8.9}$$

式中 d——基础埋深，m；
γ——基底土的重度，kN/m^3；
c——基底土的黏聚力，kPa；
φ——基底土的内摩擦角，(°)。

根据定义，临塑荷载为地基刚要出现但还未出现极限平衡区时的荷载，即 $z_{\max} = 0$ 时的荷载，令式 (8.9) 中的 $z_{\max} = 0$，可得临界荷载 p_{cr} 为

$$p_{cr} = \frac{\pi(\gamma_0 d + c\cot\varphi)}{\cot\varphi + \varphi - \frac{\pi}{2}} + \gamma_0 d \tag{8.10}$$

式中 γ_0——基底标高以上土的加权平均重度，kN/m^3；
其他符号意义同前。

或

$$p_{cr} = cN_c + \gamma_0 d\, N_q \tag{8.11}$$

式中 N_q、N_c——承载力系数，是 φ 的函数，可查表 8.1。

N_q、N_c 计算如下：

$$N_q = \frac{\cot\varphi + \frac{\pi}{2} + \varphi}{\cot\varphi - \frac{\pi}{2} + \varphi} \tag{8.12}$$

$$N_c = \frac{\pi\cot\varphi}{\cot\varphi - \frac{\pi}{2} + \varphi} \tag{8.13}$$

8.2.2 临界荷载

允许地基产生一定范围塑性区所对应的荷载为塑性荷载。工程实践表明，除了一些特别软弱的地基土等情况外，采用不允许地基产生塑性区的临塑荷载 p_{cr} 作为地基承载力特征值，不能充分发挥地基的承载能力，取值偏于保守。对于中等强度以上地基土，将地基中的塑性区控制在一定深度范围内的塑性荷载作为地基承载力特征值，使地基既有足够的安全度，又能比较充分地发挥地基的承载能力，从而达到优化设计、减少基础工程量、节约投资的目的。工程上常取塑性区开展深度容许值 $z_{max}=b/4$ 和 $z_{max}=b/3$（b 为基础底面宽度），地基仍有足够的安全储备，相应的地基承载力用 $p_{1/4}$ 和 $p_{1/3}$ 表示，称为临界荷载。

现将 $z_{max}=b/4$ 和 $z_{max}=b/3$ 分别代入式（8.9），可得

$$p_{1/4} = \frac{\pi(\gamma_0 d + c\cot\varphi + \gamma b/4)}{\cot\varphi + \varphi - \frac{\pi}{2}} + \gamma_0 d \tag{8.14}$$

$$p_{1/3} = \frac{\pi(\gamma_0 d + c\cot\varphi + \gamma b/3)}{\cot\varphi + \varphi - \frac{\pi}{2}} + \gamma_0 d \tag{8.15}$$

将式（8.14）和式（8.15）用承载力系数表示为

$$p_{1/4} = \gamma b\, N_{1/4} + cN_c + \gamma_0 d N_q \tag{8.16}$$

$$p_{1/3} = \gamma b\, N_{1/3} + cN_c + \gamma_0 d N_q \tag{8.17}$$

式中 $N_{1/4}$、$N_{1/3}$、N_q 和 N_c——承载力系数，是 φ 的函数。

N_q 和 N_c 计算同前，$N_{1/4}$ 和 $N_{1/3}$ 计算如下：

$$N_{1/4} = \frac{\frac{\pi}{4}}{\cot\varphi - \frac{\pi}{2} + \varphi} \tag{8.18}$$

$$N_{1/3} = \frac{\dfrac{\pi}{3}}{\cot\varphi - \dfrac{\pi}{2} + \varphi} \tag{8.19}$$

从式 (8.16) 和式 (8.17) 可以看出，两个临界荷载由三部分组成，第二、第三部分分别反映基础埋深和地基土黏聚力对承载力的影响，这两部分组成临塑荷载 [式 (8.11)]；第一部分表现为基础宽度和地基土重度的影响，实际上受塑性区开展深度的影响。承载力系数都随内摩擦角 φ 的增大而增大，其值可由式 (8.12)、式 (8.13)、式 (8.18) 和式 (8.19) 计算得到 (表 8.1)。分析临界荷载的组成，可以看到它受地基土的性质、基础埋深、基础尺寸等因素的影响。

表 8.1　　承载力系数 $N_{1/4}$、$N_{1/3}$、N_q、N_c

$\varphi/(°)$	$N_{1/4}$	$N_{1/3}$	N_q	N_c	$\varphi/(°)$	$N_{1/4}$	$N_{1/3}$	N_q	N_c
0	0	0	1.00	3.14	22	1.20	1.60	3.44	6.04
2	0.06	0.08	1.12	3.32	24	1.40	1.86	3.87	6.45
4	0.12	0.16	1.25	3.51	26	1.60	2.13	4.37	6.90
6	0.20	0.27	1.40	3.71	28	2.00	2.66	4.93	7.40
8	0.28	0.37	1.55	3.93	30	2.40	3.20	5.60	7.95
10	0.36	0.48	1.73	4.17	32	2.80	3.73	6.35	8.55
12	0.46	0.60	1.94	4.42	34	3.20	4.26	7.20	9.22
14	0.60	0.80	2.17	4.70	36	4.80	8.25	9.97	
16	0.72	0.96	2.43	5.00	38	4.20	5.60	9.44	10.80
18	0.86	1.15	2.72	5.31	40	5.00	6.66	10.84	11.73
20	1.00	1.33	3.10	5.66	42	5.80	7.73	12.70	12.80

以上几种地基承载力的计算方法，均是在条形均布荷载，按弹性理论并且假定静止侧压力系数 $K_0 = 1$ 情况下推导得到，与工程中基底压力非均布、地基土 $K_0 \neq 1$、地基已出现塑性区而非弹性、非理想条形基础等实际情况有一定距离。但由于按塑性区开展深度确定承载力的方法在国内已使用多年，积累丰富经验，在修正的基础上仍作为一种经验数值在工程界应用。

【例 8.1】　某条形基础宽 6m，基底埋深为 1.4m，地基土 $\gamma = 18.0 \text{kN/m}^3$，$\varphi = 22°$，$c = 15.0 \text{kPa}$，试计算该地基的临塑荷载 p_{cr} 和临界荷载 $p_{1/4}$。

解：由式 (8.10) 或式 (8.11) 可求得临塑荷载 p_{cr} 为

$$p_{cr} = \frac{\pi(\gamma_0 d + c\cot\varphi)}{\cot\varphi + \varphi - \dfrac{\pi}{2}} + \gamma_0 d = \frac{\pi(18.0 \times 1.4 + 15.0\cot 22°)}{\cot 22° + \dfrac{22°}{180°}\pi - \dfrac{\pi}{2}} + 18.0 \times 1.4 = 177.2 (\text{kPa})$$

由式 (8.14) 得临界荷载 $p_{1/4}$ 为

$$p_{1/4} = \frac{\pi(18.0 \times 1.4 + 15.0\cot 22° + 18.0 \times 6/4)}{\cot 22° + \dfrac{22°}{180°}\pi - \dfrac{\pi}{2}} + 18.0 \times 1.4 = 243.0 (\text{kPa})$$

也可查表 8.1 得承载力系数，分别由式（8.11）和式（8.16）计算得临塑荷载 p_{cr} 和临界荷载 $p_{1/4}$。

8.2.3 极限平衡理论确定极限承载力

临塑荷载和临界荷载是基于微单元的极限平衡条件得到的，以下介绍由刚塑体极限平衡理论得到的极限承载力计算公式。

8.2.3.1 普朗德尔-瑞斯纳极限承载力公式

普朗德尔（Prandtl，1920）在研究刚性冲模压入无质量的半无限刚塑性介质中时，根据塑性理论导出介质达到破坏时的滑动面形状和极限压力公式，后来人们把他的解应用到地基极限承载力计算中。

假定条形基础置于地基表面（$d=0$），基础底面光滑无摩擦，且不考虑土的重度（$\gamma=0$），当基础下形成连续的塑性区而处于极限平衡状态时，地基滑动面形状如图 8.4（a）中的 $a'def$（或 $ade'f'$）面所示。塑性极限平衡区分为五个部分，一个是位于基础以下的中心楔体，又称朗肯主动区（ada'），该区的大主应力 σ_1 的作用方向为竖向，小主应力 σ_3 作用方向为水平向，根据极限平衡理论大主应力作用面（aa'面）与破坏面（ad 面或 $a'd$ 面）成 $45°+\varphi/2$，此即该区两侧面与水平面的夹角。与中心区相邻的是两个辐射向剪切区，又称普朗德尔区（ade 或 $a'de'$），由一组对数螺线和一组辐射向直线组成，该区以对数螺旋线 $r_0 e^{\theta \tan\varphi}$ 为弧形边界的扇形，其中心角为直角。与普朗德尔区另一侧相邻的是朗肯被动区（aef 或 $a'e'f'$），该区大主应力作用方向为水平向，小主应力作用方向为竖向，破裂面与水平面的夹角为 $45°-\varphi/2$。

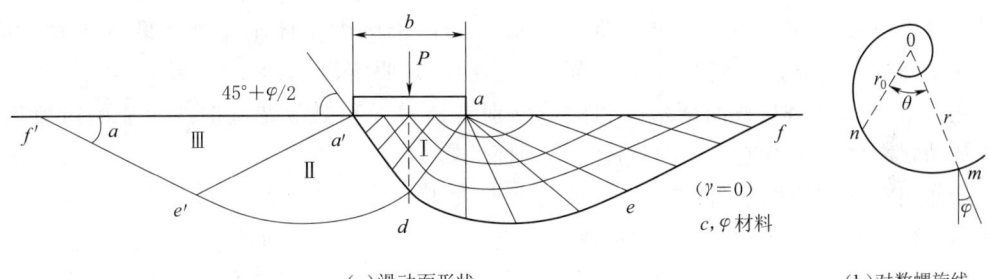

(a) 滑动面形状　　　　　　　　　　　(b) 对数螺旋线

图 8.4　普朗德尔承载力理论

根据上述假设条件，由力矩平衡推得基础的某一端点普朗德尔的极限承载力的理论解为

$$p_u = cN_c \tag{8.20}$$

式中　N_c——承载力系数，是 φ 的函数。

N_c 计算如下：

$$N_c = \cot\varphi \left[e^{\pi\tan\varphi} \tan^2(45°+\varphi/2) - 1 \right]$$

1924 年，瑞斯纳（Reissner）在普朗德尔理论解的基础上考虑基础埋深的影响（图 8.5），导出地基极限承载力计算公式：

$$p_u = cN_c + qN_q \tag{8.21}$$

式中　c——土的黏聚力，kPa；

　　　q——基底平面以上的土重，kPa；

N_q、N_c——承载力系数，是 φ 的函数。

N_q、N_c 的计算如下：

$$N_q = e^{\pi\tan\varphi} \tan^2\left(45° + \frac{\varphi}{2}\right) \tag{8.22}$$

$$N_c = (N_q - 1)\tan\varphi \tag{8.23}$$

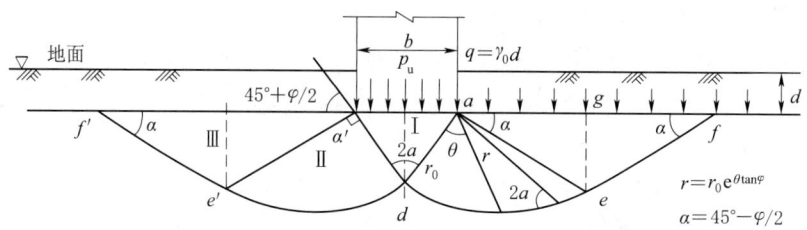

图 8.5　考虑基础埋深时极限承载力计算简图

虽然瑞斯纳的修正比普朗德尔理论公式有进步，但由于没有考虑地基土的重量，没有考虑基础埋深范围内土抗剪强度等的影响，其结果与实际工程仍有较大差距，但普朗德尔滑动面假定启迪了后人，在此基础上许多学者做了大量的研究，得到下面一些极限承载力公式，并得到普遍应用。

8.2.3.2　太沙基极限承载力公式

1. 太沙基极限承载力基本公式

太沙基假定基础底面完全粗糙，并忽略土的重度对滑动面的影响，假定地基滑动面的形状也可以分成 3 个区（Ⅰ、Ⅱ、Ⅲ，见图 8.6）：Ⅰ区内土体不是处于朗肯主动状态，而是处于弹性压密状态，它与基础底面一起移动，并假定滑动面 ad（或 $a'd$）与水平面成 φ 角；Ⅱ区、Ⅲ区与普朗德尔解相似，分别是辐射线和对数螺旋曲线组成的过渡区与朗肯被动状态区（也忽略了土的重度对滑动面的影响）。

若作用在基底的极限荷载为 p_u，假设此时发生整体剪切破坏，那么基底下的弹性压密区（Ⅰ区）$aa'd$ 将贯入土中，向两侧挤压土体 $adef$，使其达到被动破坏。因此，在 ad 面及 $a'd$ 面上将作用被动土压力 E_P，E_P 与作用面的法线方向成 δ 角，已知摩擦角 $\delta = \varphi$，故 E_P 是竖直方向的，如图 8.7 所示。取脱离体 $aa'd$，考虑单位长度基础，根据弹性土楔体的静力平衡条件，求得太沙基极限承载力为

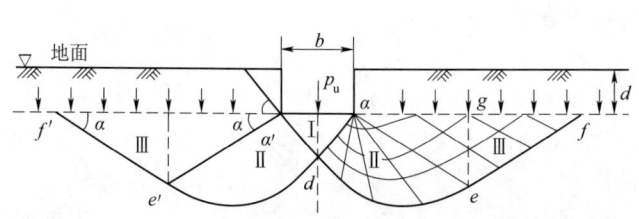

图 8.6　太沙基极限承载力理论假定的滑动面

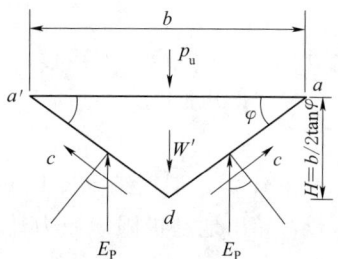

图 8.7　土楔 $aa'd$ 受力示意图

8.2 理论公式法确定地基承载力特征值

$$p_u = \frac{1}{2}\gamma b N_\gamma + \gamma_0 d N_q + c N_c \tag{8.24}$$

式中 γ ——基底以下土体的重度，地下水位以下取有效重度，kN/m^3；

     c ——基底以下土体的黏聚力，kPa；

     b ——基础的宽度，m。

     γ_0 ——基础埋深范围土体的重度，kN/m^3；

N_γ、N_q 和 N_c ——承载力系数，当基底完全光滑时，分别为 φ 的函数。

N_γ、N_q 和 N_c 计算如下：

（1）当其底完全光滑时，有

$$N_q = e^{\pi \tan\varphi} \tan^2\left(45° + \frac{\varphi}{2}\right) \tag{8.25}$$

$$N_c = (N_q - 1)\cot\varphi \tag{8.26}$$

$$N_\gamma = 1.8 N_c \tan^2\varphi \tag{8.27}$$

（2）当基底完全粗糙时，$N_q = \dfrac{e^{\left(\frac{3}{2}\pi - \frac{\varphi}{180°}\right)\tan\varphi}}{2\cos^2\left(45° + \frac{\pi}{2}\right)}$，$N_c = (N_q - 1)\cot\varphi$，$N_\gamma$ 并未给出显式，可由表 8.2 查得。

表 8.2   太沙基公式的承载力系数

$\varphi/(°)$	0°	5°	10°	15°	20°	25°	30°	35°	40°	45°
N_γ	0	0.51	1.20	1.80	4.0	11.0	21.8	45.4	125	326
N_q	1.0	1.64	2.69	4.45	7.42	12.7	22.5	41.4	81.3	173.3
N_c	5.71	7.32	9.58	12.9	17.6	25.1	37.2	57.7	95.7	172.2

2. 非条形基础时的太沙基极限承载力公式

太沙基极限承载力基本公式只适用于条形基础（长宽比 $l/b \geqslant 5$ 及基础的埋深 $d \leqslant b$），对于圆形或方形基础，太沙基提出半经验的极限承载力公式：

宽度为 b 的方形基础：

$$p_u = 0.4\gamma b N_\gamma + q N_q + 1.2 c N_c \tag{8.28}$$

直径为 D 的圆形基础：

$$p_u = 0.3\gamma D N_\gamma + q N_q + 1.2 c N_c \tag{8.29}$$

上述承载力公式只适用于地基土是整体剪切破坏的情况，即地基土较密实，其 p-s 曲线有明显的转折点，破坏前沉降不大等情况。对于松软土质，地基破坏是局部剪切破坏，沉降较大，其极限荷载较小。这种情况下太沙基建议将较小的等效强度指标值 $\overline{\varphi}$、$\overline{c}$ 代入式（8.28）和式（8.29）计算极限承载力。即令

$$\tan\overline{\varphi} = \frac{2}{3}\tan\varphi, \quad \overline{c} = \frac{2}{3}c \tag{8.30}$$

根据 $\overline{\varphi}$ 值由表 8.2 查得承载力系数后，再将 $\overline{c}$ 代入式（2.28）和式（8.29），即可计算出局部剪切破坏模式下的地基承载力。

用太沙基极限承载力公式计算地基承载力时，其安全系数 $K \geqslant 3$。

【例 8.2】 某路堤断面如图 8.8 所示。已知路堤土 $\gamma = 18.8 \text{kN/m}^3$，地基土的 $\gamma = 16.0 \text{kN/m}^3$，$c = 8.7 \text{kPa}$，$\varphi = 10°$，试求：

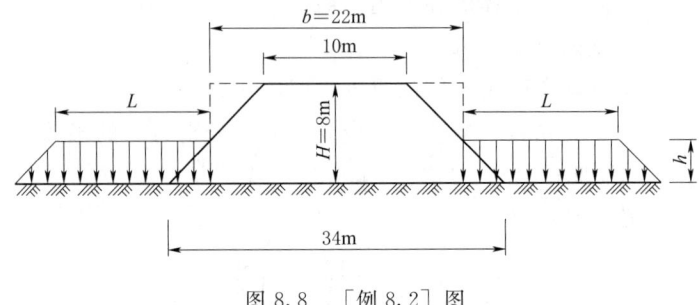

图 8.8　[例 8.2] 图

（1）用太沙基极限承载力公式验算路堤下地基承载力是否满足要求，安全系数 $K = 3$。

（2）若不满足，在路堤两侧采用反压马道压重方法，以提高地基承载力，则马道填土厚度 h 要多少才能满足要求（填土重度与路堤土相同）？马道宽 L 应为多少？

解：（1）根据 $\varphi = 10°$，查表 8.2 得 $N_\gamma = 1.2$，$N_q = 2.69$，$N_c = 9.58$，则

$$p_u = \frac{1}{2}\gamma b N_\gamma + q N_q + c N_c$$
$$= 0.5 \times 1.2 \times 16.0 \times 22 + 2.69 \times 16.0 \times 0 + 9.58 \times 8.7$$
$$= 294.55 \text{(kPa)}$$
$$p = \gamma H = 18.8 \times 8 = 150.4 \text{(kPa)}$$
$$\frac{p_u}{p} = \frac{294.55}{150.4} = 1.96 < 3，故不满足。$$

（2）$h \geqslant \dfrac{K\gamma H - 0.5 N_\gamma \gamma b - c N_c}{N_q \gamma} = \dfrac{3 \times 18.8 \times 8 - 0.5 \times 1.2 \times 16.0 \times 22 - 9.58 \times 8.7}{2.69 \times 18.8}$

$= 3.1 \text{(m)}$

参照图 8.6，填土范围 L 就是基底两侧的滑动范围或 $\overline{af}$ 或 $\overline{af'}$，只有在这个范围的超载才能限制朗肯被动区（Ⅲ区）的隆起。根据图 8.6 的几何关系可知

$$L = \overline{af} = 2\overline{ae}\cos\left(45° - \frac{\varphi}{2}\right)$$
$$\overline{ae} = \overline{ad}\,e^{\theta\tan\varphi}$$
$$\overline{ad} = \frac{b}{2\cos\varphi}$$

因此

$$L = \overline{af} = \frac{b}{\cos\varphi}e^{\left(\frac{3}{4}\pi - \frac{\varphi}{2 \times 180}\pi\right)\tan\varphi}\cos\left(45° - \frac{\varphi}{2}\right) = 25.53 \text{(m)}$$

8.2.3.3　汉森极限承载力公式

普朗德尔和太沙基等的极限承载力公式，都只适用于中心竖向荷载作用时的条形基础，同时不考虑基底以上土的抗剪强度的作用。若基础上作用的荷载是倾斜的或有偏心，

基础的埋置深度较深，计算时需要考虑基底以上土的抗剪强度的影响，或土中有地下水时，地基承载力可采用汉森公式计算。

汉森（B. Hanson）提出的在中心倾斜荷载作用下，不同基础形状及不同埋置深度时的极限承载力计算公式如下：

$$p_u = \frac{1}{2}\gamma b N_\gamma i_\gamma s_\gamma d_\gamma g_\gamma b_\gamma + q N_q i_q s_q d_q g_q b_q + c N_c i_c s_c d_c g_c b_c \tag{8.31}$$

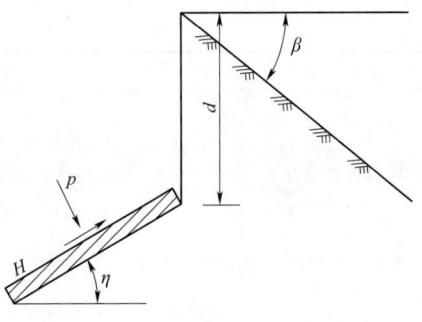

图 8.9 地面或基底倾斜情况

式中 p_u——地基竖向极限承载力垂直分量，kPa；
　　γ——基底下持力层的重度，地下水位以下采用有效重度，kN/m³；
　　b——基础宽度，m；
　　q——基底底面以上的旁侧荷载，kPa；
　　c——土的黏聚力，kPa；
d_γ、d_q 和 d_c——与基础埋深有关的深度系数；
　　N_q、N_c——承载力系数，与普朗特尔公式相同；
　　N_γ——承载力系数，N_γ 值按 $N_\gamma = 1.5(N_q - 1)\tan\varphi$ 计算；
s_γ、s_q 和 s_c——与基础形状有关的形状系数；
i_γ、i_q 和 i_c——与作用荷载倾斜角有关的倾斜系数；
g_γ、g_q 和 g_c——地面倾斜系数；
b_γ、b_q 和 b_c——基底倾斜系数。

从式（8.31）可知，汉森公式考虑的承载力影响因素比较全面，在国外许多设计规范中得到广泛采用，北欧各国运用颇多，如丹麦基础工程实用规范等。下面对汉森公式的使用作简要的说明。

（1）荷载偏心及倾斜的影响。如果作用在基础底面的荷载是竖直偏心荷载，那么计算极限承载力时，可引入假想的基础有效宽度 $b' = b - 2e_b$ 来代替基础的实际宽度，其中 e_b 为荷载偏心距。如果有两个方向的偏心，这个修正方法对基础长度方向的偏心荷载也同样适用，即用有效长度 $l' = l - 2e_l$ 来代替基础实际长度。

如果作用的荷载是倾斜的，汉森建议可以把中心竖向荷载作用时的极限荷载承载力公式中的各项分别乘以荷载倾斜系数 i_γ、i_q、i_c，见表 8.3，作为考虑荷载倾斜的影响。

表 8.3　　　　　　　　　　汉森公式承载力修正系数表

系　数	公　式	说　明
荷载倾斜系数	$i_\gamma = \left(1 - \dfrac{(0.7H - \eta/45°)H}{p + cA\cot\varphi}\right)^5 > 0$ $i_q = \left(1 - \dfrac{0.5H}{p + cA\cot\varphi}\right)^5 > 0$ $i_c = \begin{cases} 0.5 + 0.5\sqrt{1 - \dfrac{H}{cA}}, & \varphi = 0 \\ i_q - \dfrac{1 - i_q}{N_c \tan\varphi}, & \varphi > 0 \end{cases}$	p、H 为作用在基础底面的竖直荷载和水平荷载；A 为基础的底面积，偏心荷载时为有效面积；η 为倾斜基底与水平面的夹角，见图 8.9

续表

系　　　数	公　　　式	说　　　明
基础形状系数	$s_\gamma = 1 - 0.4 i_\gamma K$ $s_q = 1 + i_q K \sin\varphi$ $s_c = 1 + 0.2 i_c K$	对于矩形基础，$K = b/l$； 对于方形或圆形基础，$K = 1$
深度系数	$d_\gamma = 1$ $d_q = \begin{cases} 1 + 2\tan\varphi(1-\sin\varphi)^2 \dfrac{d}{b} \\ 1 + 2\tan\varphi(1-\sin\varphi)^2 \arctan\dfrac{d}{b} \end{cases}$ $d_c = \begin{cases} 1 + 0.35 \dfrac{d}{b} \\ 1 + 0.4 \arctan\left(\dfrac{d}{b}\right) \end{cases}$	式中括号上下两部分分别为在 $b \leqslant d$ 和 $b > d$ 情况下的深度系数，均采用有效长度
地面倾斜系数	$g_c = 1 - \dfrac{\beta}{147°}$ $g_q = g_\gamma = (1 - 0.5\tan\beta)^5$	地面或基础底面本身倾斜，均对承载力产生影响。若地面与水平面的夹角 β 以及基底与水平面的倾角 η 为正值，如图 8.9 所示，且满足 $\beta + \eta \leqslant 90°$ 时，两者的影响可按近似公式确定
基底倾斜系数	$b_c = 1 - \dfrac{\eta}{147°}$ $b_q = \exp(-2\eta\tan\varphi)$ $b_\gamma = \exp(-2.7\eta\tan\varphi)$	

（2）基础底面形状及埋置深度的影响。矩形或圆形基础的极限承载力计算在数学上求解比较困难，目前都是根据各种形状基础所做的对比荷载试验，提出将条形基础极限超载力公式进行逐项修正。表 8.3 中给出了汉森提出的基础形状修正系数 s_γ、s_q、s_c 的表达式。

前述的基础极限承载力计算公式都忽略了基础底面以上土的抗剪强度的影响，也即假定滑动面发展到基底水平面为止。这对基础埋深较浅，或基底以上土层较弱时是适用的，但当基础埋深较大，或基底以上土层的抗剪强度较大时，就应该考虑这一范围内土的抗剪强度的影响。汉森建议用深度系数 d_γ、d_q、d_c 对前述地基极限承载力公式进行逐项修正，见表 8.3。

（3）地下水的影响。式（8.31）的第一项中 γ 是基底下最大滑动深度范围内地基土的重度；第二项（$q = \gamma d$）中的 γ 是基底以上地基土的重度。在进行承地载力计算时，水下的土均采用有效重度，如果在各自范围内的地基由重度不同的多层土组成，应将持力层范围内的土按层厚加权平均取值（当各土层的强度相差不太悬殊时，汉森建议按 $Z_{\max} = \lambda b$ 确定；b 是基础的宽度，λ 为系数，按土层平均内摩擦角和荷载的倾角 β 从表 8.4 中查取）。

表 8.4　　　　　　　　　　　　　　　　λ 值

tanβ	内摩擦角 $\varphi/(°)$		
	≤20°	21°~35°	36°~45°
≤0.2	0.6	1.20	2.00
0.21~0.30	0.4	0.90	1.60
0.31~0.40	0.2	0.60	4.20

【例 8.3】 若［例 8.1］的地基属于整体剪切破坏，试分别采用太沙基公式及汉森公式确定其承载力设计值，并与 $p_{1/4}$ 进行比较。

解：(1) 采用太沙基公式计算。根据 $\varphi=22°$，查表 8.2，由内插法可得太沙基承载力系数为

$$N_\gamma=6.8, N_q=9.5, N_c=20.6$$

由式（8.24）得极限承载力为

$$p_u=6.8\times18.0\times6/2+9.5\times18.0\times1.4+20.6\times15.0=915.6(\text{kPa})$$

(2) 采用汉森公式计算。由式（8.22）、式（8.23）和式（8.31）可得 $N_\gamma=4.4$，$N_q=8.3$，$N_c=17.2$；垂直荷载 $i_\gamma=i_q=i_c=1$；条形基础 $s_\gamma=s_q=s_c=1$；又 $\beta=0$，$\eta=0$，故 $g_\gamma=g_q=g_c=b_\gamma=b_q=b_c=1$；根据 $d/b=0.24$，由表 8.3 可得 $d_\gamma=1$，$d_q=1+2\tan22°(1-\sin22°)^2\times0.24=1.1$，$d_c=1+0.35\times0.24=1.084\approx1.1$。

所以

$$p_u=18.0\times6\times4.4\times1\times1\times1\times1/2+18.0\times1.4\times8.3\times1\times1.1\times1\times1\times1$$
$$+15.0\times17.2\times1\times1.1\times1\times1\times1=751.5(\text{kPa})$$

(3) 若取安全系数 $K=3$（黏性土），则可得承载力特征值分别为

太沙基公式： $f=915.6/3=305.2(\text{kPa})$

汉森公式： $f=751.5/3=250.5(\text{kPa})$

而 $p_{1/4}=243.0(\text{kPa})$

由上可见，对于该例题地基，当取安全系数为 3.0 时，汉森公式计算的承载力设计值与 $p_{1/4}$ 相差较小，而太沙基公式计算的结果偏大。

8.3　规范法确定地基承载力特征值

《建筑地基基础设计规范》（GB 50007—2011）根据我国的工程实践经验，依据临界荷载计算方法，并参照工程荷载试验结果，将式（8.16）中承载力系数 $N_{1/4}$、N_q、N_c 的值按 φ 进行调整，并对基础的宽度进行限定，以减小基础宽度较小或较大时的计算误差，GB 50007—2011 规定，当荷载偏心距小于或等于 0.033 倍基础底面宽度时，根据土的抗剪强度指标可按式（8.32）确定地基承载力特征值，并应满足变形要求：

$$f_a=M_b\gamma b+M_d\gamma_m d+M_c c_k \tag{8.32}$$

式中　　f_a——土的抗剪强度确定的地基承载力特征值，kPa；

M_b、M_d 和 M_c——承载力系数，按表 8.5 确定；

b ——基础底面宽度，大于6m时按6m计算，小于3m时按3m计算；
c_k ——基底下一倍短边宽深度内土的黏聚力，kPa。

表 8.5　　承载力系数 M_b、M_d、M_c 的值

土的内摩擦角标准值 φ_k/(°)	M_b	M_d	M_c
0	0	1.00	3.14
2	0.03	1.12	3.32
4	0.06	1.25	3.51
6	0.10	1.39	3.71
8	0.14	1.55	3.93
10	0.18	1.73	4.17
12	0.23	1.94	4.42
14	0.29	2.17	4.69
16	0.36	2.43	5.00
18	0.43	2.72	5.31
20	0.51	3.06	5.66
22	0.61	3.44	6.04
24	0.80	3.87	6.45
26	1.10	4.37	6.90
28	1.40	4.93	7.40
30	1.90	5.59	7.95
32	2.60	6.35	8.55
34	3.40	7.21	9.22
36	4.20	8.25	9.97
38	5.00	9.44	10.80
40	5.80	10.84	11.73

注　φ_k 为基底下一倍短边宽度的深度范围内土的内摩擦角标准值。

【例 8.4】 某建筑物承受中心荷载的柱下独立基础底面尺寸为 2.5m×1.5m，埋深 $d=1.6$m；

地基土为粉土，土的物理力学性质指标为：$\gamma=17.8$kN/m³，$c_k=1.2$kPa，$\varphi_k=22°$。试确定持力层的地基承载力特征值。

解： 根据 $\varphi_k=22°$，查表 8.5 得：$M_b=0.61$，$M_d=3.44$、$M_c=6.04$。则
$$f_a = M_b \gamma b + M_d \gamma_m d + M_c c_k = 0.61 \times 17.8 \times 3 + 3.44 \times 17.8 \times 1.6 + 6.04 \times 1.2$$
$$= 137.8 (\text{kPa})$$

8.4　地基承载力特征值的修正

考虑增加基础宽度和埋置深度，地基承载力也将随之提高，所以，应将地基承载力对

8.4 地基承载力特征值的修正

不同的基础宽度和埋置深度进行修正，才适于设计用。GB 50007—2011 规定：当基础宽度大于 3m 或埋置深度大于 0.5m 时，从载荷试验或其他原位测试、经验值等方法确定的地基承载力特征值尚应按下式修正：

$$f_a = f_{ak} + \eta_b \gamma (b-3) + \eta_d \gamma_m (d-0.5) \tag{8.33}$$

式中　　f_a——修正后的地基承载力特征值，kPa；

　　　　f_{ak}——地基承载力特征值，kPa；

　　　　η_b、η_d——基础宽度和埋深的地基承载力修正系数，按基底下土的类别查表 8.6 取值；

　　　　其余符号意义同前。

但是应注意，当 $b<3.0$m 时，按 $b=3.0$ 计；当 $b>6.0$m，按 $b=6.0$m 计算。

表 8.6　　　　　　　　　　　　地基承载力修正系数

土 的 类 别		η_b	η_d
淤泥和淤泥质土		0	1.0
人工填土，e 或 I_l 大于 0.85 的黏性土		0	1.0
红黏土	含水比 $a_w>0.8$	0	1.2
	含水比 $a_w\leq0.8$	0.15	1.4
大面积压密填土	压密系数大于 0.95、黏粒含量 $\rho_c\geq10\%$ 的粉土	0	1.5
	最大干密度大于 2100kg/m³ 的级配砂石	0	2.0
粉土	黏粒含量 $\rho_c\geq10\%$ 的粉土	0.3	1.5
	黏粒含量 $\rho_c<10\%$ 的粉土	0.5	2.0
e 及 I_l 均小于 0.85 的黏性土		0.3	1.6
粉砂、细砂（不包括很湿与饱和时的稍密状态）		2.0	3.0
中砂、粗砂、砾砂和碎石土		3.0	4.4

注　1. 强风化和全风化的岩石，可参照所风化的相应土类取值，其他状态下的岩石不修正。

　　2. 含水比是指土的天然含水率与土的液限的比值。

　　3. 大面积压实填土是指填土的范围大于两倍基础宽度的填土。

【例 8.5】 已知某拟建建筑物场地的地质条件如下：第一层为杂填土，层厚 1.0m，$\gamma=18$kN/m³；第二层为粉质黏土，层厚 4.2m，$\gamma=18.5$kN/m³，$e=0.92$，$I_l=0.94$，地基承载力特征值 $f_{ak}=136$kPa。试按以下基础条件分别计算修正后的地基承载力特征值：①基础底面为 4.0m×2.6m 的矩形独立基础，埋深 $d=1.0$m；②基础底面为 9.5m×36m 的箱形基础，埋深 $d=3.5$m。

解：根据《建筑地基基础设计规范》（GB 50007—2011）进行计算。

（1）矩形独立基础下修正后的地基承载力特征值 f_a。基础宽度 $b=2.6$m（<3m），按 3m 计算，埋深 $d=1.0$m，持力层粉质黏土的孔隙比 $e=0.92$（>0.85），查表 8.6 得 $\eta_b=0$、$\eta_d=1.0$，则

$$f_a = f_{ak} + \eta_b \gamma (b-3) + \eta_d \gamma_m (d-0.5) = 136 + 0 + 1.0 \times 18 \times (1.0-0.5) = 145 \text{(kPa)}$$

（2）箱形基础下修正后的地基承载力特征值 f_a。基础宽度 $b=9.5$m，按 6m 计算，埋深 $d=3.5$m，持力层仍为粉质黏土，$\eta_b=0$、$\eta_d=1.0$，则

$$\gamma_m = (18 \times 1.0 + 18.5 \times 2.5)/(1.0 + 2.5) = 18.4 (kN/m^3)$$
$$f_a = f_{ak} + \eta_b \gamma (b-3) + \eta_d \gamma_m (d-0.5)$$
$$= 1.36 + 0 \times 18.5 \times (6-3) + 1.0 \times 18.4 \times (3.5-0.5) = 191.2 (kPa)$$

【例 8.6】 位于均质黏性土地基上的钢筋混凝土条形基础,基础宽度为 2.4m,上部结构传至基础顶面相应于荷载效应标准组合时的竖向力为 300kN/m,该力偏心距为 0.1m。黏性土地基天然重度为 18.0kN/m³,孔隙比为 0.83,液性指数为 0.76,地下水位埋深很深,由载荷试验确定的地基承载力特征值 $f_{ak}=130$kPa。基础及基础上覆土的加权平均重度为 20kN/m³。试确定经济合理的基础埋深至少为多少?

解:由表 8.6 得,黏性土地基的孔隙比为 0.83,液性指数为 0.76,都小于 0.85,因而,$\eta_b=0.3$、$\eta_d=1.6$,则

$$f_a = f_{ak} + \eta_b \gamma (b-3) + \eta_d \gamma_m (d-0.5) = 130 + 0 + 1.6 \times 18 \times (d-0.5)$$
$$= 115.6 + 28.8d$$

由第 3 章的式 (3.8) 得

$$\bar{p} = \frac{F+G}{A} = (300 + 20 \times 2.4 \times 1 \times d)/(2.4 \times 1) \leqslant f_a$$

得 $d \geqslant 1.07$m。

由第 3 章的式 (3.11) 得

$$p_{max} = \frac{F+G}{A}\left(1 + \frac{6e}{b}\right) = \frac{300 + 20 \times 2.4 \times 1 \times d}{2.4 \times 1}\left(1 + \frac{6 \times \frac{30}{300+48d}}{2.4}\right) \leqslant 1.2 f_a$$

得 $d \geqslant 1.2$m。

所以埋深至少为 1.2m。

8.5 地基承载力的影响因素

地基承载力与建筑物的安全与工程经济密切相关,尤其对重大工程或承受倾斜荷载的建筑物更为重要。各类建筑物采用不同的基础形式、尺寸、埋深,置于不同地基土质情况下,地基承载力大小可能相差悬殊。影响地基承载力的因素很多,可归纳为以下几个方面。

8.5.1 地基的破坏形式

在极限荷载作用下,地基发生破坏的形式有多种,通常地基发生整体滑动破坏时,极限荷载最大;地基发生冲切剪切破坏时,极限荷载最小。

1. 地基整体滑动破坏

当地基土良好或中等,上部荷载超过地基极限荷载 p_u 时,地基中的塑性变形区扩展连成整体,导致地基发生整体滑动破坏。若地基中有软弱的夹层,则必然沿着软弱夹层滑动;若为均匀地基,则滑动面为曲面;理论计算中,滑动曲线近似采用折线、圆弧或两端为直线中间为曲线的形式表示。

2. 地基局部剪切破坏

当基础埋深大、加荷速率快时,因基础旁侧荷载 $q=\gamma_m d$ 大,阻止地基整体剪切破

坏，使地基发生局部剪切破坏。

3. 地基冲切剪切破坏

若地基为松砂或软土，在外荷载作用下地基产生大量沉降，基础竖向切入土中，发生冲切剪切破坏。

8.5.2 地基土的指标

地基土的物理力学指标很多，与地基极限荷载有关的主要是土的强度指标 c、φ 和重度 γ。地基土的 c、φ、γ 越大，则极限荷载 p_u 相应也越大。

1. 土的内摩擦角

土的内摩擦角 φ 对地基极限荷载的影响最大。如 φ 越大，即 $\tan(45°+\varphi/2)$ 越大，则承载力系数 N_γ、N_q、N_c 就大（公式中三项数值都起作用），故极限荷载值就越大。

2. 土的黏聚力

如地基土的黏聚力 c 增加，则极限荷载一般公式中的第三项增大，即 p_u 增大。

3. 土的重度

地基土的重度 γ 增大时，极限荷载公式中第一、第二两项增大，即 p_u 增大。例如松砂地基采用强夯法压密，使 γ 增大（同时 φ 也增大），则极限荷载增大，即地基承载力提高。

8.5.3 基础尺寸

地基的极限荷载大小不仅与地基土的性质优劣密切相关，而且与基础尺寸大小有关。在建筑工程中，地基承载力不够，但相差不多时，可在基础设计中加大基底宽度和基础埋深来解决，不必加固地基土。

1. 加大基础宽度

基础设计宽度 b 加大时，地基极限荷载公式第一项增大，即 p_u 增大。但在饱和软土地基中，宽度 b 增加对 p_u 几乎没有影响，这是因为饱和软土地基内摩擦角等于零，承载力系数 $N_\gamma=0$，即 p_u 的第一项为零。

2. 加大基础埋深

当基础埋深 d 增加时，基础旁侧荷载 $q=\gamma_m d$ 增加，即极限荷载公式第二项增加，因而 p_u 增大。

8.5.4 地下水

地下水位的位置对浅基础的地基承载力影响很大。地下水位以下的土体，不仅土的重度会因水的浮力而减小，而且浸水后土的黏聚力会降低。

思 考 题

8.1 什么是地基承载力？

8.2 地基的破坏模式有哪几种？

8.3 什么是地基的临塑荷载、临界荷载与极限荷载？

8.4 什么是地基承载力特征值？如何确定地基承载力特征值？

8.5 为什么载荷试验或其他原位测试、经验值等方法确定的地基承载力特征值需进行修正？

8.6 影响地基承载力的因素有哪些？

习　　题

8.1 一条形基础，基底宽度 $b=10\text{m}$，埋深 $d=2\text{m}$，建于均匀黏土地基上，黏土的 $\gamma=16.5\text{kN/m}^3$，$\varphi=15°$，$c=15\text{kPa}$，试求：

(1) 临塑荷载 p_cr、临界荷载 $p_{1/4}$ 和 $p_{1/3}$。

(2) 按太沙基公式计算 p_u。

8.2 某条形基础宽度为 2.2m，埋深 1.5m。地基土为砂土，$\gamma=18.1\text{kN/m}^3$，$c=15\text{kPa}$，$\varphi=35°$，试按太沙基理论求地基的极限承载力。

8.3 某方形基础边长为 2.25m，埋深 1.5m。地基土的抗剪强度指标 $c=0\text{kPa}$，$\varphi=32°$，重度为 18kN/m^3（地下水位以下）。试按太沙基承载力公式求下列两种情况下的地基极限承载力。

(1) 地下水位与基底齐平。

(2) 地下水位与地面齐平。

8.4 某条形基础宽度 $b=2.0\text{m}$，埋深 $d=1.5\text{m}$，荷载合力偏心距 $e=0.05\text{m}$，地下水位低于地表 1m，基底以上为杂填土，天然重度为 18kN/m^3，饱和重度为 19.5kN/m^3。基础底面以下为透水粉质黏土，$c_\text{k}=10\text{kPa}$，$\varphi_\text{k}=20°$，$\gamma_\text{sat}=19.3\text{kN/m}^3$。试采用规范法确定地基承载力特征值。

中 英 词 汇 对 照

承载力　bearing capacity　　　　承载力因数　bearing capacity factor
极限承载力　ultimate bearing capacity　　整体剪切破坏　general shear failure
局部剪切破坏　local shear failure　　冲剪破坏　punching shear failure
荷载　load　　　　　　　　　剪切强度　shear strength
破坏模式　failure mode　　　　滑动面　sliding surface
塑性区　plastic zone　　　　　破坏面　failure surface
沉降变形　settlement deformation　剪切变形　shear deformation
土体自重　soil weight　　　　　埋深　burial depth
竖向应力　vertical stress　　　水平应力　horizontal stress
黏聚力　cohesion　　　　　　内摩擦角　internal friction angle

第9章 土坡稳定分析

> **内容导读：** 工程中经常遇到各类土坡，如果土坡丧失稳定性而滑动，会造成严重的工程事故。本章介绍土坡稳定分析的原理和常用的分析方法。
>
> **教学目标及要求：** 掌握土坡失稳的原因及影响边坡稳定的因素，会计算简单的无黏性土土坡的稳定性，掌握瑞典条分法、毕肖普条分法和不平衡推力法的基本原理和计算方法，了解复杂情况下土坡稳定分析方法。

9.1 概 述

土坡是具有倾斜坡面的土体。由自然地质作用形成的土坡，称为天然土坡；由人工开挖或回填形成的土坡称为人工边坡。土体自重以及渗透力等在坡体内引起剪切应力，如果剪应力大于土的抗剪强度，就会产生剪切破坏，土坡丧失稳定性。一部分土体相对于另一部分土体滑动的现象，称为滑坡。

土坡滑动失稳的原因一般有以下两类情况：

（1）外界力破坏土体内原来的应力平衡状态。如：基坑的开挖导致地基内自身重力发生变化，改变土体原来的应力平衡状态；路堤的填筑、土坡顶面上作用外荷载、土体内水的渗流、地震力的作用等也都会破坏土体内原有的应力平衡状态，导致土坡坍塌。

（2）土的抗剪强度由于受到外界各种因素的影响而降低，促使土坡失稳破坏。如：降雨降雪使土湿化，强度降低；北方季节更替，使土冻融，结构变化；边坡附近打桩、爆破等振动力的作用将引起土的液化或触变，使边坡失稳。

土坡稳定除受上述外界条件和土质条件影响外，还与土坡的边界条件有关，如土坡坡度、土坡高度等。

土坡失稳形态与当地的工程地质条件有关。在均质土层中，砂土土坡（无黏性土土坡）的滑动面可假设为平面，黏性土土坡的滑动面为圆弧滑动面；在非均质土坡中，如果下面存在软弱层，则滑动面很大部分将通过软弱土层，形成曲折的复合滑动面，如果土坡位于倾斜的岩层上，则滑动面往往沿岩层面产生。

一旦土坡失稳产生滑坡，不仅影响工程进度，甚至危及人类生命安全和工程存亡。因此，应对土坡稳定问题高度重视。现对常见边坡的失稳归纳如下。

1. 天然边坡

在一定地质时期形成的天然边坡原本是稳定的，如人为改变边坡的形态（开挖路堑、在坡脚建造房屋），增加边坡上荷载（在坡上或坡顶建造房屋等），会造成边坡失稳，发生

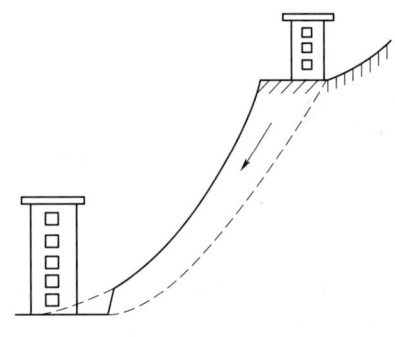

图 9.1 天然边坡典型剖面图

滑坡，如图 9.1 所示。这类情况在实际工程中屡见不鲜，应引起注意。

山东省省道 327 济南仲宫—枣林段人工切坡施工，加上受雨水影响，于 2000 年 11 月在枣林发生山体滑坡，滑坡体体积为 21720m³，滑动面平均深度为 7.8m（图 9.2 中的数字 11.3、10.6 等是钻深），属于中型滑坡。图 9.2 为枣林滑坡工程地质剖面图。

2. 基坑边坡

中小型工程的基坑开挖很浅，如土质较好，边坡稳定性基本能保证。但大型工程、高层建筑，基坑开挖较深，竖直开挖基坑边坡不稳定，必须合理设计边坡坡度或做好防护工程。

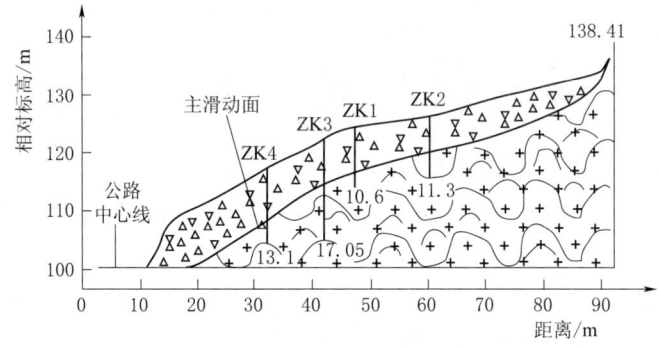

图 9.2 枣林滑坡工程地质剖面图

高层建筑基础工程的任务重、难度大、工期长，往往跨年度，因此基坑开挖后要经受冬季冰冻、春季融化、夏季暴雨等考验；若工程在市区，还与市政管道工程相互影响，如有疏忽，可使基坑滑坡。例如广西南宁绿地中央广场项目，基坑深 21m，基坑采用抗滑桩＋预应力锚索支护方案，垂直开挖。2019 年 6 月 6 日发现项目基坑位移加大，裂缝加宽；6 月 7 日 12 时位移累计 50cm，裂缝宽度达 15cm；6 月 8 日基坑坍塌，浅层滑坡，如图 9.3 所示。分析事故原因为坑顶自来水管长期漏水，软化基坑后侧泥岩，致基坑变形加大，较大的变形进而导致自来水管爆管，锚索完全失效，支护桩向坑内倒塌，发生滑坡。

图 9.3 南宁绿地中央广场基坑坍塌

3. 堤坝边坡

人工填筑河堤、铁路与公路路堤、土坝，是地面以上新的土坡，这类土坡的坡度，设计时要求安全经济。由于这类工程长度较大，设计最优坡度具有很高的经济价值。但一味从经济角度出发，安全度达不到要求，则会出现边坡失稳滑坡的现象。

9.2 无黏性土土坡稳定分析

9.2.1 无渗流作用时

对于均质的无黏性土土坡，根据实际观测，一般均假定滑动面是平面。均质无黏性土土坡稳定性受力分析如图 9.4 所示，土坡高度为 H，坡角为 β，土的重度为 γ，土的内摩擦角为 φ。若假定滑动面通过坡脚的平面 BD，BD 的倾角为 α，计算滑动土体 BCD 沿 BD 面滑动的稳定安全系数 F_s。

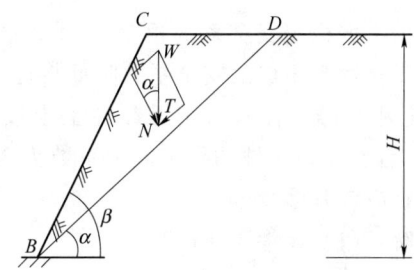

图 9.4 均质无黏性土土坡稳定性受力分析

设滑动单元体的自重为 W，则单元体沿滑动面的下滑力 T 为

$$T = W\sin\alpha$$

W 在滑动面上的法向分力 N 及正应力 σ 为

$$N = W\cos\alpha$$

$$\sigma = \frac{N}{BD} = \frac{W\cos\alpha}{BD}$$

滑动面上的最大抗滑力 T_f 为

$$T_f = \sigma\tan\varphi BD = W\cos\alpha\tan\varphi$$

则土坡的滑动安全系数 F_s 为

$$F_s = \frac{T_f}{T} = \frac{W\cos\alpha\tan\varphi}{W\sin\alpha} = \frac{\tan\varphi}{\tan\alpha} \tag{9.1}$$

当 $\alpha = \beta$ 时，滑动稳定安全系数最小，也即土坡面上的土最容易滑动，因此，无黏性土土坡稳定安全系数为

$$F_s = \frac{\tan\varphi}{\tan\beta} \tag{9.2}$$

对于均质无黏性土土坡，只要坡角 β 不大于土的内摩擦角 φ，土坡就是稳定的，与坡高无关。当 $F_s = 1.0$ 时，土坡处于极限平衡状态，此时坡角等于土的内摩擦角，因此无黏性土土坡的自然休止角即为土的内摩擦角 φ。

9.2.2 有渗流作用时

当土坡内存在顺坡渗流时，给土坡稳定性带来不利影响。取坡面上渗流逸出处以下某一单元体（设单元体体积为 1）分析，单元体除了受重力外，还受到渗透力 J 的作用，如

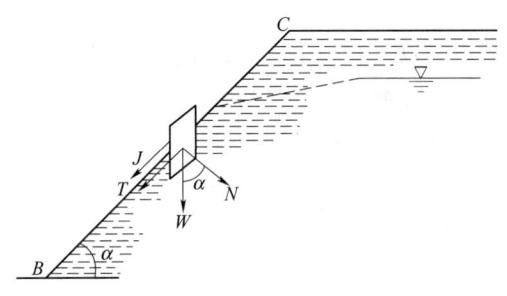

图 9.5 有顺坡渗流时无黏性土土坡受力分析

图 9.5 所示。因渗流方向与坡面平行，渗透力的方向与滑动力的方向一致，土体下滑力为

$$T + J = \gamma' \sin\alpha + \gamma_w \sin\alpha = (\gamma' + \gamma_w)\sin\alpha$$

土坡稳定安全系数为

$$F_s = \frac{T_f}{T+J} = \frac{\gamma' \cos\alpha \tan\varphi}{(\gamma' + \gamma_w)\sin\alpha} = \frac{\gamma'}{\gamma_{sat}} \frac{\tan\varphi}{\tan\alpha} \tag{9.3}$$

有渗流作用时与无渗流作用时相比，无黏性土土坡稳定安全系数相差 γ'/γ_{sat} 倍，此值接近 1/2。因此，当坡面有顺坡渗流作用时，无黏性土土坡的安全系数降低将近一半。

【例 9.1】 有一均质无黏性土土坡，土的饱和重度 $\gamma_{sat} = 20 \text{kN/m}^3$，内摩擦角 $\varphi = 30°$，若要使该土坡的稳定安全系数为 1.2，试问无渗流作用时及坡面有顺坡渗流时其坡角分别应该是多少度？

解：(1) 无渗流作用时：

$$F_s = \frac{\tan\varphi}{\tan\alpha}$$

$$\tan\alpha = \frac{\tan\varphi}{F_s} = \frac{\tan 30°}{1.2} = 0.48$$

坡角度数 $\alpha = 25.7°$。

(2) 坡面有顺坡渗流时：

$$F_s = \frac{\gamma'}{\gamma_{sat}} \frac{\tan\varphi}{\tan\alpha}$$

$$\tan\alpha = \frac{\gamma'}{\gamma_{sat}} \frac{\tan\varphi}{F_s} = \frac{10}{20} \times \frac{\tan 30°}{1.2} = 0.24$$

坡角度数 $\alpha = 13.5°$。

9.3 黏性土土坡稳定分析

均质黏性土土坡在失稳破坏时，其滑动面常常是一曲面，近似于圆柱面，在横断面上则呈现圆弧形。实际土坡在滑动时形成的滑动面与坡角 β、地基土强度以及土层硬层的位置等有关，一般可形成如下三种形式：

(1) 圆弧滑动面通过坡脚 B 点 [图 9.6 (a)]，称为坡脚圆。
(2) 圆弧滑动面通过坡面上 E 点 [图 9.6 (b)]，称为坡面圆。
(3) 圆弧滑动面发生在坡脚以外的 A 点 [图 9.6 (c)]，且圆心位于坡面中点的垂直线上，称为中点圆。

黏性土由于颗粒间存在黏聚力，发生滑坡时整块土体沿着滑动面向下滑动，坡面上任意单元土体的稳定条件不能代表整个土坡的稳定条件。所以通常将滑动面以上土体看作刚体，并以它为脱离体，分析其在极限平衡条件下的受力情况。

9.3 黏性土土坡稳定分析

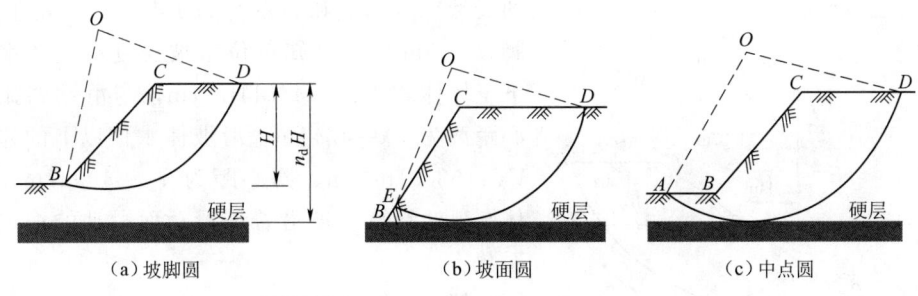

(a) 坡脚圆　　　　　(b) 坡面圆　　　　　(c) 中点圆

图 9.6　黏性土土坡的滑动面形式

对于简单的均质黏性土土坡，瑞典工程师 Petterson（1916）采用圆弧滑动面进行稳定分析，此后 Fellenius（1927）和 Taylor（1948）进行了研究和改进。

对于外形比较复杂且 $\varphi \neq 0$ 的土坡，特别是土坡由多种土层构成或有某些特殊外力如渗流力、地震惯性力等作用时，常将滑动土体分成若干竖直土条，分析各土条上的受力情况，再根据滑动土体的力矩平衡条件，判定土坡的稳定性。

9.3.1　整体圆弧滑动法

9.3.1.1　基本概念

整体圆弧滑动法又称为瑞典圆弧滑动法。假设土坡沿圆弧面 AD 滑动，滑动半径为 R，分析时在土坡长度方向取单位长度土坡，按平面问题分析。使土体产生滑动的力为滑动土体的重力 W，抵抗滑动的力是圆弧面 AD 上分布的抗剪强度 τ_f，如图 9.7 所示。将滑动力 W 及抗滑力 τ_f 分别对圆心 O 取矩，可得滑动力矩 M_s 及稳定力矩 M_r：

$$M_s = Wx$$
$$M_r = \tau_f L R$$

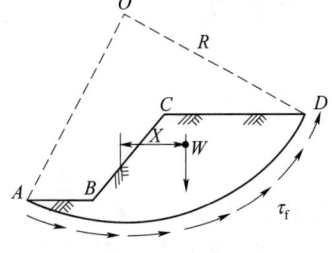

图 9.7　黏性土土坡整体稳定性受力分析

式中　W——滑动体的重力，kN/m；
　　　x——滑动体的重力 W 对滑动面圆心 O 的力臂，m；
　　　τ_f——土的抗剪强度，kPa；
　　　L——滑动圆弧 AD 长，m；
　　　R——滑动圆弧面的半径，m。

土坡的稳定安全系数 F_s 用稳定力矩 M_r 与滑动力矩 M_s 的比值表示，即

$$F_s = \frac{M_r}{M_s} = \frac{\tau_f L R}{W x} \tag{9.4}$$

如圆弧范围内土体是均质的且内摩擦角 $\varphi = 0$，则抗剪强度 $\tau_f = c_u$，得

$$F_s = \frac{c_u L R}{W x} \tag{9.5}$$

若土体 $\varphi \neq 0$，与滑动面上的法向力 N 有关，宜采用条分法分析。

【**例 9.2**】　饱和软黏土土坡坡度为 1:2，坡高 10m，不排水抗剪强度 $c_u = 30$kPa，土

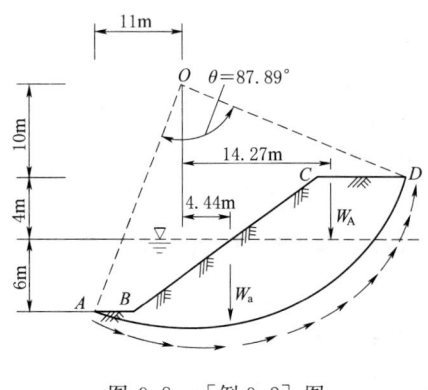

图 9.8 [例 9.2] 图

的天然容重和饱和容重均为 $18kN/m^3$，水位在坡脚以上 6m 处，已知单位土坡长度滑坡体水位以下土体体积 $V_a=144.11m^3/m$，与滑动圆弧的圆心距离为 $x_1=4.44m$，滑坡体水位以上的体积为 $V_A=53.01m^3/m$，圆心距为 $x_2=14.27m$，用整体圆弧法计算土坡沿着该滑动面滑动的稳定安全系数。

解：计算滑弧的半径：
$$R=\sqrt{20^2+11^2}=22.83m$$

抗滑力矩
$$M_r=30\times(3.14\times 87.89/180)\times 22.83\times 22.83=23973.4(kN\cdot m/m)$$

水上土体自重引起的滑动力矩
$$M_1=53.01\times 18\times 14.27=13616.1(kN\cdot m/m)$$

水下土体自重引起的滑动力矩
$$M_2=144.11\times 8\times 4.44=5118.8(kN\cdot m/m)$$

滑动力矩
$$M_s=13616.1+5118.8=18734.9(kN\cdot m/m)$$

则
$$F_s=\frac{M_r}{M_s}=\frac{23973.4}{18134.9}=1.28$$

9.3.1.2 最危险滑动面圆心位置的确定

上述计算中，圆弧滑动面的位置是任意假定的，因此需要试算许多个可能的滑动面，稳定安全系数最小的滑动面是最危险滑动面。F_{smin} 必须满足工程要求的数值。由此可以看出，土坡稳定分析的计算工作量很大。下面介绍 3 种确定最危险滑动圆心的经验方法。

1. 费伦纽斯法

（1）土的内摩擦角 $\varphi=0$ 的简单黏性土土坡，最危险滑动面通过坡脚（趾）点 B。其圆心 O 位于图 9.9 中 BO 与 CO 线的交点，BO 与 CO 线分别与坡面及水平面成 β_1 角与 β_2 角。β_1、β_2 与土坡坡角 β 有关，可查表 9.1。

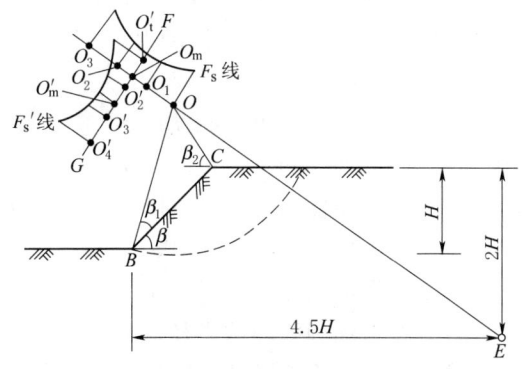

图 9.9 最危险滑动面圆心位置

表 9.1 β_1 与 β_2 数 值 表

土坡坡度（垂直∶水平）	坡角 β	β_1	β_2
1∶0.58	60°	29°	40°
1∶1	45°	28°	37°

续表

土坡坡度（垂直：水平）	坡角 β	β_1	β_2
1∶1.5	33.68°	26°	35°
1∶2	26.57°	25°	35°
1∶3	18.43°	25°	35°
1∶4	14.03°	25°	37°
1∶5	11.32°	25°	37°

（2）当土的内摩擦角 $\varphi>0°$ 时，费伦纽斯指出这时最危险滑动面仍然通过坡脚处，但滑动面的圆心将沿图9.9中的 EO 线向左上方移动。E 点位于坡顶之下 $2H$ 深处，距坡脚点的水平距离为 $4.5H$。φ 值越大，圆心越向外移。计算时从 O 点向外延伸，取几个试算圆心 O_1、O_2、…，分别求得其相应的滑动稳定安全系数 F_{s1}、F_{s2}、…，绘制 F_s 值曲线，可得最小安全系数值 F_{smin}，其相应的圆心 O_m 即为最危险滑动面的圆心。

实际上土坡的最危险滑动面圆心位置并不一定在 EO 延长线上，也可能在其左右，因此，圆心 O_m 可能并不是最危险滑动面圆心，这时可以通过点 O_m 作 EO 线的垂线 FG，在 FG 上取几个试算滑动面圆心 O_1'、O_2'、…，分别求得其相应的滑动稳定安全系数 F_{s1}'、F_{s2}'、…，绘制 F_s' 值曲线可得最小安全系数值 F_{smin}'，其相应的圆心 O_m' 即为最危险滑动面的圆心。

2. 潘家铮法

当土坡外形和土层分布都比较复杂时，最危险滑动面不一定通过圆心，其位置要由圆心坐标、滑弧和弧脚三个因素来确定。有人通过电算分析认为，最危险滑弧的圆心确定方法如下：通过边坡中点作垂直线和法线，以坡面中点为圆心，分别以1/4坡长和5/4坡长为半径作同心圆，最危险滑弧圆心处在该4条线所包区域中。

3. 泰勒法

泰勒认为圆弧滑动面的3种形式是同土的内摩擦角 φ 值、坡角 β 值以及硬层埋深（硬层如图9.11（a）中的黑色层，强度较高）等因素有关。泰勒经过大量计算分析后提出以下方面：

（1）当 $\varphi>3°$ 时，滑动面为坡脚圆，其最危险滑动面圆心位置，可根据 φ 值与 β 值从图9.10中的曲线查得 θ 值与 α 值，作图求得。

（2）当 $\varphi=0°$ 且 $\beta>53°$ 时，滑动面也是坡脚圆，其最危险滑动面圆心位置，同样可以从图9.10中的曲线查得 θ 值与 α 值，作图求得。

（3）当 $\varphi=0°$ 且 $\beta<53°$ 时，滑动面可能是中点圆，也有可能是坡脚圆或坡面圆，它取决于硬层的埋深。当土体高度为 H、硬层的埋深为 $n_d H$［图9.11（a）］时，若滑动面为中点圆，则圆心位置在坡面中点 M 的铅垂线上，且与硬层相切，见图9.11（a），滑动面与土面的交点为 A，A 点距坡脚 B 的距离为 $n_x H$，n_x 可根据 n_d 与 β 值从图9.11（b）查得。若硬层埋深较浅，则滑动面可能是坡脚圆或坡面圆，其圆心位置需要通过试算确定。

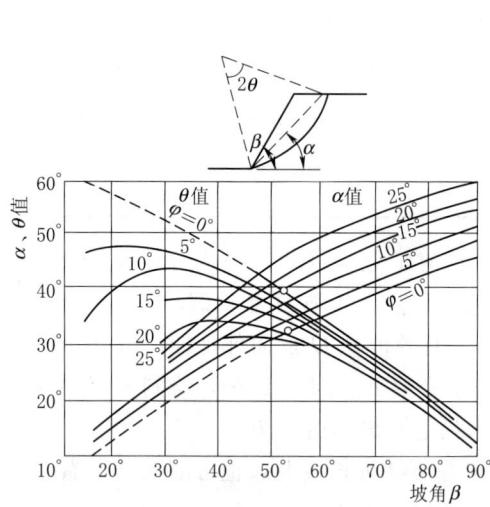
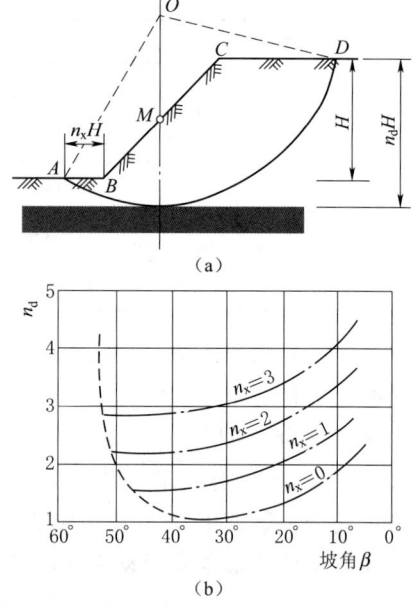

图 9.10 泰勒法确定最危险滑动面圆心　　　图 9.11 泰勒法确定最危险滑动面圆心

泰勒提出在土坡稳定分析中共有 5 个计算参数，土的重度 γ、土坡高度 H、坡角 β 以及土的抗剪强度指标 c 与 φ，若知道其中 4 个参数就可以求得第 5 个参数。为了简化计算，泰勒把 3 个参数（c、γ、H）组成一个新的参数 N_s，称为稳定因数。

$$N_s = \frac{\gamma H}{c} \tag{9.6}$$

通过大量计算可以得到 N_s 与 β、φ 之间的关系曲线，见图 9.12。

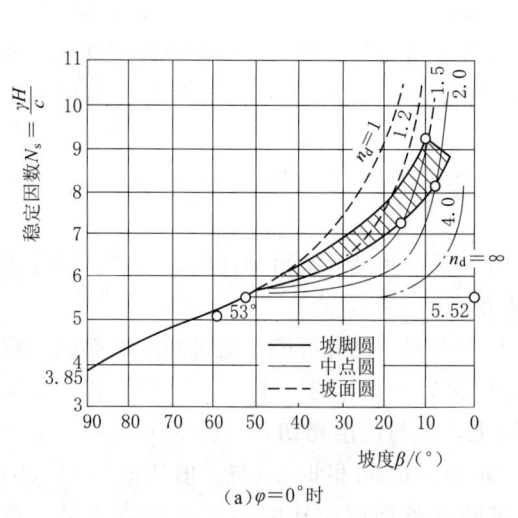
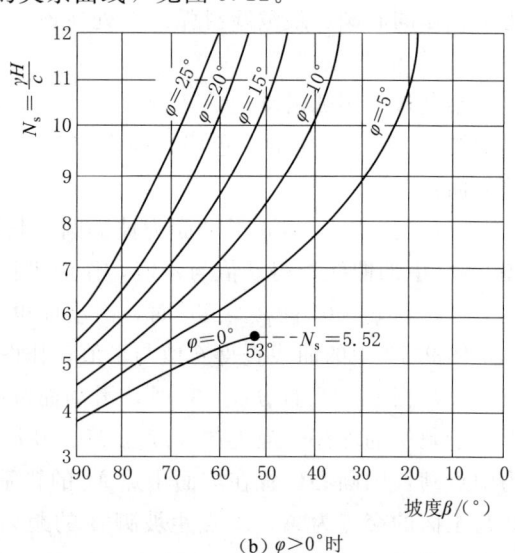

(a) $\varphi = 0°$ 时　　　(b) $\varphi > 0°$ 时

图 9.12 泰勒稳定因数 N_s 与 β、φ 的关系曲线

泰勒分析简单土坡稳定性时，假定滑动面上土的摩阻力首先得到充分发挥，然后由土的黏聚力补充，在求得满足土坡稳定时滑动面上所需的黏聚力 c_1 后，与土的实际黏聚力 c 进行比较，可求得土坡的稳定安全系数：

$$F_s = \frac{c}{c_1} \tag{9.7}$$

9.3.2 条分法

条分法先假设可能的滑动面，然后将滑动面以上土体分成若干垂直土条，如图9.13所示，将滑动土体 $ABCDA$ 分成许多竖向土条，第 i 个土条上作用的力包括土条的重力 W_i、滑动面上的法向力 N_i 及切向力 T_i、土条两侧的法向力 E_i、E_{i+1} 和竖向剪切力 X_i、X_{i+1}。对作用于各土条上的力进行力与力矩的平衡分析，求出在极限平衡状态下土体的稳定安全系数，并通过一定数量的试算，找出最危险滑动面的位置及对应的安全系数。

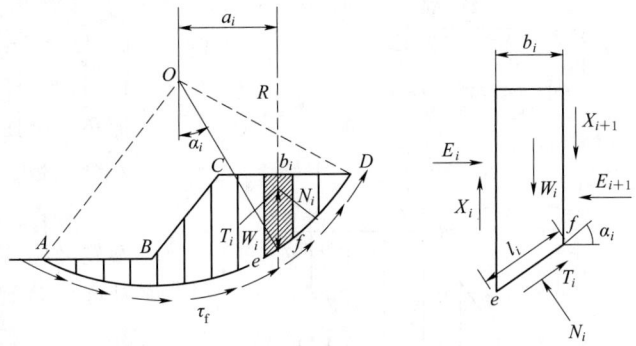

图 9.13 土坡稳定性分析条分法

下面介绍最常用的瑞典条分法、简化毕肖普条分法和不平衡推力传递法。瑞典条分法假设滑动面为圆弧面，不考虑条间力（E_i、E_{i+1} 和 X_i、X_{i+1}）；简化毕肖普条分法也是圆弧滑动面，不考虑条间竖向剪切力（X_i、X_{i+1}）；不平衡推力法的滑动面为任意面，法向条间力和切向条间力之间为某函数关系。

9.3.2.1 瑞典条分法

假设滑动面为圆弧，不考虑条间力，作用在任一土条上的力有土条的重力 W_i、滑动面上的法向力 N_i 及切向力 T_i。假定切向力 T_i 作用在滑动面的中点，每一土条的安全系数与整个土坡的安全系数相等，根据静力平衡条件，将 n 个土条的力矩平衡方程求和，得土坡沿滑动面 AD 滑动的稳定安全系数：

$$F_s = \frac{M_r}{M_s} = \frac{R\sum_{i=1}^{n}(W_i\cos\alpha_i\tan\varphi_i + c_i l_i)}{R\sum_{i=1}^{n}W_i\sin\alpha_i} \tag{9.8}$$

式中 M_r——抗滑力矩；

M_s——滑动力矩；

α_i——第 i 个土条滑动面的法线与竖直线的夹角；

l_i——第 i 个土条滑动面的弧长，m；

c_i、φ_i——第 i 个土条滑动面上的黏聚力及内摩擦角。

对于均质土坡，$c_i = c$，$\varphi_i = \varphi$，得

$$F_s = \frac{M_r}{M_s} = \frac{\tan\varphi \sum_{i=1}^{n} W_i \cos \alpha_i + cL}{\sum_{i=1}^{n} W_i \sin \alpha_i} \quad (9.9)$$

可以利用费伦纽斯法或泰勒经验方法确定最危险滑动面圆心位置。

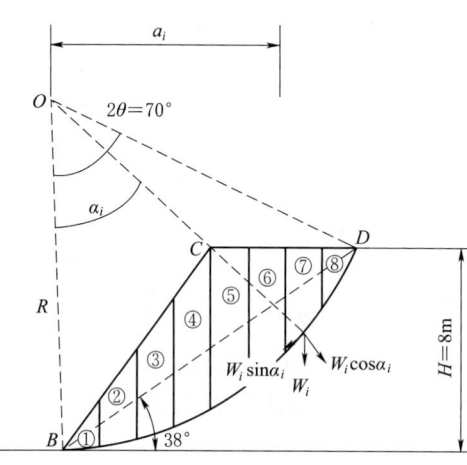

图 9.14　[例 9.3] 图

a_i—第 i 个土条的重心至圆心的距离

【例 9.3】 某土坡如图 9.14 所示，土坡高 $H=8\text{m}$，坡角 $\beta=50°$，土的重度 $\gamma=18.1\text{kN/m}^3$，土的黏聚力 $c=17.2\text{kPa}$，内摩擦角 $\varphi=15°$，用瑞典条分法验算土坡的稳定安全系数。

解：（1）确定最危险滑动面位置。根据泰勒经验方法知土坡是坡脚圆，其最危险滑动面的位置可从图 9.10 中的曲线得到：$\alpha=38°$、$\theta=35°$。

（2）按比例绘出土坡剖面图，根据 $\alpha=38°$、$\theta=35°$ 作图，求得圆心 O。

（3）将滑动土体划分成 8 个竖直土条，从坡角依次编号①～⑧。

（4）计算圆弧 BD 的水平投影距离及每个土条的宽度。

$$b_i = \frac{8 \times \cot 38°}{8} = 1.28 (\text{m})$$

（5）计算各土条滑动面中点与圆心的连线同竖直线的夹角 α_i。

$$R = \frac{BD}{2\sin\theta} = \frac{H}{2\sin\theta\sin\alpha} = 11.33 (\text{m})$$

$$a_1 = R\cos(180°-55°-38°) + \frac{1.28}{2} = 1.23 (\text{m})$$

$$\sin\alpha_1 = \frac{a_1}{R} = \frac{1.23}{11.33} = 0.1086, \alpha_1 = 6.23°, 同理求得 \alpha_2, \alpha_3, \cdots, \alpha_8。$$

（6）计算各土条的中心高度 h_i，计算各土条的重力及 $W_i \sin\alpha_i$、$W_i \cos\alpha_i$ 值，并将结果列于表 9.2 中。

表 9.2　　土坡稳定分析计算表

土条编号	a_i/m	土条宽度 b_i/m	土条中心高 h_i/m	土条重力 W_i/kN	α_i/(°)	$W_i \sin\alpha_i$ /kN	$W_i \cos\alpha_i$ /kN	L/m
1	1.23	1.28	0.69	15.99	6.23	1.73	15.90	
2	2.51	1.28	2.00	46.34	12.80	10.26	45.19	
3	3.79	1.28	3.15	72.98	19.54	24.40	68.78	
4	5.07	1.28	4.12	95.45	26.58	42.69	85.37	

续表

土条编号	a_i/m	土条宽度 b_i/m	土条中心高 h_i/m	土条重力 W_i/kN	α_i/(°)	$W_i\sin\alpha_i$ /kN	$W_i\cos\alpha_i$ /kN	L/m
5	6.35	1.28	4.89	113.29	34.09	63.47	93.84	
6	7.63	1.28	5.01	116.07	42.33	78.13	85.84	
7	8.91	1.28	3.63	84.10	51.85	66.11	51.98	
8	10.19	1.28	1.48	34.29	64.08	30.83	15.01	
合计						317.63	461.9	13.84

（7）计算滑动面弧长 L。

$$L=\frac{2\theta}{180}\pi R=\frac{2\times35}{180}\times3.14\times11.33=13.84(\mathrm{m})$$

（8）计算土坡稳定安全系数 F_s。

$$F_s=\frac{M_r}{M_s}=\frac{\tan\varphi\sum_{i=1}^n W_i\cos\alpha_i+cL}{\sum_{i=1}^n W_i\sin\alpha_i}=\frac{\tan15°\times461.9+17.2\times13.84}{317.63}=1.14$$

9.3.2.2 毕肖普条分法

瑞典条分法假定不考虑土条间的作用力，一般来说，这样得到的稳定安全系数是偏小的。为了改进条分法的计算精度，许多学者都认为应该考虑土条间的作用力，以求得比较合理的结果。其中，A.W.Bishop 在 1955 年提出毕肖普条分法。

如图 9.13 所示，Bishop 条分法考虑条间法向作用力 E_i、E_{i+1}，忽略条间竖向剪切力 X_i、X_{i+1}，并对滑动面上的剪应力按抗剪强度作了折减。根据竖向力平衡条件，并假定各土条底部滑动面上的稳定安全系数相同，由整个滑动土体的力矩平衡得到土坡沿滑动面 AD 滑动的稳定安全系数：

$$F_s=\frac{\sum_{i=1}^n \frac{1}{m_{\alpha i}}(W_i\tan\varphi_i+c_i l_i\cos\alpha_i)}{\sum_{i=1}^n W_i\sin\alpha_i} \tag{9.10}$$

其中

$$m_{\alpha i}=\cos\alpha_i+\frac{\tan\varphi_i\sin\alpha_i}{F_s} \tag{9.11}$$

毕肖普条分法计算边坡稳定安全系数的公式中包含 F_s 值，因此须用迭代法求解，即先假定一个 $F_s=1$，按式（9.11）计算 $m_{\alpha i}$，将 $m_{\alpha i}$ 值代入式（9.10）中求出 F_s 值，若此计算值与假定值的差大于终止计算的条件，则用计算所得 F_s 值重新计算 $m_{\alpha i}$ 值，求得新的 F_s 值，如此反复迭代，直至计算值与假定值的差满足终止计算条件。

仍可按费伦纽斯条分法确定最危险滑动面圆心位置。

瑞典条分法和毕肖普条分法是目前工程中常用的土坡稳定分析方法。

【例 9.4】 用毕肖普条分法计算［例 9.3］中土坡的稳定安全系数。

解：计算结果见表9.3。

第一次试算，假定稳定安全系数为 $F_s=1.2$，试算后，求得稳定安全系数：

$$F_s = \frac{\sum_{i=1}^{n}\frac{1}{m_{\alpha i}}(W_i\tan\varphi_i + c_i l_i\cos\alpha_i)}{\sum_{i=1}^{n}W_i\sin\alpha_i} = \frac{311.57}{317.62} = 1.169$$

表9.3　　　　　　　　　　[例9.4] 土坡稳定分析计算表

土条编号	α_i /(°)	l_i	土条重力W_i /kN	$W_i\sin\alpha_i$ /kN	$W_i\tan\varphi_i$ /kN	$cl_i\cos\alpha_i$ /kN	$m_{\alpha i}$			$\frac{1}{m_{\alpha i}}(W_i\tan\varphi_i + cl_i\cos\alpha_i)$		
							$F_s=1.2$	$F_s=1.17$	$F_s=1.15$	$F_s=1.2$	$F_s=1.17$	$F_s=1.15$
1	6.23	1.29	15.99	1.73	4.28	22.02	1.018	1.019	1.109	26.11	25.81	25.80
2	12.80	1.31	46.34	10.26	12.41	22.02	1.025	1.026	1.027	33.63	33.56	33.53
3	19.54	1.36	72.98	24.40	19.54	22.02	1.017	1.019	1.020	41.15	40.78	40.74
4	26.58	1.43	95.45	42.69	25.56	22.02	0.994	0.997	0.999	47.66	47.73	47.65
5	34.09	1.55	113.29	63.47	30.34	22.02	0.953	0.957	0.959	54.88	54.74	54.61
6	42.33	1.73	116.07	78.13	31.08	22.02	0.890	0.894	0.896	60.17	59.43	59.25
7	51.85	2.07	84.10	66.11	22.52	22.02	0.794	0.798	0.801	55.68	55.83	55.60
8	64.08	2.92	34.29	30.83	9.18	22.02	0.638	0.643	0.647	52.29	48.52	48.23
合计				317.62						371.57	366.40	365.41

第二次试算，假定稳定安全系数为 $F_s=1.17$，计算结果列于表中，求得安全系数：

$$F_s = \frac{\sum_{i=1}^{n}\frac{1}{m_{\alpha i}}(W_i\tan\varphi_i + c_i l_i\cos\alpha_i)}{\sum_{i=1}^{n}W_i\sin\alpha_i} = \frac{366.40}{317.62} = 1.154$$

第三次试算，假定稳定安全系数为 $F_s=1.15$，计算结果列于表中，求得安全系数：

$$F_s = \frac{\sum_{i=1}^{n}\frac{1}{m_{\alpha i}}(W_i\tan\varphi_i + c_i l_i\cos\alpha_i)}{\sum_{i=1}^{n}W_i\sin\alpha_i} = \frac{365.41}{317.62} = 1.150$$

计算结果与假定接近，故土坡稳定安全系数 $F_s=1.15$。

9.3.2.3 不平衡推力传递法

山区边坡往往覆盖在起伏变化的基岩上，土坡失稳多数沿基岩面发生滑动，形成折线滑动面，这类边坡稳定分析可采用不平衡推力传递法。

不平衡推力传递法是边坡稳定计算时经常使用的一种方法，它适用于任何形状的滑动面。假定土条间的条间力的合力与上一土条底面平行。单个土条的受力分析如图9.15所示。

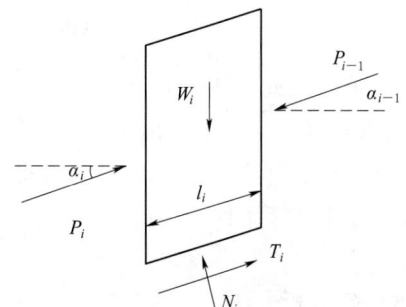

图9.15　不平衡推力法土条受力分析

9.3 黏性土土坡稳定分析

令土条底面切线方向和法线方向力平衡,得

$$T_i + P_i - P_{i-1}\cos(\alpha_{i-1} - \alpha_i) - W_i\sin\alpha_i = 0$$
$$N_i - W_i\cos\alpha_i - P_{i-1}\sin(\alpha_{i-1} - \alpha_i) = 0$$

按摩尔-库伦强度准则有

$$T_i = \frac{N_i\tan\varphi_i + c_i l_i}{F_s}$$

$$P_i = W_i\sin\alpha_i - \frac{W_i\cos\alpha_i\tan\varphi_i + c_i l_i}{F_s} + P_{i-1}\psi_{i-1} \tag{9.12}$$

$$\psi_{i-1} = \cos(\alpha_{i-1} - \alpha_i) - \frac{\sin(\alpha_{i-1} - \alpha_i)\tan\varphi_i}{F_s} \tag{9.13}$$

式中 α_i、α_{i-1}——分别为第 i、$i-1$ 个土条滑动面与水平面的夹角;

P_i——第 i 个土条与第 $i+1$ 个土条之间的条间力;

P_{i-1}——第 i 个土条与第 $i-1$ 个土条之间的条间力;

ψ_{i-1}——第 $i-1$ 个土条对第 i 个土条的传递系数。

采用不平衡推力传递法计算土坡稳定安全系数需要用到迭代法,首先假定一个 F_s 初始值,由坡顶第一个土条开始,已知 P_0,由式(9.12)可以求得 P_1,以此递推可求得坡脚第 n 个土条的条间力 P_n。如 F_s 值满足力平衡条件,则坡脚第 n 个土条 P_n 应该为零,否则,调整 F_s 值,再递推求解,反复计算直至 $P_n = 0$,此时的 F_s 值即为土坡稳定安全系数。这是《建筑边坡工程技术规范》(GB 50330—2013)建议的方法,见图 9.16。即

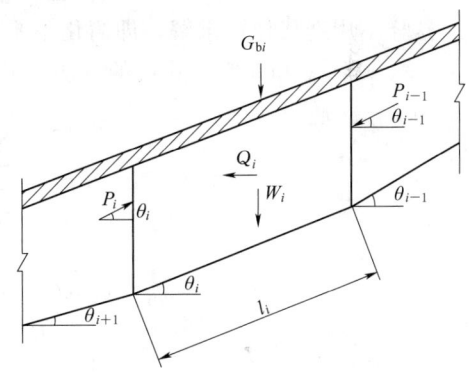

图 9.16 折线形滑面不平衡推力传递法计算简图

$$P_n = 0 \tag{9.14}$$

$$P_i = P_{i-1}\psi_{i-1} + T_i - R_i/F_s \tag{9.15}$$

$$\psi_{i-1} = \cos(\theta_{i-1} - \theta_i) - \frac{\sin(\theta_{i-1} - \theta_i)\tan\varphi_i}{F_s} \tag{9.16}$$

$$T_i = (W_i + G_{bi})\sin\theta_i + Q_i\cos\theta_i \tag{9.17}$$

$$R_i = c_i l_i + [(W_i + G_{bi})\cos\theta_i - Q_i\sin\theta_i - U_i]\tan\varphi_i \tag{9.18}$$

式中 P_n——第 n 个土条单位宽度剩余下滑力,P_i 同前,$P_i < 0$ 时取 $P_i = 0$;

T_i——第 i 个土条单位宽度重力及其他外力引起的下滑力;

R_i——第 i 个土条单位宽度重力及其他外力引起的抗滑力;

θ_i——第 i 个土条滑动面与水平面的夹角;

W_i——第 i 个土条单位宽度重力;

G_{bi}——第 i 个土条单位宽度竖向附加荷载,向下时为正,向上时为负;

Q_i——第 i 个土条单位宽度水平附加荷载,指向坡外时为正,指向坡内时为负;

U_i——第 i 个土条滑面单位宽度总水压力;

F_s——边坡稳定安全系数。

在用不平衡推力传递法计算折线形滑面滑坡推力时,以安全系数 F_{st}(规范要求工程必须达到的安全系数)替换稳定安全系数 F_s,以此计算的 P_n,即为滑动推力。

工程中应用不平衡推力法有以下三种形式:

(1) 不平衡推力法 1。由于土条间不能承受拉力,所以当 $P_i < 0$ 时,取 $P_i = 0$,此 P_i 不再向下传递,此时力平衡条件受到一定程度的破坏。

(2) 不平衡推力法 2。为保证满足力平衡条件,当 $P_i = 0$ 时,不对其进行归零处理。

(3) 不平衡推力法 3。当 $P_i < 0$ 时,取 $P_i = 0$,将式(9.17)右边乘以 F_s,可简化得

$$P_i = F_s W_i \sin\alpha_i - W_i \cos\alpha_i \tan\varphi_i - c_i l_i + P_{i-1}\psi_{i-1} = F_s T_i - R_i + P_{i-1}\psi_{i-1} \tag{9.19}$$

$$\psi_{i-1} = \cos(\alpha_i - \alpha_{i-1}) - \sin(\alpha_i - \alpha_{i-1})\tan\varphi_i \tag{9.20}$$

$$R_i = W_i \cos\alpha_i \tan\varphi_i + c_i l_i$$

$$T_i = W_i \sin\alpha_i$$

$$F_s = \frac{\sum R_i \psi_i \psi_{i+1} \cdots \psi_{n-1} + R_n}{\sum T_i \psi_i \psi_{i+1} \cdots \psi_{n-1} + T_n} \tag{9.21}$$

这样不用迭代便可求解,即简化不平衡推力法,这也是《岩土工程勘察规范》(GB 50021—2001)(2009 版)建议的方法,见图 9.17。即

$$\left.\begin{aligned}F_s &= \frac{\sum_{i=1}^{n-1}\left(R_i \prod_{j=i}^{n-1}\psi_j\right) + R_n}{\sum_{i=1}^{n-1}\left(T_i \prod_{j=i}^{n-1}\psi_j\right) + T_n} \\ \psi_j &= \cos(\theta_i - \theta_{i-1}) - \sin(\theta_i - \theta_{i-1})\tan\varphi_i \\ R_i &= N_i \tan\varphi_i + c_i l_i \\ N_i &= W_i \cos\alpha_i \\ T_i &= W_i \sin\alpha_i\end{aligned}\right\} \tag{9.22}$$

采用不平衡推力传递法计算时,因为土条之间不能承受拉应力,所以任何土条之间的推力 P_i 不能出现负值。如果 P_i 出现负值,则 P_i 不再向下传递,而对下一土条取 P_{i-1} 为 0。

【**例 9.5**】 根据勘察资料,某滑坡体可分为两块(图 9.18),每块的重力、滑动面长度、滑动面倾角及滑动面上土的抗剪强度标准值为:$W_1 = 700\text{kN/m}^3$, $l_1 = 12\text{m}$, $\theta_1 = 30°$, $\varphi_1 = 12°$,

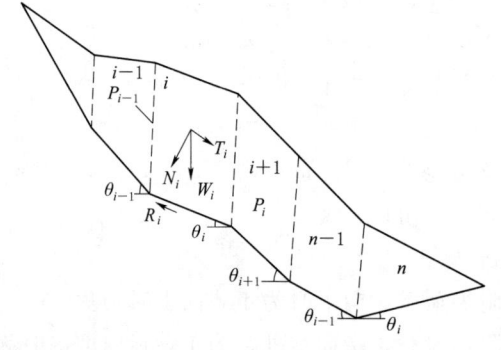

图 9.17 滑坡稳定系数计算简图

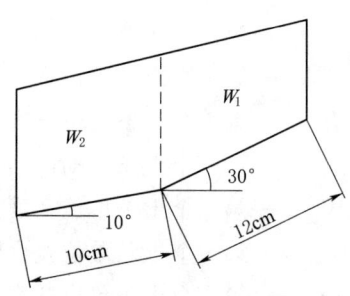

图 9-18 [例 9.5]图

$c_1=10\text{kPa}; W_2=820\text{kN/m}^3, l_2=10\text{m}, \theta_2=10°, \varphi_2=10°, c_2=12\text{kPa}$。试采用不平衡推力传递法计算滑坡稳定安全系数。

解：根据 GB 50021—2001，计算如下：

$$\psi = \cos(\theta_1-\theta_2) - \sin(\theta_1-\theta_2)\tan\varphi_2 = 0.8794$$

$$R_1 = N_1\tan\varphi_1 + c_1 l_1 = W_1\cos\theta_1\tan\varphi_1 + c_1 l_1 = 248.86(\text{kN/m})$$

$$R_2 = N_2\tan\varphi_2 + c_2 l_2 = W_2\cos\theta_2\tan\varphi_2 + c_2 l_2 = 262.39(\text{kN/m})$$

$$T_1 = W_1\sin\theta_1 = 350(\text{kN/m})$$

$$T_2 = W_2\sin\theta_2 = 142.39(\text{kN/m})$$

$$F_s = \frac{\sum_{i=1}^{n-1}(R_i\prod_{j=i}^{n-1}\psi_j)+R_n}{\sum_{i=1}^{n-1}(T_i\prod_{j=i}^{n-1}\psi_j)+T_n} = \frac{R_1\psi_1+R_2}{T_1\psi_1+T_2} = 1.07$$

9.4 土坡稳定分析的讨论

9.4.1 土的抗剪强度指标及安全系数的选用

土坡稳定分析结果的可靠性，不仅仅取决于计算方法，更重要的是土的抗剪强度指标的正确选用，即选用哪种试验方法测定土的抗剪强度指标。

在实际工程应用中应结合土坡的实际情况，选择符合现场实际受力和排水条件的试验方法，使试验指标具有较好的代表性。如验算土坡施工结束时的稳定情况，若土坡施工速度较快，填土的渗透性较差，则土中孔隙水压力不易消散，这时宜采用不排水剪或固结不排水剪总应力强度指标，用总应力法分析；如验算土坡长期稳定性时，则应采用排水剪或固结不排水剪有效应力强度指标，用有效应力法分析。

从理论上来讲，土坡稳定处于极限平衡时土坡稳定安全系数等于1，因此，若设计土坡的 F_s 大于1，能满足稳定要求。但在实际工程应用中，计算方法和抗剪强度指标的选用都将影响计算结果的精度。目前对于土坡稳定安全系数 F_{st} 的数值，各部门尚无统一标准。

9.4.2 各种稳定安全系数计算方法的比较

以上介绍的各种稳定性计算方法，都是建立在极限平衡理论的基础上的，可以满足力和力矩的平衡、摩尔-库伦破坏准则和应力边界条件，但未考虑土体本身的应力-应变关系。各种方法最大的不同之处在于对相邻土条之间的内力的假定不同，也就是如何增加已知条件使超静定问题变成静定问题求解。极限平衡稳定性计算方法的比较见表 9.4。

表 9.4　　　　　　　　　　极限平衡稳定性计算方法的比较

方法	整体圆弧滑动法	瑞典条分法	毕肖普法	不平衡推力传递法
计算假定	假定滑动面为圆弧面；土坡稳定安全系数为抗滑力矩与滑动力矩的比值	假定滑动面为圆弧面；不考虑土条两侧的作用力	假定条间只有水平推力作用，不考虑竖向剪力；假定滑动面上的切向力等于滑动面上土所发挥的抗剪强度	假定滑动面是折线滑动面；假定条间作用力的方向与上一土条底面平行；假定滑动面上的切向力等于滑动面上土所发挥的抗剪强度

续表

方法	整体圆弧滑动法	瑞典条分法	毕肖普法	不平衡推力传递法
计算参数	W 为滑动体的重力；x 为滑动体的重力对滑动面圆心 O 的力臂；c_u 为土的抗剪强度；L 为滑动圆弧 AD 长；R 为滑动圆弧面的半径	α_i 为土条滑动面的法线与竖直线的夹角；R 为滑动半径；θ 为求圆心位置的参数	E_i 为条间水平推力；X_i 为条间竖向剪力；其他符号同瑞典条分法	α_i 为土条滑动面的倾角；p_i 为土条之间的条间力；ψ_i 为土条之间的传递系数；T_i 为土条单位宽度重力及其他外力引起的下滑力；R_i 为土条单位宽度重力及其他外力引起的抗滑力
分析比较	它只适用于 $\varphi=0$ 的情况	计算的土坡稳定系数偏低，偏低程度随 θ 的增加而增加	考虑了条间力，使计算结果更接近实际	滑动面为圆弧面时，计算结果与 Bishop 法接近；但滑动面为不规则折线时，计算结果与 Bishop 法相差较大

9.4.3 有水渗流时的土坡稳定分析

当河道水位先是缓慢上涨而后急剧下降时，沿河路堤内的水将向外渗流，此时路堤内水的渗流产生动水压力 J，其方向指向路堤边坡，对路堤的稳定是不利的，如图 9.19 所示。

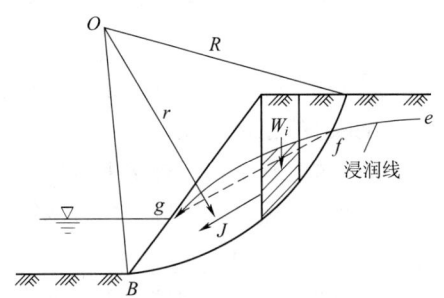

图 9.19 有水渗流时土坡稳定分析

由于水位骤降，路堤内水向外渗流，已知浸润线为 efg，滑动土体在浸润线以下部分的面积为 A，作用在这一部分土体上的动水力合力为 J。用条分法分析土坡稳定，对第 i 个土条进行重力计算时，浸润线以下部分应考虑水的浮力作用，采用浮重度计算。动水力合力 J 可按式（9.23）计算：

$$J = \gamma_w i A \tag{9.23}$$

式中 J ——作用在浸润线以下部分滑动土体上的动水力合力；

γ_w ——水的重度；

i ——在浸润线以下范围内的水力梯度平均值；

A ——滑动土体在浸润线以下部分的面积。

动水力合力 J 的作用点在面积 A 的形心，其作用方向与 fg 连线平行，对滑动面圆心 O 的力臂为 r。

这样有水渗流时的土坡稳定安全系数为

$$F_s = \frac{M_r}{M_s} = \frac{R\sum_{i=1}^{n}(W_i\cos\alpha_i\tan\varphi_i + c_i l_i)}{R\sum_{i=1}^{n}W_i\sin\alpha_i + rJ} \tag{9.24}$$

9.4.4 坡顶开裂时的土坡稳定分析

黏性土路堤的坡顶附近,可能因土的收缩及张力作用产生裂缝,如图 9.20 所示。地表水渗入裂缝后,将产生静水压力,它属于滑动力,对边坡稳定不利,故在土坡稳定分析中应予以考虑。

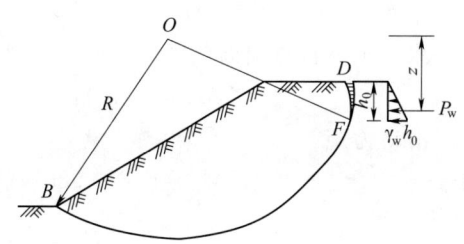

图 9.20 坡顶开裂时土坡稳定分析

坡顶裂缝的开展深度为 h_0,可按挡土墙后黏性土的拉力区高度公式[式(9.25)]计算。

$$h_0 = \frac{2c}{\gamma \tan\left(45° - \frac{\varphi}{2}\right)} \tag{9.25}$$

因此,裂隙内积水产生的水压力为

$$P_w = \frac{1}{2}\gamma_w h_0^2 \tag{9.26}$$

其对最危险滑动面圆心的力臂为 z,在分析土坡稳定性时,应考虑 P_w 引起的滑动力矩,并且滑动面弧长也将由 BD 减短为 BF。

从上面的分析可知,坡顶出现裂缝对土坡的稳定是不利的,在工程中应采取相应的措施以避免出现这种情况。

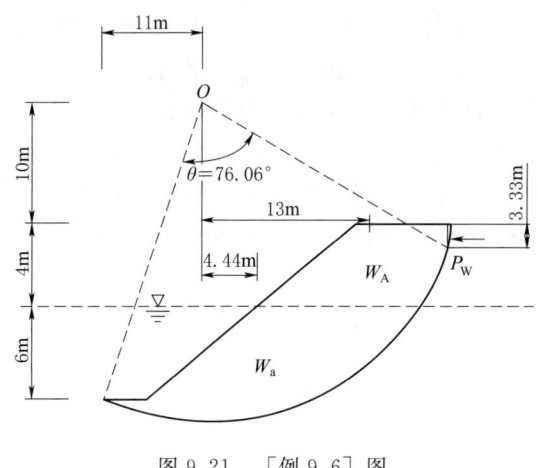

图 9.21 [例 9.6] 图

【例 9.6】 饱和软黏土土坡度为 1∶2,坡高 10m,不排水抗剪强度 c_u = 30kPa,土的天然容重和饱和容重均为 18kN/m³,水位在坡脚以上 6m 处。已知单位土坡长度滑坡体水位以下土体体积 $V_a = 144.11\text{m}^3/\text{m}$,与滑动圆弧的圆心距离为 $x_1 = 4.44\text{m}$,在滑坡上部有 3.33m 的拉裂缝,缝中充满水,水压力为 P_w,滑坡体水位以上的体积为 $V_A = 41.92\text{m}^3/\text{m}$,圆心距为 $x_2 = 13\text{m}$。用整体圆弧法计算土坡沿着该滑裂面滑动的稳定安全系数。

解:计算滑弧的半径

$$R = \sqrt{20^2 + 11^2} = 22.83(\text{m})$$

抗滑力矩

$$M_r = 30 \times (3.14 \times 76.06/180) \times 22.83 \times 22.83 = 20757(\text{kN}\cdot\text{m/m})$$

裂缝水压力引起的滑动力矩

$$M_w = \frac{1}{2} \times 10 \times 3.33^2 \times 12.22 = 678(\text{kN}\cdot\text{m/m})$$

水上土体自重引起的滑动力矩

$$M_1 = 41.92 \times 18 \times 13 = 9809 (\text{kN} \cdot \text{m/m})$$

水下土体自重引起的滑动力矩

$$M_2 = 144.11 \times 8 \times 4.44 = 5119 (\text{kN} \cdot \text{m/m})$$

滑动力矩

$$M_s = 678 + 9809 + 5119 = 15606 (\text{kN} \cdot \text{m/m})$$

$$F_s = \frac{M_r}{M_s} = \frac{20757}{15606} = 1.33$$

9.4.5 挖方、填方边坡的特点

前面所介绍的土坡稳定安全系数计算公式都属于总应力法，采用总应力抗剪强度指标。若土坡采用饱和黏土填筑，因填土或施加荷载速度较快，土中孔隙水来不及排出，将产生孔隙水压力，使土的有效应力减小，增加了土坡滑动的危险，降低了土坡稳定安全系数。这时，土坡稳定分析应考虑孔隙水压力的影响，采用有效应力方法计算，其稳定安全系数应采用有效应力抗剪强度指标进行计算。

从上面的分析可知，孔隙水压力是影响黏性土边坡滑动面上土的抗剪强度的重要因素。在总应力保持不变的情况下，孔隙水压力增大，土的抗剪强度就会减小，边坡的稳定安全系数也相应地下降；反之，孔隙水压力变小，边坡的稳定安全系数则会相应地增大。

如图 9.22 所示的饱和黏性土地基上修筑的路堤或堆载边坡，以 a 点（原地面下滑动面上某点）为例，稳定性分析如图 9.23 所示。超孔隙水压力（A 为孔隙水压力系数）随着填土荷载的不断增大而增大，如果近似认为施工过程中不发生排水，则填土荷载将全部由孔隙水来承担，施工过程中土的有效应力保持不变，因此土的抗剪强度也保持不变；竣工后，土中的总应力保持不变，超静孔隙水压力随着土的固结而消散，直至趋于零 [图 9.23（b）]，相应的土的有效应力不断增加至土的总应力，土的抗剪强度就会不断增加 [图 9.23（c）]。因此，填方边坡在填土结束时，边坡的稳定性应采用总应力法和不排水抗剪强度来分析，而长期稳定性则应采取有效应力和有效应力抗剪强度指标来分析。填方边坡的安全系数在施工刚刚结束时最小。

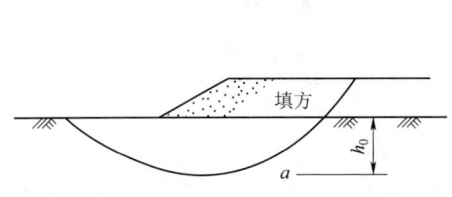

图 9.22 路堤边坡

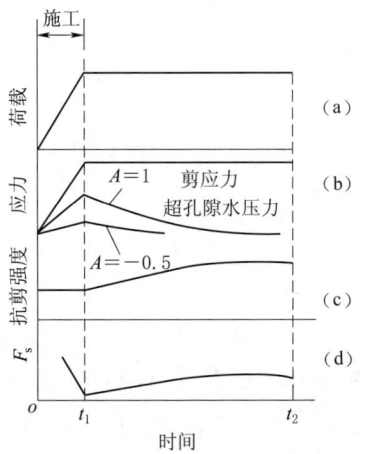

图 9.23 填方边坡稳定性分析

如图 9.24 所示的黏性土挖方边坡，以 a 点（原地面下滑动面上的某点）为例，稳定性分析如图 9.25 所示，随着施工（挖方）的进行，总应力不断减小，孔隙水压力不断地下降，直至出现负值。如果同样认为在施工期不排水，则土的有效应力和土的抗剪强度保持不变；竣工后，负超静孔隙水压力随着时间逐渐消散 [图 9.25（b）]，黏性土随之膨胀，抗剪强度随之下降，图 [9.25（c）]。因此，竣工时挖方边坡的稳定性和长期稳定性分别采用卸载条件下的不排水和排水抗剪强度来分析，其中最不利状态是其长期稳定性，即竣工后随着负超静孔隙水压力的逐渐消散，挖方边坡容易发生失稳。

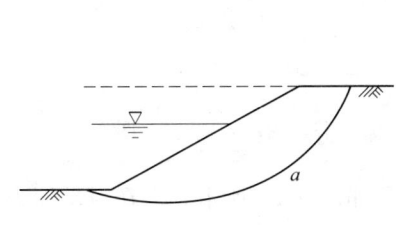

图 9.24 挖方边坡

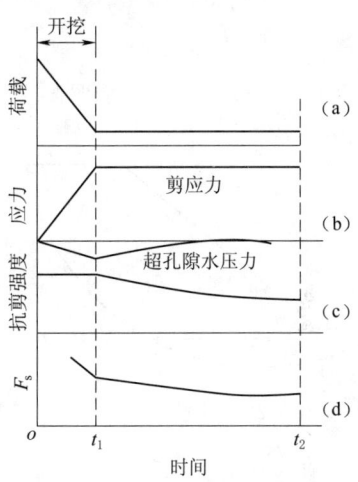

图 9.25 挖方边坡稳定性分析

思 考 题

9.1 土坡失稳破坏的原因是什么？

9.2 土坡稳定安全系数的意义是什么？有哪几种表达形式？

9.3 何谓坡脚圆、中点圆及坡面圆？其产生的条件与土质、土坡形状及土层构造有何关系？

9.4 用总应力法及有效应力法分析土坡稳定时有何不同？

9.5 理解坡顶开裂及路堤内有水渗流时的土坡稳定分析方法。

习 题

9.1 现需设计一个无黏性土简单边坡，已知边坡高度为 10m，土的内摩擦角 $\varphi = 34°$，黏聚力 $c = 0$，若要求边坡稳定安全系数为 1.3，试设计边坡的坡角。

9.2 如图 9.26 所示，一均匀黏性土填筑的路堤存在圆弧形滑面，滑面半径 $R = 12.5m$，滑面长 $L = 25m$，滑带土不排水抗剪强度 $c_u = 19kPa$，内摩擦角 $\varphi_u = 0$，下滑土体重 $W_1 = 1300kN$，抗滑土体重 $W_2 = 315kN$，下滑土体重心至滑动圆弧圆心的距离 $d_1 =$

5.2m,抗滑土体重心至滑动圆弧圆心的距离 $d_2=2.7$m,试计算抗滑稳定系数。

9.3 某饱和软黏土边坡已出现明显变形迹象(认为在 $\varphi_u=0$ 情况下,用整体圆弧法计算的稳定安全系数 $F_{s1}=1$),假设有关参数如下:下滑部分 W_1 的截面面积为 30.2m²,力臂 $d_1=3.2$m,滑体平均重度为 17kN/m³;为确保边坡安全,在坡脚堆载反压体 W_3,W_3 的截面面积为 9m²,力臂 $d_3=3.0$m,重度为 20kN/m³。在其他参数不变的情况下,计算反压后边坡的稳定安全系数 F_{s2}。

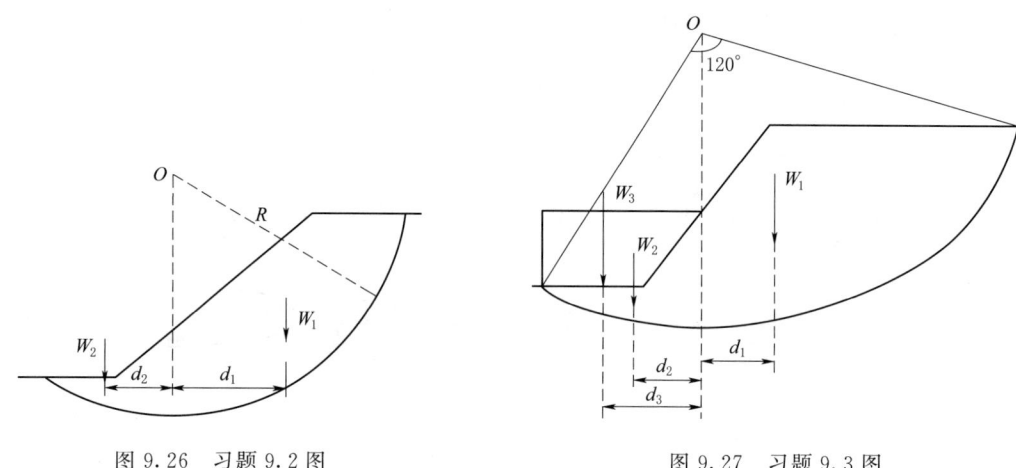

图 9.26 习题 9.2 图　　　　图 9.27 习题 9.3 图

9.4 某水库有一土质岸坡,主剖面及各分块面积如图 9.28 所示,潜在滑动面为土岩交界面,土的重度和抗剪强度参数如下:$\gamma=19$kN/m³,$\gamma_{sat}=19.5$kN/m³;水上 $c_1=10$kPa,$\varphi_1=19°$;水下 $c_2=7$kPa,$\varphi_2=16°$。按《岩土工程勘察规范》(GB 50021—2001)(2009 版)计算,计算该岸坡沿潜在滑动面的稳定安全系数。

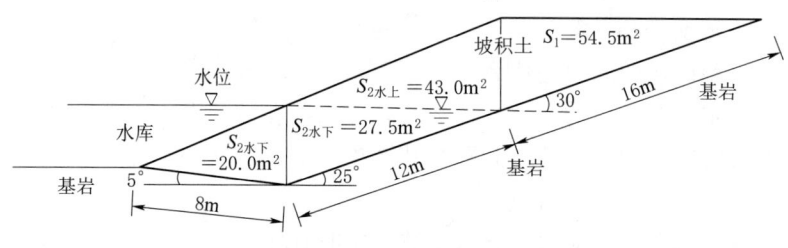

图 9.28 习题 9.4 图

9.5 某滑动面为折线形的均质滑坡,主轴断面及作用力参数见表 9.5,根据《岩土工程勘察规范》(GB 50021—2001)(2009 版)中不平衡推力传递法求边坡的稳定性系数。

表 9.5　　　　习　题　9.5　表

滑块编号	下滑力 T_i/(kN/m)	抗滑力 R_i/(kN/m)	传递系数 ψ_j
①	3.5×10^4	0.9×10^4	0.756
②	9.3×10^4	8.0×10^4	0.947
③	1.0×10^4	2.8×10^4	

9.6 某一滑坡的参数如习题 9.5，若滑坡推力安全系数为 $F_{st}=1.05$，试根据《建筑边坡工程技术规范》(GB 50330—2013)不平衡推力法求滑体③剩余下滑力。

中 英 词 汇 对 照

土坡　slope
黏性土土坡　cohesive soil slope
自然休止角　angle of repose
条分法　slice method
毕肖普条分法　Bishop method of slices
不平衡推力传递法　unbalanced thrust transmission method

无黏性土土坡　non-cohesive soil slope
土坡稳定分析　slope stability analysis
极限平衡法　limit equilibrium method
整体圆弧滑动法　circular arc movable method
费伦纽斯条分法　Fellenius method of slices

第10章 地 基 处 理

> **内容导读**：当天然地基不能满足工程要求时，需对其采取适当的技术措施进行加固改良，这种加固或改良的措施统称为地基处理。本章主要介绍地基处理的目的、对象、常用方法分类及其简要加固原理与适用性。
>
> **教学目标及要求**：理解地基处理常用方法的基本原理与思路；了解地基处理方法分类及其适用范围。

10.1 概　　述

建筑物的地基可分为天然地基和人工地基。前者是指在天然情况下可满足变形和强度要求的地基，后者则指必须经过人工处理才能使用的地基。

当应用前面的土力学理论，发现天然地基的强度或承载力不足，或产生的沉降与不均匀沉降超过允许值，或者不满足渗流稳定问题，或者遇到特殊土地基等问题中的一个或几个时，或者采用深基础，或者采用地基处理措施，以保证建筑物的安全与正常使用。

10.2 地基处理的目的

地基处理的目的是选择合理的地基处理方法，对不能满足直接使用的天然地基进行有针对性的处理，以解决不良地基所存在的承载力、变形、液化及渗透等问题，从而满足工程建设的要求。地基处理的目的包括以下 6 个方面内容。

1. 提高地基承载力

地基基础设计首先必须保证在荷载作用下地基不会因为剪切破坏而失效，《建筑地基基础设计规范》（GB 50007—2011）规定，任何建（构）筑物，都必须满足地基承载力要求，因此当基底压力大，地基承载力不够时，应采取措施增加地基承载力。

2. 改善压缩特性

地基因建（构）筑物荷载作用而产生沉降，沉降或不均匀沉降过大，不仅会影响建（构）筑物使用，甚至会造成倾斜、开裂，危及建筑物安全。因此当建（构）筑物沉降不满足规范要求时，应采取措施增加地基土压缩模量或进行均匀处理，以减少沉降和不均匀沉降。

3. 改善剪切特性，增加地基的稳定性

《建筑地基基础设计规范》（GB 50007—2011）规定，对经常承受水平荷载的高层建筑，高耸结构和挡土墙等，以及建造在斜坡上或边坡附近的建筑物和构筑物，尚应验算地基稳定性。

地基及土坡失稳主要是由于土的抗剪强度不足,因此应采取措施提高土的抗剪强度。

4. 改善动力特性

地基的动力特性表现在地震时饱和松散粉细砂（包括部分粉土）将会产生液化；由于交通荷载或打桩等原因,邻近地基产生振动下沉。为此,需要采取措施防止地基土液化,并改善其振动特性以提高地基的抗震性能。

5. 改善特殊土的不良工程特性

改善特殊土的不良工程特性主要是指减少或消除黄土的湿陷性、膨胀土的胀缩性以及冻土的冻胀与湿陷性等地基处理措施。

6. 改善透水特性

地基的透水性表现为：地下水渗透及上浮力；基坑开挖工程中,因土层内常夹有薄层粉砂或粉土而产生流沙和管涌。以上都是在地下水的运动中所出现的问题。为此,必须研究需要采取何种地基处理措施使地基土变成弱透水或减少其渗透性和水压力。

10.3 地基处理的对象

地基处理对象通常指承载力低、压缩性高以及具有不良工程特性的各种软弱地基及特殊土地基。判断天然地基是否属于软弱地基或不良地基没有明确的界限,常常将不能满足建（构）筑物对地基要求的天然地基称为软弱地基或不良地基。因此,天然地基是否属于软弱地基或不良地基可以说是相对的,并无严格的标准。

10.3.1 软弱地基

软弱地基是指主要由软土、冲填土、杂填土或其他高压缩性土层构成的地基。

1. 软土

软土定义为"天然含水率高、天然孔隙比大、抗剪强度低、压缩性高的细粒土,包括淤泥、淤泥质土、泥炭质土等"。在我国,软土广泛分布于东南沿海地区和内陆江河湖泊周围。软土的基本工程特性如下：

(1) 具有高含水率、高压缩性、低密度、低强度和低透水性等特点。一般含水率高达 $35\%\sim80\%$,最大可达 $100\%\sim200\%$,常大于液限；孔隙比大于 1.0,有的可大于 2.0；高含水率和大孔隙比是软土的基本物理特征,直接影响其压缩性和抗剪强度。该类土压缩沉降量大,排水固结缓慢,地基稳定性差。因此,降低含水率和缩小孔隙比是软土加固的重要内容。软土天然不排水抗剪强度为 $10\sim30$ kPa,在外荷载作用下,土体的渗透固结会使其强度增长,因此,加速软土地基的固结,是改善软土地基强度特征的有效途径。软弱土层的渗透系数一般为 $10^{-8}\sim10^{-6}$ cm/s,在外荷载作用下往往需要数年甚至更长的时间才能达到较大的固结度。

(2) 具有结构性。软土结构性的形成随土的矿物成分、沉积环境、孔隙水的成分及沉积年代而不同。软土一般为絮凝结构,尤以海相黏土更为明显,表现出高位结构性特征,处于亚稳定状态。一旦其结构受到扰动或破坏,土体强度显著降低,甚至呈流动状态。因此,在地基处理中减少或避免对高结构性软土的扰动或加载屈服,否则对地基处理的效果产生不良影响。

(3) 流变性显著。在外荷载作用下，软土主固结（渗透）已完成，但是在剪应力的作用下，软土剪切应变缓慢发展，导致抗剪强度的衰减（松弛现象），引发稳定问题；并且在主固结完成后，使软土继续产生可观的次固结沉降（蠕变），影响地基沉降控制。因此，在相对高水平的荷载作用下，有机质（软）土的流变性性能在工程实践中应引起高度的重视。

2. 冲（吹）填土

冲填土是人工填土之一。它是在疏浚江河航道或从河底取土时用泥浆泵将已装在泥驳船上的泥沙，直接或再用定量的水加以混合成一定浓度的泥浆，通过输泥管送到四周筑有围堤并设有排水挡板的填土区内，经沉淀排水后而成。

冲填土有别于素土回填，它具有一定的规律性。其工程性质与冲填土料、冲填方法、冲填过程及冲填后的排水固结条件、冲填区的原始地貌和冲填龄期等因素有关。

其主要工程性质如下：

(1) 冲填土有的以砂粒为主，有的以黏粒或粉粒为主。在冲填土的入口处沉积的土粒较粗，甚至有石块，顺着出口处逐渐变细，除出口处及接近围堰的局部范围外，一般尚属均匀，但若冲填过程中间歇时间过长，或土料有变化则将造成冲填土纵横向的不均匀性。

(2) 冲填土料粗颗粒比细颗粒排水固结快，在其下层土质具有良好的排水固结条件下所形成的冲填土地基的强度和密实度随着龄期增长而加大。

(3) 冲填土料很细时，水分难以排出。土体形成初期呈流动状态，其表面自然蒸发后，常龟裂，下面水分不易排出，处于未固结状态，较长时间内可能仍处于流动状态，稍加扰动，即呈触变现象。

(4) 如原始地貌高低不平或局部低洼，冲填后水分更不易排出，固结极为缓慢，压缩性高。而冲填在斜坡地段上，则其排水固结条件就较好。

(5) 冲填土与自然沉积的同类土相比，强度低，压缩性高，易产生触变现象。

3. 杂填土

杂填土主要工程性质如下：

(1) 一般承载能力不高，压缩性较大，且不均匀，具体来说：填料物质不一，颗粒尺寸悬殊，颗粒间孔隙大小不一；回填前地貌高低起伏，形成填土厚薄不一；回填时间常常先后不一；取样不易，勘察工作困难，通常无法提出地基承载力值。

(2) 加到某级荷载时浸水，变形剧增，有湿陷性。

(3) 填筑年代是评定杂填土的一个重要指标。填土层的密实度随年代而增加，但随外界因素如雨水、填土顶上的随机荷载等而有较大的变化。通常，砂性杂填土的填筑年代在5年以上，黏性杂填土则需更多时间，才能粗略地认为填土层自身压密已趋于稳定。

另外，饱和松散粉细砂（包括部分粉土）也属于软弱地基，在动力荷载（机械振动、地震等）作用下将产生液化，基坑开挖时也会产生管涌。

4. 其他高压缩性土

其他高压缩性土主要指饱和粉砂土、饱和细砂土和砂质粉土，虽然在静荷载作用下具有较高的强度，但在机器振动、车辆荷载、波浪或地震力的反复作用下有可能产生液化或产生大量震陷变形，地基会因地基土体液化而丧失承载力。如需要承担动力荷载，这类地基也往往需要进行地基处理。

10.3.2 特殊土地基

特殊土地基大部分带有地区特点，它包括湿陷性土，膨胀土，红黏土，盐渍土，季节性冻土，有机质土和泥炭土，岩溶、土洞和山区地基，采空区等。

1. 湿陷性土

湿陷性土包括湿陷性黄土、粉砂土和干旱或半干旱地区具有崩解性的碎石土等。湿陷性土的判定可根据野外浸水载荷试验确定。当在 200kPa 压力作用下附加变形量与载荷板宽度之比大于 0.015 时称为湿陷性土。在工程建设中遇到较多的是湿陷性黄土。

湿陷性黄土是指在上覆土的自重应力作用下，或在上覆土自重应力和附加应力共同作用下，受水浸湿后土的结构迅速破坏而发生显著附加下沉的黄土。我国湿陷性黄土广泛分布在甘肃、陕西、黑龙江、吉林、辽宁、内蒙古、山东、河北、河南、山西、陕西、甘肃、宁夏、青海和新疆等地。由于黄土的浸水湿陷而引起的建（构）筑物的不均匀沉降是造成黄土地区事故的主要原因。设计时首先要判断是否具有湿陷性，再考虑如何进行地基处理。

2. 膨胀土

膨胀土是指黏粒成分主要由亲水性黏土矿物组成的黏性土，它是一种吸水膨胀和失水收缩，具有较大的胀缩变形性能，且变形往复的高塑性黏土。我国膨胀土分布范围很广。在广西、云南、湖北、河南、安徽、四川、河北、山东、陕西、江苏、贵州和广东等省均有不同范围的分布。膨胀土在环境的温度和湿度变化时会产生强烈的胀缩变形。将膨胀土作为筑路材料或用其建（构）筑物地基时，如果不进行地基处理，常会产生较大的危害。

3. 红黏土

石灰岩和白云岩等碳酸盐类岩石在亚热带温湿气候条件下，经风化作用所形成的褐红色黏性土，称为红黏土。通常红黏土是较好的地基土，但由于下卧岩面起伏及存在软弱土层，一般容易引起地基不均匀沉降。

4. 盐渍土

当土中易溶盐含量超过 0.3% 时常称为盐渍土。盐渍土中的盐遇水溶解后，其物理力学性质会发生较大变化，强度降低，地基会出现溶陷。某些盐渍土（如含 Na_2SO_4）在温度或湿度变化时，会发生体积膨胀。另外盐渍土中的盐会对建筑材料产生腐蚀作用。我国盐渍土主要分布在西北干旱地区的新疆、青海、甘肃、宁夏、内蒙古等地势低平的盆地和平原中。

5. 季节性冻土

凡具有负温或零温，其中含有冰的各种土都称为冻土，而冬季冻结、夏季融化的土层，称为季节性冻土。冻结状态持续 3 年以上的土层，则称为多年冻土或永冻土。

季节性冻土在我国东北、华北和西北广大地区均有分布，因其呈周期性的冻结和融化，对地基稳定性影响较大。

6. 有机质土和泥炭土

土中有机质含量大于5%时称为有机质土,大于60%时称为泥炭土。土中有机质含量升高,强度往往降低,压缩性增大,特别是泥炭土,其含水率极高,有时可达200%以上,压缩性很大,一般不宜作为建筑物地基,如用作建筑物地基需要进行地基处理。

7. 岩溶、土洞和山区地基

岩溶或称喀斯特（Karst）,是石灰岩、白云岩、泥灰岩、大理岩、岩盐、石膏等可溶性岩层受水的化学和机械作用而形成的溶洞、溶沟、裂隙,以及由于溶洞的顶板塌落使地表产生陷穴、洼地等现象和作用的总称。

土洞是岩溶地区上覆土层被地下水冲蚀或被地下水潜蚀所形成的洞穴。

岩溶和土洞对建（构）筑物的影响很大,可能造成地面变形、地基陷落,发生水的渗漏和涌水现象。在岩溶地区修建建（构）筑物时要特别重视岩溶和土洞的影响。如2018年11月广西岑溪市的某楼盘地下有溶洞,虽进行灌浆打桩处理,但入住一个月后仍出现严重倾斜。

山区地基地质条件比较复杂,主要表现在地基的不均匀性和场地的稳定性两方面。山区基岩表面起伏大,且可能有大块孤石,这些因素常会导致建筑物基础产生不均匀沉降。另外,在山区常有可能遇到滑坡、崩塌和泥石流等不良地质现象,给建（构）筑物造成直接的或潜在的威胁。在山区修建建（构）筑物时要重视地基的稳定性和避免过大的不均匀沉降,必要时需进行地基及处理。

8. 采空区

地下资源（如煤矿）开采后留下的采空区,会使上覆岩层冒落塌陷,地表将产生不连续沉降或连续沉降盆地,对公路路基、路面的稳定带来极大隐患。

10.4 地基处理方法

10.4.1 地基处理方法的分类

地基处理方法分类的原则也很多,如按时间可分为临时处理和永久处理;按处理深度可分为浅层处理和深层处理;按处理土性对象可分为砂性土处理和黏性土处理、饱和土处理和非饱和土处理;也可将地基处理方法分为物理的地基处理方法、化学的地基处理方法以及生物的地基处理方法等类别。

事实上,根据同一原则进行分类,不同的专家也有不同的方法。不少地基处理方法具有多种效用,例如土桩和灰土桩既有挤密作用又有置换作用。另外,还有一些地基处理方法的加固机理以及计算方法目前还不是十分明确,尚需进一步探讨。而且,地基处理方法也在不断发展,功能不断扩大,也使地基处理方法分类变得更加困难。

下面根据地基处理的加固原理,将地基处理方法分为置换、排水固结、灌入固化物、振密挤密、加筋和冷热处理六类,再加上已有建筑物地基加固、纠倾和迁移,共八类。

各类地基处理方法的简要原理和适用范围见表10.1。

10.4 地基处理方法

表 10.1　　　　　　　　　地基处理方法分类及其适用范围

类别	方法	简 要 原 理	适用范围
置换（用物理力学性质较好的岩土材料置换天然地基中部分或全部软弱土体，以形成双层地基或复合地基，达到提高地基承载力、减少沉降的目的）	换土垫层法	将软弱土或不良土开挖至一定深度，回填抗剪强度较高、压缩性较小的岩土材料，如砂、砾、石渣等，并分层夯实，形成双层地基。垫层能有效扩散基底压力，可提高地基承载力，减少沉降	各种软弱土地基
	挤淤置换法	通过抛石或夯实回填碎石置换淤泥达到加固地基的目的，也有采用爆破挤淤置换	淤泥或淤泥质黏土地基
	褥垫法	当建（构）筑物的地基一部分压缩性较小，而另一部分压缩性较大时，为了避免不均匀沉降，在压缩性较小的区域，通过换填法铺设一定厚度可压缩性的土料形成褥垫层，以减少沉降差	建（构）筑物部分坐落在基岩上，部分坐落在土上，以及类似情况
	砂石桩置换法	利用振冲法、沉管法或其他方法在饱和黏性土地基中成孔，在孔内填入砂石料，形成砂石桩。砂石桩置换部分地基土体，形成复合地基，以提高承载力，减小沉降	黏性土地基，因承载力提高幅度小，工后沉降大，已很少应用
	强夯置换法	采用边填碎石边强夯的方法在地基中形成碎石墩体，由碎石墩、墩间土以及碎石垫层形成复合地基，以提高承载力，减小沉降	人工填土、砂土、黏性土和黄土、淤泥和淤泥质土地基等
	石灰桩法	通过机械或人工成孔，在软弱地基中填入生石灰块或加其他掺和料的生石灰块，通过石灰的吸水膨胀、放热以及离子交换作用改善桩间土的物理力学性质，并形成石灰桩复合地基，可提高地基承载力，减少沉降	杂填土、软黏土地基
	气泡混合轻质料填土法	气泡混合轻质料的重度为 $5\sim12kN/m^3$，具有较好的强度和压缩性能，用作路堤填料可有效减小作用在地基上的荷载，也可减小作用在挡土结构上的侧压力	软弱地基上的填方工程
	EPS超轻质料填土法	发泡聚苯乙烯（EPS）的重度只有土的 1/100～1/50，并具有较好的强度和压缩性能，用作填料，可有效减小作用在地基上的荷载，减小作用在挡土结构上的侧压力，需要时也可置换部分地基土，以达到更好的效果	软弱地基上的填方工程
排水固结（土体在一定荷载作用下排水固结，孔隙比减小，抗剪强度提高，以达到提高地基承载力、减少工后沉降的目的）	加载预压法	在地基中设置排水通道——砂垫层和竖向排水系统（通常有普通砂井、袋装砂井、塑料排水带等），以缩小土体固结排水距离。地基在预压荷载作用下，排水固结，地基产生变形，地基土强度提高。卸去预压荷载后再建造建（构）筑物，地基承载力提高，工后沉降小	软黏土、杂填土、泥炭土地基等
	超载预压法	原理基本上与堆载预压法相同，不同之处是其预压荷载大于设计使用荷载。超载预压不仅可减少工后沉降，还可消除部分工后次固结沉降	软黏土、杂填土、泥炭土地基等
	真空预压法	在软黏土地基中设置排水体系（同加载预压法），然后在上面形成一不透气层（覆盖不透气密封膜，或其他措施），通过对排水体系进行长时间不断抽气抽水，在地基中形成负压区，而使软黏土地基产生排水固结，达到提高地基承载力、减小工后沉降的目的	软黏土地基
	真空堆载联合作用	当真空预压法达不到设计要求时，可与堆载预压联合使用，两者的加固效果可叠加	软黏土地基
	电渗法	在地基中形成直流电场，在电场作用下，地基土体产生排水固结，达到提高地基承载力、减小工后沉降的目的	软黏土地基
	降低地下水位法	通过降低地下水位，改变地基土受力状态。其效果如堆载预压，使地基土产生排水固结，达到加固目的	砂性土或透水性较好的软黏土层

续表

类别	方法	简要原理	适用范围
灌入固化物（向土体中灌入或拌入水泥、石灰、其他化学固化浆材，在地基中形成增强体，以达到地基处理的目的）	深层搅拌法	利用深层搅拌机将水泥浆或水泥粉和地基土原位搅拌形成圆柱状、格栅状或连续墙水泥土增强体，形成复合地基以提高地基承载力，减小沉降。也常用它形成水泥土防渗帷幕。深层搅拌法分喷浆搅拌法和喷粉搅拌法两种	淤泥、淤泥质土、黏性土和粉土等软土地基，有机质含量较高时应通过试验确定适用性
	高压喷射注浆法	利用高压喷射专用机械，在地基中通过高压喷射流冲切土体，用浆液置换部分土体，形成水泥土增强体。按喷射流组成形式，高压喷射注浆法有单管法、二重管法、三重管法。按施工工艺可形成复合地基以提高承载力，减小沉降，也常用它形成水泥土防渗帷幕	淤泥、淤泥质土、黏性土、粉土、黄土、砂土、人工填土和碎石土等地基，当含有较多的大块石，或地下水流速较快，或有机质含量较高时应通过试验确定适用性
	TRD法	渠式切割水泥土连续墙工法的简称，利用链式刀具转动切削和搅拌土体，刀具立柱横向移动、底端喷射切割液和固化液，使得切割液和固化液与原位置被切削的土体进行混合搅拌，形成等厚度水泥土连续墙	适用于人工填土、黏性土、淤泥和淤泥质土、粉土、砂土、碎石土等地基
	渗入性灌浆法	在灌浆压力作用下，将灌浆液灌入地基中以填充原有孔隙，改善土体的物理力学性质	中砂、粗砂、砾石地基
	劈裂灌浆法	在灌浆压力作用下，浆液克服地基中土中初始应力和土的抗拉强度，使地基中原有的孔隙或裂隙扩张，用浆液填充形成的裂缝和孔隙，改善土体的物理力学性质	岩基或砂、砂砾石、黏性土地基
	挤密灌浆法	在灌浆压力作用下，向土层中压入浓浆液，在地基形成浆泡，挤压周围土体。通过压密和置换改善地基性能，在灌浆过程中因浆液的挤压作用可产生辐射状上抬力，引起地面隆起	常用于可压缩性地基、排水条件较好的黏性土地基
振密挤密（采用振动或挤密的方法使地基土体密实以达到提高地基承载力和减少沉降的目的）	表层原位压实法	采用人工或机械夯实、碾压或振动，使土体密实。密实范围较浅，常用于分层填筑	杂填土、疏松无黏性土、非饱和黏性土、湿陷性黄土等地基的浅层处理
	强夯法	使重量为10～40t的夯锤从高处自由落下，地基土体在强夯的冲击力和振动力作用下密实，可提高地基承载力，减少沉降	碎石土、砂土、低饱和度的粉土与黏性土、湿陷性黄土、杂填土和素填土等地基
	振冲密实法	一方面依靠振冲器的振动使饱和砂层发生液化，砂颗粒重新排列使孔隙减小；另一方面依靠振冲器的水平振动力，减小沉降，并提高地基土体抗液化能力。振冲密实法可加回填料，加回填料的又称为振冲挤密碎石桩法	黏粒含量小于10%的松散砂性土地基
	挤密砂石桩法	采用振动沉管法等在地基中设置碎石桩，在制桩过程中对周围土层产生挤密作用。被挤密的桩间土和密实的砂石桩形成砂石桩复合地基，达到提高地基承载力、减小沉降的目的	砂石地基、非饱和黏性土地基
	爆破挤密法	利用在地基中爆破产生的挤压力和振动力使地基土密实以提高土体的抗剪强度，提高地基承载力和减小沉降	饱和净砂、非饱和但灌水饱和的砂、粉土、湿陷性黄土地基

10.4 地基处理方法

续表

类别	方法	简 要 原 理	适用范围
振密挤密（采用振动或挤密的方法使地基土体密实以达到提高地基承载力和减少沉降的目的）	土桩、灰土桩法	采用沉管法、爆扩法和冲击法在地基中设置土桩或灰土桩，在成桩过程中挤密桩间土，由挤密的桩间土和密实的土桩或灰土桩形成土桩复合地基或灰土桩复合地基，以提高地基承载力和减小沉降，有时是为了消除湿陷性黄土的湿陷性	地下水位以上的湿陷性黄土、杂填土、素填土等地基
	夯实水泥土桩法	在地基中人工挖孔，然后填入水泥与土的混合物，分层夯实，形成水泥土桩复合地基，提高地基承载力和减小沉降	地下水位以上的湿陷性黄土、杂填土、素填土等地基
	柱锤冲扩桩法	在地基中采用直径为300～500mm，长2～5m，质量为1～8t的柱状锤，将地基土层冲击成孔，然后将拌和好的填料分层填入桩孔夯实，形成柱锤冲扩桩复合地基，以提高地基承载力和减小沉降	地下水位以上的湿陷性黄土、杂填土、素填土等地基
	孔内夯扩法	根据工程地质条件，采用人工挖孔、螺旋钻成孔，或振动沉管法等方法在地基成孔，回填灰土、水泥土、矿渣、碎石等填料，在孔内夯实填料并挤密桩间土，由挤密的桩间土和夯实的填料形成复合地基，达到提高地基承载力、减小沉降的目的	地下水位以上的湿陷性黄土、杂填土、素填土等地基
加筋（在地基中设置强度高、模量大的筋材，如土工格栅、土工织物等，以达到提高地基承载力、减少沉降的目的）	加筋土垫层法	在地基中铺设加筋材料（如土工织物、土工格栅、金属板条等）形成加筋土垫层，以增大压力扩散角，提高地基稳定性	筋条间用无黏性土，加筋土垫层可适用各种软弱地基
	加筋土挡墙法	在填土中分层铺设加筋材料以提高填土的稳定性，形成加筋土挡墙。挡墙外侧可采用侧面板形式，也可采用加筋材料包裹形式	应用于填土挡土结构
	土钉墙法	通常采用钻孔、插筋、注浆等方式在土层中设置土钉，也可直接将杆件插入土层中，通过土钉和土形成加筋土挡墙以维持和提高土坡稳定性	软黏土地基极限支护高度为5m左右，砂性土地基应配以降水措施。极限支护高度与土体抗剪强度和边坡坡度有关
	锚杆支护法	锚杆通常由锚固段、非锚固段和锚头三部分组成。锚固段处于稳定土层，可对锚杆施加预应力，用于维持边坡稳定	软黏土地基中应慎用
	锚定板挡土结构	由墙面、钢拉杆、锚定板和填土组成。锚定板处在填土层，可提供较大的锚固力。锚定板挡土结构用于填土支护结构	填土挡土结构
	树根桩法	在地基中设置树根状的微型灌注桩（直径为70～250mm），提高地基承载力或土坡稳定性	各类地基
	低强度混凝土桩复合地基法	在地基中设置低强度混凝土桩，与桩间土形成复合地基，提高地基承载力，减小沉降	各类深厚软弱地基
	钢筋混凝土桩复合地基	在地基中设置钢筋混凝土桩，与桩间土形成复合地基，提高地基承载力，减小沉降	各类深厚软弱地基
	长短桩复合地基	由长桩和短桩与桩间土形成复合地基，提高地基承载力，减小沉降。长桩和短桩可采用同一桩型，也可采用两种桩型。通常长桩采用刚度较大的桩型，短桩采用柔性或散体材料桩	深厚软弱地基
	桩网复合地基或桩承堤	通过竖向增强体系和水平向增强体系共同组成承担荷载，组成加筋体系	适用于要求快速施工、对总沉降及不均匀沉降要求严格、硬土层或基岩上有软土以及新填土厚度较大等地基

续表

类别	方法	简 要 原 理	适用范围
冷热处理（通过冻结地基土体，或焙烧、加热地基土体以改变土体物理力学性质，达到地基处理的目的）	冻结法	冻结土体，改善地基土截水性能，提高土体抗剪强度，形成挡土结构或止水帷幕	饱和砂土或软黏土，作施工临时措施
	烧结法	钻孔加热或焙烧，减少土体含水量，减少压缩性，提高土体强度，达到地基处理的目的	软黏土、湿陷性黄土，适用于有富余热源的地区
托换（对已有建筑物地基和基础进行处理和加固）	基础加宽法	通过加大原建筑物基础底面积，减小基地接触压力，使原地基承载力满足要求，达到加固的目的	原建筑物地基承载力不满足要求，但原天然地基承载力较高
	桩式托换法	在原建筑物基础下设置钢筋混凝土桩以提高地基承载力，减小沉降，达到加固目的。按设置桩的方法分为静压桩法、树根桩法和其他桩式托换法。静压桩又可分为锚杆静压桩法和坑式静压桩等	原建筑物地基承载力不满足要求，但原天然地基承载力也较低
	地基加固法	通过采用高压喷射注浆法、渗入性灌浆法、劈裂灌浆法、挤密灌浆法、石灰桩法等地基加固技术，使原建筑物地基承载力满足要求，达到加固的目的	原建筑物地基承载力不满足要求，但原天然地基承载力也较低
	综合托换法	将两种或两种以上托换方法综合应用达到加固目的	原建筑物地基承载力不满足要求，但原天然地基承载力也较低
纠倾（对由沉降不均匀造成倾斜的建筑物进行矫正）与迁移（将已有建筑物从原来的位置移到新的位置）	加载纠倾法	通过堆载或其他加载形式使沉降较小的一侧产生沉降，使不均匀沉降减小，达到纠倾目的	对深厚软土地基较适用
	掏土纠倾法	在建筑物沉降较少的部位以下的地基中或在其附近的外侧地基中掏取部分土体，迫使沉降较少的部分进一步产生沉降以达到纠倾的目的	各类不良地基
	顶升纠倾法	在墙体中设置顶升梁，通过千斤顶顶升整幢建筑物，不仅可以调整不均匀沉降，并可整体顶升至要求标高	各类不良地基
	综合纠倾法	将加固地基与纠倾结合，或将几种方法综合应用，如综合应用静压锚杆法和顶升法、静压锚杆法和掏土法	各类不良地基
	迁移	将整幢建筑物与原地基础分离，通过顶推或牵拉，移到新的位置	需要迁移的建筑物

10.4.2　常用地基处理方法适用范围及加固效果

表 10.2 为按《建筑地基处理技术规范》（JGJ 79—2012）所推荐的建筑地基处理方法进行的归纳总结，可供方案选择时参考。

表 10.2 常用地基处理方法土质适用范围、加固效果及有效处理深度

序号	处理方法		淤泥质土	土质适用范围								加固效果				常用处理有效深度/m
				人工填土			黏性土		无黏性土	湿陷性黄土	膨胀土	可液化土	降低压缩性	提高强度和稳定性	改善动力特性	改善浸水稳定性	
				素填土	杂填土	充填土	饱和	非饱和									
1	换土垫层法		○	○	○	○	△	○	○	○		*	*	*	*	3~5
2	预压法	堆载预压	○			○		○				*	*			15
		真空预压	○					○				*	*			15
3		强夯法		○	○	△		○	○	○		*	*	*		10
		强夯置换法	○									*	*			7
4	振冲法	置换	+			△	△					*	*			4~18
		挤密		○				○			○	*	*			
		不加填料						○								
5	砂石桩法	挤密		○	○			○			○	*	*			4~20
		置换	+			△	△					*	*			
6	水泥粉煤灰碎石桩法		+	○	△	○	○	○	○	△	○	*	*		*	20
7	夯实水泥土桩			○	○		○			△		*	*			6~10
8	水泥土搅拌法	干法	○			○						*	*			15
		湿法	○			○						*	*			20
9	高压喷射注浆法		○	○		○		○				*	*			20~30
10	石灰桩法		○			○						*	*			6~8
11	灰土挤密桩法			○		△				○		*	*		*	5~15
	土挤密桩法			○		△				○		*	*		*	
12	柱锤冲扩桩法			○	△	+				○		*	*			6~10
13	单液硅化法和碱液法									○		*	*		*	10~20

注 ○—常用；△—有时用；+—慎用；*—有效果。

实际工程中，很多情况下采用一种处理方法就可以满足设计要求。但有时只用一种处理方法，其加固效果并不能令人满意，此时就需联合使用两种甚至两种以上的处理方法。

10.5 地基处理规划程序和选用原则

地基处理工程要做到确保工程质量、经济合理和技术先进。

我国地域辽阔，工程地质条件千变万化，各地施工机械条件，技术水平，经验积累以及建筑材料品种、价格差异很大，在选用地基处理方法时一定要因地制宜，具体工程具体分析，要充分发挥地方优势，利用地方资源。地基处理方法很多，每种处理方法都有一定

的适用范围、局限性和优缺点。没有一种地基处理方法是万能的。要根据具体工程情况，因地制宜确定合适的地基处理方法。在引用外地或外单位某一方法时应克服盲目性，注意地区特点。因地制宜是选用地基处理方法的一项重要的选用原则。

地基处理规划程序建议按图10.1所示的程序进行。

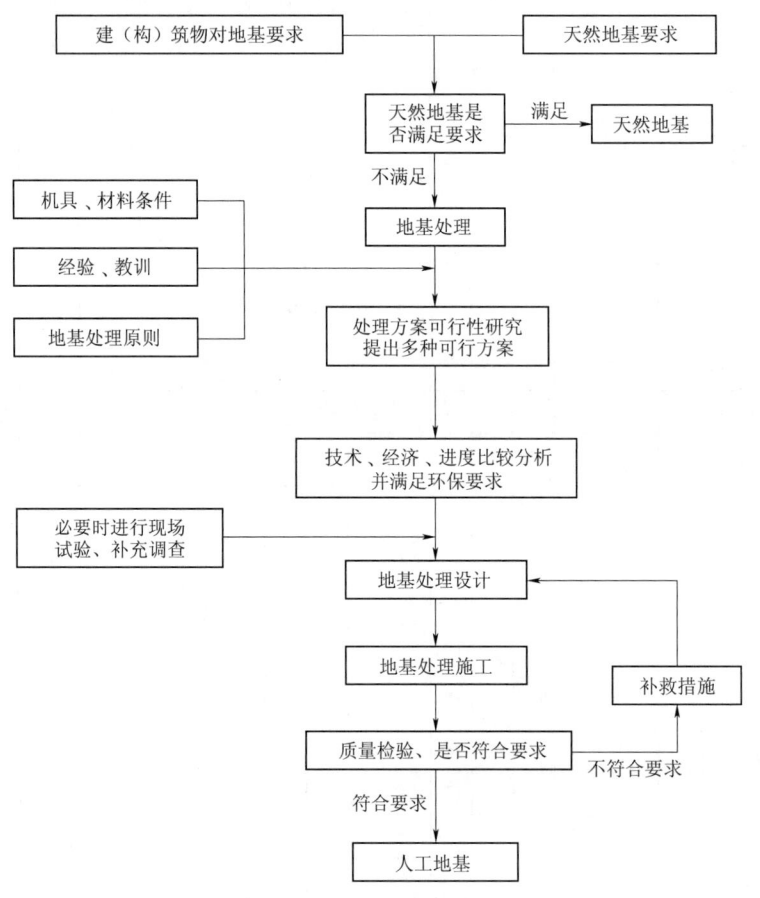

图 10.1 地基处理规划程序

对提出的多种方案进行技术、经济、进度等方面的比较分析，并重视考虑环境保护要求，确定采用一种或几种地基处理方法。

最后，可根据初步确定的地基处理方案，根据需要决定是否进行小型现场试验或进行补充调查。然后进行施工设计，再进行地基处理施工。施工过程中要进行监测、检测，如有需要还应进行反分析，根据情况可对设计进行修改、补充。

思 考 题

10.1 简述地基处理的目的和意义。

10.2 按地基处理加固原理，常用地基处理方法可分为哪几类？简述各类方法的加固原理。

10.3 强夯法的适用条件和加固机理是什么?
10.4 堆载预压法与真空预压法加固软黏土地基的机理有什么不同?
10.5 简述地基处理规划程序。

中 英 词 汇 对 照

地基处理 ground treatment, ground improvement

复合地基 composite ground, composite foundation

地基承载力特征值 characteristic value of subsoil bearing capacity

换土垫层 replacement layer of compacted fill

加筋垫层 replacement layer of tensile reinforcement

预压地基 preloaded ground, preloaded foundation

堆载预压 preloading with surcharge of fill

真空预压 vacuum preloading

微型桩 micropile

压实地基 compacted ground, compacted fill

夯实地基 rammed ground, rammed earth

砂石桩复合地基 composite foundation with sand-gravel columns

水泥粉煤灰碎石桩复合地基 composite foundation with cement-fly ash-gravel piles

夯实水泥土桩复合地基 composite foundation with rammed soil-cement columns

水泥土搅拌桩复合地基 composite foundation with cement deep mixed columns

旋喷桩复合地基 composite foundation with jet grouting

灰土桩复合地基 composite foundation with compacted soil-lime columns

柱锤冲扩桩复合地基 composite foundation with impact displacement columns

多桩型复合地基 composite foundation with multiple reinforcement of different materials or lengths

注浆加固 ground improvement by permeation and high hydrofracture grouting

第11章 岩土工程勘察

> **内容导读**：岩土工程勘察是工程设计的基础，本章简要介绍勘察的目的、任务，并通过建筑工程、公路工程、铁路工程、水利水电工程分行业、分阶段介绍岩土工程勘察的基本要求和勘察要点，同时简要介绍岩土工程勘察常用的方法和适用范围。
>
> **教学目标及要求**：通过本章的学习，从宏观角度认识土力学中岩土工程勘察的意义、作用和方法，重点掌握岩土工程的勘察分级、不同行业岩土工程勘察的不同以及不同阶段岩土工程勘察深度和要求的不同，同时熟悉不同的岩土工程勘察的方法和适用范围。

11.1 概述

岩土工程勘察是指根据建设工程的要求，查明、分析、评价建设场地的地质、环境特征和岩土工程条件，编制勘察文件的活动。

岩土工程勘察是各类建设工程的基础工作，若勘察工作不到位，不良工程地质问题未揭露出来，即使上部结构的设计、施工达到优质，也存在遭受破坏的风险。不同类型、不同规模的工程活动都会给地质环境带来不同程度的影响；反之不同的地质条件又会给工程建设带来不同的效应。

11.2 岩土工程勘察的目的和任务

岩土工程勘察的目的主要是查明工程地质条件，分析存在的地质问题，对建筑地区做出工程地质评价。各项工程建设在设计和施工之前，必须按基本建设程序进行岩土工程勘察。岩土工程勘察应按工程建设各勘察阶段的要求，正确反映工程地质条件，查明不良地质作用和地质灾害，精心勘察，精心分析，提出资料完整、评价正确的勘察报告。

11.3 岩土工程勘察分级

11.3.1 工程重要性等级

根据工程的规模和特征，以及由于岩土工程问题造成工程破坏或影响正常使用的后果，工程可分为三个工程重要性等级：

(1) 一级工程：重要工程，后果很严重。

(2) 二级工程：一般工程，后果严重。

(3) 三级工程：次要工程，后果不严重。

11.3.2　场地等级

根据场地的复杂程度，可按下列规定分为三个场地等级。

(1) 符合下列条件之一者为一级场地（复杂场地）：

1) 对建筑抗震危险的地段。

2) 不良地质作用强烈发育。

3) 地质环境可能或已经受到强烈破坏。

4) 有影响工程的多层地下水、岩溶裂隙水或其他水文地质条件复杂，需专门研究的场地。

(2) 符合下列条件之一者为二级场地（中等复杂场地）：

1) 对建筑抗震不利的地段。

2) 不良地质作用一般发育。

3) 地质环境可能或已经受到一般破坏。

4) 地形地貌较复杂。

5) 基础位于地下水位以下的场地。

(3) 符合下列条件者为三级场地（简单场地）：

1) 抗震设防烈度小于或等于6度，或对建筑抗震有利的地段。

2) 不良地质作用不发育。

3) 地质环境基本未受破坏。

4) 地形地貌简单。

5) 地下水对工程无影响。

上述确定原则从一级开始，向二级、三级推定，以最先满足的为准；对抗震有利、不利和危险地段的划分，应按现行国家标准《建筑抗震设计规范》(GB 50011—2010 (2016年版))的规定确定。

11.3.3　地基等级

根据地基的复杂程度，可按下列规定分为三个地基等级。

(1) 符合下列条件之一者为一级地基（复杂地基）：

1) 岩土种类多，很不均匀，性质变化大，需特殊处理。

2) 严重湿陷、膨胀、盐渍、污染的特殊性岩土，以及其他情况复杂，需作专门处理的岩土。

(2) 符合下列条件之一者为二级地基（中等复杂地基）：

1) 岩土种类较多，不均匀，性质变化较大。

2) 除上述规定以外的特殊性岩土。

(3) 符合下列条件者为三级地基（简单地基）：

1) 岩土种类单一，均匀，性质变化不大。

2) 无特殊性岩土。

11.3.4　岩土工程勘察等级

根据工程重要性等级、场地复杂程度等级和地基复杂程度等级，可按下列条件划分岩土工程勘察等级：

（1）甲级：在工程重要性、场地复杂程度和地基复杂程度等级中，有一项或多项为一级。

（2）乙级：除勘察等级为甲级和丙级以外的勘察项目。

（3）丙级：工程重要性、场地复杂程度和地基复杂程度等级均为三级。

建筑在岩质地基上的一级工程，当场地复杂程度等级和地基复杂程度等级均为三级时，岩土工程勘察等级可定为乙级。

上述分类适用于除水利工程、铁路、公路和桥隧工程以外的工程建设岩土工程勘察，水利工程、铁路、公路和桥隧工程的岩土工程勘察分级可参考相关行业规范。

11.4 岩土工程勘察的阶段划分

岩土工程勘察宜分阶段进行，各勘察阶段应与设计阶段相适应。各个行业（建筑、公路、铁路、水利水电）的勘察阶段划分不尽相同，本节分行业介绍岩土工程的勘察阶段划分。

11.4.1 房屋建筑和构筑物工程地质勘察

房屋建筑和构筑物（以下简称建筑物）的岩土工程勘察，应在搜集建筑物上部荷载、功能特点、结构类型、基础形式、埋置深度和变形限制等方面资料的基础上进行。建筑物的岩土工程勘察分可行性研究阶段工程地质勘察（简称工可勘察）、初步设计阶段工程地质勘察（简称初步勘察）和施工图设计阶段工程地质勘察（简称详细勘察）。

场地较小且无特殊要求的工程可合并勘察阶段。当建筑物平面布置已经确定，且场地或其附近已有岩土工程资料时，可根据实际情况，直接进行详细勘察。

11.4.1.1 工可勘察

可行性研究勘察应对拟建场地的稳定性和适宜性做出评价，了解场地的地层、构造、岩性、不良地质作用和地下水等工程地质条件，对拟选场地应进行比选分析。

11.4.1.2 初步勘察

初步勘察应对场地内拟建建筑地段的稳定性做出评价，初步查明地质构造、地层结构、岩土工程特性、地下水埋藏条件；查明场地不良地质作用的成因、分布、规模、发展趋势，并对场地的稳定性做出评价。

11.4.1.3 详细勘察

详细勘察应按单体建筑物或建筑群提供详细的岩土工程资料和设计、施工所需的岩土参数，对建筑地基做出岩土工程评价，并对地基类型、基础形式、地基处理、基坑支护、工程降水和不良地质作用的防治等提出建议。

11.4.2 公路工程地质勘察

公路工程地质勘察可分为预可行性研究阶段工程地质勘察（简称预可勘察）、工程可行性研究阶段工程地质勘察（简称工可勘察）、初步设计阶段工程地质勘察（简称初步勘察）和施工图设计阶段工程地质勘察（简称详细勘察）四个阶段。

11.4.2.1 预可勘察

预可勘察应了解公路建设项目所处区域的工程地质条件及存在的工程地质问题，充分收集区域地质、地震、气象、水文、采矿、灾害防治与评估等资料，采用资料分析、遥感工程地质解译、现场踏勘调查等方法，对各路线走廊带或通道的工程地质条件进行研究，为编制预可行性研究报告提供工程地质资料。

11.4.2.2 工可勘察

工可勘察应以资料收集和工程地质调绘为主，辅以必要的勘探手段，初步查明公路沿线的工程地质条件和对公路建设规模有影响的工程地质问题，对项目各工程方案地质条件进行研究，为编制工程可行性研究报告提供工程地质资料。

11.4.2.3 初步勘察

初步勘察应与路线和各类构筑物的方案设计相结合，根据现场地形地质条件，采用遥感解译、工程地质调绘、钻探、物探、原位测试等手段相结合的综合勘察方法，基本查明公路沿线及各类构筑物建设场地的工程地质条件，为工程方案比选及初步设计文件编制提供工程地质资料。

11.4.2.4 详细勘察

详细勘察应充分利用初勘取得的各项地质资料，采用以钻探、测试为主，以调绘、物探、简易勘探等手段为辅的综合勘察方法，查明公路沿线及各类构筑物建设场地的工程地质条件，为施工图设计提供工程地质资料。

11.4.3 铁路工程地质勘察

铁路工程地质勘察应按踏勘、初测、定测、补充定测的步骤开展工作，并与预可勘察、工可勘察、初步勘察、详细勘察四阶段相适应。通过各阶段工程地质勘察及工作，逐步深入认识建设工程区域及工程场地地质条件，为不同设计阶段提供地质资料[3]。

11.4.3.1 踏勘

踏勘阶段应概略了解线路通过区域的地层、岩性、地质构造、地震动参数区划、水文地质等及其与线路的关系，初步评价线路通过地区的工程地质条件。对控制线路方案的越岭地段、大河桥渡、不良地质和特殊岩土地段，提出比选意见。为编制预可行性研究报告提供工程地质资料。

11.4.3.2 初测

初测阶段应根据预可行性研究报告审查批复意见，查明线路可能通过地区区域地质条件，查明推荐线路方案和线路主要比较方案工程地质条件，为工程地质选线提供可靠地质依据。

11.4.3.3 定测

根据可行性研究报告批复意见，在利用初测、可行性研究报告资料的基础上，为确定线路具体位置详细查明采用方案的工程地质和水文地质条件，为各类工程建筑物和建筑材料场地初步设计提供工程地质资料。

11.4.3.4 补充定测

补充定测阶段工程地质勘察应根据工程勘察任务书要求，在充分利用既有工程地质资料基础上，补充工程地质勘察工作，提供沿线各类工程施工图设计所需工程地质资料。

11.4.4 水利水电工程地质勘察

水利水电工程地质勘察可分为规划阶段工程地质勘察（简称规划勘察）、工程可行性研究阶段工程地质勘察（简称工可勘察）、初步设计阶段工程地质勘察（简称初步勘察）、招标设计阶段工程地质勘察（简称设计勘察）和施工详图设计阶段工程地质勘察（简称详细勘察）五个阶段。

11.4.4.1 规划勘察

规划阶段工程地质勘察应了解规划河流、河段或工程的工程地质条件，了解梯级坝址及水库的工程地质条件和主要工程地质问题，了解引调水工程、防洪排涝工程、灌区工程、河道整治工程等的工程地质条件，为各类型水资源综合利用工程规划选点、选线和合理布局进行地质论证，并提供工程地质资料。

11.4.4.2 工可勘察

工程可行性研究阶段工程地质勘察应在河流、河段或工程规划方案的基础上选择工程的建设位置，并应对选定的坝址、场址、线路等和推荐的建筑物基本形式、代表性工程布置方案进行地质论证，提供工程地质资料。

11.4.4.3 初步勘察

初步设计阶段工程地质勘察应在可行性研究阶段选定的坝（场）址、线路上进行。查明各类建筑物及水库区的工程地质条件，为选定建筑物形式、轴线、工程总布置提供地质依据。对选定的各类建筑物的主要工程地质问题进行评价，并提供工程地质资料。

11.4.4.4 设计勘察

招标设计阶段工程地质勘察应在审查批准的初步设计报告基础上，复核初步设计阶段的地质资料与结论，查明遗留的工程地质问题，为完善和优化设计及编制招标文件提供地质资料。

11.4.4.5 详细勘察

施工详图设计阶段工程地质勘察应在招标设计阶段基础上，检验、核定前期勘察的地质资料与结论，补充论证专门性工程地质问题，进行施工地质工作，为施工详图设计、优化设计、建设实施、竣工验收等提供工程地质资料。

11.5 岩土工程勘察方法

岩土工程勘察方法可分为钻探、触探、掘探（探井、探槽、探洞）和地球物理勘探等。

11.5.1 钻探法

钻探是勘探方法中应用最广泛的一种，它是采用钻探机具向地下钻孔，以鉴别和划分地层、观测地下水位，并采取原状土样以供室内试验，确定土的物理、力学性质指标。需要时还可以在钻孔中进行原位测试。钻探的钻进方式可分为回转式、冲击式、振动式、冲洗式、静压式等多种。每种钻进方法各有特点，分别适用于不同的地层。

11.5.1.1 机钻

对土层的机钻一般有如下要求：

11.5 岩土工程勘察方法

（1）选择符合土层特点的钻进方法，对于从黏土到砂土的所有土层，一般采用回转钻方式，对黏土层应采用带有中心活阀的螺旋钻头，将每次进尺控制在 1.0m 以内，以保证分层的准确，用岩芯管钻进土层也是值得提倡的。对于漂石、卵石、块石、碎石可选用冲击、振动、回旋或振动回旋、锤击等。对这类土通常不过分强调在钻孔中采取不扰动土样，可着重考虑钻进的有效性。对特殊类土，需根据其特殊性来选择特殊的钻进方法。

（2）准确地判定钻进深度、分层深度，二者的测量误差范围应为±0.05m。对于为了鉴别土的天然湿度的钻孔，在地下水位以上应进行干钻，当必须加水或使用循环液时，应采用双层岩芯管钻进。

（3）在饱和软土及砂卵石层中，尤其是在后一种地层中钻进时，要求采取有效的护壁措施，以防止孔壁坍塌或缩颈。一般有套管护壁或泥浆（或清水）护壁两种方法。套管护壁可靠性强，但下设、起拔费时、费事，下设套管后极易形成管内外水头差，促使孔底土层隆起或管涌。相比之下，泥浆护壁是较简易可行的办法，钻进效率高、成本低，也有利于保证钻探质量和取样质量。但是要增加泥浆制备、开挖泥浆池和循环通道等工作项目。另外，钻孔注入泥浆后影响地下水位的观测，因此，在见地下水位以前不用泥浆护壁。清水护壁较泥浆护壁更简易可行，但质量不易保证。

11.5.1.2 手钻

手钻适用于勘探浅部土层，通常为 6m 左右，适用于小型工程或中型工程的探查孔。手钻所用设备有麻花钻、勺形钻、洛阳铲和北京铲等种类。麻花钻钻进时将土的结构破坏，可用于分层定名或做旁压试验成孔。勺形钻适用于软土，钻进后上提钻时软土不会滑落。

洛阳铲最初由河南省洛阳市制作，用来探测黄河大堤被动物打洞的隐患，后用于当地探测墓穴。洛阳铲的构造如下：下端为半圆形的钢铲头，底部为刀刃，上部装木杆，长5m，在均匀稍湿的黏性土中，一人操作，每小时可钻孔 5～6m 深。

北京地区地表普遍存在建筑垃圾，洛阳铲无能为力，后经改造，钢铲头由半圆形改为圆筒形加一窗口并设一开口缝，同时用铝合金空心杆代替木杆，成为北京铲。北京铲铲头可以打碎砖块、穿透杂填土层。铝合金钻杆轻质高强，且可用钢螺纹接头接长，性能好，效率高，通常 2 人操作，一天可钻 4～6 个 5～6m 深的钻孔。若勘察场地遇大树，旧房未拆，上空有高压线等障碍物时，机钻无法使用，北京铲更显出轻巧灵便的优越性。

11.5.2 触探法

触探法是间接的勘察方法，不取土样，不描述，只将一个特别探头装在钻杆底端，打入或压入地基土中，根据探头所受阻力的大小探测土层的工程性质。根据探头的结构和入土方法的不同，触探法可分为圆锥动力触探（DPT）、标准贯入试验（SPT）和静力触探三大类。

11.5.2.1 圆锥动力触探（DPT）

圆锥动力触探的原理是：将标准质量的铁锤提升至标准高度，然后使其自由下落，将特制的圆锥探头贯入地基土层标准深度，所得的击数 N 值的大小用来判定土的工程性质的好坏。N 值越大，表明贯入阻力越大，即土质越密实。

根据锤击能量将圆锥动力触探分为轻型、重型和超重型三种。其中，轻型圆锥动力触探应用较多，试验设备主要由探头、触探杆、穿心锤三部分组成。试验时，先用轻便钻具钻至试验土层标高，然后对所需试验土层连续进行触探，使穿心锤自由下落，将触探杆竖直打入土中，记录探头贯入土中10cm或30cm时［其中 N_{10}（轻型）为每30cm记一次数，$N_{63.5}$（重型）和 N_{120}（超重型）为每10cm记一次数］所需要的锤击数。此试验设备简单，操作方便，一般用于贯入深度小于4m的土层。当土质较硬或深度较大时，可采用标准贯入试验，而对于密实砂土，为了避免对贯入器的损坏，可采用重型或超重型的圆锥动力触探。

根据圆锥动力触探试验指标，并结合地区经验，可以判断不同地基土的特性，利用轻型触探锤击数 N_{10} 和重型的圆锥动力触探击数 $N_{63.5}$，可以确定砂土、碎石土的孔隙比和砂土的密实性，还可以确定地基的承载力以及单桩承载力标准值；采用超重型动力触探锤击数 N_{120} 可以确定各类砂土和碎石土的承载力。

11.5.2.2 标准贯入试验（SPT）

标准贯入试验的原理与圆锥动力触探相同。该试验方法来源于美国，质量为140磅（63.5kg）的穿心锤，用钻机的卷扬机提升至30in（76cm）高度，穿心锤自由下落，将特制的圆管状贯入器贯入土中（触探杆一般采用直径为42mm的钻杆），先打入土中15cm不计数，接着每打入10cm记下击数，累计打入1ft（30cm）的锤击数，即为标准贯入击数 N。当锤击数已达50击，而贯入深度未达30cm时，可记实际贯入深度并终止试验。

根据标准贯入锤击数，并结合地区经验可以确定地基土的承载力，并对砂土的密实度，黏性土的稠度以及砂土、粉土的液化趋势等做出评价。标准贯入试验主要适用于砂土、粉土及一般黏性土。

11.5.2.3 静力触探

1917年瑞典首先使用静力触探，它具有连续、快速、灵敏、精确、方便等优点。其原理是：利用液压或机械传动装置，将圆锥形金属探头压入地基土中。探头中贴有电阻应变片，当探头受阻力时，电阻应变片相应伸长改变电阻，可用电阻应变仪量测微应变的数值，计算贯入阻力的大小，判定地基土的工程性质。

静力触探按主机功能分为轻型、中型、重型，按动力方式分为人力式、液压式、机械式，按反力装置分为框架地锚式、汽车自重加地锚式，按量测探头结构分为单桥探头式、双桥探头式、孔压静探探头式。

地基土的承载力取决于土本身的力学性质，而静力触探所得的比贯入阻力等指标在一定程度上反映了土的某些力学性质。根据静力触探资料可间接地按地区性的经验关系推定土的承载力、压缩性指标和桩承载力计算指标等。

静力触探试验适用于黏性土、粉土、砂土及含少量碎石的土层，尤其是对地层变化较大的复杂场地以及不易取得原状土样的饱和砂土和高灵敏度软黏土地层的勘察，静力触探显示出其独特的优越性，但是不能直接识别土层，而且对碎石类土和较密实的砂土层难以贯入，所以必须与钻探配合才能完成工程地质勘察任务。

11.5.3 掘探法

在工程场地上人工开挖探井、探槽或平硐，直接观察了解槽壁土层情况与性质，称为掘探法。掘探法是用钻探方法难以查明地下情况时采用的勘探方法，为减少开挖土方量，断面尺寸不易过大。一般圆形直径为0.8~1.0m，矩形探井可采用0.8m×1.2m，需要适当放坡或分级开挖时，井口可大于上述尺寸，探井深度超过地下水埋深时，应有排水措施。

在疏松的软弱土层中或无黏性的砂、卵石中开挖探井必须支护，探井口都应注意保护。土石不能随意弃置于井口边缘，以免增加井壁的主动土压力，导致井壁失稳，或者土石块坠落伤人。在雨季施工时应采取防水措施。

掘探法的适用条件如下：

（1）钻探法难以进行勘察的土层，例如地基中含有大块漂石、块石。

（2）钻探法难以准确查明的土层，若遇土层很不均匀、颗粒大小相差悬殊、分布不规则时，少数小孔径钻探很难代表全面情况，可采用挖槽。

（3）黄土地基勘察，需用探槽。

（4）事故处理检验质量。当建筑物发生墙体开裂等事故时，为检验基础尺寸、埋深、材料、施工质量及地基持力层土质等情况，可以挖探槽。

掘探法的优点是：可以大面积开挖，人员进入探槽直接观察并可用手或简单工具实地检验各土层的密实度，必要时可取大块优质未扰动原状土进行物理、力学性质试验，还可在探槽内做现场荷载试验。而其缺点是开挖深度有限，土质疏松或探井深时必须支护，以保证人身安全，勘察完成后，应当认真回填，分层压实，因而工程量较大。另外，掘探法不适用于地下水位以下部分的勘察。

11.5.4 物探法

物探法是地球物理勘探法的简称，地球物理勘探是利用仪器在地面、空中、水上或钻孔内测量物理场的分布情况，对测得的数据进行分析判释，并结合有关地质资料推断地质体性状的勘察方法，是一种间接勘探方法。如果作为钻探的先行手段，可以了解隐蔽的地质界线、界面或异常点。若作为钻探辅助手段，在钻孔之间增加物探点，可以为钻探成果的内插、外推提供依据。

11.6 岩土工程勘察报告

在野外勘察工作和室内土样试验完成后，需编制正式的岩土工程勘察成果报告，提供给建设单位、设计单位和施工单位应用，并作为长期保存的存档技术文件。

岩土工程勘察报告通常包括文字和图表两部分。各个行业（建筑、公路、铁路、水利水电）的不同勘察阶段对岩土工程勘察报告的要求不尽相同，具体编制时应参照不同行业的文件编制办法要求。

岩土工程勘察报告提交后，设计阶段的勘察工作完成。建设工程进入施工阶段后，勘察单位应配合施工单位完成后续勘察成果的验证工作（如建筑行业的验槽），当现场实际情况和岩土工程勘察报告不一致时，应查明原因，动态设计，必要时补充勘察工作，进一步查明场地的工程地质和水文地质条件。

思 考 题

11.1 为何要进行岩土工程勘察分级？

11.2 为何对不同行业、不同阶段的勘察提出不同的勘察内容和要求？

习 题

11.1 划分建筑场地的复杂程度时，除了应该考虑对建筑抗震的影响、不良地质作用的发育程度、地质环境的破坏程度及地形地貌的复杂程度外，还应考虑的因素有哪些？

11.2 公路工程预可勘察阶段除应了解各路线走廊带或通道的地形地貌，地层岩性，地质构造，水文地质条件，地震动参数，不良地质和特殊性岩土的类型、分布范围、发育规律外，还需了解什么？

11.3 铁路工程地质勘察中的定测阶段的勘察要求适用于哪个设计阶段？

中 英 词 汇 对 照

岩土工程勘察 geotechnical investigation

工程地质测绘 engineering geological mapping

岩土工程勘探 geotechnical exploration

原位测试 in‐situ tests

岩土工程勘察报告 geotechnical investigation report

特殊性岩土 special rock and soil

不良地质作用 adverse geologic actions

工程地质条件 engineering geological condition

水文地质条件 hydrogeological condition

第12章 岩土工程常用软件

内容导读：工程中岩土问题的设计与分析普遍借助于工程计算软件，本章简要介绍基于解析方法的理正岩土软件、基于数值方法的FLAC（有限差分法）软件和PLAXIS（有限元法）软件。

教学目标及要求：概略了解岩土工程的相关计算软件，同时，针对每款软件重点了解其理论基础、功能特点和使用要点。

12.1 概　　述

随着近几年中国经济飞速发展，在城建、交通和水利港口等众多领域不断涌现出大型岩土工程项目，随之引发的工程事故和经济损失也越来越多。

随着理论研究与工程经验的不断积累与发展，专家学者及专业技术人员也逐渐认识到，单纯依靠常规算法无法满足日常的岩土工程项目的计算分析需求，在各类岩土工程的设计施工方案的专家评审会上，已普遍要求使用岩土有限元程序进行分析校对。

与ANSYS和ABAQUS这类大型通用有限元程序不同，FLAC与PLAXIS较为专注于岩土工程，下面将对理正、FLAC与PLAXIS软件进行粗略的介绍。

12.2 理正及在岩土工程中的应用

12.2.1 软件简介

理正软件是北京理正软件设计研究院开发的系列软件的简称，目前开发的全系列产品包括理正岩土工程系列软件、理正勘察系列软件、理正结构系列软件、理正建筑设计系列软件、理正勘测设计一体化系列软件、理正设计院管理信息系统和理正协同设计软件。

本节要介绍的是理正软件中的岩土工程软件系列，包括基坑支护类软件、边坡治理类软件、软基处理类软件、水利工程类软件。

理正软件的理论背景既非FLAC软件用的有限差分，也非PLAXIS软件用的有限元，而是各种规范提供的解析解的软件化实现过程，类似的有同济启明星、捷克GEO5等，其中GEO5可以做海外项目。此类软件基于规范，所以工程中应用广泛。

12.2.2 基坑支护类软件

1. 深基坑支护结构设计软件

该软件可完成悬臂式或支锚式排桩、钢板桩、地下连续墙、水泥土墙、土钉墙、天然放坡、排桩与水泥土搅拌桩及多种组合支护形式的强度变形与多种稳定性计算,可考虑加撑和拆撑过程的内力位移计算和地表沉降分析。

2. 降水沉降分析软件

该软件可完成基坑涌水量、降水井点数量、单井进水管长度、任意位置的水位降深、地表沉降计算,帮助预测降水引起的临近建筑不均匀沉降。

3. 超级土钉支护设计软件

该软件可完成土钉支护强度、变形、稳定性计算,面层、施工图设计,工程造价分析,优化设计,包含5种国内规范及其他两套实用方法,适用于各种复杂、混合支护条件,自动给出墙体位移及墙后地面沉降曲线。

12.2.3 边坡治理类软件

1. 边坡稳定分析系统

该软件采用瑞典条分法、简化Bishop法、Janbu法进行圆弧破裂面稳定计算,采用摩根斯顿-普赖斯法、简化Bishop法、简化Janbu法进行折线破裂面稳定计算,自动搜索最危险滑动面,输出安全系数彩色云图;可完成直线破裂面稳定计算;计算直线、圆弧组合滑动面的剩余下滑力;考虑水浮力、渗透压力、地震力、任意方向的附加力;提供三种土层模型。

2. 岩质边坡稳定分析软件

该软件采用极限平衡法进行简单平面、复杂平面和三维楔形体的岩质边坡稳定分析,考虑了张裂隙、裂隙水、外加荷载、地震、锚杆(索)等外部作用对岩质边坡稳定的影响,可方便输出岩质边坡的安全系数与临界加速度系数的关系曲线等各种关系曲线和各种几何参数。采用吴氏投影网对直线和平面进行分析和计算,对岩体稳定性进行分析;可利用玫瑰图和节理等密图对结构面进行分析统计。

3. 边坡滑坍抢修设计软件

该软件可选择抗滑桩、坡底反压、上部刷方减载三种治理或组合方案,完成滑坡推力、抗滑安全系数、桩身内力计算,土工参数反分析及工程量、工程造价统计,可自动给出优化方案及各种计算结构曲线。

4. 挡土墙设计系列软件

该软件可进行重力式、衡重式、加筋土式挡土墙的土压力、稳定、墙身截面强度、基础强度的验算及设计(自动输出优化截面)。

该软件可完成悬臂式、扶壁式、桩板式、半重力式、垂直预应力锚杆式、锚杆式、锚定板式挡土墙的计算和部分施工图的绘制。

5. 装配式挡土墙软件

该软件采用朗肯及库伦土压力模型,考虑公路车辆、城市车辆、人群等多种荷载进行悬臂式挡土墙和扶壁式挡土墙的验算、内力配筋计算、裂缝变形计算及吊装验算。

6. 抗滑桩(挡墙)设计软件

该软件适用于滑坡治理工程,可计算滑坡推力,进行抗滑桩、抗滑挡墙设计,考虑滑坡推力作用、库伦土压力、地震力及地下水的作用。

抗滑桩可以考虑多道预应力锚索(杆),并可对锚索(杆)进行设计。

12.2.4 软基处理类软件

1. 软土地基路堤、堤坝设计软件

该软件可完成软土路基、堤坝的固结度、工后残余沉降、增加土方量、堤坝预留加宽值、整体稳定安全系数等计算；可采用粒料桩、加筋土路堤、超载预压、竖向排水体、反压护道等九种处置方式；可通过观测数据反算地基固结参数。

2. 地基处理设计软件

该软件适用于公路、铁路、水利及其他行业，是针对软弱土进行地基处理的设计软件，并具有计算工程造价、方案比较等功能。它提供多种常规的处理方法：换土垫层法、振冲法、砂石桩法、水泥粉煤灰碎石（CFG）桩法、夯实水泥土桩法、高压喷射注浆法（粉喷桩和旋喷桩法）、土或灰土挤密桩法、柱锤冲扩法。该软件适用于一般复合地基的承载力、沉降、下卧层强度、工程造价和工期的计算。

12.2.5 水利工程类软件

1. 渗流分析软件

该软件适用于堤坝渗流、地表降雨渗透、基坑降水等分析，可分析稳定流与非稳定流、饱和土与非饱和土。浸润线（面）计算结果及孔隙水压力场可直接传递到理正边坡治理类软件；显示、输出等势线、流线、浸润线、计算结果曲线、渗流量、渗流出口坡（比）降等。

2. 工程水力学计算软件

工程水力学计算软件包含五个计算内容：倒虹吸水力学计算、渠道水力学计算、水闸水力学计算、隧洞水力学计算和消能工水力学计算。五个计算项目最后都给出计算的图形结果、文字结果及图文并茂的计算书。

3. 重力坝设计软件

该软件采用传统的材料力学的方法来计算坝体内任意点的应力，在各种水位条件、不同荷载组合情况下进行重力坝的承载能力极限状态设计和正常使用极限状态设计。设计中考虑自重、静水压力、扬压力、淤砂压力、浪压力、动水压力、土压力、地震等因素及其作用组合。

其主要计算内容有坝体断面、结构及坝基岩体的抗剪强度、抗剪断强度、抗滑稳定、抗浮、抗倾覆、深层抗滑稳定（单滑动面与双滑动面）等计算以及坝体上下游面及坝体内混凝土的应力验算。

4. 隧道衬砌计算软件

对圆形、拱形、圆拱直墙形（无底板）、圆拱直墙形、圆拱直墙形（底圆角）、马蹄形（平底）、马蹄形、马蹄形（开口）、高壁拱、渐变段、矩形等14种类型衬砌进行内力、配筋和裂缝的计算；计算结果有衬砌变形图、轴力图、剪力图、弯矩图、切向位移图、法向位移图、转角位移图、抗力分布图等有关图表及图文并茂的计算书。

12.3 FLAC 及在岩土工程中的应用

12.3.1 软件简介

FLAC 是由 Itasca 公司研发推出的连续介质力学分析软件，是该公司旗下最重要的软件系统之一，在国际土木工程（尤其是岩土工程）学术界和工业界享有盛誉。FLAC 有二维和三维计算软件两个版本，即 FLAC2D（1984）和 FLAC3D（1994）。

FLAC 作为专用的岩土工程有限差分计算方法的分析软件，具有强大的计算功能和广泛的模拟能力，尤其在大变形问题的分析方面具有独特的优势。其界面简洁明了，特点鲜明，使用特征和计算特征在众多数值模拟软件中别具一格。

1. 理论背景

岩土工程模拟软件核心部分为计算理论与应力-应变关系。FLAC 软件名称源于其采用的拉格朗日连续介质法（fast lagrangian analysis of continua），因拉格朗日连续介质法属有限差分法，因此 FLAC 是有限差分软件，而非有限元软件。此外 FLAC 还采用混合离散法和动态松弛法，这与有限元软件不同。

2. 有限差分法

在采用数值计算方法求解偏微分方程时，若将每一处导数由有限差分近似公式替代，从而把求解偏微分方程的问题转换成求解代数方程的问题，即所谓的有限差分法。如果给定初值和（或）边界值，有限差分法有可能是解微分方程组的最古老的数学方法。在有限差分法中，空间离散点处的控制方程组中每一个导数直接由含场变量（如应力和位移）的代数表达式替换，这些变量没有在单元内部进行定义。相比而言，有限元方法有一个重要的前提，即：应力和位移场变量应由参数控制的特征函数，以指定的模式在每一单元内变化。理论公式包括调整这些参数以使误差项和能量项最小。

两种方法都会产生待求的代数方程组。尽管这些方程是由不同的方法得出的，但是在某些特殊情况下，显而易见，两种方法得出的最终方程是一样的。因此，对有限元和有限差分的优缺点进行争论是毫无意义的。

12.3.2 材料本构模型

岩土本构关系是指通过一些试验测试少量的岩、土体弹塑性应力-应变关系曲线，然后再通过岩土塑性理论及某些必要的补充假设，将这些试验结果推广到复杂应力、组合状态，以求取应力-应变的普遍关系；将这种应力-应变关系以数学表达式表达，即称为岩土本构模型。

12.3.2.1 不同模型的选用

1. 空模型

空模型通常用来表示被移除或开挖的材料，且移除或开挖区域的应力自动设置为零。在数值模拟的后续阶段，空模型材料也可以转化成其他的材料模型。采用这种模型，可以进行诸如开挖、回填之类的模拟。

2. 弹性模型

弹性模型具有卸载后变形可恢复的特性，其应力-应变规律是线性的，与应力路径无关。各向同性弹性模型提供材料性质最简单的表述，这种模型适用于应力-应变特性呈线性关系的无卸载和滞后现象的均质、各向同性、连续介质材料。横观各向同性弹性模型适用于模拟在各层的法线方向和切线方向的弹性模量有明显差异的层状弹性材料。正交各向异性弹性模型适用于具有良好各向异性弹性性质的弹性材料。例如，它可以用来模拟处于极限强度下的柱状玄武岩。

3. 塑性模型

摩尔-库伦模型是最通用的岩土本构模型,它适用于那些在剪应力下屈服,但剪应力只取决于最大、最小主应力,而第二主应力对屈服不产生影响的材料。遍布节理模型、应变软化模型、双线性应变软化/遍布节理模型和双屈服模型实际上是摩尔-库伦模型的衍生模型。当除黏聚力和摩擦角外的其他摩尔-库伦参数都取很大的值时,它们会得到和摩尔-库伦模型一样的计算结果。

德鲁克-普拉格模型适用于模拟摩擦角较小的软黏土,但是并不广泛适用于其他岩土工程材料,将它内置于FLAC3D中主要是用来同其他未内置摩尔-库伦模型的数值计算软件作比较。遍布节理模型适用于模拟因内部存在软弱层致使材料强度具有显著各向异性特性的摩尔-库伦材料。应变硬化/软化摩尔-库伦模型适用于模拟外荷载超过屈服极限时抗剪强度会增大或减小的摩尔-库伦材料。双线性应变硬化/软化遍布节理模型是广义的遍布节理模型,它允许材料基质和节理的强度发生硬化或软化。双屈服模型是应变软化模型的延伸,它适用于模拟会产生不可恢复压缩变形和剪切屈服的岩土材料。修正的剑桥模型适用于模拟体积变化会对变形和抗屈服能力产生影响的岩土材料。霍克-布朗模型为一个经验关系式,它表示各向同性的完整岩石或岩体的非线性强度屈服面,其塑性流动法则是随侧限应力水平变化的函数。

12.3.2.2 不同模型的分析

本构模型是对岩土材料力学性质特性的经验性描述,表达的是外载条件下岩、土体的应力-应变关系,因此,本构模型的选择是数值模拟的一个关键性步骤。当为某个具体的工程分析选择本构模型时,必须考虑以下两点:工程材料的已知力学特性;本构模型的适用范围。

德鲁克-普拉格模型和摩尔-库伦模型是计算效率最高的两种塑性模型,其他塑性模型的计算则需要更大的内存和更多的时间。不过,这两个模型并不能直接计算出塑性应变;要获得塑性应变,需采用应变软化、双线性遍布节理或双屈服模型,它们适用于破坏后的阶段对材料力学特性有重要影响的分析,如对矿柱屈服、坍塌或回填的研究。

12.3.3 主要功能模块

12.3.3.1 热力学分析

选项包括热传导模型和对流模型。热传导模型可以模拟材料内瞬时热传导及热导致的位移和应力的发展。对流模型则考虑对流传热,可以模拟与温度相关的流体密度和流体中的热对流。

12.3.3.2 蠕变分析

蠕变分析用来模拟呈现蠕变性质的材料特性,即与时间相关的材料特性。FLAC中有六种蠕变模型,分别是:经典的黏弹性模型;二分量幂定律;用于核废料隔离研究的参考蠕变公式(WIPP)模型;WIPP模型和德鲁克-普拉格(Drucker-Prager)模型合成的WIPP蠕变黏塑性模型;伯格(Burger)蠕变模型和摩尔-库伦模型合成的伯格蠕变黏塑性模型;岩盐的本构模型。

12.3.3.3 两相流分析

两相流分析可以进行两种非融合流体通过孔隙介质而流动的数值建模。公式适用于模拟诸如水库之类的问题，在这些问题中，一种流体引起另一种流体的位移，两种同时在孔隙介质流动，但它们之间并不发生质量转移。公式不实用于描述活塞运动类的流动过程，这些过程中两流体间的锐界面以流体流动的平均速度移动。

12.3.3.4 动力学分析

动力学分析选项提供二维的平面应变或轴对称的全动力分析。基于显示差分法的计算方法，使用由周围区域实际密度得出的集中网络点质量（而不是静态求解的假定质量），求解全部运动方程。方程式能耦合到结构单元模型中，因此可以用于地震产生的土-结构相互作用的分析。

12.3.3.5 基于C++的用户自定义模型 UDM

这种方法类似于用 FISH 写用户自定义模型的方法，用 C++写成的模型编译成 DLL 文件（动态链接库，它可以在任何需要的时候载入）。模型的主要功能是给定应变增量，获得新的应力。但是，模型必须能同时提供其他信息，比如名称，并且能够完成运行，比如写或者读保护的文件。

12.4 PLAXIS 及在岩土工程中的应用

12.4.1 软件简介

PLAXIS 软件是 20 世纪 70 年代后期在荷兰公共事业与水利管理委员会的倡议下，由 Delft 工业大学研究团队主导研发，于 1987 年推出第一个版本（V1.0）。随着技术的不断积累，目前使用的主要为 3D 版本的 PLAXIS 3D 2013。

PLAXIS 3D 采用便捷的图形化用户界面，操作流程简明清晰，具备强大的建模、分析功能，内嵌多种经典及高级土体本构模型，专门用于岩土工程变形和稳定性分析的有限元计算程序。通过简单的输入过程可以生成复杂的有限元模型，而强大的输出功能可以提供详尽的计算结果。

12.4.2 材料本构模型

PLAXIS 提供丰富的本构模型，包括：线弹性模型、摩尔-库伦模型、软土模型、土体硬化模型、小应变土体硬化模型、修正剑桥黏土模型、软土蠕变模型、节理岩体模型及自定义本构模型。

12.4.2.1 不同模型的选用

1. 线弹性模型

该模型用于遵循各向同性线弹性的胡克定律的材料。由于岩石材料的力学行为具有非线性和塑性，因此用线弹性模型来模拟岩土材料的形状是有很大局限性的。一般情况下，对于土体内部的刚性结构，如板、桩等结构单元以及混凝土材料、硬岩层等可考虑使用线弹性模型进行简化模拟。

2. 摩尔-库伦模型

该模型属于一阶模型，可在一定程度上描述岩土材料的特性，由于参数易于获取，且一般情况下可以较好的描述土的破坏应力状态，在岩土工程中有着广泛应用。

3. 节理岩体模型

该模型是一个各向异性的二阶模型，其中塑性剪切只能在有限的机构剪切方向上发生，特别适用于模拟包括层理尤其是断层方向在内的岩层行为。

4. 土体硬化模型

土体硬化模型是一种二阶高级土体模型，属于双曲线弹性模型，基于塑性剪切硬化理论框架，既考虑剪切硬化，可模拟主偏量加载引起的不可逆应变；同时，还考虑压缩硬化，可模拟土体在主压缩条件下的不可逆压缩变形。

5. 小应变土体硬化模型

该模型为弹塑性双曲线模型，其在土体硬化模型的基础上考虑土体的受荷历史和刚度的应变相关性，在一定程度上可以模拟循环加载。该模型考虑小应变阶段时土体刚度增加的特性，应变很低时表现出很高的刚度，并且刚度随应变呈非线性变化。在荷载作用下小应变土体硬化模型的高级特性体现得更加明显，所得到的位移比用土体硬化模型所得到的更加可靠。

6. 软土蠕变模型

上述土体硬化模型适用于所有的土，但是它不能用来解释黏性效应，即蠕变和应力松弛。事实上，所有的土都会产生一定的蠕变，这样，主压缩后面就会跟随着某种程度的次压缩。

而蠕变和松弛主要是指各种软土，包括正常固结黏土、粉土和泥炭土。在这种情况下，采用软土蠕变模型。

12.4.2.2 不同模型的分析

如果要对所考虑的问题进行一个简单迅速的初步分析，建议使用摩尔-库伦模型，当缺乏好的土工数据时，进一步的高级分析是没有用的。

在许多情况下，当拥有主导土层的好的数据时，可以利用土体硬化模型来进行高级分析，毫无疑问，同时拥有三轴试验和固结仪试验结果的可能性是很小的。但是，原位试验数据的修正值对高质量的试验数据来说是一个有益的补充。

12.4.3 结构单元

PLAXIS 中常用的结构单元包括：2D 中的板单元、转动弹簧、土工格栅、界面单元、点对点锚杆与锚定杆单元、隧道、3D 中的 Embedded 桩。

1. 板单元

板用来模拟地层中细长性结构对象，具有较大的抗弯刚度（或弯曲刚度）和轴向刚度，可以模拟沿 z 方向延伸的挡土墙、板、壳体或衬砌的影响。几何模型里的板用蓝线表示。

2. 转动弹簧

在默认情况下，板单元之间的连接是刚性的（固定连接）。在每一个板单元的末端，可以注明其连接方式是铰接（空心圆表示）或刚接（实心圆表示）。在实际情况下，板连接允许发生转动，但一般需要施加一个集中力矩。允许在两个板单元之间输入转动弹簧及弹簧的相对转动刚度，以模拟这类情形。这只对两个板连接点中至少有一个是铰接的情况使用。

3. 土工格栅

土工格栅是具有轴向刚度而无弯曲刚度的细长型结构。土工格栅只能承受拉力,不能承受压力。这类对象一般用来模拟土体的加固作用。

土工格栅由土工格栅单元(线单元)组成,节点上有两个平移自由度。和点对点锚杆相组合的土工格栅,可以用来模拟地层锚杆。在这种情况下,土工格栅用来模拟锚固段,而点对点锚杆用来模拟锚杆的自由段。

4. 界面

每一个界面都有设定的"虚拟厚度",用于定义界面材料性质的假想尺寸。虚拟厚度越大,产生的弹性变形越大。一般假定界面单元的弹性变形非常小,因而它的虚拟厚度也较小;但是如果虚拟厚度太小,则可能出现数值病态。

在几何模型里新建界面的方法,类似于新建几何线。应用界面的典型情况,是模拟板桩墙和土体之间的相互作用(介于光滑与完全粗糙的表面)。

5. 点对点锚杆与锚定杆

点对点锚杆是用两点之间的一根弹簧来模拟的。一个点对点锚杆,使用一个常轴向刚度的弹簧来模拟,它具有两个节点。该单元既可受拉也可受压。这些属性可以在锚杆的材料数据库中输入。锚杆是用一段固定的弹簧来模拟的。应用锚杆可以模拟板桩墙支撑(或支柱)。

6. 隧道

隧道选项可以用来新建几何模型的圆形或非圆形的隧道断面。隧道断面可以由弧线和支线组成,并且可以附带衬砌和界面。隧道断面可以作为一个对象存储在硬盘上,能用在其他的工程项目中。在新建隧道断面之前,首先要选择隧道种类。

(1) 无,用于新建有不同分段组成的一个内部几何轮廓的情况。每一个分段可以是一条线段、一段弧或一个角。

(2) 钻孔隧道,用来新建一个圆形隧道。该隧道包括一个均值隧道衬砌(由圆壳组成)和其他外侧的界面。对于不同分段构成的隧道断面,分段可以由弧线来定义。

(3) NATM 隧道,用来新建一个隧道,包括隧道衬砌(由板组成)和外部的界面。隧道轮廓线可以由用户限定的不同分段构成。如果给此类隧道输入的厚度参数为正值,则轮廓线由两条线构成。

为模拟隧道施工过程中的岩土体积损失,可以采用施加隧道衬砌收缩的方法。该方法通过对隧道衬砌施加收缩,来模拟隧道洞室断面面积的减小。

7. Embedded 桩

Embedded 桩是由梁单元构成的,在程序中可以设置任意倾斜角度的桩。通过特殊的界面单元来模拟桩土间的相互作用。这种相互作用包括侧摩擦力和桩底反力。虽然 Embedded 桩本身不占据体积,但沿桩身一定厚度的区域为完全弹性体区,桩身直径范围内的土体参数被设置为桩材料。这样就使其更像是一个体积桩。但是 Embedded 桩不能模拟打桩效应,而且桩土相互作用是作用在桩中心而不是桩体四周。

思 考 题

12.1 理正、FLAC 和 PLAXIS 三款岩土工程常用软件的理论基础有何不同？

12.2 岩土材料的本构模型本质是指什么？

习 题

12.1 理正边坡稳定分析系统可采用哪几种方法进行分析？

12.2 FLAC 在开展蠕变分析时共计可使用几种模型，分别是什么模型？

12.3 PLAXIS 中界面单元有厚度吗？若有，厚度的作用是什么？

附录A 土 工 试 验

附录A.1 含水率试验（烘干法）

1. 概述

土的含水率是指试样在105～110℃下烘干至恒量时所失去水的质量与干土质量的比值，以百分数表示，是土的基本物理性质指标之一，本试验是土工试验必做的基础性试验。

测定含水率的试验方法有烘干法、酒精燃烧法、比重法等。烘干法为室内试验的标准方法。在野外可采用酒精燃烧法（适用于简易测定细粒土含水率）和比重法（适用于砂类土）。当土中有机质（泥炭、腐殖质及其他）含量为5%～10%时，仍允许采用本规程进行试验，但需注明有机质含量。本节介绍烘干法测定土的含水率。

2. 试验目的

测定土的含水率，以了解土的含水情况，方便计算土的孔隙比、液性指数、饱和度等其他物理力学性质指标。

3. 试验原理

烘干法是用烘箱在105～110℃烘至恒重，计算土样失去水分的质量和干土质量，两者比值即为土的含水率。该方法适用于粗粒土、细粒土、有机质土和冻土。

4. 仪器设备

(1) 烘箱：采用温度能保持在105～110℃的自动控制电热恒温烘箱。

(2) 天平：称量500g，最小分度值0.01g。

(3) 其他：玻璃干燥器、铝盒等。

5. 操作步骤

(1) 铝盒称量。记录铝盒的编号，称量干燥铝盒的质量，准确至0.01g，记录m_0。

(2) 湿土称量。从土样中选取具有代表性的试样15～30g（黏性土取15～20g，粉土、砂土或有机质土约取30g），放入铝盒内，立即盖好盒盖，称量铝盒与湿土的总质量，精确至0.01g，记录m_1。

(3) 烘干土样。打开盒盖，将试样和铝盒放入烘箱，在温度105～110℃下烘至恒重。试样烘至恒量的时间随土质而定：对于黏土和粉土宜烘8～10h，对于砂土宜烘6～8h。对于有机质含量超过干土质量10%的土，应将温度控制在65～70℃的恒温下烘至恒重。

(4) 冷却称量。将试样和铝盒取出，盖好盒盖放入干燥器内冷却至室温，称出铝盒与干土的质量，精确至0.01g，记录m_2。

6. 注意事项

(1) 打开土样后，应立即取样称量湿土质量或铝盒加湿土质量，以免水分蒸发。同时，宜靠近土样中间取样，边缘的试样更容易失去水分，不能更好地反映土样的真实含水情况，对较干燥的土应适当增加试样数量。

（2）土样必须按要求烘至恒重，否则影响测试精度。块状黏土和高塑性的饱和黏土，由于水分不易蒸发，需适当延长烘烤时间，返工试样或待烘干试样只占烘箱容积的1/4时，烘干时间可以减半。

（3）烘干的试样应立即盖上铝盒盖，并放置在干燥器中冷却后称量，防止热土吸收空气中的水分，并避免天平受热不均影响称量质量。

（4）烘箱周围必须保持良好的通风条件，以降低烘箱内相对湿度，确保烘箱内各处温度相同。

7．计算公式

按式（A.1）计算土的含水率：

$$\omega = \frac{m_w}{m_s} \times 100\% = \frac{m_1 - m_2}{m_2 - m_0} \times 100\% \quad (A.1)$$

式中　ω——含水率，精确至0.1%，%；

　　　m_w——土中水的质量，g；

　　　m_s——干土质量，g；

　　　m_0——铝盒质量，g；

　　　m_1——铝盒加湿土质量，g；

　　　m_2——铝盒加干土质量，g。

含水率试验需进行2次平行试验，允许平行差值不能超过表A.1中所示值，试验结果取其算术平均值。

表 A.1　　　　　　　　含水率测定的允许平行差值

含水率/%	<10	10～40	≥40
允许平行差值/%	0.5	1.0	2.0

8．试验记录（表A.2）

表 A.2　　　　　　　　含水率试验记录表（烘干法）

工程名称_____　　　　　　　　　　　试验者_____
工程编号_____　　　　　　　　　　　计算者_____
试验日期_____　　　　　　　　　　　校核者_____

试样编号	土样说明	盒号	盒质量 m_0/g	盒加湿土质量 m_1/g	盒加干土质量 m_2/g	湿土质量/g	干土质量/g	含水率/%	平均含水率/%	备注

附录 A.2　密度试验（环刀法）

1．概述

土的密度是指单位体积土体的质量，是土的基本物理性质指标之一，其单位为g/cm³。

密度试验方法有环刀法、蜡封法、灌水法和灌砂法等。对于黏质细粒土，宜采用环刀法；对于易碎裂、难以切削的土，可用蜡封法；对于现场粗粒土，可用灌水法或灌砂法。土的密度试验是土工试验必做的基础性试验，本教材介绍环刀法测定土的密度。

2. 试验目的

测定土的湿密度，以了解土的疏密和干湿状态，供换算土的其他物理性质指标和工程设计以及控制施工质量之用。

3. 试验原理

环刀法是采用一定体积环刀切取土样并称量土质量的方法，环刀内土的质量与体积之比即为土的密度。

4. 仪器设备

(1) 恒质量环刀：内径为6.18cm（面积为30cm^2）或内径为7.98cm（面积为50cm^2），高20mm，壁厚1.5mm。

(2) 天平：称量500g，分度值为0.1g；称量200g，分度值为0.01g。

(3) 其他：切土刀、钢丝锯、凡士林、玻璃板等。

5. 操作步骤

(1) 试样准备。按工程需要取原状土或人工制备所需要求的扰动土样，其直径和高度应大于环刀的尺寸，整平两端放在玻璃板上。

(2) 量测环刀。取出环刀，称量环刀的质量m_1，并在环刀内壁涂一薄层凡士林。

(3) 切取土样。将环刀刃口向下放在土样上，垂直下压环刀，并用切土刀沿环刀外侧将土样削成略大于环刀直径的土柱，边压边削使土样上端伸出环刀。距离刃口约10mm处用钢丝锯和切土刀将试样和环刀一起与土样断开。根据试样的软硬程度，采用钢丝锯或切土刀将环刀两端余土削去修平，并及时在环刀两端盖上玻璃片，以免水分蒸发。若两面的土有少量剥落，可用切下的碎土轻轻补上。取剩余的代表性土样做土的含水率试验。

(4) 土样称量。擦净环刀外壁，称量环刀和湿土的质量m_2，准确至0.1g。

6. 注意事项

(1) 切取土样前，环刀内壁需涂一薄层凡士林。用环刀切取试样时，环刀应垂直均匀下压，以防环刀内试样的结构被扰动。

(2) 修平环刀两端余土时，不得在试样表面往返压抹，以免使土面受到更多扰动。

(3) 如果使用电子天平称量则必须预热，称量时精确至小数点后二位。

7. 计算公式

按式（A.2）分别计算土的湿密度和干密度：

$$\rho = \frac{m}{V} = \frac{m_2 - m_1}{V} \quad (A.2)$$

$$\rho_d = \frac{\rho}{1 + 0.01\omega} \quad (A.3)$$

式中 ρ——湿密度，g/cm^3，精确至0.01g/cm^3；

ρ_d——干密度，g/cm^3，精确至0.01g/cm^3；

m —— 湿土质量，g；

m_1 —— 环刀质量，g；

m_2 —— 环刀加湿土质量，g；

ω —— 含水率，%（代入公式时去掉%）；

V —— 环刀体积，cm³。

环刀法试验应进行两次，平行测定，两次测定的密度差值不得大于 0.03g/cm³，并取其算术平均值。

8. 试验记录（表 A.3）

表 A.3　　　　　　密度试验记录表（环刀法）

工程名称_____　　　　　　　　　　试验者_____

工程编号_____　　　　　　　　　　计算者_____

试验日期_____　　　　　　　　　　校核者_____

试样编号	土样类别	环刀编号	环刀质量/g	环刀加湿土质量/g	湿土质量/g	环刀容积/cm³	湿密度/(g/cm³)	平均湿密度/(g/cm³)	含水率/%	干密度/(g/cm³)	平均干密度/(g/cm³)

附录 A.3　界限含水率试验

1. 概述

黏性土的状态随着含水率的不同而变化，当含水率不同时，黏性土可分别处于固体状态、半固体状态、可塑状态及流动状态。黏性土从一种状态转变到另一种状态的分界含水率称为土的界限含水率。土从流动状态转变到可塑状态的界限含水率为液限 ω_L；土从可塑状态转变到半固体状态的界限含水率称为塑限 ω_P。

土的塑性指数 I_P 是指液限与塑限的差值，其表达式为

$$I_P = (\omega_L - \omega_P) \times 100 \tag{A.4}$$

塑性指数在一定程度上综合反映影响细粒土特征的各种重要因素，因此工程上常采用塑性指数对细粒土进行分类和评价。但由于液限测定标准的差别，同一类土按不同的标准可能得到不同的塑性指数，工程中应注意。

土的液性指数 I_L 是指细粒土的天然含水率和塑限的差值与塑性指数之比，其表达式为

$$I_L = \frac{\omega - \omega_P}{\omega_L - \omega_P} \tag{A.5}$$

液性指数可表示黏性土的稠度和软硬程度。《建筑地基基础设计规范》（GB 50007—2011）与《岩土工程勘察规范》（GB 50021—2001）根据土的液性指数 I_L 对细粒土的稠度状态进行划分，见表 A.4。

表 A.4　　　　　　按液性指数划分细粒土的稠度状态

液性指数 I_L	$I_L \leqslant 0$	$0 < I_L \leqslant 0.25$	$0.25 < I_L \leqslant 0.75$	$0.75 < I_L \leqslant 1$	$I_L > 1$
稠度状态	坚硬	硬塑	可塑	软塑	液塑

界限含水率试验要求土的颗粒粒径小于 0.5mm，有机质含量不超过试样总质量的 5%，且宜采用天然含水率试样，也可采用风干试样，当试样含有粒径大于 0.5mm 的土粒或杂质时，应过 0.5mm 的土工标准筛。

2. 试验目的

测定黏性土的液限和塑限，并由此计算塑性指数、液性指数，进行黏性土的定名及判别黏性土的软硬程度，供工程设计和施工使用。

3. 试验原理

液限、塑限联合测定试验采用光电式液塑限联合测定仪，根据圆锥仪的圆锥入土深度与其相应的含水率在双对数坐标系下具有线性关系的特性来测定。利用圆锥质量为 76g 的液塑限联合测定仪测得土在不同含水率时的圆锥入土深度，然后，以圆锥入土深度为纵坐标，以含水率为横坐标，绘制其关系直线图。在图上查得圆锥下沉深度为 17mm 所对应的含水率即为液限，下沉深度为 2mm 所对应的含水率即为塑限。

4. 仪器设备

(1) 液塑限联合测定仪：如图 A.1 所示，有电磁吸锥、测读装置、升降台、试样杯等，圆锥质量为 76g，锥角为 30°。

(2) 天平：称量 200g，分度值为 0.01g。

(3) 其他：调土刀、不锈钢杯、凡士林、称量盒、烘箱、干燥器等。

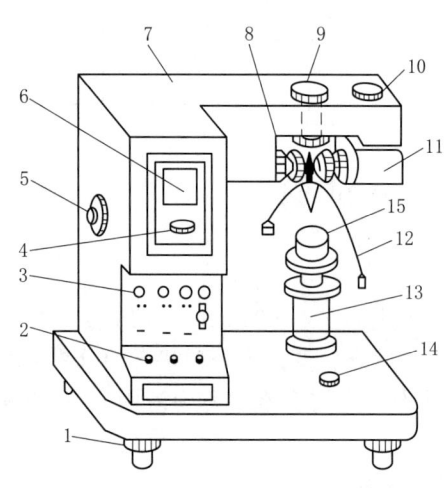

图 A.1　光电式液塑限仪结构示意图
1—水平调节螺丝；2—控制开关；3—指示灯；
4—零线调节螺钉；5—反光镜调节螺钉；
6—屏幕；7—机壳；8—物镜调节螺钉；
9—电池装置；10—光源调节螺钉；
11—光源装置；12—圆锥仪；
13—升降台；14—水平泡；
15—试样杯

5. 操作步骤

(1) 试样制备。本试验宜采用天然含水率的土制备试样，当土样不均匀时可采用风干土试样。当土颗粒大于 0.5mm 或有杂物时，用研钵或木棒压碎，过 0.5mm 的标准筛，取筛下土样约 200g，分成三份 a、b、c，分别放入不锈钢杯中，加入不同数量的蒸馏水，然后按下沉深度为 4～5mm、9～11mm、15～17mm，制备不同稠度的试样，浸润过夜。

(2) 装土入杯。将制备的试样 a 调拌均匀，密实地填入试样杯中，使空气逸出，填满后用刮土刀刮平表面，然后将试样杯放在液塑限联合测定仪的升降座上。

(3) 接通电源。在圆锥仪锥尖上涂抹一薄层凡士林，接通电源，使电磁铁吸住圆锥。

(4) 测读深度。调整升降座，使锥尖刚好与试样面接触，切断电源使电磁铁失磁，圆锥仪在自重下沉入试样，经 5s 后测读圆锥下沉深度。

(5) 测含水率。取出试样杯，取 10g 以上的试样至少两个，如 a-1、a-2，测定试样的含水率。重复以上步骤，测定另两个试样 b、c 的圆锥下沉深度和对应的含水率。

6. 注意事项

(1) 土样分层装杯时，注意土中不能留有空隙。

(2) 每个试样测设三个测点，取平均值作为这种含水率所对应土的圆锥入土深度，如果三点下沉深度相差太大，则必须重新拌匀土样，重新装杯。

7. 计算及绘图

(1) 按式（A.1）计算各试样的含水率，并符合表 A.1 的平行误差要求，之后求出算数平均值。

(2) 以含水率为横坐标，以圆锥下沉深度为纵坐标，在双对数坐标纸上绘制关系曲线，三点连一直线（如图 A.2 中的 A 线）。当三点不在同一直线上，通过高含水率的一点与另两点连成两条直线，在圆锥下沉深度为 2mm 处查得相应的含水率。当两个含水率的差值≥2%时，应重做试验。当两个含水率的差值<2%时，用这两个含水率的平均值与高含水率的点连成一条直线（如图 A.2 中的 B 线）。

(3) 在圆锥下沉深度与含水率的关系图上，查得下沉深度为 17mm 所对应的含水率为液限；查得下沉深度为 2mm 所对应的含水率为塑限，以百分数表示，取整数。

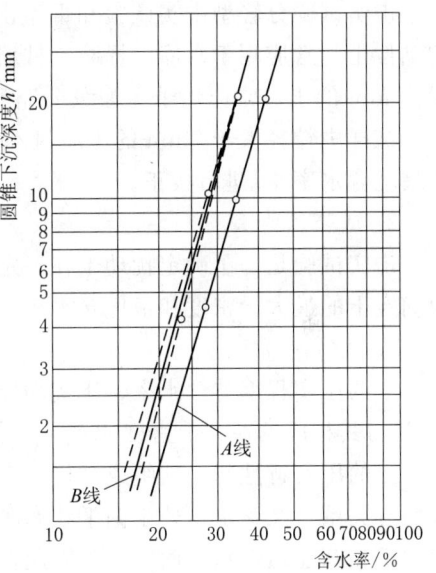

图 A.2 圆锥入土深度与含水率关系图

8. 试验记录（表 A.5）

表 A.5　　　　　　　　　土的液限、塑限联合试验记录表

工程名称_____　　　　　　　　　试验者_____

工程编号_____　　　　　　　　　计算者_____

试验日期_____　　　　　　　　　校核者_____

试样编号	圆锥下沉深度/mm	铝盒编号	铝盒质量/g	盒及湿土质量/g	盒及干土质量/g	含水率/%	平均下沉深度/mm	平均含水率/%	液限/%	塑限/%	塑性指数	液性指数
a												
b												
c												

附录 A.4 击 实 试 验

1. 概述

在工程建设中，经常会遇到填土或松软地基，为了改善这些土的工程性质，常采用压实的方法使土变得密实。土的击实试验就是模拟施工现场的压实条件，采用锤击方法使土体密度增大、强度提高、沉降变小的一种试验方法。

击实试验分轻型击实试验和重型击实试验两种。轻型击实试验适用于粒径小于5mm的黏性土，常应用于水库、堤防、铁路路基填土等工程中；重型击实试验适用于粒径不大于20mm的土，常应用于高等级公路和机场跑道等工程填土中。同时，在轻型击实试验中，试样中粒径大于5mm的土质量不大于试样总质量的30%时，需要对最大干密度ρ_{dmax}和最优含水率ω_{op}进行校正。

2. 试验目的

击实试验是为了确定扰动土在一定的击实功能下干密度随含水率变化的关系曲线，从而确定土的最大干密度和最优含水率，为工程设计和现场施工碾压提供土的压实性资料。

3. 试验原理

土的压实程度与含水率、压实功能和压实方法有密切的关系。细粒土存在最优含水率ω_{op}和与其相应的最大干密度ρ_{dmax}（具体见2.5节土的压实性）。

土的压实特性与土的组成结构、土粒的表面现象、毛细管压力、孔隙水和孔隙气压力等均有关系。在含水率处于偏干状态时，粒间引力使土保持比较疏松的凝聚结构，土中孔隙大都相互连通，水少而气多。因此，在一定的外部压实功能作用下，虽然土孔隙中气体易被排出，密度可以增大，但由于较薄的强结合水水膜润滑作用不明显，以及外部功能不足以克服粒间引力，土粒相对移动便不显著，所以压实效果就比较差。当含水率逐渐加大时，水膜变厚，土块变软，粒间引力减弱，施以外部压实功能则易于土粒移动，加上水膜的润滑作用，压实效果渐佳。在最佳含水率附近时，土中所含的水量最有利于土粒受击时发生相对移动，以致能达到最大干密度；当含水率再增加到偏湿状态时，孔隙中出现了自由水，击实时不可能使土中多余的水和气体排出，而孔隙压力升高却更为显著，抵消了部分击实功，击实功效反而下降。在排水不畅的情况下，经过多次的反复击实，甚至会导致土体密度不加大而土体结构被破坏的结果，出现工程上所谓的"橡皮土"现象。

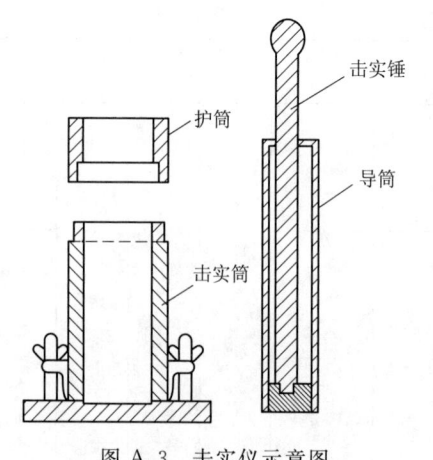

图 A.3 击实仪示意图

4. 仪器设备

（1）击实仪：如图A.3所示，主要由击实筒、击实锤和护筒组成。击实锤质量为2.5kg，击实筒筒高116mm，体积为947.4cm³（轻型击实仪）。

（2）天平：称量200g，分度值为0.01g。

（3）台称：称量10kg，分度值为5g。

(4) 标准筛：孔径为5mm、20mm、40mm。

(5) 其他：喷水设备、碾土器、拌土器、盛土器、推土器、修土刀等。

5. 操作步骤

(1) 制备土样。取一定量的代表性风干土样。轻型击实试验土样量不少于20kg，放在橡皮板上用木碾碾碎过5mm标准筛；重型击实试验土样量不少于50kg，碾碎过20mm标准筛。

(2) 加水拌和。预制5个不同含水率（依次相差2%，其中至少有3个含水率小于塑限）的试样。按预定含水率制备试样：轻型击实每个试样取2.5kg，重型击实每个试样取5.0kg，平铺于不吸水的平板上，用喷水设备向土样均匀喷洒预定的加水量，拌和均匀并装入塑料袋内或密封于盛土器内静置，高液限黏土至少24h，低液限黏土至少12h。

所需加水量按式（A.6）计算：

$$m_w = \frac{m_{w0}}{1+\omega_0}(\omega - \omega_0) \quad (A.6)$$

式中　m_w——所需加水质量，g；

　　　m_{w0}——风干含水率时土样的质量，g；

　　　ω_0——土样的风干含水率，%；

　　　ω——预定达到的含水率，%。

(3) 分层击实。对于轻型击实，取制备好的试样600~800g，倒入筒内，整平表面，击实25次，每层击实后土样约为击实筒容积的1/3。击实时，击锤应自由落下，锤迹须均匀分布于土面。重复上述步骤，进行第二、第三层的击实，击实后试样略高出击实筒（不得大于6mm）；对于重型击实，每层土料约900~1100g，每层56击，分5层。

(4) 称土质量。取下套环，齐筒顶细心削平试样，擦净筒外壁，称土质量，准确至0.1g。

(5) 测含水率。用推土器推出筒内试样，从试样中心处取至少2个土样（轻型各约15~30g，重型各约50~100g）测定含水率，平行差值不得超过1%。

(6) 按步骤（3）~（5）进行其他不同含水率试样的击实试验。

6. 注意事项

(1) 试验前，击实筒内壁要涂一层凡士林。

(2) 击实每一层后，用刮土刀把土样表面刨毛，使层与层之间压密。

(3) 如果使用电动击实仪，则必须注意安全。打开仪器电源后，手不能接触击实锤。

7. 计算及绘图

(1) 按式（A.7）计算干密度：

$$\rho_d = \frac{\rho}{1+\omega} \quad (A.7)$$

式中　ρ_d——干密度，g/cm³；

　　　ρ——湿密度，g/cm³；

　　　ω——含水率，%。

(2) 绘制干密度与含水率关系曲线：以干密度ρ_d为纵坐标，以含水率ω为横坐标，绘制干密度与含水率关系曲线（图 A.4）。曲线上峰值点所对应的纵横坐标分别为土的最大干密度和最优含水率。如曲线不能绘出准确峰值点，应进行补点。

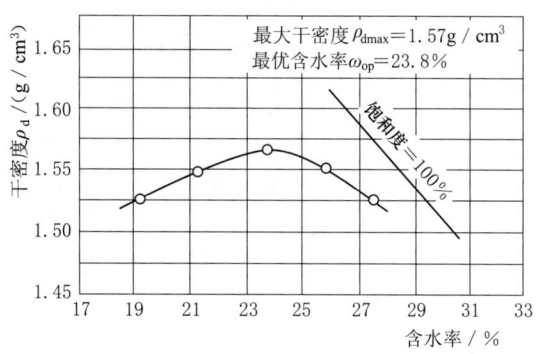

图 A.4 $\rho_d - \omega$ 关系曲线

8. 试验记录（表 A.6）

表 A.6　　　　　　　　　击实试验记录表

土样编号_____　　土粒比重_____　　试验者_____
土样类别_____　　每层击数_____　　校核者_____
风干含水率_____　试验仪器_____　　试验日期_____

试样号	干密度					含水率							
	筒加土质量/g	筒质量/g	湿土质量/g	密度/(g/cm³)	干密度/(g/cm³)	盒号	盒加湿土质量/g	盒加干土质量/g	盒质量/g	水的质量/g	干土质量/g	含水率/%	平均含水率/%
1													
2													
3													
4													
5													

附录 A.5　渗透试验（常水头）

1. 概述

渗透系数是衡量土体渗透性强弱的一个重要参数，是估计天然地基、土坝、高填土等的渗流量和渗流稳定性，以及施工选料、人工降水与地基加固设计等所需的基本参数。测定方法有室内试验和现场试验两大类。现场试验可采用试坑注水法（测定非饱和土的渗透

附录 A.5 渗透试验（常水头）

系数）或抽水试验法（测定饱和土的渗透系数）。室内试验可分为常水头法（适用于粗粒土）、变水头法（适用于细粒土）、加荷式渗透法（适用于透水性很小的黏性土）。

2. 试验目的

掌握无黏性土的渗透系数的测定方法，了解土的渗透性能大小，用于工程设计。

3. 试验原理

粗粒土中的渗流，符合达西定律，换算出渗透系数的计算式，见式（A.8）。

4. 仪器设备

(1) 常水头渗透仪：70型渗透仪，如图 A.5 所示。其主要构件包括：①封底金属圆筒（高 40cm，内直径为 10cm）；②金属透水板（放在距筒底 5~10cm 处）；③测压孔三个，其间距为 10cm，与金属圆筒筒壁连接处装有筛布；④玻璃测压管（玻璃管内径为 0.6cm，分度值为 0.1cm，用硅胶管和测压孔连接，固定于带有毫米尺的直立金属板上，作测记水头之用）。

(2) 电子天平：称量 5000g，分度值为 1.0g。

(3) 容积为 5000g，分度值为 0.01g 的供水瓶。

(4) 容量为 500mL 的量筒。

(5) 刻度为 0~50℃ 的温度计，分度值为 0.5℃。

(6) 其他：秒表、硅胶管、止水夹、支架、木锤、吸耳球等。

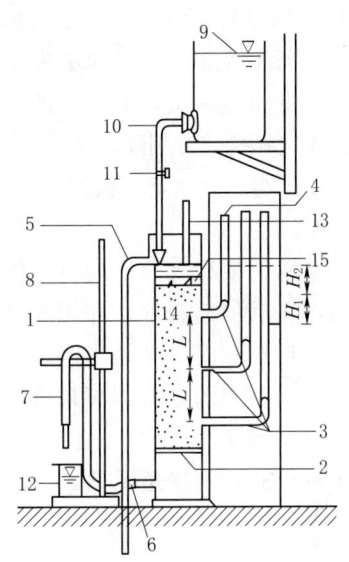

图 A.5 70 型渗透仪
1—试样筒；2—金属孔板；3—测压孔；4—玻璃测压管；
5—溢水孔；6—渗水孔；7—调节管；8—滑动支架；
9—容量为 5000mL 的供水桶；10—供水管；
11—止水夹；12—容量为 500mL 的量筒；
13—温度计；14—试样；15—砾石层

5. 操作步骤

(1) 连接调试。将调节管与供水管连通并检查各管路接头处是否漏水，由仪器底部充水至水位略高于金属孔板，关止水夹。

(2) 取样装土。称取具有代表性的风干试样 3~4kg，称量准确至 1.0g，并测定试样的风干含水率。将试样分层装入金属圆筒的网格上，每层厚 2~3cm，用木锤轻轻击实到一定厚度，以控制其孔隙比。若试样中黏土颗粒较多，装试样前应在网格上加铺厚约 2cm 的粗砂，作为缓冲层，以防细颗粒被水冲走，并量测缓冲层厚度。

(3) 分层饱和。每层砂样装好后，连接调节管与供水管，微开止水夹使水由仪器底部向上渗入，并使试样逐渐饱和。水流必须缓慢，以免冲动土样，当水面与试样顶面齐平时关闭止水夹。继续分层装试样并饱和，直至试样高出上测压孔 3~4cm 为止，同时检查 3 个测压管的水头是否齐平。在试样上部填厚约 2cm 的砾石层。待最后一层试样饱和后，继续使水位缓缓上升至溢水孔。当有水溢出时，关闭止水夹。

(4) 试样装好后，测量试样顶部至仪器上口的剩余高度，计算试样净高，称剩余试样质量，计算装入试样总质量。

(5) 静置数分钟后，检查各测压管水位是否齐平。如不齐平，说明试样中或测压管接头处有集气阻隔，用吸耳器吸水排气处理。

(6) 调整供水。测压管及管路校正无误后，即可开始进行试验。提高调节管使其高于溢水孔，然后将调节管与供水管分开，并将供水管置于试样筒内，开止水夹，使水由上部注入筒内。降低调节管口，使其位于试样上部1/3高度处，产生水位差，水便渗过试样经调节管流出。在渗透过程中，溢水孔始终有余水溢出，以保持常水位。

(7) 测量记数。当测压管水头稳定后，测定测压管水头，并计算测压管Ⅰ、Ⅱ间的水头差 H_1 及测压管Ⅱ、Ⅲ间的水头差 H_2。开动秒表，用量筒自调节管接取一定时间内的渗透水量，并重复一次，取两次的平均值。测记进水与出水处的水温，取其平均值。

(8) 重复试验。分别降低调节管口至试样中部及下部1/3高度处，以改变水力坡降、按以上步骤重复进行试验测定。根据需要，可装数个不同孔隙比的试样进行渗透系数的测定。

6. 注意事项

(1) 试验时要检查仪器的测压管及调节管是否堵塞、有气泡。如有气泡，须挤压连接测压孔与测压管的硅胶管，并用吸耳球在测压管上部接连抽吸，以除去管中空气。

(2) 干砂饱和时，必须将调节管接通水源让砂饱和。

(3) 试验时水源要直接流到试样筒里，水位与溢水孔齐平。

7. 计算公式

按下列公式计算渗透系数：

$$k_T = \frac{QL}{A \Delta h t} \tag{A.8}$$

$$k_{20} = \frac{\eta_T}{\eta_{20}} k_T \tag{A.9}$$

式中 Q——时间 t 秒内的渗出水量，cm³；

Δh——平均水位差，等于 $(\Delta h_1 + \Delta h_2)/2$，cm；

L——两测压孔中心间的试样高度，10cm；

t——时间，s；

k_T、k_{20}——水温为 T℃、20℃时试样的渗透系数，cm/s；

η_{20}、η_T——水温为20℃和 T℃时的动力黏滞系数，η_T/η_{20} 的值可查表 A.8。

8. 试验记录（表 A.7 和表 A.8）

表 A.7　　　　　　　　常水头渗透试验记录表（70型渗透仪）

工程名称＿＿＿＿　试样高度＿＿＿＿　干土重＿＿＿＿　试验者＿＿＿＿

土样编号＿＿＿＿　试样面积＿＿＿＿　孔隙比＿＿＿＿　校核者＿＿＿＿

土样说明＿＿＿＿　测孔压间距10cm　土粒比重＿＿＿＿　试验日期＿＿＿＿

试验次数	测试时间 /s	测压管水位/cm			水位差/cm			水力坡降 i	渗透水量 /cm³	渗透系数 /(cm/s)	平均水温 /℃	校正系数 η_T/η_{20}	渗透系数 k_{20}/(cm/s)	平均渗透系数 $\overline{k_{20}}$/(cm/s)
		Ⅰ管	Ⅱ管	Ⅲ管	Δh_1	Δh_2	平均 Δh							

表 A.8　　　　　　　　　　　　　η_T/η_{20} 与温度的关系

温度/℃	5.0	5.5	6.0	6.5	7.0	7.5	8.0	8.5	9.0	9.5	10.0	10.5
η_T/η_{20}	1.501	1.478	1.455	1.435	1.414	1.393	1.373	1.353	1.334	1.315	1.297	1.279
温度/℃	11.0	11.5	12.0	12.5	13.0	13.5	14.0	14.5	15.0	15.5	16.0	16.5
η_T/η_{20}	1.261	1.243	1.227	1.211	1.194	1.176	1.168	1.148	1.133	1.119	1.104	1.090
温度/℃	17.0	17.5	18.0	18.5	19.0	19.5	20.0	20.5	21.0	21.5	22.0	22.5
η_T/η_{20}	1.077	1.066	1.050	1.038	1.025	1.012	1.000	0.988	0.976	0.964	0.958	0.943
温度/℃	23.0	24.0	25.0	26.0	27.0	28.0	29.0	30.0	31.0	32.0	33.0	34.0
η_T/η_{20}	0.932	0.910	0.890	0.870	0.850	0.833	0.815	0.798	0.781	0.765	0.750	0.735

附录 A.6　固　结　试　验

1. 概述

土体的变形是土力学研究的最基本、最重要的问题之一。衡量土的压缩性的指标要通过固结试验获得。

固结试验是土的重要力学试验之一，通过测定试样在侧限与轴向排水条件下的变形和压力的关系，根据试验结果绘制出孔隙比与压力的关系曲线（压缩曲线），由曲线确定土在指定荷载变化范围内的压缩系数、压缩指数和压缩模量等，判断土体的压缩性，计算土工建筑物和地基的沉降量及沉降过程等。

2. 试验目的

掌握土的压缩性试验的基本原理和试验方法，熟练掌握压缩指标的获得方法（试验操作、数据处理）。

3. 试验原理

土是由固体颗粒、空隙中的水和气体组成的松散三相体，增加外力，土体会发生体积缩小。土的压缩性主要是由孔隙体积减小而引起的。在饱和土中，主要是土中孔隙水排出。试验时由于金属环刀及刚性护环所限，土样在压力作用下只能在竖向产生压缩，而不可能产生侧向变形，故土的室内压缩试验也称为单向固结试验或侧限压缩试验。

在无侧向变形，即横截面面积不变的情况下，根据土粒所占高度不变的条件，土样的压缩量可用孔隙比的变化来计算：

$$\Delta H = \frac{e_1 - e_2}{1 + e_1} H_1 = \frac{\Delta e}{1 + e_1} H_1 \qquad (A.10)$$

式中　e_1——土样的初始孔隙比；

　　　e_2——压缩后土样的孔隙比；

　　　H_1——土样的初始高度，常规的试验取 20mm；

ΔH——压缩量，mm。

4. 仪器设备

(1) 固结仪：如图 A.6 所示，试样面积为 30cm²，高 2cm。

(2) 量表：量程为 10mm，最小分度值为 0.01mm。

(3) 其他：刮土刀、电子天平、秒表、环刀、铝盒、滤纸、烘箱、毛玻璃板等。

5. 操作步骤

(1) 试样制备。切取原状土试样或制备成给定密度与含水率的扰动土试样。切取土样时，在环刀内壁涂一薄层凡士林，将环刀放在土样上垂直下压至土样凸出环刀为止，然后将其两端刮平，擦净环刀外壁称量环刀加土总重量，计算试样的密度并取环刀两侧余土测含水率和土粒比重，需要时对试样进行饱和。

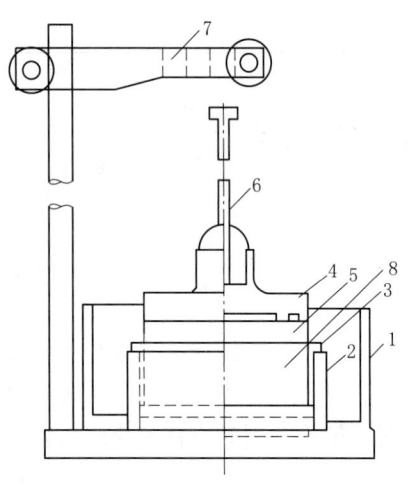

图 A.6 固结仪示意图
1—水槽；2—护环；3—环刀；4—加压上盖；5—透水石；
6—量表导杆；7—量表架；8—试样

(2) 试样安放。在固结仪容器内放置护环和薄滤纸（透水石已固定在底板上），将带有试样的环刀刃口向下小心装入护环，然后在试样上放薄滤纸、透水板和压盖板，置于加压框架下，对准加压框架的正中。安装量表，使量测距离不小于 8mm，施加 1kPa 的预压压力，保证试样与仪器上下各部件之间接触良好，然后调整量表，使指针读数为零。

(3) 试样加荷。加压等级一般为 12.5kPa、25kPa、50kPa、100kPa、200kPa、400kPa、800kPa、1600kPa、3200kPa。最后一级的压力应比试样上覆土层的计算压力大 100～200kPa，第一级压力的大小视土的软硬程度分别采用 12.5kPa、25kPa 或 50kPa（第一级施加压力应减去预压压力）。如果是饱和试样，则在施加第一级压力后立即向水槽中注水至满；如果是非饱和试样，须用湿棉围住加压盖板四周，避免水分蒸发。

(4) 测记读数。需测定沉降速率、固结系数时，施加每级压力后按下列时间顺序测记量表读数：6s、15s、1min、2min15s、4min、6min15s、9min、12min15s、16min、20min15s、25min、30min15s、36min、42min15s、49min、64min、100min、200min、400min、23h 和 24h，至稳定为止，再施加下级荷载直至试验结束。

当不需要测定沉降速率、固结系数时，稳定标准规定为每级压力下固结 24h，测记稳定读数后，再施加下级荷载直至试验结束。

(5) 需要做回弹试验时，可在某级压力（大于上覆压力）下固结稳定后卸压，直至卸至第一级压力。每次卸压后的回弹稳定标准与加压相同，并测记每级压力及最后一级压力时的回弹量。

(6) 测试验后的含水率。试验结束后，迅速拆除仪器各部件，取出带环刀的试样，饱和试样则用干滤纸吸去试样两端表面上的水，取出试样，测定试验后的含水率。

6. 注意事项

(1) 对原状样尽量少扰动；切取土样时，不可用刀反复抹拭土样表面。

(2) 首先装好试样，再安装量表。在装量表的过程中，小指针需调至整数位，大指针调至零，量表杆头要有一定的伸缩范围，固定在量表架上。

(3) 加荷时，应按顺序加砝码；试验中不要震动实验台，以免指针产生移动。

7. 计算及绘图

(1) 按式（A.11）计算试样的初始孔隙比：

$$e_0 = \frac{G_S(1+\omega_0)}{\rho_0}\rho_w - 1 \tag{A.11}$$

式中 e_0——试样初始孔隙比；

G_S——土粒比重；

ρ_w——水的密度，g/cm^3；

ω_0——试样初始含水率，%；

ρ_0——试样初始密度，g/cm^3；

(2) 按下式计算各级荷重下压缩稳定后的孔隙比：

$$e_i = e_0 - \frac{\Delta H}{H_0}(1+e_0) \tag{A.12}$$

式中 e_i——某级压力下压缩稳定的孔隙比；

e_0——初始孔隙比；

ΔH——在某一荷重下试样压缩稳定后的总变形量，其值等于该荷重下压缩稳定后的量表读数减去仪器变形量，mm；

H_0——试样起始高度，即环刀高度，20mm。

(3) 按式（A.13）计算某一压力范围内的压缩系数：

$$a = \frac{e_i - e_{i+1}}{p_{i+1} - p_i} \tag{A.13}$$

(4) 按式（A.14）计算某一压力范围内的压缩模量：

$$E_s = \frac{1+e_0}{a} \tag{A.14}$$

(5) 绘制压缩曲线。以孔隙比 e 为纵坐标，以压力 p 为横坐标，绘制孔隙比与压力的关系曲线，如图 A.7 和图 A.8 所示，并求出压缩系数 a、压缩指数 C_c 与压缩模量 E_s。

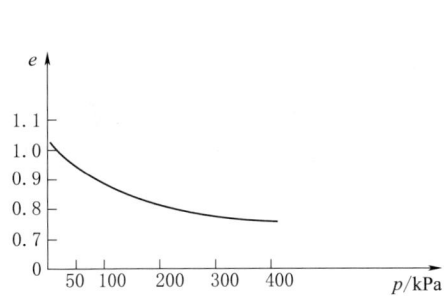

图 A.7 e-p 关系曲线确定压缩系数

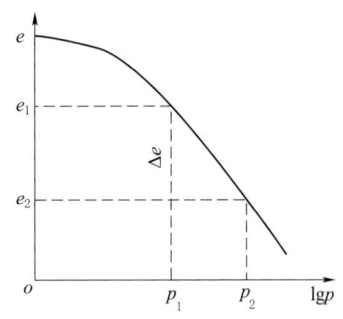

图 A.8 e-$\lg p$ 曲线确定压缩指数

8. 试验记录（表 A.9）

表 A.9　　　　　　　　　　固结试验记录表　　　　　仪器变形量____（mm）

工程名称_____　土样面积 30cm²　土粒比重_____　试验者_____
土样编号_____　起始孔隙比_____　土样密度_____　计算者_____
试验日期_____　起始高度 20mm　起始含水率_____　校核者_____

加压历时/h	压力/kPa	量表读数/mm	试样变形量 ΔH/mm	孔隙比 e_i	压缩系数/MPa^{-1}	压缩模量 MPa

附录 A.7　直接剪切试验（快剪）

1. 概述

土的抗剪强度是指土体对于外荷载所产生的剪应力的极限抵抗能力，数值上等于剪切破坏时滑动面上的剪应力。对同一种土，即便是在相同法向压力作用下，由于剪切前试样的固结过程和剪切过程中试样的排水条件不同，其强度指标也是各异的。为了更好地模拟现场土体的剪切条件，考虑固结程度和排水条件对抗剪强度的影响，依据剪切前的固结程度、剪切时的排水条件，将直接剪切试验划分为快剪试验、固结快剪试验、慢剪试验三种试验方法。

由于受力条件不同，上述三种方法的试验结果有所差异，因此，必须根据土体所处的实际应力情况来选择合适的试验方法。其中，快剪和固结快剪适用于渗透系数较小的土样，一般渗透系数宜小于 10^{-6} cm/s。

2. 试验目的

掌握直剪试验的具体操作，学会通过直剪试验获得抗剪强度指标。

3. 试验原理

根据摩尔库伦抗剪强度理论，有

$$\tau_f = c + \sigma \tan\varphi \tag{A.15}$$

通过不同试样（个数不少于 4 个）在不同的法向应力 σ_i 作用下剪切破坏，得到不同抗剪强度 τ_{fi}，在直角坐标系中，作法向应力与抗剪强度的关系线，称作库伦强度线，强度线在纵坐标上的截距为黏聚力 c，强度线与水平线的夹角称为内摩擦角 φ。

快剪试验是在试样上施加垂直压力后立即快速施加水平剪切力，以 0.8～1.2mm/min 的速率剪切，一般使试样在 3～5min 内剪破。

4. 仪器设备

（1）应变控制式直接剪切仪：如图 A.9 所示，由剪切盒、垂直加压框架、剪切传动

附录 A.7 直接剪切试验（快剪）

装置、测力计及位移量测系统等组成。

（2）环刀：内径为 61.8mm，高 20mm。

（3）位移量测设备：量程为 10mm，分度值为 0.01mm 的百分表。

（4）其他：修土刀、凡士林、滤纸或蜡纸、秒表等。

5. 试验步骤

（1）切取试样。按工程需要用环刀切取一组试样，至少 4 个，并测定试样的密度及含水率。如试样需要饱和，可对试样进行抽气饱和。

（2）安装试样。检查剪切盒底下两滑槽内钢珠是否分布均匀，在上下盒接触面上涂

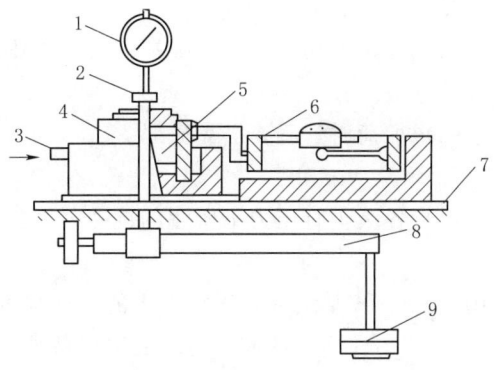

图 A.9 应变控制式直剪仪结构示意图
1—垂直变形百分表；2—垂直加压框架；3—推动座；
4—剪切盒；5—试样；6—测力计；7—台板；
8—杠杆；9—砝码

抹少许润滑油，对准剪切盒的上下盒，插入固定销钉。在下盒内放入润湿滤纸一张，将装有试样的环刀平口朝下，对准剪切盒，在试样顶面放湿润滤纸一张及透水石一块，缓缓将试样通过透水石徐徐压入剪切盒内，移去环刀。

对于砂类土，将准备好的砂样倒入剪力盒内，拂平表面，放上一块硬木块，用手轻轻敲打，使试样达到要求的干密度，然后取出硬木块。

顺时针转动手轮，移动传动装置，使测力计与上盒前端部接触，当轻轻转动手轮，测力计读数有变化则表明已经接触，调整测力计读数为零。顺次放上传压板、钢球及加压框架，安装垂直位移量测装置，并调整至零位或测记初读数。对于快剪试验可不安装垂直位移计。

（3）施加垂直压力。每组试验至少取 4 个试样，在 4 种不同垂直压力 σ_i 下进行剪切试验。垂直压力是由现场预期的最大压力决定，一般可取 100kPa、200kPa、300kPa、400kPa。各垂直压力可一次性施加，若土质松软，也可分次施加以防土样挤出。

对饱和试样加压后应向试样注水，非饱和试样可在加压框周围包以湿纱布。

对于慢剪和固结快剪试验，在垂直压力下需固结，即在施加垂直压力后每 1h 测读垂直位移一次，直至固结稳定。稳定标准为变形不大于 0.005mm/h。对快剪，由于不需要固结，在施加垂直压力后立即进行剪切。

（4）进行剪切。施加垂直压力后，立即拔出固定销钉，开动秒表，以不小于 0.8mm/min 的剪切速率进行剪切（一般由电动控制，如果手动操作，宜每分钟 4～6 转的均匀速率旋转手轮），使试样在 3～5min 内剪破。如果测力计有峰值出现，或有显著后退，表示试样已经被剪破，在峰值出现后继续剪至剪切位移为 4mm 时停止；如果剪切过程中测力计无峰值，量表指针读数继续增加，此时应剪切至剪切位移达 6mm 时停止。手轮每转一圈，测记测力计读数并根据需要测记垂直位移计读数，直至剪损为止。

（5）拆卸试样。剪切结束后，吸去剪切盒中的积水，倒转手轮，尽快移去垂直压力、框架、上盖板等，取出试样，必要时沿剪切面取试样测定剪切后试样含水率。

6. 注意事项

(1) 开始剪切前,切记拔掉销钉,否则试样作废,而且破坏仪器,若销钉弹出,还有伤人的危险。

(2) 加荷时,不要摇晃砝码。

7. 计算及绘图

(1) 各级垂直压力下所测的抗剪强度如下

$$\tau_f = CR \tag{A.16}$$

式中 τ_f ——某级垂直压力下土的抗剪强度,kPa;

C ——测力计或量力环的率定系数,kPa/0.01mm;

R ——测力计量表读数,0.01mm。

(2) 绘制剪应力和剪应变关系曲线。以剪应力 τ 为纵坐标,以剪切位移 ΔL 为横坐标,绘制 $\tau - \Delta L$ 关系曲线(图 A.10),取曲线上剪应力峰值为抗剪强度 τ_f,若无峰值,则取剪切位移 4mm 所对应的剪应力为抗压强度 τ_f。

(3) 绘制 $\tau_f - \sigma$ 曲线。以抗剪强度 τ_f 为纵坐标,以垂直压力 σ 为横坐标,纵横坐标采用同一比例绘制抗剪强度与垂直压力关系曲线(图 A.11),该直线的倾角为土的内摩擦角 φ,在纵轴上的截距为土的黏聚力 c。

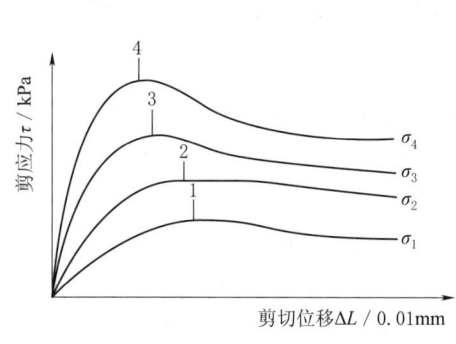

图 A.10 剪应力与剪切位移关系曲线　　　图 A.11 $\tau_f - \sigma$ 关系曲线

8. 试验记录(表 A.10)

表 A.10　　　　　　　　土的直接剪切试验记录表

土样编号_____　　仪器编号_____　　试验者_____
土样说明_____　　测力计率定系数_____　　校核者_____
试验方法_____　　手轮转数_____　　试验日期_____

仪器编号	垂直压力 /kPa	剪切位移 /0.01mm	测力计读数 /0.01mm	抗剪强度 /kPa

附录 B 习题参考答案

第 2 章

2.1 (1) $I_{p甲}=15$，$I_{p乙}=8$，正确。

(2) $e_{甲}=0.81$，$\rho_{甲}=1.94\text{g/cm}^3$，$e_{乙}=0.59$，$\rho_{乙}=2.04\text{g/cm}^3$，错误。

(3) $\rho_{d甲}=1.49\text{g/cm}^3$，$\rho_{d乙}=1.67\text{g/cm}^3$，错误。

(4) 见（2），正确。

2.2 $e=0.805$，$n=44.6\%$，$S_r=42.8\%$。

2.3 $e=0.819$，$\rho_d=1.50\text{g/cm}^3$，$\rho_{sat}=1.95\text{g/cm}^3$，$I_P=16$，$I_L=0.8125$，按塑性指数定名为粉质黏土；按图 2.12 的塑性图定义为低液限黏土，处于软塑状态。

2.4 甲：$I_L=1.33$。乙：$I_L=-0.33$。

2.5 1.3m^3。

2.6 (1) 21.74 万方。

(2) 346500kg，大约 346.5m^3。

(3) $S_r=80\%$，$e=0.648$。

2.7 因为 $S_r=\dfrac{\omega G_s}{e}$，所以饱和状态时，$e=\omega_{sat}G_s$。

又因为 $\rho_d=\dfrac{m_s}{V}=\dfrac{G_s\rho_w v_s}{v_s+v_v}=\dfrac{G_s\rho_w}{1+e}$，将上式代入，即得 $\rho_d=\dfrac{G_s\rho_w}{1+\omega_{sat}G_s}$。

第 3 章

3.1 41m：49.8 (49.8)；40m：58.42 (67.6)；38m：74.68 (103.86)；35m：101.77 (160.95)（单位：kPa，括号内为水位降落后的值）。

3.2 方形基础，附加应力为 $0.3p$ 时，按角点法对应的附加应力系数应为 0.075，$z/(0.5b)=2.3$，所以 $z=1.15b$；条形基础，附加应力为 $0.3p$ 对应的附加应力系数为 0.3，$z/b=2.0$，$z=2b$；相同的荷载强度，条形基础在土中产生的附加应力衰减的要慢，即条形基础在土中产生的应力影响深度更深。

3.3 4.44m。

3.4 $(0.191+0.196)/2\times 4\times 30=23.22(\text{kPa})$。

3.5 $e=0.094\text{m}$，基底压力为 85.6kPa、74.4kPa；基底附加压力为 67.6kPa、56.4kPa。

3.6 基底附加压力为 153.44kPa、74.78kPa。

中心 O 点：均布荷载为 114.11kPa，$l/b=2$，$z/b=4$，$\alpha=0.048$，$\sigma_{zO}=21.91\text{kPa}$。

边中点 A：均布荷载为 153.44kPa，$l/b=4$，$z/b=4$，$\alpha=0.067$，$\sigma_{z1}=$ 20.56kPa。

三角形荷载为 78.66kPa，$l/b=0.25$，$z/b=1$，$\alpha=0.0201$，$\sigma_{z2}=3.16$kPa；$\sigma_{zA}=$ 20.56－3.16＝17.4（kPa）。

边中点 B：均布荷载为 114.11kPa，$l/b=1$，$z/b=2$，$\alpha=0.084$，$\sigma_{zB}=19.17$kPa。

第 4 章

4.1 由式（4.8）$k=\dfrac{QL}{A\Delta ht}$，得 $k=120\times30/(103\times90\times1)\approx0.388$(cm/mim)。

4.2 由式（4.11）$k=2.3\dfrac{aL}{At}\lg\dfrac{h_1}{h_2}$，得 $a=0.1256\text{cm}^2$，$k=4.16\times10^{-6}$cm/s。

4.3 0.0156m/s；0.06m/s。

4.4 b 点的测压管水位比 a 点处低 $7\Delta h$，为 29.2－7×0.8＝23.6（m）；位置水头约为 7.5m（按比例量测），所以压强水头为 23.6－7.5＝16.1（m），对应的孔隙水应力约为 161kPa，总应力约为 280kPa，所以有效应力约为 119kPa。

4.5 安全；因地面以下 7m 处有效应力大于 0（11kPa）。

4.6 $n=e/(1+e)$，$i_{cr}=(G_s-1)(1-n)=0.89$，$i=40/160=0.25$，$i_{cr}/2.5>i$，所以安全。

第 5 章

5.1 第一层沉降：$s_1=\dfrac{a}{1+e_0}\Delta ph_1=\dfrac{0.3}{1+0.75}\times\dfrac{1}{2}\times(10\times1)\times1=0.86$(mm)。

第二层沉降：$s_2=\dfrac{a}{1+e_0}\Delta ph_2=\dfrac{0.25}{1+0.65}\times\dfrac{1}{2}\times(10\times1+10\times9)\times8=$ 60.61(mm)。

第三层沉降：$s_3=\dfrac{\Delta p}{E_s}h_3=\dfrac{\dfrac{1}{2}\times(10\times9+10\times20)}{15}\times11=106.33$(mm)；

$s=s_1+s_2+s_3=167.8$(mm)。

5.2 $a=1\text{MPa}^{-1}>0.5\text{MPa}^{-1}$，高压缩性土。

5.3 $\sigma_{cz}=18.5\times4+(19.0-10)\times18=236$(kPa)，$OCR=350/236=1.48$。

5.4 （1）

层号	z_i	z_i/b	l/b	$\bar{\alpha}_i$	$4(z_i\bar{\alpha}_i-z_{i-1}\bar{\alpha}_{i-1})$	E_s/kPa
②	2.0	1.0	1.5	0.2320	1.8560	7500
③	6.4	3.2	1.5	0.1474	1.9174	2400

$s=1.0\times\left(\dfrac{80}{7500}\times1.8560+\dfrac{80}{2400}\times1.9174\right)=0.0837$(m)＝83.7(mm)

(2)

层号	z_i	z_i/b	l/b	$\overline{\alpha}_i$	$4(z_i\overline{\alpha}_i - z_{i-1}\overline{\alpha}_{i-1})$	E_s/kPa
②	2.0	1.0	1.5	0.2320	1.8560	7500
③	5.2	2.6	1.5	0.1664	1.6051	2400

$$\overline{E_s} = \frac{\sum A_i}{\sum A_i/E_{si}} = \frac{1.8560+1.6051}{\dfrac{1.8560}{7.5}+\dfrac{1.6051}{2.4}} = 3.78(\text{MPa})$$

5.5 首先根据地基中的附加应力线求出附加应力系数：第②层底面处的系数为 $50/60=0.833$；第③层底面处的系数为 $30/60=0.5$。

未加层前地基最终变形量为

$$s_1 = \sum \frac{p_i}{E_{si}}h_1 = \frac{(60+50)/2}{5000}\times 5000 + \frac{(50+30)/2}{6000}\times 8000 = 108.33(\text{mm})$$

加层引起的地基中的附加应力（对应的基底附加应力为40kPa）如下：第②层底面处的附加应力为 $0.833\times 40=33.32(\text{kPa})$；第③层底面处的附加应力为 $0.5\times 40=20(\text{kPa})$。加层引起的地基的最终变形量（对应的基底附加应力为40kPa）为

$$s_2 = \sum \frac{p_i}{E_{si}}h_1 = \frac{(40+33.32)/2}{5000}\times 5000 + \frac{(33.32+20)/2}{6000}\times 8000 = 72.21(\text{mm})$$

加层后的最终沉降量 s：

$$s = 0.2s_1 + s_2 = 108.33\times 0.2 + 72.21 = 93.76 \approx 94(\text{mm})$$

5.6 $C_v = \dfrac{k(1+e)}{a\gamma_w} = \dfrac{5.8\times 10^{-7}\times(1+1.60)}{0.8\times 10^{-3}\times 10\times 10^{-2}} = 0.01885(\text{cm}^2/\text{s})$

双面排水固结度80%对应的时间因数是0.567或者由式（5.33）（$\alpha=1$）计算为87天。

5.7 (1) 黏土层的最终沉降量

$s_c = a\sigma H/(1+e) = 3\times 10^{-4}\times 120\times 10^3\times 10/(1+1) = 180(\text{mm})$

$C_v = k(1+e)/(a\gamma_w) = 1.8\times 10^{-2}\times(1+1)/(3\times 10^{-4}\times 10) = 12(\text{m}^2/\text{年})$

单面排水，$T_v = C_v t/H^2 = 12\times 1/10^2 = 0.12$；

$\alpha=1$，由时间因数查得1年后的固结度为40%，所以 $s_t = 40\% s_c = 180\times 0.4 = 72$（mm）

双面排水，$T_v = C_v t/H^2 = 12\times 1/5^2 = 0.48$；

由时间因数查得1年后的固结度为75%，所以 $s_t = 75\%$，$s_c = 180\times 0.75 = 135\text{mm}$。

(2) 固结度为

$$U_t = S_t/S_c = 140/180 = 0.78$$

$\alpha=1$，由固结度查得时间因数 $T_v = 0.53$；单面排水，$t = T_v H^2/C_v = 4.4$ 年；双面排水，$t = T_v H^2/C_v = 1.1$ 年。

第6章

6.1 (1) 计算 M 点的应力：
$$\sigma_z = \sigma_{z0} + \sigma_{sz} = 94 + 0.5 \times 19.6 = 103.8 \text{(kPa)}$$
$$\sigma_x = \sigma_{x0} + \sigma_{sx} = 45 + 0.5 \times 0.5 \times 19.6 = 49.9 \text{(kPa)}$$
$$\tau_{zx} = \tau_{xz} = 51.0 \text{(kPa)}$$

(2) 求 M 点主应力值：
$$\sigma_1^3 = \frac{\sigma_z + \sigma_x}{2} \pm \sqrt{\left(\frac{\sigma_z - \sigma_x}{2}\right)^2 + \tau^2} = \frac{103.8 + 49.9}{2} \pm \sqrt{\left(\frac{103.8 - 49.9}{2}\right)^2 + 51^2}$$
$$= 76.85 \pm 57.68 \text{(kPa)} = \frac{134.53}{19.17} \text{(kPa)}$$

(3) 土的破坏状态判断：
$$\sigma_{1f} = \sigma_3 \tan^2\left(45° + \frac{\varphi}{2}\right) + 2c \tan\left(45° + \frac{\varphi}{2}\right)$$
$$\sigma_{1f} = 19.17 \times \tan^2\left(45° + \frac{28°}{2}\right) + 2 \times 19.6 \times \tan\left(45° + \frac{28°}{2}\right)$$
$$\sigma_{1f} = 53.1 + 65.24 = 118.34 \text{(kPa)}$$
$$\sigma_{1f} = 118.34 \text{(kPa)} < \sigma_1 = 134.53 \text{(kPa)}$$

故 M 点土体已经破坏。

或者 $\sigma_{3f} = \sigma_1 \tan^2\left(45° - \frac{\varphi}{2}\right) - 2c \tan\left(45° - \frac{\varphi}{2}\right)$
$$\sigma_{3f} = 134.53 \times \tan^2\left(45° - \frac{28°}{2}\right) - 2 \times 19.6 \times \tan\left(45° - \frac{28°}{2}\right)$$
$$\sigma_{3f} = 48.57 - 23.55 = 25.02 \text{(kPa)} > \sigma_3 = 19.17 \text{(kPa)}$$

6.2 $\sigma_{3f} = 80 \text{kPa}$, $\sigma_{1f} = \sigma_{3f} + \Delta\sigma_{1f} = 80 + 65 = 145 \text{(kPa)}$，正常固结黏土 $c = 0$。

$\sigma_{1f} = \sigma_{3f} \tan^2\left(45° + \frac{\varphi}{2}\right)$，所以 $\varphi = 16.8°$。

$\sigma'_{3f} = \sigma_{3f} - u_f = 80 - 45 = 35 \text{(kPa)}$
$\sigma'_{1f} = \sigma_{1f} - u_f = 145 - 45 = 100 \text{(kPa)}$，正常固结黏土 $c' = 0$。
$\sigma'_{1f} = \sigma'_{3f} \tan^2\left(45° + \frac{\varphi'}{2}\right)$，所以 $\varphi' = 28.8°$。

6.3 (1) $\varphi = 0°$, $c_u = (\sigma_1 - \sigma_3)/2 = (290 - 100)/2 = 95 \text{(kPa)}$
$$\sigma_1 = \sigma_3 + 2c_u = 200 + 190 = 390 \text{(kPa)}$$

(2) $c = 0$, $\tan\varphi = \dfrac{\sigma_1 - \sigma_3}{\sigma_1 + \sigma_3} = \dfrac{190}{390} = \dfrac{\sigma_1 - 200}{\sigma_1 + 200}$，解得 $\sigma_1 = 580 \text{(kPa)}$

6.4 (1) $\sigma_3 = 80 \text{kPa}$, $\sigma_1 = 80 + 120 = 200 \text{(kPa)}$，正常固结黏土 $c = 0$。
$$\sin\varphi = (\sigma_1 - \sigma_3)/(\sigma_1 + \sigma_3) = 0.42857, \quad \varphi = 25.4°$$

(2) $\alpha_f = 45° + \dfrac{\varphi}{2} = 57.7°$

(3) $\sigma'_f = (\sigma_1 + \sigma_3)/2 + (\sigma_1 - \sigma_3)\cos 2\alpha_f /2 = 114.2 \text{(kPa)}$
$$\tau'_f = (\sigma_1 - \sigma_3)\sin 2\alpha_f /2 = 54 \text{(kPa)}$$

(4) $\alpha=45°$，$\sigma=(\sigma_1+\sigma_3)/2+(\sigma_1-\sigma_3)\cos 2\alpha/2=140(\text{kPa})$

6.5 (1) $\sigma_{1f}=180+200=380(\text{kPa})$，$\sigma_{3f}=200\text{kPa}$，排水剪的孔隙水压力恒为零，得
$$c'=c_d=0，\varphi'=\varphi_d=31°$$
而无黏性土的 $c_{cu}=0$，$\sigma_1=\sigma_3\tan^2\left(45°+\dfrac{\varphi_{cu}}{2}\right)$
$$380=200\tan^2\left(45°+\dfrac{\varphi_{cu}}{2}\right)$$
解得 $\varphi_{cu}=18°$。

(2) 同理，$\sigma_1'=\sigma_3'\tan^2\left(45°+\dfrac{\varphi'}{2}\right)=\sigma_3'\tan^2\left(45°+\dfrac{31°}{2}\right)=3.124\sigma_3'$

根据 $(\sigma_1'-\sigma_3')_f=(\sigma_1-\sigma_3)_f=180(\text{kPa})$。

联立求解以上两式，可得有效大小主应力 $\sigma_{1f}'=264.8(\text{kPa})$，$\sigma_{3f}'=84.8(\text{kPa})$。

故破坏时的孔隙水压力为
$$u_f=\sigma_{3f}-\sigma_{3f}'=115.2(\text{kPa})$$

6.6 $(\sigma_1-\sigma_3)_f=2c_u=50(\text{kPa})$，固结排水剪切极限状态时，有
$$\sigma_1'=\sigma_3'\tan^2\left(45°+\dfrac{\varphi'}{2}\right)=\sigma_3'\tan^2\left(45°+\dfrac{30°}{2}\right)=3\sigma_3'$$
根据 $(\sigma_1'-\sigma_3')_f=(\sigma_1-\sigma_3)_f=50(\text{kPa})$，解得
$$\sigma_1'=75(\text{kPa})，\sigma_3'=25(\text{kPa})$$

第 7 章

7.1 (1) 墙底 $\sigma_a=36\text{kPa}$，土压力为 108kN/m，作用点距墙底 2m。

(2) 地下水位处 $\sigma_{aw}=24\text{kPa}$，墙底 $\sigma_{a2}=30\text{kPa}$，土水压力合力为 122kN/m，其中土压力为 102kN/m，水压力为 20kN/m；合力作用点距墙底约 1.85m。

7.2 $Z_0=1.7\text{m}$，墙底 $\sigma_a=21.4\text{kPa}$，土压力约为 30kN/m，作用点距墙底约 0.93m。

7.3 地表面：0；砂土底面：15.54kPa；黏性土顶面：4.62kPa；墙底：39.9kPa。

7.4 (1) $K_a=0.862$，$E_a=204.7\text{kN/m}$，作用在离墙底 $5/3\text{m}$ 处，与墙背法线的角度为 $15°$，在法线上方。

(2) 沿墙高的分布：$16.378z$ ($0\leqslant z\leqslant 5$)。

第 8 章

8.1 (1) $p_{cr}=148.65\text{kPa}$；$p_{1/4}=201.85\text{kPa}$；$p_{1/3}=219.68\text{kPa}$（由公式直接计算与查表 8.1 得承载力系数计算的数值略有差异）。

(2) $p_u=488.85\text{kPa}$。

8.2 $p_u=2893.4\text{kPa}[0.5\times18.1\times2.2\times45.4+18.1\times1.5\times41.4+15\times57.7=2893.4(\text{kPa})]$。

8.3 (1) $p_u=1034.64\text{kPa}[0.4\times8\times2.25\times31.2+18\times1.5\times30=224.64+810=$

1034.64(kPa)]。

(2) $p_u = 584.64 \text{kPa}[0.4 \times 8 \times 2.25 \times 31.2 + 8 \times 1.5 \times 30 = 224.64 + 360 = 584.64(\text{kPa})]$。

8.4 $f_a' = 135.9 \text{kPa}[0.51 \times 9.3 \times 3 + 3.06 \times 15.2 \times 1.5 + 5.66 \times 10 = 140.6(\text{kPa})]$。

第9章

9.1 因为 $F_s = \dfrac{\tan\varphi}{\tan\alpha}$

所以 $\tan\alpha = \dfrac{\tan\varphi}{F_s} = \dfrac{\tan 34°}{1.3} = 0.519$

$$\alpha = 31°15'$$

9.2 抗滑力矩
$$M_r = 19 \times 25 \times 12.5 + 315 \times 2.7 = 6788(\text{kN} \cdot \text{m/m})$$

抗滑力矩
$$M_s = 1300 \times 5.2 = 6760(\text{kN} \cdot \text{m/m})$$

边坡的抗滑稳定系数为
$$F_s = \frac{M_r}{M_s} = \frac{6788}{6760} = 1.004$$

9.3 (1) 求反压前边坡抗滑力矩 M_f。

因为 $\qquad F_s = \dfrac{M_f}{M_r} = 1.0$

所以 $\quad M_f = F_s M_r = 1.0 \times 17 \times 30.2 \times 30 = 1642.9(\text{kN} \cdot \text{m/m})$

(2) 反压后的稳定安全系数 F_{s2} 为
$$F_{s2} = \frac{M_f + M_3}{M_r} = \frac{1642.9 + 20 \times 9 \times 3}{1642.9} = 1.33$$

9.4 根据《岩土工程勘察规范》(GB 50021—2001)，计算如下：
$$\psi_1 = \cos(\theta_1 - \theta_2) - \sin(\theta_1 - \theta_2)\tan\varphi_2 = 0.9712$$
$$\psi_2 = \cos(\theta_2 - \theta_3) - \sin(\theta_2 - \theta_3)\tan\varphi_2 = 0.7227$$
$$R_1 = N_1\tan\varphi_1 + c_1 l_1 = W_1\cos\theta_1\tan\varphi_1 + c_1 l_1 = 468.78(\text{kN/m})$$
$$R_1 = N_2\tan\varphi_2 + c_2 l_2 = W_2\cos\theta_2\tan\varphi_2 + c_2 l_2 = 364.22(\text{kN/m})$$
$$R_3 = N_3\tan\varphi_3 + c_3 l_3 = W_3\cos\theta_3\tan\varphi_3 + c_3 l_3 = 110.27(\text{kN/m})$$
$$T_1 = W_1\sin\theta_1 = 517.75(\text{kN/m})$$
$$T_2 = W_2\sin\theta_2 = 455.69(\text{kN/m})$$
$$T_3 = W_3\sin\theta_3 = -16.56(\text{kN/m})$$
$$F_s = \frac{\sum\limits_{i=1}^{n-1}(R_i \prod\limits_{j=i}^{n-1}\psi_j) + R_n}{\sum\limits_{i=1}^{n-1}(T_i \prod\limits_{j=i}^{n-1}\psi_j) + T_n} = 1.039$$

9.5 根据《岩土工程勘察规范》(GB 50021—2001)，计算如下：

$$F_s = \frac{\sum_{i=1}^{n-1}(R_i \prod_{j=i}^{n-1}\psi_j) + R_n}{\sum_{i=1}^{n-1}(T_i \prod_{j=i}^{n-1}\psi_j) + T_n} = \frac{0.9 \times 10^4 \times 0.756 \times 0.947 + 8.0 \times 10^4 \times 0.947 + 2.8 \times 10^4}{3.5 \times 10^4 \times 0.756 \times 0.947 + 9.3 \times 10^4 \times 0.947 + 1.0 \times 10^4} = 0.895$$

9.6 根据《建筑边坡工程技术规范》(GB 50330—2013)，计算如下：

滑块编号	下滑力 T_i/(kN/m)	抗滑力 R_i/(kN/m)	传递系数 ψ_j
①	3.5×10^4	0.9×10^4	0.72
②	9.3×10^4	8.0×10^4	0.902
③	1.0×10^4	2.8×10^4	

$$P_1 = T_1 - R_1/F_{st} = 3.5 \times 10^4 - 0.9 \times 10^4/1.05 = 2.64 \times 10^4 (\text{kN/m})$$

$$P_2 = P_1\psi_1 + T_2 - R_2/F_{st} = 2.64 \times 10^4 \times 0.72 + 9.3 \times 10^4 - 8.0 \times \frac{10^4}{1.05} = 3.58 \times 10^4 (\text{kN/m})$$

$$P_3 = P_2\psi_2 + T_3 - R_3/F_{st} = 3.58 \times 10^4 \times 0.902 + 1.0 \times 10^4 - 2.8 \times \frac{10^4}{1.05} = 1.56 \times 10^4 (\text{kN/m})$$

第③块滑体剩余下滑力为 1.56×10^4 kN/m。

第11章

11.1 地下水对工程的影响或水文地质条件。

11.2 当地建筑材料的分布状况和采购运输条件；各路线走廊带或通道的工程地质条件及主要工程地质问题。

11.3 初步设计阶段。

第12章

12.1 用瑞典条分法、简化Bishop法、Janbu法进行圆弧破裂面稳定计算；用摩根斯顿-普赖斯法、简化Bishop法、简化Janbu法进行折线破裂面稳定计算。

12.2 六种蠕变模型，分别是：经典的黏弹性模型；二分量幂定律；用于核废料隔离研究的参考蠕变公式（WIPP）模型；WIPP模型和德鲁克-普拉格（Drucker-Prager）模型合成的WIPP蠕变黏塑性模型；伯格（Burger）蠕变模型和摩尔-库伦模型合成的伯格蠕变黏塑性模型；岩盐的本构模型。

12.3 有厚度，是"虚拟厚度"，用来定义界面材料的性质，虚拟厚度越大，产生的弹性变形越大。

参 考 文 献

[1] 卢廷浩. 土力学 [M]. 2版. 南京：河海大学出版社，2005.
[2] 李广信，张丙印，于玉贞. 土力学 [M]. 2版. 北京：清华大学出版社，2013.
[3] 杨进良. 土力学 [M]. 4版. 北京：中国水利水电出版社，2009.
[4] 龚晓南，谢康和. 土力学 [M]. 北京：中国建筑工业出版社，2014.
[5] 刘熙媛，徐东强. 土力学 [M]. 北京：清华大学出版社，2017.
[6] 党进谦，程建军. 土力学与地基基础 [M]. 北京：中国农业出版社，2013.
[7] 赵明华. 土力学与基础工程 [M]. 4版. 武汉：武汉理工大学出版社，2014.
[8] 郭莹. 土力学 [M]. 北京：中国建筑工业出版社，2014.
[9] 刘传孝. 土力学与地基基础 [M]. 郑州：黄河水利出版社，2011.
[10] 施建勇，等. Soil Mechanics [M]. 北京：人民交通出版社，2004.
[11] 东南大学，浙江大学，湖南大学，等. 土力学 [M]. 4版. 北京：中国建筑工业出版社，2016.
[12] 赵成刚，白冰，等. 土力学原理 [M]. 修订本. 北京：清华大学出版社，北京交通大学出版社，2009.
[13] 松冈元. 土力学 [M]. 罗汀，姚仰平，译. 北京：中国水利水电出版社，2001.
[14] 钱家欢. 土力学 [M]. 2版. 南京：河海大学出版社，1995.
[15] 陈仲颐，周景星，王洪瑾. 土力学 [M]. 北京：清华大学出版社，1994.
[16] 李广信. 高等土力学 [M]. 北京：清华大学出版社，2004.
[17] 王成华. 土力学 [M]. 武汉：华中科技大学出版社，2010.
[18] 谢定义，姚仰平，党发宁. 高等土力学 [M]. 北京：高等教育出版社，2008.
[19] Das B M，Sobhan K. Principles of Geotechnical Engineering [M]. 4th ed. PWS Publishing Company，1998.
[20] Craig R F. Craig's Soil Mechanics [M]. 7th ed. Spon Press，2004.
[21] Michell J K. Fundamentals of Soil Behavior [M]. 2nd ed. John Wiley & Sons，1993.
[22] Ishibashi I，Hazarika H. Soil Mechanics Fundamentals [M]. CRC Press，2010.
[23] Powrie W. Soil Mechanics-Concepts and Application [M]. 3rd ed. CRC Press，2014.
[24] Verruijt A. An Introduction to Soil Mechanics [M]. Springer，2017.
[25] Das B. Advanced Soil Mechanics [M]. 3rd ed. Taylor & Francis，2008.
[26] 于海峰，孙超. 全国注册岩土工程师专业考试模拟训练题集及历年真题新解：下册 [M]. 北京：人民交通出版社股份有限公司，2018.
[27] 杨平. 土力学 [M]. 北京：机械工业出版社，2005.
[28] 张克恭，刘玉松. 土力学 [M]. 3版. 北京：中国建筑工业出版社，2011.
[29] 钱家欢，殷宗泽. 土工原理与计算 [M]. 2版. 北京：中国水利水电出版社，1996.
[30] 都焱. 土力学与基础工程 [M]. 北京：清华大学出版社，2016.
[31] 龚晓南，陶燕丽. 地基处理 [M]. 2版. 北京：中国建筑工业出版社，2017.
[32] 王恩远，吴迈. 工程实用地基处理手册 [M]. 北京：中国建材工业出版社，2005.
[33] 陈育民，徐鼎平. FLAC \ FLAC3D 基础与工程实例 [M]. 2版. 北京：中国水利水电出版社，2013.
[34] 刘波，（美）韩彦辉. FLAC原理、实例与应用指南 [M]. 北京：人民交通出版社，2005.

[35] 王涛,韩轩,赵先宇,等.FLAC 3D 数值模拟方法及工程应用:深入剖析 FLAC3D 5.0 [M]. 北京:中国建筑工业出版社,2015.

[36] 刘志祥,张海青.PLAXIS 3D 基础教程 [M].北京:机械工业出版社,2015.

[37] 北京金土木软件技术有限公司.PLAXIS 岩土工程软件使用指南 [M].北京:人民交通出版社,2010.

[38] 刘小丽,马悦,郭冠群,等.PLAXIS 2D 模拟计算基坑开挖工程的适用性分析 [J].中国海洋大学学报(自然科学版),2012,42(4):23-29.